DIREITO URBANÍSTICO

RONALDO VIEIRA FRANCISCO
FÁBIO IANNI GOLDFINGER

DIREITO URBANÍSTICO

coleção
SINOPSES
para **concursos**

Coordenação
Leonardo Garcia

44

5ª Edição | revista atualizada ampliada

2020

EDITORA *Jus*PODIVM
www.editorajuspodivm.com.br

EDITORA *Jus*PODIVM
www.editorajuspodivm.com.br

Rua Território Rio Branco, 87 – Pituba – CEP: 41830-530 – Salvador – Bahia
Tel: (71) 3045.9051
• Contato: https://www.editorajuspodivm.com.br/sac

Capa: Ana Caquetti

Diagramação: Isabella Giordano *(giordano.bella@gmail.com)*

S617 Sinopses para Concursos - v.44 - Direito Urbanístico / Ronaldo Vieira Francisco e Fábio Goldfinger. – 5. ed. rev., ampl. e atual. – Salvador: Editora JusPodivm, 2020.
400 p. (Sinopses para Concursos / coordenador Leonardo Garcia)

Inclui bibliografia
ISBN 978-85-442-3226-2

1. Direito Urbano. 2. Métodos de estudo. I. Francisco, Ronaldo Vieira. II. Goldfinger, Fábio. III. Garcia, Leonardo. IV. Título.

CDD 341.374

Coleção Sinopses para Concursos

A *Coleção Sinopses para Concursos* tem por finalidade a preparação para concursos públicos de modo prático, sistematizado e objetivo.

Foram separadas as principais matérias constantes nos editais e chamados professores especializados em preparação de concursos a fim de elaborarem, de forma didática, o material necessário para a aprovação em concursos.

Diferentemente de outras sinopses/resumos, preocupamo-nos em apresentar ao leitor o entendimento do STF e do STJ sobre os principais pontos, além de abordar temas tratados em manuais e livros mais densos. Assim, ao mesmo tempo em que o leitor encontrará um livro sistematizado e objetivo, também terá acesso a temas atuais e entendimentos jurisprudenciais.

Dentro da metodologia que entendemos ser a mais apropriada para a preparação nas provas, demos destaques (em outra cor) às palavras-chaves, de modo a facilitar não somente a visualização, mas, sobretudo, a compreensão do que é mais importante dentro de cada matéria.

Quadros sinóticos, tabelas comparativas, esquemas e gráficos são uma constante da coleção, aumentando a compreensão e a memorização do leitor.

Contemplamos também questões das principais organizadoras de concursos do país, como forma de mostrar ao leitor como o assunto foi cobrado em provas. Atualmente, essa "casadinha" é fundamental: conhecimento sistematizado da matéria e como foi a sua abordagem nos concursos.

Esperamos que goste de mais esta inovação que a Editora Juspodivm apresenta.

Nosso objetivo é sempre o mesmo: otimizar o estudo para que você consiga a aprovação desejada.

Bons estudos!

Leonardo Garcia
leonardo@leonardogarcia.com.br
www.leonardogarcia.com.br

Guia de leitura da Coleção

A Coleção foi elaborada com a metodologia que entendemos ser a mais apropriada para a preparação de concursos.

Neste contexto, a Coleção contempla:

• **DOUTRINA OTIMIZADA PARA CONCURSOS**

Além de cada autor abordar, de maneira sistematizada, os assuntos triviais sobre cada matéria, são contemplados temas atuais, de suma importância para uma boa preparação para as provas.

> Registre-se, por fim, ser intensa a polêmica em torno desse pressuposto processual (capacidade de ser parte), pois:
>
> i) há quem o negue, enquanto pressuposto processual autônomo (DINAMARCO, V. 2, 2009, p. 61);
>
> ii) há quem silencie quanto a ele (RODRIGUES, 2003, p. 273);
>
> iii) há quem o considere requisito de validade (LACERDA, 1953, p. 60-68).

• **ENTENDIMENTOS DO STF E STJ SOBRE OS PRINCIPAIS PONTOS**

> ▸ **Atenção!**
>
> Insta conferir alguns **posicionamentos do STF e STJ.**
>
> O **STJ vinha se posicionando pela inconstitucionalidade** dessa prática, pois, na forma do art. 93, III, CF, órgãos jurisdicionais são estruturados de forma hierarquizada, havendo hierarquia entre os membros dos tribunais e os juízes de primeira instância e, por isso, não é cabível revisão de julgados de juízes de primeira instância por outros juízes de primeira instância – salvo nos Juizados Especiais (art. 98, CF) (como se deu no HC n. 9.405-SP, 6ª T., Rel. para aórdão Min. Maria Thereza de Assis Moura, j. 11.09.207, DJ 17.11.2007; e HC n. 98.769-SP, 5ª T., Rel. Min. Laurita Vaz, j. 08.05.2008, DJe 02.06.2008).

• PALAVRAS-CHAVES EM OUTRA COR

As palavras mais importantes (palavras-chaves) são colocadas em outra cor para que o leitor consiga visualizá-las e memorizá-las mais facilmente.

> Na verdade, no contexto dos **meios de prova,** não há óbice ao emprego daqueles previstos em lei estrangeira, por predominar em nosso ordenamento o **princípio da atipicidade (art. 332, CPC).** Admite-se o emprego de meios atípicos de prova, desde que legais e moralmente legítimos, ainda que não previstos em lei processual brasileira.

• QUADROS, TABELAS COMPARATIVAS, ESQUEMAS E DESENHOS

Com esta técnica, o leitor sintetiza e memoriza mais facilmente os principais assuntos tratados no livro.

Ação	≠	Direito

• QUESTÕES DE CONCURSOS NO DECORRER DO TEXTO

Através da seção *"Como esse assunto foi cobrado em concurso?"* é apresentado ao leitor como as principais organizadoras de concurso do país cobram o assunto nas provas.

> **▸ Como esse assunto foi cobrado em concurso?**
>
> No VIII concurso para provimento de cargo de **Procurador do Trabalho – MPT**, foi reconhecido o equívoco da assertiva de que "a jurisdição é o instrumento pelo qual o Estado declara o direito no caso concreto".

Sumário

PARTE I

ESTATUTO DA CIDADE

Parte II

LOTEAMENTO DO SOLO URBANO

PARTE I

ESTATUTO DA CIDADE

Capítulo 1

Estatuto da Cidade e a Ordem Urbana

1. A CONSTITUIÇÃO FEDERAL E O DIREITO DE PROPRIEDADE

Historicamente, com origem romana, a propriedade sempre possuiu um **caráter individual**, permitindo a seu dono explorar a coisa de modo absoluto.

Posteriormente, influenciada pela Revolução Industrial, a urbanização sofreu influência estatal com a finalidade de criar mecanismos para **regular** a utilização da propriedade.

Assim, cresceu a necessidade da intervenção do Estado como um freio à individualização da propriedade, passando ao pensamento de **caráter social** no direito de propriedade.

Com a evolução do Estado, do Direito e as modificações sociais, houve uma **redução** da abrangência do direito de propriedade.

No Brasil, desde a independência, o direito de propriedade foi **garantido** pela Constituição.

Na época do descobrimento do Brasil, tinha vigência no Brasil a Lei Régia 16.06.1375, vigorando o **regime sesmarial**, de natureza pública, condicionada aos deveres como cultivo e moradia habitual.

As Constituições de 1824 e 1891 garantiram o **direito de propriedade** com a desapropriação por necessidade ou utilidade social, nada mencionando sobre a função da propriedade.

Pela Constituição de 1934 foram impostos maiores **limites** ao direito de propriedade, pois seu exercício não poderia contrariar o interesse social e coletivo.

Por sua vez, a Constituição de 1937 modificou a ordem vigente, delegando a lei ordinária os limites ao direito de propriedade. A Constituição de 1946 manteve as mesmas disposições, acrescendo a possibilidade de distribuição da propriedade com igual oportunidade para todos, como norma programática. A modificação ocorreu na Constituição de 1967, cujo texto encerra a função social da propriedade como princípio.

Por fim, a Constituição de 1988 consagra a **função social** da propriedade como princípio.

A Constituição Federal trouxe em seu corpo diversos artigos referentes ao **direito de propriedade**, entre os quais destacamos:

Art. 5º, *caput*	"Todos são iguais perante a lei, sem distinção de qualquer natureza, garantindo-se aos brasileiros e aos estrangeiros residentes no país a inviolabilidade do direito à vida, à liberdade, à igualdade, à segurança e à **propriedade**, nos termos seguintes: [...]."
Art. 5º, XXII	"é garantido o direito de propriedade;"
Art. 5º, XXIII	"a propriedade atenderá a sua função social;"
Art. 5º, XXV	"no caso de iminente perigo público, a autoridade competente poderá usar de propriedade particular, assegurada ao proprietário indenização ulterior, se houver dano;"
Art. 153, § 4º, inc. I	"será progressivo e terá suas alíquotas fixadas de forma a desestimular a manutenção de propriedades improdutivas;"
Art. 156, inc. I	"Compete aos municípios instituir impostos sobre: I – propriedade predial e territorial urbana;"
Art. 170, incs. II e III	"A ordem econômica, fundada na valorização do trabalho humano e na livre iniciativa, tem por fim assegurar a todos existência digna, conforme os ditames da justiça social, observados os seguintes princípios: [...] II propriedade privada; III – função social da propriedade;"
Art. 243	"As propriedades rurais e urbanas de qualquer região do país onde forem localizadas culturas ilegais de plantas psicotrópicas ou a exploração de trabalho escravo na forma da lei serão expropriadas e destinadas à reforma agrária e a programas de habitação popular, sem qualquer indenização ao proprietário e sem prejuízo de outras sanções previstas em lei, observado, no que couber, o disposto no art. 5º."

2. DIREITO URBANÍSTICO

2.1. Conceito e princípios

Em razão das exigências urbanísticas fomentadas pela CF e a necessidade de criar soluções jurídicas, desenvolveu-se nos dias atuais o denominado Direito urbanístico, **conceituado** por Hely Lopes Meirelles, como o "ramo do Direito público destinado ao estudo e formulação dos princípios e normas que devem reger os espaços habitáveis, no seu conjunto cidade--campo" (Meirelles, Hely Lopes. *Direito municipal brasileiro*. São Paulo: Malheiros, 2003, p. 493).

Alguns sistematizam o Direito urbanístico dentro do Direito administrativo, sem considerá-lo ainda um ramo autônomo do Direito. É certo que mesmo ainda não sendo considerado pela doutrina um ramo autônomo do Direito, fato é que o Direito urbanístico possui abrangência **multidisciplinar,** não se limitando a simples regras de atuação do poder de polícia, nem a mero capítulo do Direito administrativo.

Pela primeira vez na história constitucional brasileira, a CF dedica um capítulo à **política urbana**. O desenvolvimento urbano previsto na CF decorre de seu art. 21, inc. XX, o qual estabelece a competência da União para instituir as diretrizes para o desenvolvimento urbano.

Trata-se da **constitucionalização do Direito urbanístico**.

Os princípios informadores do Direito urbanístico são aqueles acolhidos pelo Estatuto da Cidade, em especial os previstos no art. 2º desse Diploma Legal, como os **princípios da função social da cidade** e da **propriedade urbana**.

O princípio da função social da cidade pretende atender as necessidades da sociedade por meio de ações estabelecidas no plano diretor, regulando utilização de áreas públicas, questões de moradia e sanitárias, de meio ambiente artificial sadio. A função social da cidade é considerada um **Direito difuso**.

Já a função social da propriedade urbana importa na vinculação da propriedade urbana com as **diretrizes da política urbana**, possuindo o plano diretor como ponto de partida para desenvolver as políticas dos municípios, estabelecendo parâmetros em que a propriedade urbana irá cumprir sua função social.

Esclareça-se que o direito urbanístico é uma disciplina ainda em formação, razão pela qual os **princípios** ainda não se definiram de forma devida.

Ainda uma importante lição de JOSÉ AFONSO DA SILVA **destaca** os seguintes **princípios** relacionados ao direito urbanístico (SILVA, José Afonso da. *Direito Urbanístico Brasileiro*, 6. ed. São Paulo: Malheiros, 2010, p. 44/45):

1 – princípio de que o urbanismo é uma junção pública, fornecendo ao direito urbanístico uma característica de instrumento normativo pelo qual o Poder Público atua no meio social e no domínio privado, para ordenar a realidade no interesse coletivo, sempre observando o princípio da legalidade;

2 – princípio da conformação da propriedade urbana pelas normas de ordenação urbanística

3 – princípio da coesão dinâmica das normas urbanísticas, cuja eficácia funda-se em conjuntos normativos (procedimentos), e não em normas isoladas;

4 – princípio da afetação das mais-valias ao custo da urbanificação – os proprietários dos terrenos devem satisfazer os gastos da urbanificação, dentro dos limites do benefício dela decorrente para eles, como compensação pela melhoria das condições de edificabilidade que dela derivam para seus lotes.

A doutrina ainda menciona a **recuperação de mais-valia**, definindo-a como "a mobilização de parte (ou o limite da totalidade) dos incrementos do valor da terra atribuídos aos esforços da comunidade para convertê-las em arrecadação pública por via fiscal... ou, mais diretamente, em melhoramentos *in loco*." (BALTRUSIUS, Nelson. *A valorização fundiária da propriedade urbana*. Cadernos Metrópole, número 16, 2º Semestre 2006, p. 124).

Trata-se, portanto, de uma valorização imobiliária urbana que decorre de uma atividade urbanística da Administração Pública e, em razão do **princípio da justa distribuição dos ônus e dos benefícios**, deverá ser recuperada e revertida em favor de toda a sociedade.

Alinhado ao direito urbanístico, o **Poder Público possui o dever** de recuperar a valorização imobiliária que for gerada, não só pela execução de benfeitorias e intervenções urbanísticas (art. 2º, inc. IX e XI, do EC), bem como por meio de alterações de padrões urbanísticos de parcelamento, uso e ocupação do solo urbano (art. 182, § 2º, da CF e art. 2º, inc. IX do EC), de forma a captar e reverter em benefício da sociedade por meio de instrumentos de natureza fiscal ou não fiscal, de forma a materializar a igualdade e a justiça distributiva;

5 – princípio da justa distribuição dos benefícios e ônus derivados da atuação urbanística, segundo o qual possui estreita ligação com o princípio da isonomia, na medida em que todos têm direito aos bônus e ônus do direito urbanístico. Todos os cidadãos e áreas do município devem ser contemplados igualmente, respeitando suas diferenças.

Tais princípios foram acolhidos pelo Estatuto da Cidade, expressa ou implicitamente, especialmente pelas diretrizes que constam no art. 2º da EC.

2.2. Objeto do Direito urbanístico

O **objetivo** do Direito urbanístico é ajustar e organizar o meio ambiente urbano, regulando a atividade urbanística, ordenando todo o território urbano onde as pessoas vivem.

São **objeto** do Direito urbanístico as regras que disciplinam todo o planejamento urbano, organizam os espaços das cidades, planificam a ocupação do solo urbano e, por fim, a utilização dos instrumentos de intervenção urbanística.

2.3. Estatuto da Cidade e a Constituição Federal

O art. 182 da CF estabelece que a política de desenvolvimento urbano seja executada pelo Poder Público municipal, conforme **diretrizes gerais fixadas em lei**, tendo por objetivo ordenar o pleno desenvolvimento das funções sociais da cidade e garantir o bem-estar de seus habitantes.

> **Como esse assunto foi cobrado em concurso?**
>
> No concurso para Procurador Municipal de São Luiz – MA (FCC/2016) foi perguntado sobre o objetivo da política urbana, segundo a CF/1988:
>
> A) equilibrar o crescimento urbano frente às áreas rurais;
>
> B) fazer com que as propriedades cumpram sua função social;
>
> C) ordenar o crescimento da cidade;
>
> D) garantir o bem-estar dos habitantes das cidades;
>
> E) exercer o poder de polícia sobre as construções.
>
> Resposta: correta a alternativa d).

Com base nas execuções das políticas urbanas tratadas na CF (arts. 182 e 183), a União elaborou o denominado **Estatuto da Cidade** (Lei 10.257/2001), com a finalidade precípua de regulamentar os mencionados dispositivos constitucionais.

> **Como esse assunto foi cobrado em concurso?**
>
> No concurso da Prefeitura de Chopinzinho-PR, cargo de Procurador Municipal (2016, Banca: FAU – Fundação de Apoio ao Desenvolvimento Unicentro): A Lei 10.257, de 10 de julho de 2001 regulamenta o capítulo "Política Urbana" da Constituição Federal, detalhando e desenvolvendo os arts. 182 e 183. Seu objetivo é garantir o direito à cidade como um dos direitos fundamentais da pessoa humana, para que todos tenham acesso às oportunidades que a vida urbana oferece. Esta lei é conhecida como:
>
> A) Estatuto da Cidade
>
> B) Plano Diretor
>
> C) Plano Plurianual
>
> D) Lei de Diretrizes Orçamentárias
>
> E) Lei Orçamentária Anual.
>
> Resposta: alternativa a).

Os **problemas urbanos** no Brasil se iniciaram na década de 1960, com a migração camponesa, surgindo a necessidade de planejar o crescente "caos urbano". Na década de 1970 foi apresentado o projeto de uma lei federal de desenvolvimento urbano, cujo objetivo era colocar ordem nas cidades. Outros projetos foram apresentados, quando em 9 de março de 1983 o então Ministro da época Mario Andreazza (Ministro do Interior) enviou o Projeto 775/1983 à Câmara dos Deputados, com o objetivo de melhorar a qualidade de vida nas cidades por meio de distribuição da população e das atividades econômicas. Porém, somente em através do **Projeto 181/1989**, do Senador Pompeu de Souza, o denominado **Estatuto da Cidade** foi aprovado pelo Senado Federal em 1990 e encaminhado à Câmara dos Deputados. Na Casa de Leis recebeu o **número 5.788/1990,** tramitou por lá durante onze anos, **sancionado** pelo Presidente da República em **10.07.2001.**

O mencionado diploma legislativo, além de instrumento capaz de disciplinar o uso puro e simples da propriedade urbana, foi inaugurado para disciplinar as **principais diretrizes do meio ambiente artificial.**

O Estatuto da Cidade é o principal **instrumento da reforma urbana**, estabelecendo normas de ordem pública e interesse social que regulam o uso da propriedade urbana em prol do bem coletivo, da segurança e do bem-estar dos cidadãos, bem como do equilíbrio ambiental (art. 1º, parágrafo único, do EC).

Observa-se, portanto, que o Estatuto da Cidade deixou de tratar o uso da propriedade urbana nas cidades de forma única e exclusivamente individual, assumindo valores **metaindividuais.**

O Direito urbanístico tem como **objetivo** organizar o meio ambiente urbano, a atividade urbanística e ainda ordenar o território urbano, utilizando todos os instrumentos de intervenção urbanísticas dispostos na CF e nas leis, em especial no EC.

> **▸ Como esse assunto foi cobrado em concurso EM PROVA ORAL?**
>
> No concurso XLIV da Magistratura RJ/2012, foi solicitado ao candidato discorrer sobre: "Estatuto da Cidade. Aplicação na política urbana e sua contribuição para o desenvolvimento das funções sociais da cidade."

2.3.1. Princípios constitucionais fundamentadores do Estatuto da Cidade

Os **princípios** servem de parâmetros para a utilização da propriedade urbana e o implemento das diretrizes gerais apontadas pelo Estatuto da Cidade.

O primeiro princípio apontado como fundamento constitucional do Estatuto da Cidade é o **princípio da legalidade**. Funda-se no fato de que o texto constitucional remete à legislação municipal e elege o Plano Diretor e a legislação municipal como instrumento básico da política de desenvolvimento e de expansão urbana (art. 182, § 1º, da CF).

Outro princípio é o **princípio da propriedade privada**, permitindo ao proprietário o direito de usar, gozar, dispor da coisa ou reavê-la de quem injustamente a possua ou detenha, desde que atendida a função social da propriedade (arts. 5º, *caput* e incs. X, XII, XIII, XXIV, 170, III, e 182 a 191). Ainda se menciona o **direito à moradia**, previsto no art. 6º da CF, pois este é um dos direitos sociais que devem ser promovidos e garantidos pelo Estado. Por fim, o **princípio da dignidade da pessoa humana**, para que se possa promover a existência de um mínimo de direitos subjetivos concretos que atendam às necessidades básicas das pessoas, na hipótese em questão, a preservação da dignidade da pessoa humana do proprietário ao se administrar a política urbana regulamentada nos arts. 182 e 183 da CF.

2.3.2. Objetivos da política urbana

São objetivos da **política urbana**:

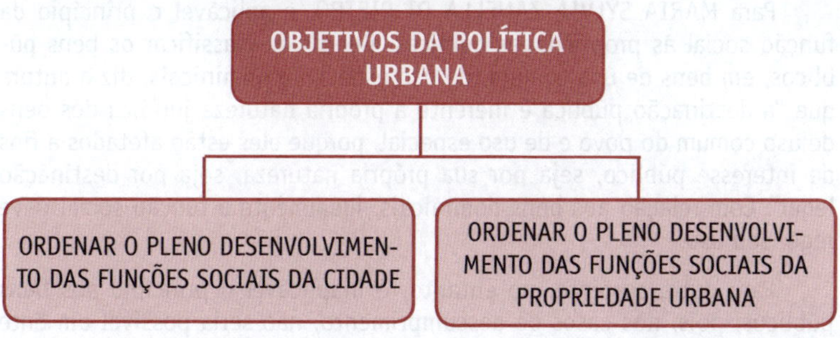

O **desenvolvimento das funções sociais** de uma cidade representa o implemento de diversas ações e execuções de programas relacionados à indústria, à educação, ao ensino, ao transporte, à assistência médica etc., ou seja, proporcionar e garantir o bem-estar do cidadão.

Por sua vez, a **função social da propriedade urbana** consiste na adequação da propriedade à uma ordem urbanística implementada pelo plano diretor.

Há que se adequar o **exercício do direito de propriedade**, pois deixou-se de possuir um direito absoluto e intangível como em épocas passadas, de modo que o direito de propriedade deve atender a sua função social.

2.3.3. Função social da propriedade pública

A noção de função social da propriedade teve como embrião o conceito de interesse social presente na Constituição de 1934, passando para a ideia de bem-estar social da Constituição de 1946, tornando-se propriamente um princípio nas Constituições de 1967/1969. Antes disso já estava consagrado no Estatuto da Terra, de 1964. Na Constituição de 1988 o princípio da função social aparece em vários dispositivos, notadamente nos arts. 5º, XXIII, 170, III, 173, I, 182, § 2º, entre outros.

O Estatuto da Cidade, Lei nº 10.257, de 2001, com base no art. 182, *caput*, da Constituição, passou a prever o **princípio da função social da cidade.**

A ideia de função social da propriedade envolve o **dever** de sua utilização, e a Constituição de 1988 **não faz menção expressa à função social da propriedade pública.**

A propriedade pública, portanto, atende sua função social não apenas pelo fato de possuir natureza pública, mas também por **dever** observar uma destinação socialmente útil, consolidada no atendimento às diretrizes do art. 182, *caput*, da CF/1988, no plano urbano, e nos comandos insertos no art. 186 da Constituição, no âmbito rural.

Para MARIA SYLVIA ZANELLA DI PIETRO, é aplicável o princípio da função social às propriedades públicas. Depois de classificar os bens públicos, em bens de uso comum, de uso especial e dominicais, diz a autora que "a destinação pública é inerente à própria natureza jurídica dos bens de uso comum do povo e de uso especial, porque eles estão afetados a fins de interesse público, seja por sua própria natureza, seja por destinação legal". Com relação aos bens dominicais, igualmente a função social deve reger seu uso.

Para outra corrente, no entanto, é inaplicável o princípio aos bens públicos, pois, nos casos de descumprimento, não seria possível um ente federativo aplicar a outro as medidas previstas na Constituição Federal e no Estatuto da Cidade como forma de compeli-lo a cumprir a função social, entre as quais se destaca o parcelamento ou edificação compulsórios, previsto no art. 182, § 4º, I, da CF/1988.

2.4. Diretrizes gerais

O Estatuto da Cidade (art. 2º) estabelece alguns **postulados** que possuem a finalidade de concretizar um norte aos administradores e aos legisladores, indicando quais os fins destinados à política urbana e atos que possam se contrapor aos preceitos mencionados.

São as **diretrizes gerais** para cumprir os objetivos da política urbana.

As diretrizes gerais podem ser **classificadas,** de acordo com Carvalho Filho (Carvalho Filho, José dos Santos. Comentários ao Estatuto da Cidade. São Paulo: Atlas, 2013, p. 30-32), em cinco hipóteses:

▸ Como esse assunto foi cobrado em concurso?

No concurso de Procurador do Município – Prefeitura de São Paulo – SP/2014, bem como no concurso de Procurador do Município – Prefeitura Teresina-PI/2010, foi questionado sobre as diretrizes gerais da política urbana. Obs.: No mesmo sentido a questão no concurso para Juiz de Direito Substituto do Acre (Cespe – AC/2012).

▸ Como esse assunto foi cobrado em concurso?

No concurso para *Engenheiro de Geodésia Júnior* - FUMARC (2018), foi perguntado:

A Lei 10257/2001, conhecida como Estatuto das Cidades, ao estabelecer as diretrizes gerais da política urbana, utiliza entre seus instrumentos para o planejamento municipal, **EXCETO**:

a) Garantia do direito a cidades sustentáveis.

b) Gestão orçamentária participativa.

c) Plano Diretor.

d) Zoneamento Ambiental.

Foi considerada como correta a alternativa a).

Diretrizes Governamentais – são as que dependem da atuação ou da iniciativa direta do Poder Público:

- planejamento do desenvolvimento das cidades, da distribuição espacial da população e das atividades econômicas do município e do território sob sua área de influência, de modo a evitar e corrigir as distorções do crescimento urbano e seus efeitos negativos sobre o meio ambiente;
- oferta de equipamentos urbanos e comunitários, transporte e serviços públicos adequados aos interesses e necessidades da população e às características locais;
- integração e complementaridade entre as atividades urbanas e rurais, tendo em vista o desenvolvimento socioeconômico do município e do território sob sua área de influência;
- adoção de padrões de produção e consumo de bens e serviços e de expansão urbana compatíveis com os limites da sustentabilidade ambiental, social e econômica do município e do território sob sua área de influência;
- proteção, preservação e recuperação do meio ambiente natural e construído, do patrimônio cultural, histórico, artístico, paisagístico e arqueológico;
- isonomia de condições para os agentes públicos e privados na promoção de empreendimentos e atividades relativos ao processo de urbanização, atendido o interesse social;
- tratamento prioritário às obras e edificações de infraestrutura de energia, telecomunicações, abastecimento de água e saneamento.
- garantia de condições condignas de acessibilidade, utilização e conforto nas dependências internas das edificações urbanas, inclusive nas destinadas à moradia e ao serviço dos trabalhadores domésticos, observados requisitos mínimos de dimensionamento, ventilação, iluminação, ergonomia, privacidade e qualidade dos materiais empregados (Lei nº 13.699/2018).

Diretrizes Sociais – de alguma forma buscam o benefício direto da sociedade, individual ou coletiva, ou ainda admitem a participação da sociedade no processo de urbanização:

- garantia do direito a cidades sustentáveis, entendido como o direito à terra urbana, à moradia, ao saneamento ambiental, à infraestrutura urbana, ao transporte e aos serviços públicos, ao trabalho e ao lazer, para as presentes e futuras gerações;

- gestão democrática por meio da participação da população e de associações representativas dos vários segmentos da comunidade na formulação, execução e acompanhamento de planos, programas e projetos de desenvolvimento urbano;
- cooperação entre os governos, a iniciativa privada e os demais setores da sociedade no processo de urbanização, em atendimento ao interesse social;
- justa distribuição dos benefícios e ônus decorrentes do processo de urbanização;
- audiência do Poder Público municipal e da população interessada nos processos de implantação de empreendimentos ou atividades com efeitos potencialmente negativos sobre o meio ambiente natural ou construído, o conforto ou a segurança da população.

▸ Como esse assunto foi cobrado em concurso?

No concurso de Procurador do Ministério Público do Tribunal de Contas FCC – TCM/GO/2015 foi questionado: "O direito à terra urbana, à moradia, ao saneamento ambiental, à infraestrutura urbana, ao transporte e aos serviços públicos, ao trabalho e ao lazer, para as presentes e futuras gerações" considerando as garantias de direito das diretrizes gerais da política urbana, corresponde à definição da garantia:

(A) a cidades sustentáveis.

(B) justa distribuição dos benefícios e ônus decorrentes do processo de urbanização.

(C) de integração e complementaridade entre as atividades urbanas e rurais, tendo em vista o desenvolvimento socioeconômico do município e do território sob sua área de influência.

(D) à gestão democrática da cidade.

(E) de proteção, preservação e recuperação do meio ambiente natural e construído, do patrimônio cultural, histórico, artístico, paisagístico e arqueológico.

Resposta: alternativa a).

▸ Como esse assunto foi cobrado em concurso?

Como esse assunto foi cobrado em concurso?

No concurso para Advogado – Prefeitura de Patos/PB – CPCON (2017), foi perguntado:

Segundo o artigo 2° da Lei n° 10.257/01 (que regulamenta os artigos 182 e 183 da Constituição Federal), "a política urbana tem por objetivo ordenar o pleno desenvolvimento das funções sociais da cidade e da propriedade urbana, mediante as seguintes diretrizes gerais":

a) Garantia do direito a cidades sustentáveis, entendido como o direito à terra urbana, à moradia, ao saneamento ambiental, à infra-estrutura urbana, ao transporte e aos serviços públicos, ao trabalho e ao lazer, para as presentes e futuras gerações.

b) Gestão democrática por meio da participação da população, conselhos municipais e de associações representativas dos vários segmentos da comunidade na formulação, elaboração, execução e acompanhamento direto de planos, programas e projetos de desenvolvimento urbano.

c) Convênio, parceria e cooperação entre os governos, a iniciativa privada e os demais setores da sociedade no processo de urbanização, em atendimento ao interesse social.

d) Formulação, elaboração e planejamento do desenvolvimento das cidades, da distribuição espacial da população e das atividades econômicas do Município e do território sob sua área de influência, de modo a evitar e corrigir as distorções do crescimento urbano e seus efeitos negativos sobre o meio ambiente.

e) Formulação, elaboração e planejamento do desenvolvimento das cidades, da distribuição espacial da população e das atividades econômicas do Município sob sua área de influência, de modo a evitar as distorções do crescimento urbano e seus efeitos negativos sobre o meio ambiente.

Foi considerada como correta a alternativa a).

▸ Como esse assunto foi cobrado em concurso?

No concurso para Especialista em Regulação – AGERBA – IBFC (2017), foi perguntado:

A Lei nº 10.257, de 2001, estipulou as diretrizes gerais para a execução da política urbana, que tem por objetivo ordenar o pleno desenvolvimento das funções sociais da cidade e da propriedade urbana. UMA dessas diretrizes é a seguinte:

a) participação das associações representativas dos vários segmentos da comunidade na gestão da política urbana, por meio de formulação, execução e acompanhamento de planos, programas e projetos de desenvolvimento urbano, podendo haver, excepcionalmente, participação da população, observados os requisitos legais

b) estímulo à utilização, nos parcelamentos do solo e nas edificações urbanas, de sistemas operacionais, padrões construtivos e aportes tecnológicos, salvo os casos em que a redução de impactos ambientais e a economia de recursos naturais estejam caracterizadas como objetivo do projeto.

c) planejamento do desenvolvimento das cidades, da distribuição espacial da população e das atividades econômicas do município, bem como do território sob sua área de influência, de modo a evitar e corrigir as distorções do crescimento urbano e seus efeitos negativos sobre o meio ambiente.

d) regularização fundiária e urbanização de áreas ocupadas por população de renda alta, visando a reforma agrária, mediante o estabelecimento de normas especiais de urbanização, uso e ocupação do solo e de edificação, consideradas as normas ambientais e a situação socioeconômica da população.

e) cooperação entre os governos, a iniciativa privada e os demais setores da sociedade no processo de urbanização, com vistas ao interesse do Estado, bem como proteção, preservação e recuperação do meio ambiente natural e construído, do patrimônio cultural, histórico, artístico, paisagístico e arqueológico.

A alternativa c) foi considerado correta.

Diretrizes econômico-financeiras – recursos e investimentos para fins de processo de urbanização:

- adequação dos instrumentos de política econômica, tributária e financeira e dos gastos públicos aos objetivos do desenvolvimento urbano, de modo a privilegiar os investimentos geradores de bem-estar geral e a fruição dos bens pelos diferentes segmentos sociais;
- recuperação dos investimentos do Poder Público de que tenha resultado a valorização de imóveis urbanos.

Diretrizes relativas ao solo urbano – referência aos instrumentos destinados ao processo de uso e ocupação do solo urbano:

- ordenação e controle do uso do solo, de forma a evitar: a) a utilização inadequada dos imóveis urbanos; b) a proximidade de usos incompatíveis ou inconvenientes; c) o parcelamento do solo, a edificação ou o uso excessivos ou inadequados em relação à infraestrutura urbana; d) a instalação de empreendimentos ou atividades que possam funcionar como polos geradores de tráfego, sem a previsão da infraestrutura correspondente; e) a retenção especulativa de imóvel urbano, que resulte na sua subutilização ou não utilização; f) a deterioração das áreas urbanizadas; g) a poluição e a degradação ambiental; h) a exposição da população a riscos de desastres.
- regularização fundiária e urbanização de áreas ocupadas por população de baixa renda mediante o estabelecimento de normas especiais de urbanização, uso e ocupação do solo e edificação, consideradas a situação socioeconômica da população e as normas ambientais;
- estímulo à utilização, nos parcelamentos do solo e nas edificações urbanas, de sistemas operacionais, padrões construtivos e aportes tecnológicos que objetivem a redução de impactos ambientais e a economia de recursos naturais.

Diretrizes Jurídicas – caracterizadas pela atuação em geral na área jurídica:

- simplificação da legislação de parcelamento, uso e ocupação do solo e das normas edilícias, com vistas a permitir a redução dos custos e o aumento da oferta dos lotes e unidades habitacionais.

▸ Como esse assunto foi cobrado em concurso?

No concurso de Cartório – TJ – PB/2014 foi cobrado quais são os instrumentos para a ordenação e controle do uso do solo previstos no Estatuto da Cidade.

▸ Como esse assunto foi cobrado em concurso?

No concurso para Procurador – IPREV - IBEG (2017), foi perguntado:

Sobre as diretrizes gerais do Estatuto da Cidade, Lei 10.257/01, que estabelece diretrizes gerais da política urbana, dentre outras providências, analise as assertivas abaixo e indique a alternativa correta.

I - Para todos os efeitos, o Estatuto da Cidade, estabelece normas de ordem pública e interesse social que regulam o uso da propriedade urbana em prol do bem coletivo, da segurança e do bem-estar dos cidadãos, bem como do equilíbrio ambiental;

II - A política urbana tem por objetivo ordenar o pleno desenvolvimento das funções sociais da cidade e da propriedade urbana, mediante, dentre outros, a garantia do direito a cidades sustentáveis, entendido como o direito à terra urbana, à moradia, ao saneamento ambiental, à infraestrutura urbana, ao transporte e aos serviços públicos, ao trabalho e ao lazer, para os presentes e futuras gerações;

III - A política urbana tem por objetivo ordenar o pleno desenvolvimento das funções sociais da cidade e da propriedade urbana, mediante, dentre outros, a gestão democrática por meio da participação da população e de associações representativas dos vários segmentos da comunidade na formulação, execução e acompanhamento de planos, programas e projetos de desenvolvimento urbano;

IV - A política urbana tem por objetivo ordenar o pleno desenvolvimento das funções sociais da cidade e da propriedade urbana, mediante, dentre outros, ordenação e controle do uso do solo, de forma a evitar a retenção especulativa de imóvel urbano, que resulte na sua subutilização ou não utilização;

a) apenas as assertivas I, II e III são verdadeiras.

b) apenas as assertivas II e III são verdadeiras.

c) apenas as assertivas I e IV são verdadeiras.

d) apenas as assertivas I, II e IV são verdadeiras.

e) todas as assertivas são verdadeiras.

A alternativa e) foi considerado correta.

▸ Como esse assunto foi cobrado em concurso?

No concurso para Especialista em Regulação – AGERBA – IBFC (2017), foi perguntado:

Tomando por base as disposições expressas e precisas da lei federal nº 10.257, de 10/07/2001, assinale a alternativa INCORRETA sobre as diretrizes gerais da política urbana.

a) Inclui-se a ordenação e controle do uso do solo, de forma a evitar a retenção especulativa de imóvel urbano, que resulte na sua subutilização ou não utilização

b) Inclui-se a ordenação e controle do uso do solo, de forma a evitar a proximidade de usos incompatíveis ou inconvenientes

c) Inclui-se a integração e complementaridade entre as atividades urbanas e rurais, tendo em vista o desenvolvimento socioeconômico do Município e do território sob sua área de influência

d) Não se inclui a regularização fundiária

e) Inclui-se o tratamento prioritário às obras e edifcações de infraestrutura de energia, telecomunicações, abastecimento de água e saneamento

A alternativa d) foi considerado correta.

2.5. Competências para questões de política urbana

As **competências para legislar** sobre o tema Direito urbanístico e a produção de atos administrativos referentes à política urbana revestem-se de complexidade, pois a Constituição Federal traça diversas normas sobre os temas, diluídas entre seus entes federados.

É de **competência da União** nas questões de política urbana:

> I – legislar sobre normas gerais de Direito urbanístico;
>
> II – legislar sobre normas para a cooperação entre a União, os estados, o Distrito Federal e os municípios em relação à política urbana, tendo em vista o equilíbrio do desenvolvimento e do bem-estar em âmbito nacional;
>
> III – promover, por iniciativa própria e em conjunto com os Estados, o Distrito Federal e os Municípios, programas de construção de moradias e melhoria das condições habitacionais, de saneamento básico, das calçadas, dos passeios públicos, do mobiliário urbano e dos demais espaços de uso público;
>
> IV – instituir diretrizes para desenvolvimento urbano, inclusive habitação, saneamento básico, transporte e mobilidade urbana, que incluam regras de acessibilidade aos locais de uso público;

V – elaborar e executar planos nacionais e regionais de ordenação do território e de desenvolvimento econômico e social.

As **competências administrativas**, assim como as legislativas descritas no Estatuto da Cidade, são repetições do disposto nos arts. 21, inc. XX, 23, inc. IX, parágrafo único, e 24, inc. I, todos da CF.

COMPETÊNCIAS CONSTITUCIONAIS SOBRE DIREITO URBANÍSTICO		
Art. 21, inc. XX	Compete à União:	Instituir diretrizes para o desenvolvimento urbano, inclusive habitação, saneamento básico e transportes urbanos;
Art. 23, inc. IX	É de competência comum da União, dos estados, do Distrito Federal e dos municípios:	Promover programas de construção de moradias e a melhoria das condições habitacionais e de saneamento básico;
Art. 24, inc. I	É de competência legislativa concorrente à União, aos estados e ao Distrito Federal legislar sobre:	Direito urbanístico

▸ **Só lembrando!**

Os arts. 21 e 23 da CF tratam de competências administrativas ou materiais, não de competências legislativas, mas sim no campo de atuação político-administrativa.

Ressalte-se que o art. 23, parágrafo único, estabelece que as leis complementares fixarão normas para a **cooperação** entre a União e os estados, o Distrito Federal e os municípios, tendo em vista o equilíbrio do desenvolvimento e do bem-estar em âmbito nacional.

Já o art. 24 da CF trata de **competência para legislar**, e esta se dará no âmbito da União, dos estados e do Distrito Federal, cabendo à União legislar sobre normas gerais, e aos estados, normas específicas.

Outrossim, não podemos esquecer que aos municípios também é atribuída a **competência legislativa suplementar**, determinando o art. 30, inc. II, da CF que compete aos municípios suplementar a legislação estadual e federal no que couber.

▸ **Como esse assunto foi cobrado em concurso?**

No concurso para Promotor de Justiça – MT/2012, bem como no concurso de Juiz de Direito Substituto-CE/2012, foram exigidas nas questões sobre de quem eram as competências urbanísticas previstas na CF/1988.

Com relação ao Distrito Federal, importante recordar que a ele caberão as competências constitucionais dos estados e municípios de forma cumulativa, a teor do disposto no **art. 32, § 1º, da CF**, pois sua estrutura guarda semelhança à dos estados; contudo, não pode ser dividido em municípios (art. 32 da CF).

▸ **Como esse assunto foi cobrado em concurso?**

No concurso de Procurador do Ministério Público do Tribunal de Contas – TCM/GO/2015 foi questionado: Em matéria urbanística, compete:

A) ao município promover, privativamente, o adequado ordenamento territorial, mediante planejamento e controle do uso, do parcelamento e da ocupação do solo urbano.

B) ao município criar, organizar e suprimir distritos a seu exclusivo critério.

C) ao estado elaborar os planos regionais de ordenação do território e de desenvolvimento econômico e social.

D) à União instituir diretrizes para o desenvolvimento urbano, inclusive habitação, saneamento básico e transportes urbanos.

E) à União legislar, privativamente, sobre matéria de mobilidade urbana.

Resposta: alternativa d).

2.6. Estatuto da Metrópole

A Lei 13.089/15 prevê o **Estatuto da Metrópole**, estabelecendo diretrizes gerais para o planejamento, a gestão e a execução das funções públicas de interesse comum em regiões metropolitanas e em aglomerações urbanas instituídas pelos estados, normas gerais sobre o plano de desenvolvimento urbano integrado e outros instrumentos de governança interfederativa, e critérios para o apoio da União a ações que envolvam governança interfederativa no campo do desenvolvimento urbano, com base nos incisos XX do art. 21, IX do art. 23 e I do art. 24, no § 3º do art. 25 e no art. 182 da Constituição Federal.

Além das regiões metropolitanas e das aglomerações urbanas, o Estatuto da Metrópole ainda **será aplicado** às microrregiões instituídas pelos estados com fundamento em funções públicas de interesse comum com características predominantemente urbanas.

Para a aplicação do Estatuto da Metrópole serão levadas em consideração as normas gerais de direito urbanístico estabelecidas no Estatuto da Cidade.

Para fins do Estatuto da Metrópole consideram-se:

▸ **aglomeração urbana:**	unidade territorial urbana constituída pelo agrupamento de dois ou mais municípios limítrofes, caracterizada por complementaridade funcional e integração das dinâmicas geográficas, ambientais, políticas e socioeconômicas;
▸ **função pública de interesse comum:**	política pública ou ação nela inserida cuja realização por parte de um município, isoladamente, seja inviável ou cause impacto em municípios limítrofes;
▸ **gestão plena: condição de região metropolitana ou de aglomeração urbana que possui:**	a) formalização e delimitação mediante lei complementar estadual; b) estrutura de governança interfederativa própria, nos termos do art. 8º do Estatuto da Metrópole; e c) plano de desenvolvimento urbano integrado aprovado mediante lei estadual;
▸ **governança interfederativa:**	compartilhamento de responsabilidades e ações entre entes da Federação em termos de organização, planejamento e execução de funções públicas de interesse comum;
▸ **metrópole:**	espaço urbano com continuidade territorial que, em razão de sua população e relevância política e socioeconômica, tem influência nacional, ou sobre uma região que configure, no mínimo, a área de influência de uma capital regional, conforme os critérios adotados pelo IBGE;
▸ **plano de desenvolvimento urbano integrado:**	instrumento que estabelece, com base em processo permanente de planejamento, viabilização econômico-financeira e gestão, as diretrizes para o desenvolvimento territorial estratégico e os projetos estruturantes da região metropolitana e aglomeração urbana (Lei nº 13.683/2018);
▸ **região metropolitana:**	unidade regional instituída pelos Estados, mediante lei complementar, constituída por agrupamento de Municípios limítrofes para integrar a organização, o planejamento e a execução de funções públicas de interesse comum (Lei nº 13.683/2018);
▸ **área metropolitana**	representação da expansão contínua da malha urbana da metrópole, conurbada pela integração dos sistemas viários, abrangendo, especialmente, áreas habitacionais, de serviços e industriais com a presença de deslocamentos pendulares no território (Lei nº 13.683/2018);
▸ **governança interfederativa das funções públicas de interesse comum**	compartilhamento de responsabilidades e ações entre entes da Federação em termos de organização, planejamento e execução de funções públicas de interesse comum, mediante a execução de um sistema integrado e articulado de planejamento, de projetos, de estruturação financeira, de implantação, de operação e de gestão. (Lei nº 13.683/2018).

▸ Como esse assunto foi cobrado em concurso?

No concurso para Promotor de Justiça do RS (MPE/2016) foi perguntado sobre o conteúdo do Estatuto da Metrópole: Para os efeitos da Lei 13.089/2015, considera-se aglomeração urbana a unidade territorial urbana constituída pelo agrupamento de dois ou mais municípios limítrofes, caracterizada por complementaridade funcional e integração das dinâmicas geográficas, ambientais, políticas e socioeconômicas.

Resposta: O item foi considerado verdadeiro.

Os estados poderão instituir **regiões metropolitanas e aglomerações urbanas,** por meio de **lei complementar**, constituídas por agrupamento de municípios limítrofes, para integrar a organização, o planejamento e a execução de funções públicas de interesse comum.

▸ Como esse assunto foi cobrado em concurso?

No concurso para Promotor de Justiça do RS (MPE/2016) foi perguntado sobre o conteúdo do Estatuto da Metrópole: Os estados, **mediante lei ordinária**, poderão instituir regiões metropolitanas e aglomerações urbanas, constituídas por agrupamento de municípios limítrofes, para integrar a organização, o planejamento e a execução de funções públicas de interesse comum.

Resposta: O item foi considerado falso.

O Estado e os Municípios que estiverem inclusos em região metropolitana ou em aglomeração urbana formalizada e delimitada na forma do art. 3º, *caput,* do Estatuto da Metrópole, deverão promover a **governança interfederativa**, sem prejuízo de outras determinações desta Lei.

Na hipótese de criação de uma região metropolitana, de aglomeração urbana ou de microrregião, há obrigatoriedade deve ser precedida de **estudos técnicos e audiências públicas** que envolvam todos os Municípios pertencentes à unidade territorial.

Caso a instituição de região metropolitana ou de aglomeração urbana envolver municípios pertencentes a mais de um estado, deverá haver a formalização mediante a aprovação de leis complementares pelas **assembleias legislativas** de cada um dos estados envolvidos.

Enquanto não houver a aprovação das leis complementares previstas por todos os estados envolvidos, a região metropolitana ou a aglomeração urbana **terá validade apenas** para os municípios dos estados que já houverem aprovado a respectiva lei.

As leis complementares estaduais deverão definir, no mínimo:

I – os municípios que integram a unidade territorial urbana;

> II – os campos funcionais ou funções públicas de interesse comum que justificam a instituição da unidade territorial urbana;
>
> III – a conformação da estrutura de governança interfederativa, incluindo a organização administrativa e o sistema integrado de alocação de recursos e de prestação de contas; e
>
> IV – os meios de controle social da organização, do planejamento e da execução de funções públicas de interesse comum.

▸ Como esse assunto foi cobrado em concurso?

No concurso para Procurador do Estado – CESPE, PGE-PE (2018), foi perguntado:

A Lei n.º 13.089/2015 — Estatuto das Metrópoles —

a) é a lei específica acerca das regras gerais de política urbana, razão pela qual substituiu o Estatuto das Cidades.

b) aplica-se às regiões metropolitanas e aglomerações urbanas, mas não às microrregiões com características predominantemente urbanas instituídas pelos estados para atender funções públicas de interesse comum.

c) prevê a governança interfederativa como instrumento para o estabelecimento das diretrizes para o desenvolvimento urbano da região metropolitana.

d) prevê como diretriz específica das aglomerações urbanas o estabelecimento de um sistema integrado de alocação de recursos e de prestação de contas.

e) extinguiu a possibilidade de os municípios criarem convênios de cooperação para atuar em funções públicas de interesse comum.

Foi considerada como correta a alternativa d).

A governança interfederativa das regiões metropolitanas e das aglomerações urbanas possuem alguns **princípios** que devem ser respeitados, de acordo com o art. 6º do Estatuto da Metrópole:

PRINCÍPIOS DA GOVERNANÇA INTERFEDERATIVA E DAS AGLOMERAÇÕES URBANAS
• prevalência do interesse comum sobre o local: • o interesse de um grupo de Municípios, deverá prevalecer sobre o interesse de um apenas.
• compartilhamento de responsabilidades e de gestão para a promoção do desenvolvimento urbano integrado: • trata-se do compartilhamento de responsabilidades entre os entes federativos e eventuais pessoas jurídicas de direito privado na forma de parcerias público-privadas e contratos de gestão, entre outros institutos, por exemplo.
• autonomia dos entes da Federação: • deverá ser respeitada a autonomia constitucionalmente conferida aos entes federativos.

PRINCÍPIOS DA GOVERNANÇA INTERFEDERATIVA E DAS AGLOMERAÇÕES URBANAS
• observância das peculiaridades regionais e locais: • as atividades específicas e importantes de cada um dos entes que fazem parte da aglomeração urbana deverão ser levadas em consideração quando traçadas as políticas públicas.
• gestão democrática da cidade, de acordo com o Estatuto da Cidade: • instrumentos democráticos devem viabilizar a participação da sociedade nas decisões da cidade, como, por exemplo, orçamento participativo, audiências públicas etc.
• efetividade no uso dos recursos públicos: • a aplicação dos recursos públicos deve apresentar um resultado eficiente.
• busca do desenvolvimento sustentável: • o desenvolvimento econômico deverá estar conciliado com o respeito ao meio ambiente, bem como com as respectivas normas ambientais.

A governança interfederativa das regiões metropolitanas e das aglomerações urbanas ainda deverá observar as diretrizes previstas no art. 2º do Estatuto da Cidade, e ainda as seguintes **diretrizes específicas**:

> I – implantação de processo permanente e compartilhado de planejamento e de tomada de decisão quanto ao desenvolvimento urbano e às políticas setoriais afetas às funções públicas de interesse comum;
>
> II – estabelecimento de meios compartilhados de organização administrativa das funções públicas de interesse comum;
>
> III – estabelecimento de sistema integrado de alocação de recursos e de prestação de contas;
>
> IV – execução compartilhada das funções públicas de interesse comum, mediante rateio de custos previamente pactuado no âmbito da estrutura de governança interfederativa;
>
> V – participação de representantes da sociedade civil nos processos de planejamento e de tomada de decisão (Lei nº 13.683/2018);
>
> VI – compatibilização dos planos plurianuais, leis de diretrizes orçamentárias e orçamentos anuais dos entes envolvidos na governança interfederativa;
>
> VII – compensação por serviços ambientais ou outros serviços prestados pelo município à unidade territorial urbana, na forma da lei e dos acordos firmados no âmbito da estrutura de governança interfederativa.

▸ Atenção!

Para a aplicação das diretrizes específicas devem ser consideradas as **especificidades dos municípios** integrantes da unidade territorial urbana quanto à população, à renda, ao território e às características ambientais.

Para o exercício da **governança das funções públicas de interesse comum**, o Estado e os Municípios da unidade territorial observarão as seguintes **diretrizes gerais**:

> I – compartilhamento da tomada de decisões com vistas à implantação de processo relativo ao planejamento, à elaboração de projetos, à sua estruturação econômico-financeira, à operação e à gestão do serviço ou da atividade; e
>
> II – compartilhamento de responsabilidades na gestão de ações e projetos relacionados às funções públicas de interesse comum, os quais deverão ser executados mediante a articulação de órgãos e entidades dos entes federados.

A governança interfederativa das regiões metropolitanas e das aglomerações urbanas possuirá uma **estrutura básica**:

▸ Como esse assunto foi cobrado em concurso?

No concurso para Promotor de Justiça do RS (MPE/2016) foi perguntado sobre o conteúdo do Estatuto da Metrópole:

A governança interfederativa das regiões metropolitanas e das aglomerações urbanas compreenderá em sua estrutura básica, entre outros elementos, um sistema integrado de alocação de recursos e de prestação de contas.

Resposta: O item foi considerado verdadeiro.

Além dos **instrumentos** previstos no art. 4º do Estatuto da Cidade, no desenvolvimento urbano integrado de regiões metropolitanas e de aglomerações urbanas ainda serão utilizados os seguintes:

> I – plano de desenvolvimento urbano integrado;
>
> II – planos setoriais interfederativos;
>
> III – fundos públicos;
>
> IV – operações urbanas consorciadas interfederativas;
>
> V – zonas para aplicação compartilhada dos instrumentos urbanísticos previstos no Estatuto da Cidade;
>
> VI – consórcios públicos, observada a Lei 11.107, de 6 de abril de 2005;
>
> VII – convênios de cooperação;
>
> VIII – contratos de gestão;
>
> IX – compensação por serviços ambientais ou outros serviços prestados pelo município à unidade territorial urbana, conforme o inciso VII do **caput** do art. 7º desta Lei;
>
> X – parcerias público-privadas interfederativas.

As regiões metropolitanas e as aglomerações urbanas deverão contar com **plano de desenvolvimento urbano integrado**, aprovado mediante lei estadual.

Ainda poderão ser formulados planos setoriais interfederativos para políticas públicas direcionadas à região metropolitana ou à aglomeração urbana.

> **▸ Cuidado!**
>
> Não se eximirá o município integrante da região metropolitana ou aglomeração urbana da formulação do respectivo **plano diretor** previsto na CF/1988 e no Estatuto da Cidade.

O município deverá **compatibilizar** seu plano diretor com o plano de desenvolvimento urbano integrado da unidade territorial urbana.

Ainda, o plano de desenvolvimento urbano integrado será **elaborado de forma conjunta e cooperada** por representantes do Estado, dos Municípios integrantes da unidade regional e da sociedade civil organizada e será **aprovado** pela instância colegiada prevista no art. 8º do Estatuto da Metrópole, antes de seu encaminhamento à apreciação da Assembleia Legislativa.

Segundo estabelece o art. 11 do Estatuto da Metrópole, a lei estadual que instituir o plano de desenvolvimento urbano integrado de região metropolitana ou de aglomeração urbana deverá ser **revista**, pelo menos, **a cada dez anos**.

> **▸ Como esse assunto foi cobrado em concurso?**
>
> No concurso para Promotor de Justiça do RS (MPE/2016) foi perguntado sobre o conteúdo do Estatuto da Metrópole:
>
> A lei estadual que instituir o plano de desenvolvimento urbano integrado de região metropolitana ou de aglomeração urbana deverá ser revista, pelo menos, a cada cinco anos.
>
> Resposta: O item foi considerado falso.

Destaque-se que o plano de desenvolvimento urbano integrado de região metropolitana ou de aglomeração urbana deverá **considerar o conjunto** de municípios que compõem a unidade territorial urbana e abranger áreas urbanas e **rurais**.

O plano de desenvolvimento urbano integrado de região metropolitana ou de aglomeração urbana deverá **contemplar, no mínimo**:

> I – as diretrizes para as funções públicas de interesse comum, incluindo projetos estratégicos e ações prioritárias para investimentos;
>
> II – o macrozoneamento da unidade territorial urbana;
>
> III – as diretrizes quanto à articulação dos municípios no parcelamento, uso e ocupação no solo urbano;
>
> IV – as diretrizes quanto à articulação intersetorial das políticas públicas afetas à unidade territorial urbana;
>
> V – a delimitação das áreas com restrições à urbanização visando à proteção do patrimônio ambiental ou cultural, bem como das áreas sujeitas a controle especial pelo risco de desastres naturais, se existirem; e
>
> VI – o sistema de acompanhamento e controle de suas disposições; e
>
> VII – as diretrizes mínimas para implementação de efetiva política pública de regularização fundiária urbana, nos termos da Lei nº 13.465, de 11 de julho de 2017 (Lei nº 13.683/2018).

No processo de elaboração do plano de desenvolvimento urbano integrado de região metropolitana ou de aglomeração urbana e na fiscalização de sua aplicação, **serão assegurados**:

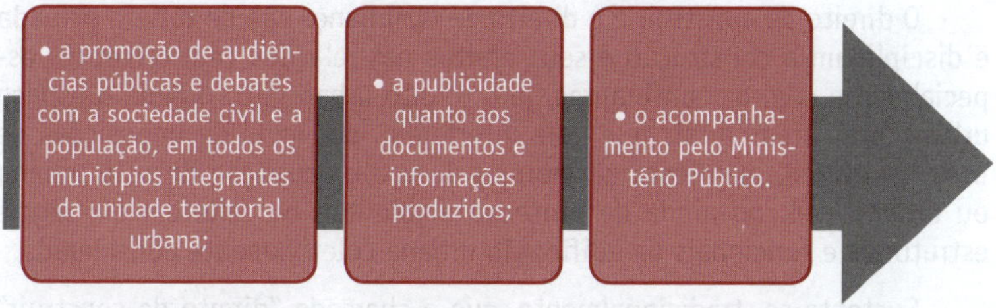

Em suas ações inclusas na política nacional de desenvolvimento urbano, **a União apoiará** as iniciativas dos estados e dos municípios voltadas à governança interfederativa, observados as diretrizes e os objetivos do plano plurianual, as metas e as prioridades fixadas pelas leis de diretrizes orçamentárias e o limite das disponibilidades propiciadas pelas leis orçamentárias anuais.

A realização de **audiências públicas** ocorrerá segundo os critérios estabelecidos pela instância colegiada deliberativa a que se refere o art. 8º do Estatuto da Metrópole.

Admite-se o apoio da União para a elaboração e a revisão do plano de desenvolvimento urbano integrado, dispensado, na primeira hipótese, a aprovação do plano de desenvolvimento urbano integrado mediante lei estadual.

Ainda, estabelece o Estatuto da Metrópole que a União manterá ações voltadas à integração entre **cidades gêmeas localizadas na faixa de fronteira com outros países**, em relação à mobilidade urbana, como previsto na Lei 12.587, de 3 de janeiro de 2012, e a outras políticas públicas afetas ao desenvolvimento urbano.

Por fim, o Estatuto da Metrópole prevê que a União apoiará as iniciativas dos Estados e dos Municípios voltadas à governança interfederativa e promoverá a instituição de um sistema nacional de informações urbanas e metropolitanas, observadas as diretrizes do plano plurianual, as metas e as prioridades fixadas pelas leis orçamentárias anuais.

2.7. Direito de Construir e Direito de Propriedade

O **direito de construir** possui diversas conexões com o direito urbanístico. Há quem sustente aquele como parte deste.

Segundo a doutrina de HELY LOPES MEIRELLES, o direito urbanístico não poderá ser **confundido** com o direito de construir, nem com o direito de vizinhança, pois, embora possuam traços conexos, protegem interesses diversos e se embasam em fundamentos diferentes. (*Direito Municipal Brasileiro*, 16. ed. p. 526).

O direito de construir e o direito de vizinhança são de **ordem privada** e disciplinam a construção e seus efeitos nas relações com terceiros, especialmente com os confinantes, já o direito urbanístico ordena o espaço urbano e as áreas rurais que nele interferem, por meio de imposições de **ordem pública**, manifesta em normas de uso e ocupação do solo urbano ou urbanizável, ou ainda de proteção ambiental, ou refletem em regras estruturais e funcionais da edificação urbana coletivamente considerada.

Sustenta-se, tradicionalmente, que o chamado "direito de construir" é **inerente** ao direito de propriedade do terreno. O direito de construir irá se constituir em uma das faculdades do direito de propriedade, pois ao proprietário reconhece-se o direito/poder de usar, gozar e ainda dispor de seus bens da melhor maneira que entender, conforme estabelece o art. 1.228 do CC, ainda estabelecendo que o proprietário poderá levantar em seu terreno as construções que lhe aprouver, salvo o direito dos vizinhos e os regulamentos administrativos (CC, art. 1.299).

Contudo, sustenta JOSÉ AFONSO DA SILVA que o direito de construir, mesmo inerente ao direito de propriedade, **não poderá prevalecer** com amplitude, em razão das normas constitucionais que demandam uma nova leitura das disposições constantes no CC. Segundo JOSÉ AFONSO DA SILVA, em "primeiro lugar vem a ideia de que a faculdade de construir não é propriamente inerente ao direito de propriedade do terreno; só o será, mesmo no nosso sistema, em relação aos terrenos com destino urbanístico preordenado a edificação, valendo dizer que o direito de construir nasce com a ordenação urbanística qualificadora de determinado terreno como edificável. Em segundo lugar, perdurará essa inerência, mesmo em tal caso, se não ocorrer um interesse público que, fundado legitimamente no princípio da função social da propriedade, declare inedificável determinado terreno. A questão do cabimento, ou não, de indenização é problema que se averigua com base em outros fundamentos, especialmente no princípio da igualdade da distribuição dos ônus e dos benefícios da atividade urbanística. Com essas limitações é que temos que aceitar, em face do direito positivo brasileiro, a tese de que a faculdade de construir é inerente ao direito de propriedade do terreno no âmbito urbanístico." (SILVA, José Afonso da. *Direito Urbanístico Brasileiro*. 6. ed. São Paulo: Malheiros, 2010, p. 84).

2.8. Poder de polícia: generalidades e poder de polícia urbanístico

O **poder de polícia** é um dos poderes administrativos de maior destaque junto à Administração Pública, pois este é exercido sobre todas as atividades e bens que possam de algum modo afetar toda a coletividade.

O poder de polícia possui **previsão legal** no art. 78 do CTN: "Considera-se poder de polícia atividade da administração pública que, limitando ou disciplinando direito, interêsse ou liberdade, regula a prática de ato ou abstenção de fato, em razão de intêresse público concernente à segurança, à higiene, à ordem, aos costumes, à disciplina da produção e do mercado, ao exercício de atividades econômicas dependentes de concessão ou autorização do Poder Público, à tranqüilidade pública ou ao respeito à propriedade e aos direitos individuais ou coletivos".

O **poder de polícia** é aquele conferido ao administrador com a **finalidade** de condicionar, permitir, restringir, frenar o exercício de atividade, o uso e gozo de bens e direitos pelos particulares em nome do interesse da coletividade.

São **características** do regime do poder de polícia:

a) atividade restrita (são atuações que em geral representam as limitações de atuação de particular);

b) limita a liberdade e propriedade;

c) possui um caráter liberatório, manifestado através de atos que autorizam o exercício de atividades até então vedadas pela lei;

d) é sempre geral;

e) possui como regra geral criar a obrigação de não fazer;

f) não gera indenização;

g) em geral atinge particulares;

h) é indelegável; e

i) possui em geral natureza discricionária, pois a Administração Pública poderá escolher, dentre as opções previstas em lei, o melhor momento para sua atuação, bem como a sanção que se enquadrará no caso concreto, sempre tendo em vista o interesse público.

O poder de polícia possui alguns atributos:

a) **a discricionariedade:** é a possibilidade da Administração, através da conveniência e oportunidade, exercer o poder de polícia, bem como aplicar as sanções e empregar os meios necessários para atingir o objetivo;

b) **a autoexecutoriedade:** a faculdade da Administração Pública de executar as suas decisões pelos seus próprios meios, sem a intervenção do poder do Judiciário; e a

c) **coercibilidade:** é a imposição coativa das medidas adotadas pela Administração.

O poder de polícia pode ser realizado das seguintes formas: a) preventivo; b) repressivo e c) fiscalizador:

- poder de polícia preventivo: caracteriza-se pelas disposições genéricas e abstratas da Administração Pública que delimitam a atividade e o interesse do particular, em prol do interesse coletivo, através de atos normativos como regulamentos e portarias, como, por exemplo, os atos que regulam a venda de fogos de artifício ou que proíbem soltar balões. A atuação do poder de polícia dá-se de modo preventivo, preferencialmente através de ordem e proibições, mas também por meio de normas limitadoras e sancionadoras da conduta daqueles que utilizam bens ou exercem atividades que possam afetar a coletividade. A Administração Pública pode, no exercício do poder de polícia preventivo, consentir na atuação de determinadas atividades todas as vezes em que há a expedição de um alvará, autorizando a prática de um ato ou atividade dependente do policiamento administrativo.
- poder de polícia repressivo: caracteriza-se nas atuações concretas da Administração Pública em razão de casos específicos praticados, com a finalidade de manter a obediência à lei e aos regulamentos, como, por exemplo, o fechamento de um estabelecimento comercial (boate), aberto sem a prévia observância dos requisitos ou sem o consentimento das regras sanitárias.
- poder de polícia na forma de fiscalização: caracteriza-se em atos que visam à prevenção de eventuais lesões a administrados, como, por exemplo, a vistoria de veículos automotores como garantia de segurança.

Atenção!

O poder de polícia não é uma mera faculdade da Administração Pública, mas sim uma atribuição da qual ela **não pode renunciar** e nem transigir.

A atividade do poder de polícia não se resume apenas na restrição e controle voltados à questão de segurança de pessoas e bens, mas também:

a) no controle do exercício de profissões;

b) determinando a fiscalização e funcionamento de atividades do Município;

c) delimitando e verificando as condições sanitárias de venda e armazenamento de diversos produtos;

d) fiscalizando o trânsito;

e) determinando e fiscalizando o meio ambiente; concedendo alvará de licença ou de autorização para a realização de atividades;

f) controlando medicamento;

g) determinado e fiscalizando atividades bancárias; entre outras.

O critério fundamental para dizer sobre a competência para o exercício da medida de polícia administrativa é a análise da **competência para legislar sobre a matéria:**

- competência de poder de polícia da União: exercerá de forma exclusiva a polícia administrativa dentro de suas funções previstas no art. 22 da CF e de forma concorrente com os Estados, no que estiver disposto no art. 24 da CF;
- competência de poder de polícia dos Estados: exercerão o poder de polícia exclusivo das matérias constantes no § 1º do art. 25 da CF;
- competência de poder de polícia dos Municípios: têm seu campo exclusivo de polícia administrativa no que diz respeito ao seu interesse peculiar e, notadamente, em relação às matérias previstas no art. 30 da CF;
- competência de poder de polícia do Distrito Federal: exercerá a atividade de polícia administrativa inerente aos Estados e aos Municípios (art. 32, § 1º, da CF).

Portanto, pode-se observar que a competência para o exercício do policiamento administrativo é exclusiva de quem dispõe do **poder de regular a matéria.** Contudo, de maneira excepcional, certas atividades são de atribuição dos três entes estatais, especialmente em razão da extensão do território brasileiro.

A regra é a **exclusividade** do policiamento administrativo, e a exceção é a concorrência deste policiamento.

> **Cuidado!**
>
> Não confundam o poder de polícia administrativo com o poder de polícia judiciário!

O poder de polícia administrativo incide sobre bens, direitos e atividades, ao passo que a polícia judiciária e a polícia de manutenção da ordem pública atuam sobre pessoas, individual ou indiscriminadamente. Além disso, a polícia judiciária atua a partir de um **ilícito penal**, enquanto a polícia administrativa atua, preventivamente ou repressivamente, a partir de um **ilícito administrativo**.

No âmbito federal as ações punitivas decorrentes do exercício do poder de polícia **prescrevem** em 5 anos, nos termos do art. 1º da Lei nº 9.873/99. Caso o fato objeto da ação punitiva da administração também constitua crime, os prazos aplicáveis serão os prazos de prescrição previstos na lei penal (art. 1º, § 2º). A lei também estabelece casos de suspensão e interrupção da prescrição da ação punitiva. As interrupções estão previstas no art. 2º e as suspensões com as hipóteses previstas no art. 3º da lei antes referida.

Ainda sobre o exercício do poder de polícia, o STF já decidiu que não deve ser necessariamente presencial e não depende da existência de órgão de controle estruturado para a fiscalização do exercício dos direitos individuais (RE 361009 AgR, Relator(a): Min. JOAQUIM BARBOSA, Segunda Turma, julgado em 31/08/2010, DJe-217 DIVULG 11/11/2010 PUBLIC 12/11/2010 EMENT VOL-02430-01 PP-00087).

Por fim, uma discussão que gira em torno do poder de polícia diz respeito à possibilidade de **delegação do poder de polícia**. Não se admite a delegação do exercício do poder de polícia, pois se trata de atividade exclusiva do Estado ***(art. 4°, inc. III, da Lei nº 11.079/04),*** além de colocar em risco o desequilíbrio social. Contudo, é importante observar a ressalva feita pela doutrina, que menciona a existência do ***poder de polícia originário e o poder de polícia delegado***. O poder de polícia originário são as leis e os atos administrativos provenientes de pessoas políticas da federação aos quais lhes são atribuídos o exercício do poder de polícia e o poder de editar as próprias leis limitativas. Por sua vez, o ***poder de polícia delegado*** ocorre quando a lei confere a uma ***entidade administrativa*** o poder de polícia, contudo, esta entidade não pode estar desvinculada oficialmente dos entes públicos. É pressuposto que a delegação só poderá ser outorgada a **pessoa** jurídica integrada à estrutura da Administração Indireta, pois poderá ter a seu cargo a prestação do serviço público. A Administração Pública Indireta, que na maioria das vezes possui seu pessoal regido pelas normas da CLT (regime celetista), pode ter competência delegada conferida por lei para o exercício do poder de polícia.

Segundo decisões do STF, **não é possível a delegação do poder de polícia** à sociedade de economia mista, pessoa jurídica de direito privado. Nesse sentido o STF: "(...) 2. Isso porque a interpretação conjugada dos artigos 5°, XIII, 22, XVI, 21, XXIV, 70, parágrafo único, 149 e 175 da Constituição Federal, leva à conclusão, no sentido da indelegabilidade, a uma entidade privada, de atividade típica de Estado, que abrange até poder de polícia, de tributar e de punir, no que concerne ao exercício de atividades profissionais regulamentadas, como ocorre com os dispositivos impugnados. 3. Decisão unânime." (STF-ADI 1.717, Rel. Min. Sydney Sanches, DJ de 28/03/2003). Contudo, é bom esclarecer que a matéria é objeto de controvérsia no STF, razão pela qual foi reconhecida a repercussão geral na Corte e será objeto de apreciação pelos demais Ministros da Corte: "STF - DIREITO CONSTITUCIONAL E ADMINISTRATIVO. APLICAÇÃO DE MULTA DE TRÂNSITO POR SOCIEDADE DE ECONOMIA MISTA. PODER DE POLÍCIA. DELEGAÇÃO DOS ATOS DE FISCALIZAÇÃO E SANÇÃO A PESSOA JURÍDICA DE DIREITO PRIVADO. (ARE 662186RG, Relator(a): Min. LUIZ FUX, julgado em

22/03/2012, ACÓRDÃO ELETRÔNICO DJe-180 DIVULG 12/09/2012 PUBLIC 13/09/2012)".

Existem diversas espécies de poder de polícia, algumas com classificação doutrinária, como, por exemplo, poder de polícia sanitária, poder de polícia das águas, poder de polícia de costumes, poder de polícia de pesos e medidas, entre outros.

Mas, para os estudos do direito urbanístico, destaco o **poder de polícia das construções e das atividades urbanísticas em geral**.

As **polícias de construções** serão efetivadas pelo controle técnico funcional das edificações particulares, assegurando-se as exigências de funcionalidade, higiene e segurança, definidas nas normas de zoneamento, uso e ocupação do solo urbano.

O **fundamento das polícias de construções** encontra-se no Código Civil, no art. 1.229, ao dispor sobre o direito de construir, bem como nos regulamentos administrativos que dispõem sobre o tema, como o Código Municipal de Obras, as normas urbanísticas de uso e ocupação do solo.

O **Código de Obras** (regulamento das construções urbanas) é, basicamente, o conjunto de leis municipais que irá controlar o uso do solo urbano. Será o instrumento básico que permitirá à Administração Municipal o exercício adequado do controle e da fiscalização do espaço urbano construído. Ainda o Código de Obras deverá estabelecer as normas técnicas para todo tipo de construção, definindo também os procedimentos de aprovação de projeto e licenças para execução de obras, bem como os **parâmetros para fiscalização do andamento da obra e aplicação de penalidades**. Por fim, deverá o Código de Obras observar, além de toda a legislação urbanística municipal, todas as normas, federais ou estaduais, existentes referentes à construção civil.

O poder de polícia das construções será de competência dos Municípios, pois a CF/88 outorga a referido ente a **competência** para promover o ordenamento de seu território, mediante planejamento e controle do uso, do parcelamento e da ocupação do solo urbano (art. 30, VIII, da CF).

As **sanções** aplicáveis ao poder de polícia das construções são aquelas previstas nas leis e regulamentos municipais, sendo estas aplicáveis diretamente pelos Municípios, independente do Poder Judiciário, em razão do atributo da autoexecutoriedade (já visto anteriormente).

O **poder de polícia das atividades urbanísticas em geral**, possui a missão de ordenar a vida na cidade. Esse policiamento será estendido a todas as atividades e estabelecimentos urbanos, desde a sua localização até a sua instalação e funcionamento, com a finalidade de verificação de segurança, higiene, localização do empreendimento em relação aos usos permitidos nas normas de zoneamento da cidade.

> **Atenção!**
> As atividades ou estabelecimentos situados na **zona rural** poderão estar sujeitos ao poder de polícia dos Municípios, desde que afetem a vida na cidade, em razão de efeitos poluidores ou quaisquer outras formas de prejuízo à coletividade local.

2.9. Relação do direito urbanístico com outros ramos jurídicos

Para o estudo do direito urbanístico, necessário se faz a interação com **outras disciplinas jurídicas**, pois suas normas, em grande parte, ainda devem ser identificadas em instituições jurídicas que pertencem a outros ramos do Direito.

Dentre elas pode-se mencionar:

- **direito constitucional:** no qual o direito urbanístico encontra seus fundamentos, como as normas sobre a política do desenvolvimento urbano, sobre planos diretores, ordenação urbana, parcelamento urbano, propriedade urbana e sua função social e imposições constitucionais urbanísticas (arts. 30, VIII, e 182). E ainda o mandamento de proteção paisagística, artística e histórica (arts. 30, IX, 215 e 216), impositiva de regime especial à propriedade privada. Estão ainda fundamentadas as regras de competência que facultam à União, aos Estados e aos Municípios estabelecer normas sobre urbanismo (arts. 21, XX e XXI; 24, I; e art. 30, I, II, VIII e IX).
- **direito administrativo:** estabelece como o direito urbanístico alcança instrumentos fundamentais de sua atuação, como a desapropriação, a servidão, a organização de entidades executoras do urbanismo. Também o poder de polícia, destacada instituição do direito administrativo e um meio fundamental para a atuação urbanística. Indispensável o direito administrativo, pois nele se encontram importantes normas utilizadas no campo urbanístico.
- **direito econômico:** o direito urbanístico possui uma relação íntima com o direito econômico, pois ambos assentam no mesmo fundamento constitucional, qual seja, a autorização para a intervenção do Poder Público no domínio privado — e ainda se servem de instrumentos parecidos, por vezes até das mesmas técnicas.
- **direito tributário:** o direito urbanístico utiliza-se de instrumentos de atuação muito relevantes, socorrendo-se a tributação como um dos meios de forçar ou ainda de estimular as operações urbanísticas pelos particulares no interesse da coletividade.

- **direito civil:** no direito urbanístico encontram-se diversas normas que intimamente estão ligadas ao direito civil, como, por exemplo, o direito de vizinhança e o direito de construir. Ainda, é o direito de propriedade, inserido no direito civil, que regulará as normas jurídicas urbanísticas.
- **direito penal e processual penal:** quando houver alguma ofensa à tutela urbanística penal, ou ainda ofensa ao exercício das funções dos agentes do Estado, serão o direito penal e processual penal que regulamentarão todo o aspecto material e processual da conduta.

Sem a interdisciplinaridade jurídica não é possível a aplicação do direito urbanístico.

Capítulo II

Instrumentos da Política Urbana

1. INSTRUMENTOS DA POLÍTICA URBANA

1.1. Disposições gerais dos instrumentos de política urbana

O Estatuto da Cidade prevê alguns **instrumentos** que podem viabilizar as diretrizes gerais, considerados a matriz propulsora do processo de urbanização, capaz de efetivar todos os planos, projetos e programas de desenvolvimento urbano das cidades.

Os **instrumentos de política urbana** podem ser subdivididos em:

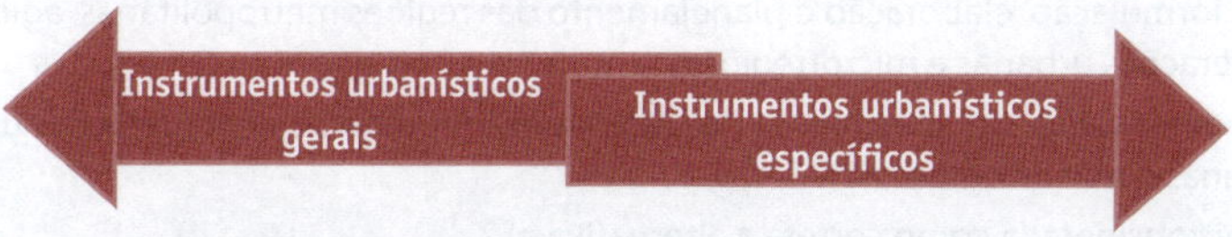

Os **instrumentos gerais** são os que possuem utilidade para todas as cidades, enquanto os **instrumentos específicos** atendem de forma particular algumas cidades.

Os instrumentos gerais são basicamente aqueles definidos no art. 4º do EC; já os especiais são aqueles empregados pelos governos das próprias cidades.

As finalidades dos instrumentos de política urbana são: a) **originária:** consistente na efetivação das diretrizes gerais; e b) **derivadas:** as que se originam dessa concretização.

O Estatuto da Cidade prevê como **instrumentos** utilizados para fins de política urbana:

> I – planos nacionais, regionais e estaduais de ordenação do território e de desenvolvimento econômico e social;
>
> II – planejamento das regiões metropolitanas, aglomerações urbanas e microrregiões;
>
> III – planejamento municipal,
>
> IV – institutos tributários e financeiros:
>
> V – institutos jurídicos e políticos:

> VI – Estudo Prévio de Impacto Ambiental (EIA) e Estudo Prévio de Impacto de Vizinhança (EIV).

Ressalta-se que a relação descrita no art. 4º do EC é **exemplificativa** e não taxativa ou *numerus clausus*, pois o próprio Estatuto prevê a existência de outros instrumentos.

▸ Como esse assunto foi cobrado em concurso?

No concurso para Advogado – Prefeitura de Patos/PB – CPCON (2017), foi perguntado:

Segundo preceitua o artigo 4° da Lei n° 10.257/01, ao tratar de Política Urbana, "Para os fins desta Lei, serão utilizados, entre outros instrumentos",

a) planos nacionais, regionais e estaduais de ordenação do território e de desenvolvimento econômico e social.

b) planos nacionais, regionais, estaduais e municipais de ordenação do território e de desenvolvimento econômico e social.

c) planos nacionais, regionais, estaduais e municipais de ordenação do território e de desenvolvimento econômico, cultural e social.

d) formulação, elaboração e planejamento das regiões metropolitanas, aglomerações urbanas e microrregiões.

e) delimitação e planejamento das regiões metropolitanas, aglomerações urbanas e microrregiões.

Foi considerada como correta a alternativa a).

▸ Como esse assunto foi cobrado em concurso?

No concurso para Promotor de Justiça de RR – CESPE (2017), foi perguntado:

São instrumentos da política urbana, previstos na Lei nº 10.257/01 (Estatuto da Cidade):

I. Institutos tributários e financeiros, como a contribuição de melhoria.

II. Institutos jurídicos e políticos, como o referendo popular e o plebiscito.

III. Estudo prévio de impacto ambiental (EIA) e estudo prévio de impacto de vizinhança (EIV).

IV. Planejamento municipal, em especial: plano diretor; disciplina do parcelamento, do uso e da ocupação do solo; plano plurianual, entre outros.

Com base nas assertivas acima, assinale a alternativa ***correta***:

a) Estão corretas somente as assertivas I, II e III.

b) Estão corretas somente as assertivas I e III.

c) Estão corretas somente as assertivas I e IV.

d) Está correta somente a assertiva III.

e) Todas as assertivas estão corretas.

Foi considerada como correta a alternativa e)

No **planejamento municipal** é possível a utilização dos seguintes instrumentos: a) plano diretor; b) disciplina do parcelamento, do uso e da ocupação do solo; c) zoneamento ambiental; d) plano plurianual; e) diretrizes orçamentárias e orçamento anual; f) gestão orçamentária participativa; g) planos, programas e projetos setoriais; e h) planos de desenvolvimento econômico e social.

▸ Como esse assunto foi cobrado em concurso?

No concurso para Promotor de Justiça do Paraná – PR (MPPR/2017) foi perguntado quais os instrumentos da política urbana previstos no Estatuto da Cidade:

I. Institutos tributários e financeiros, como a contribuição de melhoria.

II. Institutos jurídicos e políticos, como o referendo popular e o plebiscito.

III. Estudo prévio de impacto ambiental (EIA) e estudo prévio de impacto de vizinhança (EIV).

IV. Planejamento municipal, em especial: plano diretor; disciplina do parcelamento, do uso e da ocupação do solo; plano plurianual, entre outros.

Resposta: todas as assertivas estão corretas.

▸ Como esse assunto foi cobrado em concurso?

No concurso para Defensor Público – FCC (2018), foi perguntado:

O Estatuto da Cidade, Lei n° 10.257/2001, prevê em seu texto que, para o planejamento municipal, serão utilizados, entre outros, os seguintes instrumentos:

a) plano diretor e desapropriações.

b) servidão administrativa e disciplina do parcelamento do uso e da ocupação do solo.

c) diretrizes orçamentárias, orçamento anual e concessão de direito real de uso.

d) zoneamento ambiental e gestão democrática participativa.

e) programas e projetos setoriais, planos de desenvolvimento econômico e social e direito de superfície.

Foi considerada como correta a alternativa d).

Para a utilização de **institutos tributários e financeiros**, coloca o Estatuto da Cidade a disposição: a) imposto sobre a propriedade predial e territorial urbana (IPTU); b) contribuição de melhoria; e c) incentivos e benefícios fiscais e financeiros.

São colocados no Estatuto da Cidade os seguintes **dispositivos jurídicos e políticos:**

a) desapropriação;

b) servidão administrativa;

c) limitações administrativas;

d) tombamento de imóveis ou de mobiliário urbano;

e) instituição de unidades de conservação;

f) instituição de zonas especiais de interesse social;

g) concessão de direito real de uso;

h) concessão de uso especial para fins de moradia;

i) parcelamento, edificação ou utilização compulsórios;

j) usucapião especial de imóvel urbano;

l) direito de superfície;

m) direito de preempção;

n) outorga onerosa do direito de construir e de alteração de uso;

o) transferência do direito de construir;

p) operações urbanas consorciadas;

q) regularização fundiária;

r) assistência técnica e jurídica gratuita para as comunidades e grupos sociais menos favorecidos;

s) referendo popular e plebiscito;

t) demarcação urbanística para fins de regularização fundiária;

u) legitimação de posse.

> **▸ Atenção!**
>
> Os instrumentos utilizados para fins de regular o uso da propriedade urbana em prol do bem coletivo são regidos por uma legislação própria, observado o disposto no Estatuto da Cidade.

Nas hipóteses de programas e projetos habitacionais de interesse social, desenvolvidos por órgãos ou entidades da Administração Pública com atuação específica nessa área, a **concessão de direito real de uso** de imóveis públicos poderá ser contratada **coletivamente**.

Os instrumentos que demandam dispêndio de recursos por parte do Poder Público municipal devem ser objeto de **controle social**, garantida a participação de comunidades, movimentos e entidades da sociedade civil (art. 4º, § 3º, do EC).

A expressão controle social funda-se na possibilidade da admissão de segmentos da sociedade que exerçam uma função controladora em apoio ao Poder Público. O **objeto do controle social** são os atos e as atividades em que incidem a função controladora, enquanto a **finalidade do controle social** recai sobre a preservação da ordem urbanística e no modo por que são executados os instrumentos legislativos e administrativos ligados à política urbana e desenvolvidos pela sociedade.

> ▸ **Como esse assunto foi cobrado em concurso?**
>
> No concurso de Cartório – PI/2013 foi questionado quais seriam os instrumentos jurídicos estabelecidos nas diretrizes gerais de política urbana.

> ▸ **Como esse assunto foi cobrado em concurso?**
>
> No concurso de Juiz de Direito Substituto (Cespe – AC/2012) foi perguntado em quais das alternativas o Estatuto da Cidade prevê como institutos jurídicos e políticos da política urbana questionou-se qual o instrumento chamado de jurídico estabelecido nas diretrizes gerais de política urbana.
>
> Resposta: c): "a desapropriação e a instituição de unidades de conservação."

1.2. Do parcelamento, edificação ou utilização compulsória

Por meio de lei municipal específica, no plano diretor, poderão ser determinados **o parcelamento, a edificação ou a utilização compulsória do solo urbano não edificado, subutilizado ou não utilizado**, devendo-se fixar as condições e os prazos para implementação da referida obrigação (art. 5º do EC).

> ▸ **Como esse assunto foi cobrado em concurso?**
>
> No concurso para Promotor de Justiça do RS (MPE/2016) foi perguntado sobre o parcelamento, a edificação ou a utilização compulsórios do solo urbano: lei municipal específica para área incluída no plano diretor poderá determinar o parcelamento, a edificação ou a utilização compulsórios do solo urbano não edificado, subutilizado ou não utilizado, devendo fixar as condições e os prazos para implementação da referida obrigação.
>
> Resposta: O item foi considerado verdadeiro.

▸ **Como esse assunto foi cobrado em concurso?**

No concurso para Promotor de Justiça (MPMS - 2018), foi perguntado:

Assinale a alternativa **incorreta**.

a) A propriedade urbana cumpre sua função social quando atende às exigências fundamentais de ordenação da cidade expressas no plano diretor.

b) O plano diretor, aprovado pela Câmara Municipal, obrigatório para cidades com mais de vinte mil habitantes, é o instrumento básico da política de desenvolvimento e de expansão urbana.

c) O Poder Público tem a faculdade de exigir do proprietário de solo urbano não edificado, subutilizado ou não utilizado que promova seu adequado aproveitamento, por meio de imposição de penalidades, exceto parcelamento ou edificação compulsórios.

d) As desapropriações de imóveis urbanos serão feitas com prévia e justa indenização em dinheiro.

e) Aquele que possuir como sua área urbana até duzentos e cinquenta metros quadrados, por cinco anos, ininterruptamente e sem oposição, utilizando-a para sua moradia, adquirir-lhe-á o domínio, desde que não seja proprietário de outro imóvel urbano ou rural.

Foi considerada como correta a alternativa c).

▸ **Como esse assunto foi cobrado em concurso?**

No concurso para Especialista em Regulação - AGERBA - IBFC (2017), foi perguntado:

Tomando por base as disposições expressas e precisas da lei federal nº 10.257, de 10/07/2001, assinale a alternativa correta sobre a utilização do solo.

a) Fica reservada a lei estadual específica previsão para área incluída no plano diretor poderá determinar o parcelamento, a edificação ou a utilização compulsórios do solo urbano não edificado, subutilizado ou não utilizado, devendo fixar as condições e os prazos para implementação da referida obrigação

b) Fica reservada a lei federal específica previsão para área incluída no plano diretor poderá determinar o parcelamento, a edificação ou a utilização compulsórios do solo urbano não edificado, subutilizado ou não utilizado, devendo fixar as condições e os prazos para implementação da referida obrigação

c) Fica reservada a lei estadual específica previsão para área incluída no plano diretor poderá determinar o parcelamento, a edificação ou a utilização compulsórios do solo urbano não edificado, subutilizado ou não utilizado, não podendo fixar as condições e os prazos para implementação da referida obrigação

d) Fica reservada a lei federal específica previsão para área incluída no plano diretor poderá determinar o parcelamento, a edificação ou a utilização compulsórios do solo urbano não edificado, subutilizado ou não utilizado, não podendo fixar as condições e os prazos para implementação da referida obrigação

e) Lei municipal específica para área incluída no plano diretor poderá determinar o parcelamento, a edificação ou a utilização compulsórios do solo urbano não edificado, subutilizado ou não utilizado, devendo fxar as condições e os prazos para implementação da referida obrigação

A alternativa e) foi considerado correta.

O parcelamento, a edificação ou a utilização compulsória do solo urbano é uma das primeiras providências a ser adotada pelo município para que o proprietário adapte seu imóvel ao plano diretor da cidade, conforme previsão do **art. 182, § 4º, inc. I, da CF**.

Desse modo, podemos observar que o parcelamento, a edificação ou a utilização compulsória do solo urbano nada mais são do que providências para possível aplicação de **sanções** como o IPTU progressivo no tempo e a desapropriação sancionatória.

As **condições** previstas no art. 5º do EC são as estabelecidas na lei municipal dirigida aos proprietários para que implementem suas obrigações, dentro de uma discricionariedade do governo municipal.

Os **prazos** também mencionados no citado dispositivo legal são indispensáveis na hipótese da obrigação de fazer, pois sem estes o implemento da obrigação é ineficaz. Ademais, será o prazo fixado descumprido que possibilitará ao Poder Público instituir o IPTU progressivo.

Segundo o Estatuto da Cidade é considerado **imóvel subutilizado** aquele cujo aproveitamento seja inferior ao mínimo definido no plano diretor ou em legislação dele decorrente.

▸ Cuidado!

O rol aqui é taxativo, pois a lei municipal não poderá ampliar o conceito de imóvel subutilizado, pois a CF, no art. 182, § 4º, prevê que os instrumentos urbanísticos disponíveis ao Poder Público municipal deverão ser regulados por lei federal, não sendo de competência do legislativo municipal.

O dispositivo legal trata do parcelamento, da edificação ou da utilização compulsórios do solo urbano.

O **parcelamento do solo** refere-se às providências para subdivisão de uma área em vários imóveis autônomos.

Poderá ocorrer de **forma voluntária ou compulsória**.

A **voluntária** decorre da vontade do próprio proprietário, nos termos da Lei 6.766/1979. Já com o parcelamento **compulsório**, também previsto nessa lei, procede-se de maneira diferente. Nessa hipótese, ocorrerá o parcelamento do solo quando o imóvel estiver em dissonância com as linhas traçadas pelo plano diretor.

A edificação é a execução da construção sobre o solo. Na hipótese de **edificação compulsória**, o proprietário, no solo sem construção, receberá uma ordem para construir. Na hipótese de terreno subutilizado também poderá ser imposta a edificação compulsória, caso em que o proprietário deverá demolir a construção existente e proceder a nova construção.

A **utilização compulsória** trata-se da determinação urbanística para o parcelamento e a edificação do solo urbano.

O proprietário será **notificado** pelo Poder Executivo municipal para o cumprimento da obrigação, devendo a notificação ser averbada no Cartório de Registro de Imóveis. A notificação é o marco da contagem do prazo para o cumprimento da obrigação. Trata-se do ato de dar ciência ao proprietário da obrigação de parcelar ou edificar o solo.

A **notificação** resulta da expedição dentro de um procedimento administrativo instaurado que contém todas as informações do imóvel que não se encontram de acordo com as regras urbanísticas da cidade.

Ademais, poderá o **Poder Público** apresentar fundamento para a expedição da notificação, bem como possibilitar ao proprietário verificar as razões e a legalidade do ato, inclusive em sede de recurso administrativo.

Esclareça-se ainda que a notificação deverá ser **averbada** no Cartório de Registro de Imóveis, o que, por consequência, não deixa o imóvel completamente desonerado.

A **averbação do registro** de imóveis dá efeito *erga omnes* à cobrança da obrigação de fazer, para que o proprietário futuro não alegue desconhecimento da atuação municipal e contra ele também se imponha a exigência de bem aproveitar o imóvel (art. 167, II, 18 da Lei 6.015/1973). Ou seja, embora não se trate de um ônus real, a obrigação constante na notificação recai sobre o titular do direito (proprietário do imóvel).

O órgão municipal é o principal interessado pelo ato administrativo que determinar a notificação, bem como por **providenciar sua averbação**. Não há impedimento para que o próprio proprietário realize a averbação da notificação.

Os **efeitos** da averbação da notificação são: a) dar publicidade à obrigação urbanística cominada ao proprietário (efeito *erga omnes*); e b) atingir terceiros interessados na aquisição do imóvel.

Caso não tenha sido efetuada a averbação da notificação, não haverá qualquer efeito negativo, pois o ato administrativo será válido e eficaz, tratando-se de **irregularidade** imposta pela lei.

Fala-se, porém, em anulabilidade do negócio jurídico de compra e venda do imóvel, pois o negócio está contaminado pelo vício da vontade. Sem a devida averbação, o adquirente será induzido a erro quanto à informação sobre a notificação da obrigação urbanística, fato esse que pode repercutir na esfera da vontade do adquirente e consequentemente gerar o direito de pleitear **anulação do negócio**, dentro do prazo de decadência de quatro anos contados da data em que foi realizado o negócio jurídico.

▸ Atenção!

A obrigação urbanística existirá independentemente da anulação do negócio, pois ela continuará a existir.

Tanto o município, pelo fato de **não cumprir** a disposição legal sobre a averbação da notificação, quanto o alienante, que **omitiu** do adquirente a obrigação urbanística, deverão **indenizá-lo**, de forma solidária ou não.

A notificação, conforme preceitua o Estatuto da Cidade (art. 5º, § 3º, do EC), será feita:

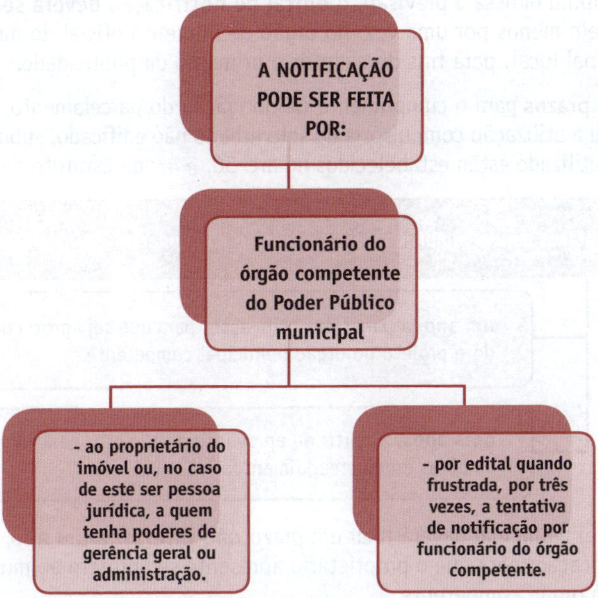

Admite o Estatuto da Cidade a **notificação real** (na pessoa do proprietário) e a **ficta ou presumida** (na hipótese de frustração da notificação real).

A Administração Pública deverá **esgotar** todas as diligências possíveis para a localização do proprietário, pesquisando todos os cadastros de acesso público. Se, ainda assim, não o localizar, deverá se valer da via judicial, pois em razão das restrições patrimoniais e financeiras a serem suportadas pelo proprietário deverão ser assegurados a ampla defesa e o contraditório, bem como possibilitar o cumprimento voluntário pelo proprietário das determinações administrativas impostas.

Se o proprietário estiver em município ou sede diversa daquele onde estiver situado o imóvel é possível o **deslocamento do funcionário** encarregado da diligência, ou ainda, caso haja convênio, seja o ato praticado pelo funcionário do lugar em que for encontrado o proprietário do imóvel afetado.

O proprietário poderá, por meio do direito de petição, em homenagem aos princípios do contraditório, da ampla defesa e do devido processo legal, **impugnar** o que foi determinado na notificação, no sentido de se insurgir contra as sanções que lhe foram impostas, pretensão essa que poderá ou não ser revestida de efeito suspensivo, conforme previsão da lei municipal específica. Caso a impugnação ou o recurso administrativo não possua efeito suspensivo, é possível a impetração de mandado de segurança, desde que preenchidos os requisitos legais.

Embora omissa a previsão, o **edital de notificação deverá ser publicado**, pelo menos por uma vez, no órgão de imprensa oficial do município e no jornal local, para fins de cumprir o princípio da publicidade.

Os **prazos** para o cumprimento da obrigação do parcelamento, a edificação ou a utilização compulsória do solo urbano não edificado, subutilizado ou não utilizado estão estabelecidos no art. 50, § 4º, do Estatuto da Cidade:

Os prazos para o cumprimento da obrigação não poderão ser inferiores a:

- **um ano**, a partir da notificação, para que seja protocolado o projeto no órgão municipal competente.
- **dois anos**, a partir da aprovação do projeto, para iniciar as obras do empreendimento.

A lei municipal deverá fixar um prazo **não inferior a um ano**, a partir da notificação, para que o proprietário apresente seu projeto ao município, junto ao órgão competente.

O prazo poderá ser **maior**, pois a lei refere-se a um prazo não inferior a um ano; assim, dependerá do conteúdo de lei específica municipal.

Esses prazos serão contados **após a superação** de cada uma das etapas dos procedimentos administrativos pertinentes ao parcelamento, a edificação ou a utilização compulsória, razão pela qual, se cada procedimento tramitar por um prazo longo, sob responsabilidade da Administração Pública, tal situação não poderá ser imputada ao proprietário, para efeito de imposição de outras sanções.

A Administração Pública não poderá **deixar de aprovar** o projeto apresentado pelo proprietário do imóvel. Se este estiver de acordo com o que exigido pela lei específica e o plano diretor, trata-se de um **ato vinculado**. Poderá ser interposto recurso contra eventual ato administrativo que recuse a aprovação do projeto, cujo efeito será devolutivo, cabendo à Administração conferir efeito suspensivo se constatar a existência de risco de lesão ou de difícil reparação.

Caso o proprietário **não possua condições financeiras** para cumprir as determinações administrativas, poderá o titular do domínio alienar o imóvel a terceiro que lhe sucederá no encargo, ou ainda se valer da operação consorciada urbana, desde que prevista na lei municipal específica. Caso o proprietário não se disponha a alienar o imóvel, esse fato, por si só, não acarretará na configuração de ilícito civil, mas este poderá ocorrer caso o proprietário seja desatento à função social da propriedade.

Em **empreendimentos de grande porte**, em caráter excepcional, a lei municipal específica poderá prever a conclusão em etapas, assegurando-se que o projeto aprovado compreenda o empreendimento como um todo.

A transmissão do imóvel, por *ato inter vivos* ou *causa mortis*, posterior à data da notificação, **transfere as obrigações** de parcelamento, edificação ou utilização, sem interrupção de quaisquer prazos (art. 6º do EC).

Na hipótese de transmissão do imóvel, **não há a interrupção** dos prazos para que seja protocolado o projeto de edificação ou parcelamento no órgão competente. Também não haverá interrupção do prazo caso a alienação ou mesmo a transmissão sucessória ocorrer após a notificação.

▸ Como esse assunto foi cobrado em concurso?

No concurso de Procurador do Ministério Público do Tribunal de Contas FCC – TCM/GO/2015 foi questionado: O parcelamento, a edificação ou a utilização compulsória do solo urbano:

(A) podem ser impostos apenas ao proprietário de imóvel urbano não edificado.

(B) substituem a aplicação do IPTU progressivo sobre o imóvel.

(C) cabem em qualquer hipótese de descumprimento da função social da propriedade urbana.

(D) dependem ainda de regulamentação por lei federal específica.

(E) dependem de lei municipal específica impondo-os ao proprietário ainda que já incluída a área onde se situa o imóvel no plano diretor municipal.

Resposta: alternativa e).

1.3. Do IPTU progressivo no tempo

Na hipótese de **descumprimento** das condições e dos prazos previstos para o cumprimento da obrigação do parcelamento, a edificação ou a utilização compulsória do solo urbano não edificado, subutilizado ou não utilizado, ou não sendo cumpridas as etapas de empreendimentos de grande porte, o município procederá à aplicação do **Imposto sobre a Propriedade Predial e Territorial Urbana (IPTU) progressivo no tempo**, mediante a majoração da alíquota pelo prazo de cinco anos consecutivos.

O **instrumento** é previsto no art. 7º do EC, com fundamento constitucional previsto no art. 182, § 4º, II, da CF.

Esse instituto amolda-se como uma **sanção** aplicada ao proprietário que não cumpre a imposição urbanística de edificar ou parcelar o imóvel.

O IPTU possui, em regra, um caráter tributário **fiscal**, pois visa a arrecadação de recursos para que o Estado possa satisfazer as necessidades públicas.

O art. 156, § 1º, da CF prevê, contudo, hipótese de, por exceção, conferir caráter **extrafiscal** ao IPTU. O Estado confere uma arrecadação extrafiscal para intervir no domínio econômico ou social.

Nos dias atuais, portanto, há duas hipóteses de **IPTU progressivo** na CF:

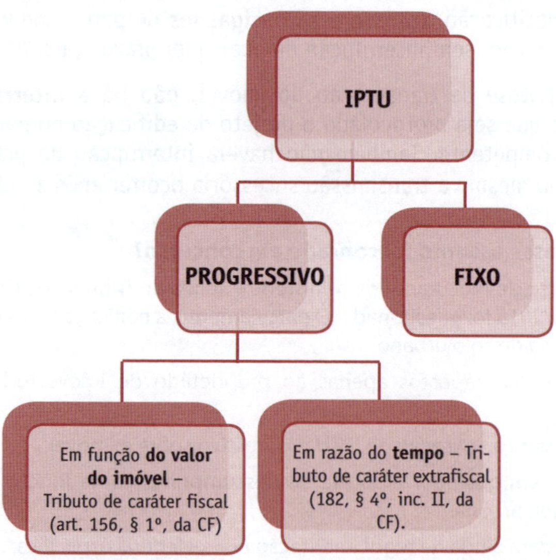

O **IPTU progressivo em razão do tempo**, de caráter extrafiscal, é o disciplinado no Estatuto da Cidade, tratando-se um **instrumento de política urbana** para obrigar o proprietário do imóvel a parcelar ou edificar o imóvel, para se adequar à ordem urbanística prevista no plano diretor. Em outras palavras, não tem por objetivo aumentar a arrecadação do Poder Público, mas de fazer o proprietário cumprir os objetivos definidos no Estatuto da Cidade, promovendo uma adequada destinação a seu imóvel.

> **Atenção!**
>
> No Estatuto da Cidade a finalidade do IPTU progressivo é social, diferente da finalidade da progressão prevista no art. 156, § 1º, I, da CF, que visa a obtenção de recursos para a necessidade dos cofres públicos.

O IPTU progressivo no tempo é uma **sanção de natureza pecuniária** em razão do inadimplemento da obrigação de parcelar ou edificar para que o imóvel seja ajustado junto ao plano diretor da cidade.

> **Jurisprudência do STF:**
>
> "[...] A progressividade extrafiscal, baseada na função social da propriedade, sempre foi permitida pelo Texto Constitucional. Esta é a modalidade de progressividade que se opera conforme as condições previstas pelo Estatuto da Cidade. [...]" (ARE 639632 AgR, Relator(a): Min. Roberto Barroso, Primeira Turma, julgado em 22/10/2013, Acórdão Eletrônico DJe-231 Divulg 22-11-2013 Public 25-11-2013).

Para a aplicação do **IPTU progressivo** há necessidade da observância de pressupostos.

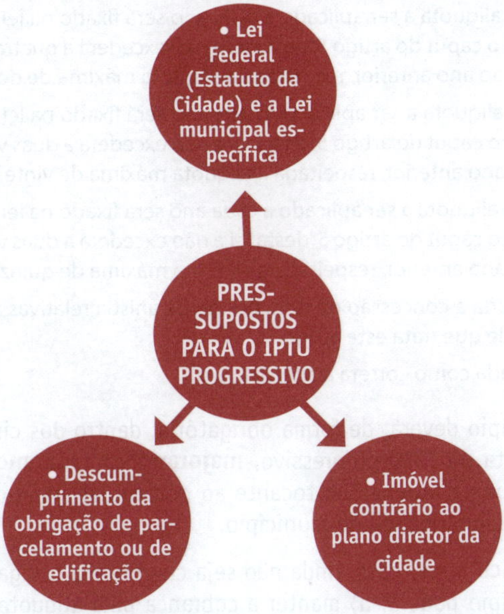

A adoção do IPTU progressivo pela municipalidade é **obrigatória**, pois, uma vez descumpridas as obrigações de parcelar ou edificar, não há falar em qualquer discricionariedade para o administrador municipal, atuando de forma vinculada.

O **valor da alíquota** a ser aplicado a cada ano será fixado na lei específica que determina o cumprimento da obrigação do parcelamento, a edificação ou a utilização compulsória do solo urbano não edificado, e não excederá a duas vezes o valor referente ao ano anterior, respeitada a **alíquota máxima de 15%**.

▸ **Como esse assunto foi cobrado em concurso?**

No concurso para Advogado – Prefeitura de Patos/PB – CPCON (2017), foi perguntado:

O artigo 7° da Lei 10.257/01, que trata sobre IPTU progressivo no tempo, preceitua que "em caso de descumprimento das condições e dos prazos previstos na forma do caput do art. 5°desta Lei, ou não sendo cumpridas as etapas previstas no § 5° do art. 5°desta Lei, o Município procederá à aplicação do imposto sobre a propriedade predial e territorial urbana (IPTU) progressivo no tempo, mediante a majoração da alíquota pelo prazo de cinco anos consecutivos". À luz do mandamento do artigo 7° é, portanto, possível afirmar que

a) o valor da alíquota a ser aplicado a cada ano será fixado na lei específica a que se refere o caput do artigo 5°desta lei e não excederá a três vezes o valor referente ao ano anterior, respeitada a alíquota máxima de quinze por cento.

b) o valor da alíquota a ser aplicado a cada ano será fixado na lei específica a que se refere o caput do artigo 5°desta lei e não excederá a quatro vezes o valor referente ao ano anterior, respeitada a alíquota máxima de dez por cento.

c) o valor da alíquota a ser aplicado a cada ano será fixado na lei específica a que se refere o caput do artigo 5°desta lei e não excederá a duas vezes o valor referente ao ano anterior, respeitada a alíquota máxima de vinte por cento.

d) o valor da alíquota a ser aplicado a cada ano será fixado na lei específica a que se refere o caput do artigo 5°desta lei e não excederá a duas vezes o valor referente ao ano anterior, respeitada a alíquota máxima de quinze por cento.

e) não é vedada a concessão de isenções ou de anistia relativas à tributação progressiva de que trata este artigo.

Foi considerada como correta a alternativa d).

O município deverá, de forma obrigatória, dentro dos cinco anos, alterar a alíquota do IPTU progressivo, **majorando a cada ano**, até atingir a alíquota máxima. Apenas no tocante ao percentual anual de majoração reside a discricionariedade do município.

Após **cinco anos**, caso ainda não seja cumprida a obrigação urbanística, o município poderá: a) manter a cobrança pela alíquota máxima; ou

b) aplicar a sanção da desapropriação sancionatória, prevista no art. 182, § 4º, inc. III, da CF e art. 8ª do EC).

▸ Como esse assunto foi cobrado em concurso?

No concurso para Procurador Municipal de São Luiz – MA (FCC/2016) foi pedida a alternativa correta, em relação à desapropriação prevista no art. 182, § 4º, III da Constituição Federal, estruturada para o descumprimento da função social da propriedade:

A) é o proprietário faltoso que dá causa a ela;

B) o pagamento será em títulos da dívida pública resgatáveis em até cinco anos;

C) será paga com prévia e justa indenização em dinheiro;

D) após o imóvel ser incorporado ao patrimônio público, o município pode destinar o aproveitamento do imóvel quando e como entender necessário;

E) é uma possibilidade para punir o proprietário que não cumpre a função social de seu imóvel urbano como mecanismo alternativo ao IPTU progressivo.

Resposta: alternativa a).

Trata-se, aqui, de uma opção **discricionária** do governo municipal.

Se a obrigação urbanística do proprietário for cumprida será **cessada a incidência do IPTU progressivo**. A cessação somente irá ocorrer no exercício seguinte, pois no próprio exercício ainda havia o descumprimento da obrigação urbanística, quando ocorreu o lançamento tributário.

▸ Atenção!

É vedada a concessão de isenções ou de anistia relativas à tributação progressiva (art. 7º, § 3º, do EC).

As concessões de isenção ou anistia ao IPTU progressivo são **vedadas** porque essa espécie tributária tem caráter extrafiscal e uma natureza sancionatória, para que se possa coagir o proprietário a cumprir as obrigações de parcelar ou edificar.

▸ Como esse assunto foi cobrado em concurso?

No concurso para Procurador da Câmara de Belo Horizonte/MG – CONSULPLAN (2018), foi perguntado:

Sobre o tratamento que o Estatuto da Cidade dá ao IPTU progressivo no tempo, analise as afirmativas a seguir.

I. Se dá mediante a majoração da alíquota pelo prazo de cinco anos consecutivos.

II. Não excederá a duas vezes o valor referente ao ano anterior, respeitada a alíquota máxima de quinze por cento.

III. É vedada a concessão de isenções ou de anistia relativa à tributação progressiva de que trata a referida norma.

Estão corretas as afirmativas

a) I, II e III.

b) I e II, apenas.

c) I e III, apenas.

d) II e III, apenas.

Foi considerada como correta a alternativa a).

A disposição normativa contida no art. 7º, § 3º, do EC não é de natureza tributária, por isso sua implementação não se dá por lei complementar. Trata-se de matéria que integra o Direito urbanístico, e para sua disciplina, a Constituição Federal previu **lei federal** (lei ordinária).

▸ **Jurisprudência do STJ:**

"[...] A ação de conhecimento reconheceu a inexistência de relação jurídica tributária do IPTU, devido o descumprimento, por parte do município, das disposições contidas no Estatuto da Cidade (Lei 10.257/2001). [...] Com efeito, se os exercícios posteriores a 2001 mantêm a ilegalidade constatada pela instância a quo, perpetrando cobrança do tributo pelo regime da tarifa progressiva, sem o cumprimento dos requisitos instituídos – descumprimento das disposições do Estatuto da Cidade (Lei Federal 10.257/01) –, fica configurada a violação da coisa julgada, estendendo seus efeitos à ação executiva, visto que não houve modificação nas circunstâncias de fato ou de direito ocorridas na relação jurídica estabelecida [...]" (AgRg no AgRg no AREsp. 117.494/PR, Rel. Ministro Humberto Martins, Segunda Turma, julgado em 24/04/2012, DJe 02/05/2012).

1.4. Das desapropriações urbanísticas: generalidades

A **desapropriação** é a intervenção do Estado na propriedade privada, em que há a transferência do patrimônio, em regra particular, ao Estado

O **fundamento** do direito de propriedade encontra-se na Constituição Federal, conforme se observa de seu art. 5º, inc. XXII, condicionando o direito à propriedade ao cumprimento da função social. Na hipótese de ocorrer o descumprimento da função social, a propriedade poderá ser desapropriada.

Há diversas **hipóteses de desapropriação** com fundamentos na Constituição Federal, regulamentado por diversas leis:

MODALIDADES DE DESAPROPRIAÇÃO		
Comum	Necessidade pública e utilidade pública	Art. 5º, inc. XXIV, da CF
	Interesse social	Art. 5º, inc. XXIV, da CF
Sancionatória	Função social da propriedade	Arts. 184, 191 e 182, § 4º, inc. III, todos da CF
	Tráfico de entorpecentes	Art. 243 da CF
Indireta	Esbulho/apossamento	Decreto-Lei 3.365/1941

O Estatuto da Cidade prevê a desapropriação como instituto jurídico de política urbana, regulamentando apenas a desapropriação sanção, conforme art. 8º do EC.

Portanto, o Estatuto da Cidade não disciplinou a desapropriação para fins urbanísticos, deixando sua regulamentação a ser regida pela Lei Geral das Desapropriações.

Diferente do direito comparado, em que as desapropriações urbanísticas possuem um regime jurídico distinto das desapropriações em geral, em capítulos próprios das leis urbanísticas.

Na definição de JOSÉ AFONSO DA SILVA o instituto da desapropriação urbanística caracteriza-se "como um instrumento de realização da política do solo urbano em função da execução do planejamento urbanístico.". (Direito Urbanístico Brasileiro, 6. ed. São Paulo: Malheiros, 2010, p. 409).

A desapropriação urbanística não se trata apenas de um instrumento de transferência de imóvel de um proprietário a outro, mas sim de um instrumento destinado ao cumprimento de normas urbanísticas.

A desapropriação tradicionalmente concebida possui um caráter casuístico e individualizado, de forma a atingir bens isolados para transferi-los ao Poder Público ou seus delegados, verificando caso a caso. Já a desapropriação urbanística é compreensiva e generalizável, atingindo setores e áreas completos, retirando do domínio privado para o público, para, posteriormente, devolvê-los urbanificados ou reurbanizados. (SILVA, José Afonso da. *Direito Urbanístico Brasileiro*. 6. ed. São Paulo: Malheiros, 2010, p. 410).

Fundado no direito comparado, JOSÉ AFONSO DA SILVA aponta três hipóteses para a desapropriação para urbanização (SILVA, José Afonso da. *Direito Urbanístico Brasileiro*. 6. ed. São Paulo: Malheiros, 2010, p. 412):

▸ desapropriação como sistema de atuação de planos urbanísticos;
▸ desapropriação urbanística subsidiária, para os casos em que os particulares não atuem de acordo com as previsões do plano ou quando assim o requeiram trabalhos de urbanificação em terrenos destinados a futuros núcleos urbanos;
▸ desapropriação-sanção, prevista para punir o descumprimento de obrigação ou ônus urbanístico imposto ao proprietário de terrenos urbanos.

Na primeira hipótese, não há maiores dificuldades, pois se trata de desapropriações como instrumento de **execução de planos urbanísticos**.

Por sua vez, a **desapropriação urbanística de caráter subsidiário** trata-se da substituição, por alguém, do proprietário do imóvel que deixou de cumprir o planejamento urbanístico, para que atue na atividade urbanificadora, como as atividades de renovações urbanas, de urbanificação prioritária, ou ainda nas hipóteses de determinações de reparcelamento de áreas urbanizadas, edificadas ou não, as de urbanificação prioritária, incluindo as desapropriações de imóveis de interesses histórico, paisagístico ou artístico.

Já a **desapropriação-sanção** é decorrente do descumprimento da função social da propriedade urbana.

1.4.1. Desapropriação-sanção: com pagamento de títulos (art. 184, § 4º, inc. III, da CF)

A **desapropriação urbanística sancionatória**, também conhecida como desapropriação urbanística ou desapropriação para fins urbanísticos, possui previsão no art. 184, § 4º, inc. III, da CF.

> ▸ **Jurisprudência do STF:**
>
> "Município de Salto. Imóvel urbano. Desapropriação por utilidade pública e interesse social. Acórdão que declarou a sua ilegalidade, por ausência de plano diretor e de notificação prévia ao proprietário para que promovesse seu adequado aproveitamento, na forma do art. 182 e §§ da Constituição. Descabimento, entretanto, dessas exigências, se não se está diante da desapropriação-sanção prevista no art. 182, § 4º, III, da Constituição de 1988, mas de ato embasado no art. 5º, XXIV, da mesma Carta, para o qual se acha perfeitamente legitimada a municipalidade [...]" (RE 161552, Relator(a): Min. Ilmar Galvão, Primeira Turma, julgado em 11/11/1997, DJ 06-02-1998. PP-00032 Ement Vol-01897-04 PP-00867).

O parágrafo único do art. 184 da CF faz referência a três leis: a primeira é a observância das regras gerais expressas no **procedimento de desapropriação**, a segunda é a **lei municipal específica** que indica a área onde se localizam os imóveis não edificados, subutilizados ou não utilizados. Por fim, a terceira é a lei municipal que institui o **plano diretor da cidade**.

▸ Como esse assunto foi cobrado em concurso?

No concurso para Juiz de Direito - CESPE - TJ-PR (2017), foi perguntado:

No que se refere à incidência do direito ambiental sobre o meio urbano, assinale a opção correta.

a) O zoneamento ambiental não é aplicável no planejamento municipal.

b) As áreas urbanas são regidas pelo Estatuto da Cidade, não se lhes aplicando o Código Florestal.

c) Apenas imóveis incluídos no plano diretor podem sofrer desapropriação-sanção pelo descumprimento de sua função social.

d) A usucapião especial de imóvel urbano poderá ser reconhecida judicialmente em relação a imóvel público.

A alternativa c) foi considerado como correta.

Essa espécie de desapropriação é de **competência exclusiva do município**. Muito embora se trate de uma desapropriação comum, cuja competência seja concorrente a todos os entes federativos, a CF conferiu apenas aos municípios a competência para iniciar o processo de desapropriação urbanística sancionatória.

A desapropriação urbanística sancionatória, de caráter punitivo, é um **instrumento de política urbana** em que há a transferência coercitiva de um imóvel para o patrimônio público municipal.

Caso decorram cinco anos de cobrança do IPTU progressivo sem que o proprietário tenha cumprido a obrigação de parcelamento, edificação ou utilização, o município poderá proceder à **desapropriação do imóvel, com pagamento em títulos da dívida pública**, e a notificação deve ser averbada no Cartório de Registro de Imóveis.

▸ Como esse assunto foi cobrado em concurso?

No concurso para Promotor de Justiça (MPMS - 2018), foi perguntado:

Ellen é proprietária de área do solo urbano não edificado e, por essa razão, foi regularmente notificada pelo Poder Executivo Municipal para o cumprimento da obrigação determinada na lei específica para edificação do solo dentro do prazo estabelecido. Ocorre que Ellen descumpriu as condições e o prazo previsto tendo, portanto, o Município procedido à aplicação do imposto sobre a propriedade predial e territorial urbana (IPTU) progressivo no tempo, mediante a majoração da alíquota, nos termos do artigo 7°, § 1°, do Estatuto da Cidade. Dessa forma,

a) decorridos 5 anos da cobrança do IPTU progressivo sem que Ellen tenha cumprido a obrigação de edificação, o Município poderá proceder à usucapião, efetivando o adequado aproveitamento do imóvel diretamente pelo Poder Público ou por meio de alienação ou concessão a terceiros.

b) decorridos 3 anos da cobrança do IPTU progressivo sem que Ellen tenha cumprido a obrigação de edificação, o Município poderá proceder à desapropriação extraordinária do imóvel, com pagamento em títulos da dívida pública.

c) o Município procederá ao adequado aproveitamento do imóvel no prazo máximo de quinze anos, contado a partir da sua incorporação ao patrimônio público.

d) decorridos 5 anos da cobrança do IPTU progressivo sem que Ellen tenha cumprido a obrigação de edificação, o Município poderá proceder à desapropriação do imóvel, com pagamento em títulos da dívida pública.

e) decorridos 15 anos da cobrança do IPTU progressivo sem que Ellen tenha cumprido a obrigação de edificação, o Município poderá proceder à usucapião extraordinária, efetivando o adequado aproveitamento do imóvel diretamente pelo Poder Público ou por meio de alienação ou concessão a terceiros, observando-se, nesses casos, o devido procedimento licitatório.

Foi considerada como correta a alternativa d).

O instituto em comento tem por **finalidade** adequar o solo urbano ao plano diretor da cidade.

Já o **objetivo** é alcançar os fins específicos previstos constitucionalmente à ordem urbana. Portanto, qualquer ação municipal contrária caracterizará desvio de finalidade e será passível de defesa na via judicial.

O art. 8º do EC estabelece que o ente municipal pode proceder à desapropriação do imóvel; portanto, é uma **atividade facultativa**.

O Estatuto da Cidade não prevê um regime jurídico para a desapropriação urbanística, nem para o procedimento de desapropriação, devendo ser considerado o **rito da ação de desapropriação comum**, aquele disciplinado nos arts. 11 a 30 do Decreto-Lei 3.365/1941.

PONTO A PONTO DO RITO DA AÇÃO DE DESAPROPRIAÇÃO
▸ Ação será proposta no foro da situação do bem (nas hipóteses em que a União é autora a ação é proposta no DF ou na capital do estado do domicílio réu);
▸ A petição inicial obedecerá aos requisitos do CPC (nesta hipótese não há decreto de expropriação);
▸ Despachando a inicial, o juiz designará perito para a avaliação do bem, garantindo ao réu e ao autor a indicação de assistente;
▸ Citação pessoal do proprietário ou citação por edital se for o caso;
▸ Prazo de quinze dias para apresentar defesa somente sobre valor da indenização ou ainda vícios do processo;

▸ Se o proprietário concordar com o valor da indenização proposta no bojo da ação, o juiz no despacho saneador homologa o acordo;
▸ Audiência de acordo com a lei processual;
▸ Sentença determinando o valor justo da desapropriação;
▸ Da sentença caberá apelação no prazo de quinze dias, com efeito devolutivo;
▸ Apelação interposta pelo expropriado possui efeito devolutivo, quando interposta pelo expropriante, ambos os efeitos.

Nas ações de desapropriação a **intervenção do Ministério Público não é automática**, salvo quando houver, direta ou indiretamente, proteção ao meio ambiente, interesse urbanístico ou improbidade administrativa.

> ▸ **Jurisprudência do STJ:**
>
> "[...] 'Em regra, a ação de desapropriação direta ou indireta não pressupõe automática intervenção do *Parquet*, exceto quando envolver, frontal ou reflexamente, proteção ao meio ambiente, interesse urbanístico ou improbidade administrativa' (EREsp. 506.226/DF, Rel. Ministro Humberto Martins, Primeira Seção, DJe 5.6.2013). [...]" (AgRg no AREsp. 211.911/RJ, Rel. Ministro Herman Benjamin, Segunda Turma, j. em 11/03/2014, DJe 19/03/2014).

Para essa espécie de desapropriação **não há** necessidade de expedição de **decreto expropriatório**, que em regra seria realizada pelo prefeito municipal nas hipóteses de desapropriação comum.

Outras espécies de desapropriação, como a desapropriação confiscatória, prevista no art. 243 da CF, também não prevê o decreto expropriatório, pois tal medida é incompatível com a natureza do instituto.

Caso se tenha iniciado o procedimento expropriatório, **não** é possível sua **paralisação**, ainda que o expropriado tenha decidido cumprir a obrigação urbanística. O único modo de evitar a desapropriação será, antes do procedimento de desapropriação, parcelar ou edificar o imóvel.

A indenização na hipótese de desapropriação urbanística sancionatória se dá por meio de **pagamentos de títulos da dívida pública**.

Os **títulos da dívida pública** terão prévia aprovação pelo Senado Federal e serão resgatados no prazo de até dez anos, em prestações anuais, iguais e sucessivas, assegurados o valor real da indenização e os juros legais de 6% ao ano (art. 8°, § 1°, do EC).

Na hipótese de não haver a aprovação do Senado para a emissão dos títulos, o município não poderá realizar a desapropriação, restando apenas aplicar o **IPTU progressivo**, elevando a alíquota além do máximo já fixado no final de cinco anos de incidência do tributo.

O resgate dos títulos empregados como forma de pagamento ao expropriado se dará no prazo de até dez anos, prazo limite, nada impedindo que o prazo seja **menor**.

As prestações deverão obedecer aos **princípios**: a) da anualidade: os pagamentos devem ser feitos anualmente; b) da igualdade: cada prestação deve ter o mesmo valor; e c) da sucessividade: deve o pagamento ser realizado sem a interrupção dos períodos anuais.

O **valor real** da indenização segundo o Estatuto da Cidade:

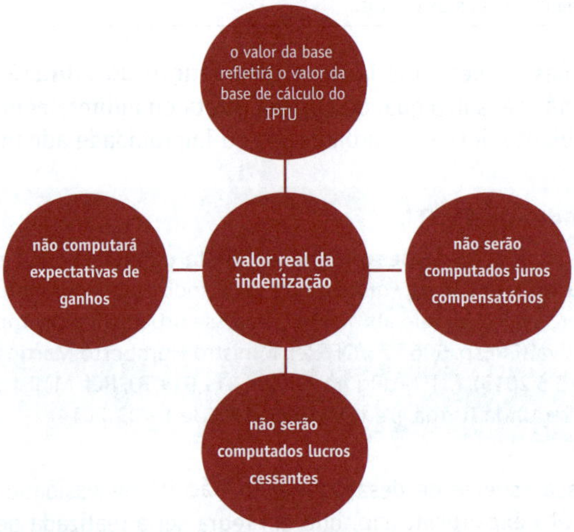

Quando da apuração do **valor real da indenização**, ao refletir o valor da base de cálculo do IPTU, será descontado o montante incorporado em função de obras realizadas pelo Poder Público na área onde o imóvel se localiza, após a notificação.

Os títulos da dívida pública **não terão poder liberatório** para pagamento de tributos. Não poderá a lei permitir que títulos mobiliários possam servir como meio de pagamento de outros tributos.

O município será **obrigado** a proceder ao adequado aproveitamento do imóvel no prazo máximo de cinco anos, contado a partir da sua incorporação ao patrimônio público. Não tem o ente municipal a possibilidade de aproveitar o imóvel do modo que entender necessário, ou seja, a municipalidade está vinculada a ajustar o imóvel ao plano diretor (art. 8º, § 5º, do EC).

▸ **Como esse assunto foi cobrado em concurso?**

No concurso para Procurador da Câmara de Belo Horizonte/MG – CONSULPLAN (2018), foi perguntado:

Estabelece o Estatuto da Cidade que decorrido o prazo ali estabelecido para cobrança do IPTU progressivo sem que o proprietário tenha cumprido a obrigação de parcelamento, edificação ou utilização, o Município poderá proceder à desapropriação do imóvel, com pagamento em títulos da dívida pública. Sobre o tema, assinale a alternativa INCORRETA.

a) Os títulos da dívida pública não terão poder liberatório para pagamento de tributos.

b) O valor real da indenização não computará expectativas de ganhos, lucros cessantes e juros compensatórios.

c) O Município procederá ao adequado aproveitamento do imóvel no prazo máximo de dez anos, contado a partir da sua incorporação ao patrimônio público.

d) Os títulos da dívida pública terão prévia aprovação pelo Senado Federal e serão resgatados no prazo de até dez anos, em prestações anuais, iguais e sucessivas, assegurados o valor real da indenização e os juros legais de seis por cento ao ano.

Foi considerada como correta a alternativa c).

É possível que, caso o prefeito ou outros agentes públicos se mantenham **inertes** no aproveitamento do imóvel, os responsáveis podem responder pela omissão por prática de ato de improbidade administrativa, seja pela conduta prevista no art. 52, inc. II, do EC, seja pelo enquadramento das condutas genéricas da Lei de Improbidade Administrativa.

O aproveitamento do imóvel poderá ser efetivado diretamente pelo Poder Público ou por meio de alienação ou concessão a terceiros, observando-se, nesses casos, o devido procedimento **licitatório**.

A concessão referida supra pode ser a denominada **concessão de direito real de uso**, prevista no art. 7º do Decreto-lei 271/1967, pois, entre outros de seus objetivos, está a urbanização e a edificação, fins esses preconizados pela política urbana, ou ainda a **concessão do direito de superfície**, prevista no art. 21 do EC, que se assemelha à concessão do direito real de uso. Tanto numa como noutra concessão haverá que se preceder a licitação, de que o proprietário não poderá participar, vez que o interesse no cumprimento da obrigação urbanística sobressairá ao princípio da competitividade previsto na Lei de Licitações.

É possível a aplicação da **retrocessão** à desapropriação urbanística sancionatória, pois o plano diretor poderá sofrer alterações e passar a não mais exigir a edificação no terreno.

A retrocessão é a reversão do procedimento da desapropriação, em que há devolução do bem ao antigo dono pelo preço atual, caso não lhe seja atribuída uma destinação pública, ou não for utilizado em obras ou serviços públicos, conforme prevê o art. 519 do CC.

Após a **transmissão do imóvel**, seja pelo adquirente do imóvel ou do concessionário do direito real de uso de bem público ou do uso da superfície, mantém-se a obrigação urbanística, com vistas a cumprir os objetivos do plano diretor (art. 8º, § 6º, do EC).

Celebrado o negócio jurídico, seja a compra e venda, seja a concessão de uso, o adquirente ou concessionário deverão cumprir as obrigações urbanísticas relativas ao imóvel; porém, será **reiniciada** a contagem dos prazos previstos no art. 5º, § 4º, do EC.

▸ **Como esse assunto foi cobrado em concurso?**

No concurso para Promotor de Justiça – MPE-RS (2017), foi perguntado:

Considerando o Estatuto da Cidade (Lei n. 10.257, de 10 de julho de 2001), assinale a alternativa correta.

a) Compete ao Município promover, por iniciativa própria e em conjunto com o Estado e outros Municípios, programas de construção de moradias e melhoria das condições habitacionais, de saneamento básico, das calçadas, dos passeios públicos e demais espaços de uso público.

b) Lei estadual específica poderá determinar o parcelamento, a edificação ou a utilização compulsórios do solo urbano não edificado, subutilizado ou não utilizado, para área incluída no plano diretor, devendo fixar as condições e os prazos para implementação da referida obrigação.

c) Em caso de descumprimento das condições e dos prazos previstos para parcelamento ou edificação compulsórios, o Município procederá à aplicação do imposto sobre a propriedade predial e territorial urbana (IPTU) progressivo no tempo, mediante a majoração da alíquota pelo prazo de 10 (dez) anos consecutivos.

d) Decorridos cinco anos de cobrança do IPTU progressivo sem que o proprietário tenha cumprido a obrigação de parcelamento, edificação ou utilização compulsórios, o Município poderá proceder à desapropriação do imóvel, com pagamento em títulos da dívida pública previamente aprovados pelo Senado Federal e com prazo de resgate em até 10 (dez) anos, em prestações anuais, iguais e sucessivas, assegurados o valor real da indenização e juros legais de 6% (seis por cento) ao ano.

e) Aquele que possuir como sua área ou edificação urbana de até duzentos e cinquenta metros quadrados, por cinco anos, ininterruptamente e sem oposição, utilizando-a para sua moradia ou de sua família, adquirir-lhe-á o domínio, desde que não seja proprietário de outro imóvel urbano ou rural, sendo que em caso de possuidor casado, o título será conferido necessariamente ao cônjuge varão.

A alternativa d) foi considerado correta.

1.4.2. Desapropriação para fins urbanísticos (art. 5º, "e", "i", "j" e "k", do Decreto-Lei nº 3.365/1.941).

Como já visto, o regime jurídico da desapropriação para fins urbanísticos não possui uma disciplina própria no Brasil.

Porém, a doutrina e a jurisprudência reconhecem a desapropriação para fins urbanísticos com fundamento no critério da utilidade pública, previsto no art. 5º do Decreto-lei nº 3.365/41:

Art. 5º, "e"	a criação e melhoramento de centros de população, seu abastecimento regular de meios de subsistência;
Art. 5º, "i"	a abertura, conservação e melhoramento de vias ou logradouros públicos; a execução de planos de urbanização; o parcelamento do solo, com ou sem edificação, para sua melhor utilização econômica, higiênica ou estética; a construção ou ampliação de distritos industriais;
Art. 5º, "j"	o funcionamento dos meios de transporte coletivos;
Art. 5º, "k"	a preservação e conservação dos monumentos históricos e artísticos, isolados ou integrados em conjuntos urbanos ou rurais, bem como as medidas necessárias a manter-lhes e realçar-lhes os aspectos mais valiosos ou característicos e, ainda, a proteção de paisagens e locais particularmente dotados pela natureza.

Outras duas hipóteses de desapropriação urbanística não estão fundadas no requisito da utilidade pública, mas sim no requisito do interesse social, com fundamento na Lei nº 4.132/ 62:

Art. 2º, V	a construção de casas populares;
Art. 2º, VIII	a utilização de áreas, locais ou bens que, por suas características, sejam apropriados ao desenvolvimento de atividades turísticas.

No caso de **processo da desapropriação urbanística**, o mesmo procedimento antes mencionado será utilizado, devendo, entretanto, observar as leis que fundamentam o decreto de desapropriação (Decreto-lei nº 3.365/1941 e Lei nº 4.132/1962, conforme o caso).

Atenção!

Em matéria de desapropriação há diversas **Súmulas dos Tribunais Superiores** sobre o tema, que rotineiramente são questionadas em concursos públicos, razão pela qual é importante o conhecimento delas:

SÚMULAS DO SUPREMO TRIBUNAL FEDERAL – DESAPROPRIAÇÃO	
Nº	**ENUNCIADO**
652	Não contraria a Constituição o art. 15, § 1º, do DL. 3.365/41 (Lei da Desapropriação por Utilidade Pública).

SÚMULAS DO SUPREMO TRIBUNAL FEDERAL – DESAPROPRIAÇÃO	
Nº	**ENUNCIADO**
618	Na desapropriação, direta ou indireta, a taxa dos juros compensatórios é de 12% (doze por cento) ao ano.
617	A base de cálculo dos honorários de advogado em desapropriação é a diferença entre a oferta e a indenização, corrigidas ambas monetariamente.
561	Em desapropriação, é devida a correção monetária até a data do efetivo pagamento da indenização, devendo proceder-se à atualização do cálculo, ainda que por mais de uma vez.
476	Desapropriadas as ações de uma sociedade, o poder desapropriante, imitido na posse, pode exercer, desde logo, todos os direitos inerentes aos respectivos títulos.
416	Pela demora no pagamento do preço da desapropriação não cabe indenização complementar além dos juros.
378	Na indenização por desapropriação inclui-se honorários do advogado do expropriado.
164	No processo de desapropriação, são devidos juros compensatórios desde a antecipada imissão de posse, ordenada pelo juiz, por motivo de urgência.
157	É necessária prévia autorização do Presidente da República para desapropriação, pelos Estados, de empresa de energia elétrica.
23	Verificados os pressupostos legais para o licenciamento da obra, não o impede a declaração de utilidade pública para desapropriação do imóvel, mas o valor da obra não se incluirá na indenização, quando a desapropriação for efetivada.

SÚMULAS DO SUPERIOR TRIBUNAL DE JUSTIÇA – DESAPROPRIAÇÃO	
Nº	**ENUNCIADO**
408	Nas ações de desapropriação, os juros compensatórios incidentes após a Medida Provisória nº 1.577, de 11.6.1997, devem ser fixados em 6% ao ano até 13.9.2001, e, a partir de então, em 12% ao ano, na forma da Súmula nº 618 do Supremo Tribunal Federal.
141	Os honorários de advogado em desapropriação direta são calculados sobre a diferença entre a indenização e a oferta, corrigidas monetariamente.

SÚMULAS DO SUPERIOR TRIBUNAL DE JUSTIÇA – DESAPROPRIAÇÃO	
Nº	**ENUNCIADO**
131	Nas ações de desapropriação inclui-se no cálculo da verba advocatícia as parcelas relativas aos juros compensatórios e moratórios, devidamente corrigidas.
114	Os juros compensatórios, na desapropriação indireta, incidem a partir da ocupação, calculados sobre o valor da indenização, corrigido monetariamente.
113	Os juros compensatórios, na desapropriação direta, incidem a partir da imissão na posse, calculados sobre o valor da indenização, corrigido monetariamente.
102	A incidência dos juros moratórios sobre os compensatórios, nas ações expropriatórias, não constitui anatocismo vedado em lei.
70	Os juros moratórios, na desapropriação direta ou indireta, conta-se desde o trânsito em julgado da sentença.
69	Na desapropriação direta, os juros compensatórios são devidos desde a antecipada imissão na posse e, na desapropriação indireta, a partir da efetiva ocupação do imóvel.
67	Na desapropriação, cabe a atualização monetária, ainda que por mais de uma vez, independentemente do decurso de prazo superior a um ano entre o cálculo e o efetivo pagamento da indenização.
56	Na desapropriação para instituir servidão administrativa são devidos os juros compensatórios pela limitação de uso da propriedade.
12	Em desapropriação, são cumuláveis juros compensatórios e moratórios.

1.5. Da usucapião especial de imóvel urbano

A **usucapião** é uma forma de aquisição de propriedade ou de outro direito real, em razão do decurso do tempo, desde que preenchidos os requisitos estabelecidos em lei.

Possui a natureza jurídica de **modo originário de aquisição**.

São **requisitos** comuns para qualquer usucapião: a) a posse *ad usucapionem*; b) a posse mansa, pacífica e contínua (sem interrupção ou oposição); e c) a existência da coisa ou de direito possível de ser usucapido.

Tradicionalmente **classifica-se** em usucapião extraordinária, caracterizada pela posse em determinado prazo, dispensados o justo título e a boa-fé; usucapião ordinária, que exige o tempo, o justo título e a boa-fé; e a usucapião especial, consistente na posse e na finalidade do uso do bem, fundada na função social.

A **usucapião de imóvel urbano** classifica-se como espécie de **usucapião especial**, pois se caracteriza como instrumento de aquisição de propriedade de imóvel urbano, como meio de política urbana e de justiça social, com fundamento no art. 183 da CF e no art. 9º da EC.

Prevê o Estatuto da Cidade a denominada **usucapião de imóvel urbano** ao dispor que aquele que possuir como sua área ou edificação urbana de até 250 metros quadrados, por cinco anos, ininterruptamente e sem oposição, utilizando-a para sua moradia ou de sua família, adquirir-lhe-á o domínio, desde que não seja proprietário de outro imóvel urbano ou rural (art. 10 da EC).

São, portanto, **requisitos**, em especial, da usucapião especial de imóvel urbano:

Adquirirá o domínio por meio da usucapião aquele que preencher os seguintes requisitos:	
	• Possuir como sua área ou edificação urbana de até 250 m^2;
	• Por cinco anos;
	• De forma ininterrupta;
	• Sem oposição;
	• Utilizando-a para sua moradia ou de sua família;
	• Desde que não seja proprietário de outro imóvel urbano ou rural;

▸ Como esse assunto foi cobrado em concurso?

No concurso para Procurador Municipal - CESPE – Prefeitura de Belo Horizonte/MG (2017), foi perguntado:

Tendo como referência as disposições constitucionais relativas ao direito urbanístico, assinale a opção correta.

a) A usucapião pró-moradia não será reconhecida ao mesmo possuidor mais de uma vez nem é admissível em relação a imóvel público.

b) O plano diretor é obrigatório para todas as cidades brasileiras, uma vez que a propriedade urbana cumpre sua função social somente quando atende às regras nele estabelecidas.

c) Compete concorrentemente ao município, ao estado e à União a promoção do adequado ordenamento territorial.

d) Proprietário de solo urbano que, descumprindo o planejamento urbanístico, não promover seu adequado aproveitamento, poderá ser penalizado, sucessivamente, com: IPTU progressivo, parcelamento ou edificação em caráter compulsório e desapropriação-sanção.

Foi considerada como correta a alternativa a).

▸ **Como esse assunto foi cobrado em concurso?**

No concurso para Especialista em Regulação - AGERBA - IBFC (2017), foi perguntado:

Tomando por base as disposições da lei federal nº 10.257, de 10/07/2001, assinale a alternativa correta sobre o usucapião especial de imóvel urbano.

a) As áreas urbanas com mais de trezentos metros quadrados, ocupadas por população de baixa renda para sua moradia, por cinco anos, ininterruptamente e sem oposição, onde não for possível identificar os terrenos ocupados por cada possuidor, são susceptíveis de serem usucapidas coletivamente, desde que os possuidores não sejam proprietários de outro imóvel urbano ou rural

b) O possuidor pode, para o fim de contar o prazo exigido por este artigo, acrescentar sua posse à de seu antecessor, mesmo que não sejam contínuas

c) O condomínio especial, quando constituído, é divisível, sendo passível de extinção

d) Aquele que possuir como sua área ou edificação urbana de até duzentos e cinquenta metros quadrados, por cinco anos, ininterruptamente e sem oposição, utilizando-a para sua moradia ou de sua família, adquirir-lhe-á o domínio, desde que não seja proprietário de outro imóvel urbano ou rural

e) As deliberações relativas à administração do condomínio especial serão tomadas por unanimidade de votos dos condôminos presentes

A alternativa d) foi considerado correta.

Ainda, como **requisito**, a pessoa não pode ser proprietária de outro imóvel, seja urbano ou rural, ainda que uma fração ideal.

Esse requisito deverá ser cumprido pelo usucapiente até o momento em que se considera juridicamente adquirida a propriedade do imóvel objeto da usucapião e não quando do ajuizamento da demanda ou da prolação da sentença. Isso significa que, mesmo quando o usucapiente adquire outro imóvel (diferente daquele em que ele exerce a posse *ad usucapionem*), **após preencher** todos os requisitos para a configuração da usucapião, mesmo que ainda não declarado por sentença, terá direito ao reconhecimento do direito de propriedade pelo exercício da posse *ad usucapionem* (**nesse sentido:** TJRS, ApCiv 70004765327, rel. Des. Carlos Cini Marchionatti).

Na hipótese do possuidor **abandonar** sua família, o título da propriedade será repassado à sua esposa, companheira ou aos filhos, contando em favor da família o período de posse do antigo possuidor.

O título de domínio será conferido ao homem ou à mulher, ou a ambos, **independentemente do estado civil**.

▸ **Como esse assunto foi cobrado em concurso?**

No concurso para Promotor de Justiça (MPE-MP/2012) foi perguntado: *"Dentre os instrumentos da política urbana, previstos no Estatuto das Cidades (Lei 10.257/2001), figuram a desapropriação e a usucapião especial de imóvel urbano. A propósito desses instrumentos, é correto afirmar:*

Reposta correta: letra e): Áreas urbanas com mais de 250 m2, ocupadas por população de baixa renda para sua moradia, por mais de cinco anos ininterruptamente e sem oposição, são susceptíveis de serem usucapidas coletivamente." Obs.: No mesmo sentido o concurso para Promotor de Justiça de SP (MPE – SP/2011).

▸ **Cuidado!**

O direito da usucapião especial não será reconhecido ao mesmo possuidor mais de uma vez.

Para fins da usucapião especial, o **herdeiro legítimo continua**, de pleno direito, a posse de seu antecessor, desde que já resida no imóvel por ocasião da abertura da sucessão.

O herdeiro somente possui o direito de continuar na posse se **já residir no imóvel** no momento da abertura da sucessão. Assim, caso venha a morar no imóvel após o falecimento do antecessor (possuidor), terá de se iniciar um novo período de cinco anos para que a posse-moradia seja convertida em propriedade. Sendo assim, caso a mãe, que não possui marido ou companheiro, venha a falecer após três anos na posse do imóvel, o herdeiro somente poderá dar continuidade na posse se já residisse com a mãe.

▸ **Importante!**

Caso haja pendência da ação de usucapião especial urbana, **ficarão sobrestadas** quaisquer outras ações, petitórias ou possessórias, que venham a ser propostas relativamente ao imóvel usucapiendo.

O art. 11 do EC criou uma nova regra sobre a **suspensão do processo**, diversa daquelas previstas no art. 313 do CPC (Lei 13.105/2015), limitando-se a um ano, determinando o juiz o prosseguimento da demanda sobrestada.

As ações de usucapião coletiva possuem um grau de complexidade em razão do objeto e do número de partes envolvidas. O **sobrestamento** não poderá ficar sem prazo, sob pena de violação do princípio do acesso ao Poder Judiciário (art. 5º, inc. LXXVIII, da CF). Dessa forma, caso seja demonstrado que há abuso no sentido de procrastinar o feito, ou há demora excessiva, o juiz poderá, com fundamento nos princípios constitucionais do acesso ao Judiciário (art. 5º, inc. LXXVIII, da CF) e da duração razoável do processo (art. 5º, inc. LXXVIII, da CF), determinar o prosseguimento das ações sobrestadas.

Segundo o Estatuto da Cidade são **partes legitimadas** nas ações de usucapião especial urbana (art. 12, *caput*):

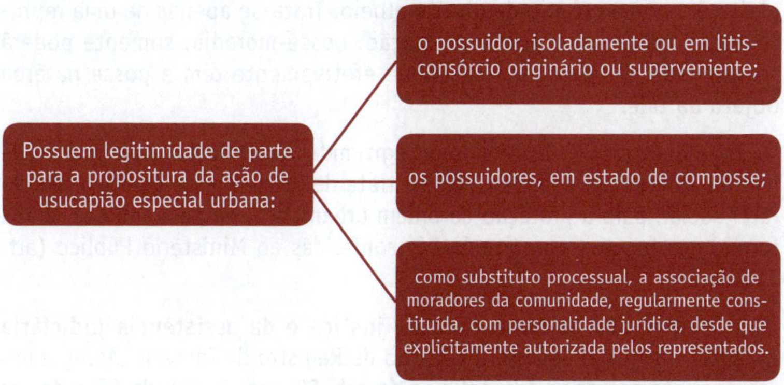

É possível o **litisconsórcio** quando vários forem os demandantes, seja ele no início da ação, ou superveniente, quando o litisconsorte se associar ao autor após o início do processo, como na hipótese de sucessão na posse.

A legitimidade de possuidores em **composse** pode ocorrer, em caso de:

a) usucapião individual: existem dois ou mais possuidores da área comum;

b) usucapião coletivo: há vários possuidores de uma área comum, e não é possível identificar a área ocupada por cada possuidor.

Em ambas as hipóteses o **litisconsórcio deverá ser necessário**, pois não poderá ser dispensado em relação a natureza jurídica que une os litisconsortes.

Na hipótese de **legitimação** pela associação de moradores da comunidade, consideram-se autores da ação aqueles que possuírem anuência quanto à representação no momento em que conferiram a autorização. Na hipótese de usucapião coletivo, caso não haja a anuência de alguns, a associação proporá a ação e irá requerer a citação dos que não autorizaram, para que possa formar o litisconsórcio necessário.

Há quem sustente **não existir o litisconsórcio unitário ou necessário** na usucapião coletiva, pois poderá o juiz, caso não sejam preenchidos os requisitos aplicáveis a um ou mais demandantes, denegar o direito sem que haja prejuízo aos demais.

A associação deverá possuir **personalidade jurídica** e deverá ser **regularmente constituída** de acordo com a lei civil. Somente as associações de moradores terão interesse de agir.

Não se trata de substituição processual, pois não é o caso de pleito em nome próprio de direito alheio. Trata-se apenas de uma representação processual, pois a ocupação, posse-moradia, somente poderá ser exercida por pessoas físicas que efetivamente têm a posse na área objeto da lide.

O **Ministério Público** possui legitimidade *ad causam* para a ação de usucapião especial coletiva, pois se trata de um interesse coletivo, de caráter social, para a proteção da ordem urbanística, enquadrando-se, dessa forma, nas funções constitucionais conferidas ao Ministério Público (art. 129 da CF).

O autor terá os **benefícios da justiça e da assistência judiciária gratuita**, inclusive perante o Cartório de Registro de Imóveis. Asseguram--se aos interessados os benefícios do art. 5°, inc. LXXIV, da CF e da Lei 1.060/1950, que regulamenta a assistência judiciária aos necessitados (art. 12, § 2°, do EC).

Somente fará jus aos benefícios da assistência judiciária o beneficiário que atender as exigências previstas na Lei 1.060/1950.

A usucapião especial de imóvel urbano poderá ser invocada como **matéria de defesa**, valendo a sentença que a reconhecer como título para registro no Cartório de Registro de Imóveis (art. 13 do EC).

No sentido da **exceção de usucapião**, a Súmula 237 do STF: "O usucapião poder ser arguido em defesa."

Essa declaração judicial de **defesa** é firmada *incidenter tantum*, como defesa, não podendo produzir coisa julgada material. Em outras palavras, a arguição de usucapião como matéria de defesa não substitui a ação de usucapião.

Por fim, estabelece o Estatuto da Cidade que na ação judicial de usucapião especial de imóvel urbano o rito processual a ser observado é o **sumário** (art. 14 do EC).

O art. 1049, parágrafo único do NCPC estabelece, contudo, que:

"Na hipótese de a lei remeter ao procedimento sumário, será observado o procedimento comum previsto neste Código, com as modificações previstas na própria lei especial, se houver.".

Seguirá, portanto, o rito do procedimento comum a ação judicial de usucapião especial de imóvel urbano.

▸ Como esse assunto foi cobrado em concurso?

No concurso de Cartório – TJ – PB/2014 foi questionado qual o rito processual a ser observado na ação judicial de usucapião especial de imóvel urbano de acordo com o Estatuto da Cidade.

▸ Jurisprudência do STF:

"[...] A usucapião especial urbana tem raiz constitucional e seu implemento não pode ser obstado com fundamento em norma hierarquicamente inferior ou em interpretação que afaste a eficácia do direito constitucionalmente assegurado [...]" (RE 422349, Relator (a): Min. Dias Toffoli, Tribunal Pleno, j. em 29/04/2015, Acórdão Eletrônico Repercussão Geral – Mérito DJe-153 Divulg 04-08-2015 Public 05-08-2015).

1.5.1. Intervenção do Ministério Público na usucapião

É **obrigatória** a intervenção do Ministério Público na ação de usucapião especial urbana (art. 12, § 1º, do EC).

Tanto a ação de usucapião especial urbana individual como a coletiva ensejam a **obrigatoriedade da participação do Ministério Público**. A determinação expressa do Estatuto da Cidade reflete no interesse público evidenciado pela natureza da lide, presumida a necessidade de proteção aos hipossuficientes.

1.5.2. Usucapião coletiva

A usucapião coletiva surgiu com a necessidade de regularizar o domínio de áreas em que os **possuidores** não conseguem identificar terrenos ocupados por pessoas de baixa renda.

É certo que a usucapião coletiva **não** possui **previsão constitucional** expressa nos arts. 182 e 183 da CF, razão pela qual chegou-se a ventilar a inconstitucionalidade do referido instituto. Contudo, embora não expressamente prevista na CF, sua inclusão no EC não extrapolou competência legislativa, bem como não houve ofensa a qualquer norma ou princípio constitucional.

Ainda que sejam institutos diferentes, a usucapião individual e a coletiva devem seguir as regras constitucionais previstas no art. 183 da CF, observadas as peculiaridades da usucapião coletiva.

Dispõe o Estatuto da Cidade que os núcleos urbanos informais existentes sem oposição há mais de cinco anos e cuja área total dividida pelo número de possuidores seja inferior a duzentos e cinquenta metros quadrados por possuidor são suscetíveis de serem **usucapidos coletivamente**, desde que os possuidores não sejam proprietários de outro imóvel urbano ou rural (art. 10, EC).

▸ Como esse assunto foi cobrado em concurso?

No concurso para *Assistente Social* – CEPS-UFPA (2018), foi perguntado:

Sobre a Usucapião Especial de Imóvel Urbano, disciplinada pela Lei nº 10.257/01 (Estatuto da Cidade), é correto afirmar:

a) Aquele que possuir como sua área ou edificação urbana de até 250m², por cinco anos, ininterruptamente e sem oposição, utilizando-a para sua moradia ou de sua família, adquirir-lhe-á o domínio, ainda que seja proprietário de outro imóvel urbano, mas só poderá exercer este direito uma única vez.

b) Apesar de o autor da ação de Usucapião Especial Urbana ter direito aos benefícios da justiça e da assistência judiciária gratuita, ele deverá arcar com as custas perante o cartório de registro de imóveis, salvo decisão judicial em contrário, que servirá de intimação para o cartório.

c) A ação de Usucapião Especial Urbana, na qual é obrigatória a intervenção do Ministério Público, poderá ser proposta pelo possuidor, bem como pela associação de moradores da comunidade, desde que regularmente constituída, com personalidade jurídica, restando presumida a autorização de seus representados.

d) Para o fim de contar o prazo exigido para usucapião de núcleos urbanos informais, cuja área total dividida pelo número de possuidores seja inferior a 250m² por possuidor, é permitido ao possuidor acrescentar sua posse à de seu antecessor, desde que ambas sejam contínuas.

e) A Usucapião Especial Coletiva de Imóvel Urbano será declarada pelo juiz, mediante sentença, ou por acordo extrajudicial com registro no cartório de registro de imóveis, ficando cada possuidor com igual fração ideal de terreno, independentemente da dimensão do terreno que cada um ocupe.

Foi considerada como correta a alternativa d).

Após a alteração legislativa promovida pela Lei nº 13.465/17, não há mais necessidade do pressuposto específico da população de baixa renda.

Caso seja possível identificar o possuidor da área ocupada, ou seja, se houver uma definição clara de posse dos terrenos, não será hipótese de usucapião coletiva, mas sim de individual.

São **requisitos** para a usucapião coletiva:

Os imóveis com **mais de 250 metros quadrados** poderão ser adquiridos por meio da usucapião coletiva.

Segundo o art. 10 do EC, as dimensões máximas da porção do imóvel a ser transmitida a cada ocupante ou família será da **área total dividida pelo número de possuidores, a qual deverá ser inferior a duzentos e cinquenta metros quadrados.**

O possuidor pode, para o fim de contar o prazo exigido para a usucapião coletiva, **acrescentar sua posse à de seu antecessor**, contanto que ambas sejam contínuas.

A continuação da posse **não depende** apenas da relação sucessória (sucessão *causa mortis*). Poderá ela decorrer de uma alienação do direito de posse (sucessão *inter vivos*) para que o adquirente prossiga na contagem do prazo quinquenal.

O herdeiro tem direito à sucessão **sem** que haja a **limitação** prevista para a usucapião individual, consistente na **continuação da posse** caso o herdeiro resida no imóvel na abertura da sucessão.

A usucapião especial coletiva de imóvel urbano será declarada pelo juiz, mediante **sentença**, que servirá de título para registro no Cartório de Imóveis.

Será necessária uma **sentença de natureza declaratória** que reconheça a aquisição do domínio, muito embora a propriedade já tenha sido adquirida com a consumação dos pressupostos e requisitos previstos na lei.

Na sentença, o juiz atribuirá igual fração ideal de terreno a cada possuidor, independentemente da dimensão do terreno que cada um ocupe, salvo hipótese de **acordo escrito** entre os condôminos, estabelecendo frações ideais diferenciadas (art. 10, § 3º, do EC).

O Estatuto da Cidade prevê, portanto, duas situações diferentes, sendo a regra a composse, em que não há especificação do objeto de posse de cada interessado. Por exceção, há a possibilidade de atribuir frações ideais diferenciadas, proveniente do acordo escrito entre os moradores.

O documento escrito pelos moradores, para fins de atribuir frações diferenciadas, deve instruir o processo de usucapião para que o juiz possa, na sentença, descrever quais são as frações ajustadas. Caso o acordo escrito não ingresse no processo, haverá preclusão e as frações ideais idênticas serão ineficazes.

O **condomínio especial** constituído é indivisível, não sendo passível de extinção, salvo deliberação favorável tomada por, no mínimo, dois terços dos condôminos, no caso de execução de urbanização posterior à constituição do condomínio (art. 10, § 4º, do EC).

Assim, uma vez formado o condomínio, não poderá ser subdividido em dois ou mais condomínios **(indivisibilidade)**, bem como não será possível formar um terreno unitário **(inextinguibilidade)**.

> **▸ Atenção!**
>
> Não confundir a indivisibilidade e a inextinguibilidade com a divisão ou a extinção da fração ideal do terreno de cada condomínio, pois no caso de uma herança, por exemplo, os herdeiros serão coproprietários da fração, podendo aliená-la em conjunto ou separadamente para outrem.

Exceção ao condomínio especial: por deliberação de, no mínimo, dois terços, será admitida a divisão ou a extinção do condomínio, desde que a urbanização seja posterior à constituição do condomínio.

As deliberações relativas à administração do condomínio especial serão tomadas por **maioria de votos dos condôminos presentes**, obrigando também os demais, discordantes ou ausentes.

A lei é omissa e **não** obriga a **eleição de um síndico**. Contudo, sua presença é prudente para que possa convocar a assembleia de condôminos para tratar de assuntos de interesses comuns. Como visto, não há quórum de presença, apenas a lei exige um quórum para a decisão, sendo possível a representação de condômino na assembleia por procurador com poderes específicos para tal fim.

Não há óbice legal para que haja a **possibilidade de alienação** de fração ideal.

Já em relação ao **direito de preferência**, previsão sempre presente quando estipulam-se regimes condominiais, o Estatuto da Cidade foi omisso. Em razão da omissão, por se tratar de norma restritiva ao Direito de propriedade, **não é possível** o exercício do direito de preferência entre os condôminos.

Discute-se a possibilidade de **usucapião entre os condôminos**, a partir da instituição do condômino especial. Duas correntes possíveis surgem: 1ª) não é possível, pois é vedada a aquisição por não estar sujeito o condomínio à extinção; e 2ª) poderia ser usucapida a área na modalidade de usucapião extraordinária, pois não estaria sujeita às limitações dos chamados requisitos negativos, desde que já realizada a urbanização da área ou se o imóvel a ser objeto da usucapião possuir área certa e delimitada.

O rito para a ação de usucapião especial coletivo também seria o **rito sumário**. Como já visto, adotar-se-ia o rito comum, conforme previsão do art. 1.049 do NCPC. Aliás, já se criticava a utilização do rito sumário nessa hipótese em razão das dificuldades probatórias e práticas que decorrem de tais litígios, sugerindo-se a adoção do rito ordinário.

1.6. Concessão de uso especial para fins de moradia

A Medida Provisória nº 2.220/2001, alterada pela Medida Provisória nº 779/2016, disciplinou o instrumento da **Concessão de Uso Especial para fins de Moradia**, garantindo a aplicação de forma vinculada pela administração e facultando ao interessado o uso da via judicial, na hipótese de omissão ou recusa, servindo a sentença de título para o registro em cartório de imóveis.

O **título administrativo** também servirá para efeito de registro em cartório de imóveis.

Assim, será concedido ao ocupante de imóvel público urbano de até 250 metros quadrados, **situado em área com características e finalidade urbana**, pertencente à Administração direta ou indireta, o direito ao uso e não ao domínio.

São requisitos para a **Concessão de Uso Especial para fins de Moradia**:

- o morador não possua outro imóvel urbano ou rural;
- utilize o imóvel público para moradia sua ou de sua família;
- por mais de cinco anos;
- de forma pacífica;
- ininterruptamente;
- sendo válido somar ao seu o tempo em que seu antecessor ocupara o imóvel, desde que também de forma contínua, até 22 de dezembro de 2016.

Existe, ainda na referida Medida Provisória, **Concessão coletiva**, quando se tratar de imóveis com mais de 250 metros quadrados ocupados por população de baixa renda que preencha os requisitos antes mencionados. Tal modalidade é autorizada quando não for possível identificar o terreno ocupado por cada possuidor individualmente, situação em que será atribuída igual fração ideal (250 m²) a cada um deles, não sendo necessário observar a real dimensão do terreno que cada um ocupe, ressalvada a hipótese de que os ocupantes estabeleçam frações ideais diferenciadas através de acordo escrito, sem que, ao efetuarem a divisão, ultrapassem os 250 metros quadrados da fração ideal a cada possuidor.

Essas formas de Concessão de Uso serão concedidas de **forma gratuita**, porém, esclareça-se que a não onerosidade refere-se somente quanto ao uso, não incluindo, por exemplo, as obras de urbanização.

É possível a transmissão, por **herança ou por ato *inter vivos***, o que ocorre, no primeiro caso, quando o herdeiro já habita o imóvel por ocasião da abertura da sucessão, e há direito sucessório.

O artigo 4º da Medida Provisória 2.220/2001 prevê que o Ente Público deverá garantir o **direito à moradia em outro local**, na hipótese de imóvel em área de risco, que seja um gravame para a vida ou saúde dos ocupantes, desde que sejam preenchidos os requisitos para concessão de uso.

Ainda nos termos do art. 5º da Medida Provisória nº 2.220/2001, quando se verificar as **restrições** ali enumeradas, o poder público poderá conceder, discricionariamente, **outro local** para ser usado como moradia:

• área de uso comum do povo;
• destinada a projeto de urbanização;
• de interesse da defesa nacional, da preservação ambiental ou da proteção dos ecossistemas naturais;

• reservada à construção de represas e obras congêneres;
• situada em via de comunicação.

Quanto à possibilidade de extinção do direito ao uso concedido, a Medida Provisória estabelece que o concessionário perderá o direito:

- em caso de destinação diversa ao imóvel, que não seja a de sua moradia ou de sua família;
- nos casos em que o concessionário adquirir, ou outra propriedade, ou a concessão de uso de outro imóvel, seja este urbano ou rural.

Em se extinguido o direito, o respectivo ato será **averbado no cartório de registro de imóveis** no qual tenha sido registrada a concessão, por meio de declaração do poder público concedente.

A Concessão de Uso Especial para fins de moradia surgiu em razão do clamor da sociedade por uma **gestão mais democrática do imóvel público urbano**, fundamentado no princípio da função social da propriedade.

Assim, como instrumento da política urbana, a concessão especial para fins de moradia possui a **finalidade** de regularizar áreas públicas, sendo de grande importância sua utilização para aqueles que ali habitam, encontrando-se à margem da lei.

Como esse assunto foi cobrado em concurso?

No concurso para Procurador Jurídico – Prefeitura de Marília/SP - VUNESPE (2017), foi perguntado:

A Prefeitura de determinado Município do Estado de São Paulo, em janeiro de 1995, desapropriou um terreno de 1000 m² para a construção de um Hospital. Contudo, quando do início das obras, verificou-se que o solo estava contaminado com produtos prejudiciais à saúde, razão pela qual a obra foi abandonada. No mês de maio do mesmo ano (1995), 4 (quatro) famílias carentes vindas de outro Estado, que não possuíam outro imóvel de sua propriedade, invadiram o terreno e construíram suas moradias no local, sem qualquer oposição. No ano de 2017, o novo Prefeito, alertado da situação, pretende promover a desocupação do terreno.

Assinale a alternativa correta.

a) O terreno não poderá ser desocupado, tendo em vista que as famílias adquiriram a propriedade do imóvel pela usucapião extraordinária, em razão do princípio da função social da propriedade pública.

b) O terreno poderá ser desocupado, tendo em vista que é de propriedade do Município, incidindo o princípio da imprescritibilidade dos bens públicos, não havendo qualquer direito dos possuidores decorrente da longa ocupação.

c) O terreno não pode ser desocupado, tendo em vista que as famílias atenderam aos requisitos para a aquisição da concessão de uso especial para fins de moradia, não podendo ser removidas, salvo se forem desapropriadas de seu direito.

d) O terreno deverá ser desocupado, tendo em vista o risco à saúde, devendo a Municipalidade garantir aos possuidores o direito à concessão de uso especial para fins de moradia em outro local.

e) A Municipalidade deverá distribuir passagens de ônibus para que as famílias que ocupam o imóvel possam retornar ao seu Estado de origem e assim desocupem a área, tendo em vista o princípio da melhor alocação dos cidadãos.

Foi considerada como correta a alternativa d).

2. DIREITO DE SUPERFÍCIE

2.1. Estatuto da Cidade versus Código Civil

O **direito de superfície** possui normatização em duas frentes legislativas. A primeira está inserida no Código Civil, nos arts. 1.369 a 1.377, e a outra, no Estatuto da Cidade, instituída nos arts. 21 a 24.

O Estatuto da Cidade é uma Lei **anterior** ao Código Civil, por isso, questiona-se a validade das duas normas. Com a entrada em vigor do Código Civil estaria ou não revogadas as disposições no EC?

O direito de superfície previsto no Código Civil possui um enfoque no âmbito privado, estabelecendo um mecanismo para pessoas físicas e empresas estabelecerem negócios jurídicos mais flexíveis e que permitam a melhor utilização da propriedade.

Já o direito de superfície previsto no Estatuto da Cidade possui como objetivo primordial as **políticas urbanas**, buscando a utilização da propriedade em prol de um bem coletivo, da segurança e do bem-estar do cidadão, além da busca de um equilíbrio ambiental.

Pelo critério da hierarquia **não há prevalência**, pois ambas são leis ordinárias. Adotado o critério cronológico, prevaleceriam as normas do Código Civil. Já pelo critério da especialidade, prevaleceria o Estatuto da Cidade.

Há entendimentos de que as normas de direito de superfície previstas no Estatuto da Cidade estariam revogadas em razão da anterioridade.

Esta, contudo, não é a corrente majoritária. Predomina o entendimento que ambas as legislações possuem a aplicação quanto às regras do direito de superfície.

Nesse sentido a orientação aprovada pela I Jornada de Direito Civil: "As normas previstas no Código Civil, regulando o direito de superfície, não revogam as normas relativas a direito de superfície constantes do Estatuto da Cidade (Lei 10.257/2001), por ser um instrumento de política urbana" **(Enunciado 93).**

Prevalece na doutrina que o **critério da especialidade** deve ser utilizado para convivência harmônica dos dois diplomas legais. O Estatuto da Cidade foi criado para alcançar os objetivos de políticas urbanas, visando utilizar o solo urbano de forma mais adequada, capaz de melhorar as condições dos habitantes das cidades. Já para os demais casos, serão aplicadas as normas do Código Civil, seja a superfície rural ou urbana.

Segue uma breve análise entre as **diferenças** do direito de superfície do Código Civil e no Estatuto da Cidade.

PONTUAÇÃO DE DIFERENÇAS	ESTATUTO DA CIDADE	CÓDIGO CIVIL
Natureza jurídica	Direito real	
Aplicação	Finalidade urbanística	Por exclusão, finalidade não urbanística
Forma de constituição	Contrato solene com o respectivo registro de imóveis; não veda disposição de última vontade; não veda usucapião nem expropriação pelo Poder Público	
Prazo	Tempo determinado e indeterminado	Tempo determinado
Objeto	Solo, subsolo e espaço aéreo	Solo
Concessão	Gratuita ou onerosa	
Tributos	Podem as partes pactuar sobre obrigações tributárias	Não previsão para as partes pactuarem sobre obrigações tributárias
Transferência	A lei é omissa e pode ser estipulado um quantum	Não pode ser estipulado nenhum valor em razão da transferência
MODOS DE TRANSMISSÃO	*Inter vivos* ou *causa mortis*	
FORMA DE EXTINÇÃO	Advento do termo; descumprimento das obrigações no contrato; e pelo desvio de finalidade	Advento do termo e desvio de finalidade
EFEITOS DA EXTINÇÃO	Reversão, em regra, independe de indenização	
HIPOTECA	Não se refere a ela, mas é da essência do instituto	Não é expresso, mas se admite

Por fim, em razão de o presente trabalho se dedicar ao estudo do Direito urbanístico, teceremos análise do instituto junto ao Estatuto da Cidade, somente mencionando o Código Civil se houver necessidade.

2.2. Estrutura do direito de superfície no Estatuto da Cidade

O art. 21 do Estatuto da Cidade prevê o denominado **direito de superfície**: "O proprietário urbano poderá conceder a outrem o direito de superfície do seu terreno, por tempo determinado ou indeterminado, mediante escritura pública registrada no Cartório de Registro de Imóveis."

É considerado **direito real de uso sobre coisa alheia**.

O direito de superfície **abrange o direito** de utilizar o solo, o subsolo ou o espaço aéreo relativo ao terreno, na forma estabelecida no contrato respectivo, atendida a legislação urbanística.

Poderá ser avençada entre as partes a **forma** pela qual será usado o subsolo ou o espaço aéreo relativo à área objeto da concessão. Porém, dependendo das leis urbanísticas, as partes não terão a mesma liberdade para dispor sobre as mencionadas áreas (art. 21, § 1º, do EC).

Ainda que possível a utilização do subsolo, há que se respeitar o disposto no art. 20, inc. IX, da CF referente aos recursos minerais, que pertencem à União, bem como as águas, que pertencem aos estados, nos termos do art. 26, inc. I, da CF.

Não há impedimento legal para que no contrato entre as partes seja estipulada a concessão da superfície para plantar e construir. Podendo haver a cumulação de plantação e construção na mesma concessão superficiária, essas concessões são chamadas **concessões mistas**.

O Estatuto da Cidade não esclarece se o direito de superfície se refere apenas as construções e plantações a serem feitas, ou também a construções e plantações previamente existentes, denominadas pela doutrina **superfície por cisão**. O Estatuto da Cidade admite a superfície por cisão, na medida em que a lei não limita a concessão de superfície, além do que pode-se, para a hipótese, admitir a superfície por cisão em razão do **princípio da tipicidade elástica dos direitos reais,** preconizado pelo civilista Gustavo Tepedino.

Já a formação de uma **subsuperfície,** em razão da omissão legal, não é admitida. Ademais, a superfície não é propriedade para instituir outra superfície a partir dela.

A aquisição de direito real de superfície se dá, em regra, pela relação jurídica contratual, por meio de escritura pública, lavrada em Cartório de Notas e posteriormente levada ao Cartório de Registro Imobiliário.

A concessão do direito de superfície poderá ser **gratuita ou onerosa** (art. 21, § 2º, do EC).

Caso não se estabeleça, entre as partes, qualquer norma sobre gratuidade ou onerosidade, considerar-se-á a **gratuidade**, por exemplo, na hipótese de doação.

Na hipótese de onerosidade, caso haja opção para o **pagamento parcelado**, este deverá ser expresso, pois uma vez omissa a forma de pagamento do *cânon superficiário* ou *solarium*, considera-se **integral**.

A prestação pecuniária pode ser eventualmente estipulada por meio de **participações nos frutos da superfície**, como no caso de lucros advindos de aluguéis decorrentes das construções realizadas na propriedade.

O superficiário responderá integralmente pelos **encargos e tributos** que incidirem sobre a propriedade superficiária, arcando ainda, proporcionalmente à sua parcela de ocupação efetiva, com os encargos e tributos sobre a área objeto da concessão do direito de superfície, salvo disposição em contrário do contrato respectivo (art. 21, § 3º, do EC).

Nota-se que se trata de norma dispositiva, não impedindo que as partes disponham de modo diverso, prevalecendo a autonomia privada. Nesse sentido o **Enunciado 94 do Conselho de Justiça Federal – STJ**, aprovado na I Jornada de Direito Civil: "As partes têm plena liberdade para deliberar, no contrato respectivo, sobre o rateio dos encargos e tributos que incidirão sobre a área objeto da concessão do direito de superfície."

Na hipótese de **ocupação apenas parcial** da propriedade, o titular do direito de superfície arcará apenas com os tributos proporcionais à área ocupada, evitando ônus relativos a terrenos não utilizados.

Caso o superficiário não cumprir as obrigações do pagamento dos **encargos e tributos**, caberá ao concedente fazê-lo, em razão do disposto nos arts. 34 e 35 do CTN, os quais estabelecem uma solidariedade passiva tributária entre o proprietário e qualquer possuidor do imóvel. Mesmo que haja acordo entre partes sobre o pagamento de tributos, tal pacto não pode ser oponível à Fazenda Pública (art. 123 do CTN), cabendo apenas ação regressiva contra aquele que não saldou sua obrigação perante o Fisco.

> **▸ Cuidado!**
>
> Os tributos e encargos geram obrigações *propter rem* ou às vezes ônus reais perante o credor; a coisa garante a obrigação, podendo o imóvel ser penhorado na sua totalidade, e não somente o direito de superfície.

É possível a incidência do direito de superfície na cobrança de **Imposto sobre a Transmissão de Bens Imóveis** (ITBI) e de direitos a eles relativos, de competência dos municípios, consoante disposto no art. 156, inc. II, da CF. O fato de o direito de superfície ser um direito real de fruição possibilita a ocorrência do fato gerador da obrigação tributária do ITBI, passível de cobrança desde que possua previsão em legislação municipal específica tratando desse imposto.

O art. 1.372, parágrafo único, do CC **proíbe** a cobrança do laudêmio. Contudo, o Estatuto da Cidade não menciona essa proibição. Entende a doutrina que a proibição deve ser estendida ao Estatuto da Cidade, empregado de forma supletiva em razão da omissão da lei especial.

O direito de superfície **pode** ser transferido a terceiros, obedecidos os termos do contrato respectivo.

Por morte do superficiário, seus direitos transmitem-se a seus **herdeiros** (art. 21, § 5º, do EC). Aberta a sucessão, é transmitido o direito aos herdeiros legítimos ou testamentários, cabendo a eles eventuais débitos relativos ao imóvel objeto do direito de superfície, bem como os encargos e tributos que recaiam sobre o terreno.

Em caso de alienação do terreno, ou do direito de superfície, o superficiário e o proprietário, respectivamente, terão **direito de preferência**, em igualdade de condições, à oferta de terceiros.

O **direito de preferência** existe para que o direito de propriedade ou de superfície não seja transferido a terceiros, sem que o superficiário manifeste o interesse em adquirir a propriedade. Para o exercício desse direito é necessário que o alienante do respectivo direito promova a notificação da outra parte, cientificando a intenção e estabelecendo um prazo decadencial e razoável para que se manifeste. O silêncio importa na manifestação negativa da vontade.

Por se tratar de direito real de uso sobre coisa alheia, na hipótese de **descumprimento** do direito de preferência, o titular do direito pode questionar o negócio jurídico firmado com terceiro e reivindicar o bem de quem o esteja possuindo **(poder de sequela)**.

É possível a **notificação inversa**, ou seja, na hipótese de o superficiário ou o dono do solo saber que a outra parte possui a intenção de alienar seu direito, ele tem o direito de notificá-lo para exercer o direito de preferência e se informar sobre o valor do negócio.

São hipóteses de **extinção do direito de superfície**, consoante disposto no Estatuto da Cidade (art. 23):

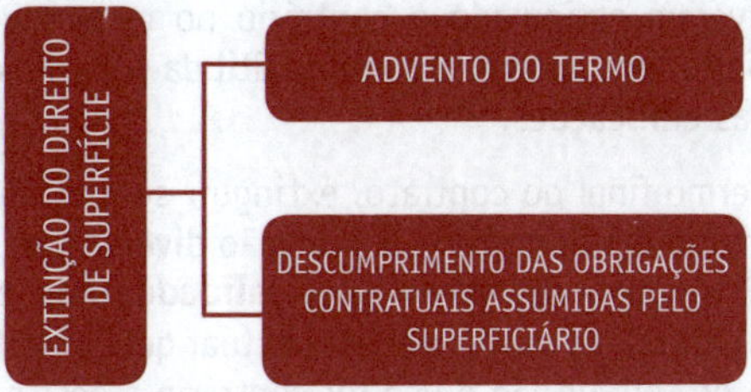

O contrato poderá ter **prazo determinado**, e o direito de superfície será extinto após o advento do termo final. Caso seja contrato de **prazo indeterminado**, o direito de superfície será perpétuo, transmissível aos herdeiros do superficiário. Na hipótese de contratos com prazo indeterminado, a extinção somente se dará por razões diversas de tempo, como o descumprimento de obrigações ou ainda o desvio de destinação do uso pelo superficiário.

Ainda poderá extinguir a obrigação pela **renúncia**, quando o superficiário já cumpriu as obrigações e deseja dar um fim ao contrato celebrado. Em tal hipótese o superficiário deverá celebrar uma escritura pública de renúncia, averbando-a na matrícula.

No caso de **descumprimentos** das obrigações contratuais, o dono do solo inicia a rescisão. Ressalte-se que nem todo descumprimento acarreta a extinção do direito real, mas somente aquele que compromete parte substancial da obrigação.

Também é hipótese de extinção do direito de superfície a **alienação do direito de superfície ao proprietário**, pela oferta direta ou pelo exercício do direito de preferência.

Ainda acarreta a extinção do direito de superfície a **desapropriação**, devendo a indenização ser justa para ambas as partes, levando-se em conta eventual *solarium* pago ao superficiário, o montante de investimento realizado, bem como o prazo restante do direito real de superfície, de maneira a evitar qualquer tipo de enriquecimento sem causa.

As partes ainda poderão optar por comum **acordo** desfazer o negócio, havendo a resilição bilateral. O distrato deverá ser feito por escritura pública e levado a registro no Cartório de Imóveis.

A **confusão ou a consolidação** também é causa de extinção do direito de superfície, hipótese em que ambos os polos do contrato se embaraçam e o proprietário passa também a ser concessionário.

Na hipótese de **extinção** do direito de superfície, o proprietário recuperará o pleno domínio do terreno, bem como das acessões e benfeitorias introduzidas no imóvel, independentemente de indenização, salvo se as partes não houverem estipulado o contrário no respectivo contrato. Ou seja, o superficiário terá apenas o domínio útil da superfície, mas não terá a propriedade das edificações.

Antes do termo final do contrato, extinguir-se-á o direito de superfície se o superficiário der ao terreno destinação diversa daquela para a qual for concedida. É hipótese de **desvio de finalidade**, pois, ajustado o contrato, negócio bilateral, as partes podem pactuar qual o destino que deverá ser dado ao uso do terreno. Se o uso for contrário à destinação avençada, possibilita a extinção do direito de superfície. No caso de silêncio contratual, o proprietário do solo não exigiu qualquer fim especial para seu uso.

A extinção do direito de superfície, por se tratar de direito real, deverá ser **averbada no Cartório de Registro de Imóveis**.

▸ Como esse assunto foi cobrado em concurso?

No concurso de Promotor de Justiça ES/2013, bem como no concurso para Cartório – TJ – PB/2014, foi questionado como se dá o direito de superfície perante o Estatuto da Cidade.

▸ Como esse assunto foi cobrado em concurso?

No concurso da Prefeitura de Presidente Prudente-SP, para Procurador Municipal (2016, Vunesp) foi perguntado: Para execução da política urbana, nos termos da Lei 10.257/2001, pode ser utilizado o seguinte instrumento:

A) o direito de superfície por meio do qual o proprietário urbano poderá conceder a outrem o direito de superfície do seu terreno, que abrange o direito de utilizar o solo, o subsolo ou o espaço aéreo relativo ao terreno, na forma estabelecida no contrato respectivo, atendida a legislação urbanística.

B) o direito de preempção que confere ao Poder Público municipal preferência para aquisição de imóvel urbano objeto de alienação onerosa entre particulares, para destiná-los exclusivamente à execução de programas e projetos habitacionais de interesse social.

C) a transferência do direito de construir, pela qual apenas o proprietário de imóvel urbano privado poderá ser autorizado a exercer em outro local, ou alienar, mediante escritura pública, o direito de construir previsto no plano diretor ou em legislação urbanística dele decorrente.

D) a outorga onerosa do direito de construir, pela qual o direito de construir poderá ser exercido acima do coeficiente de aproveitamento básico adotado, sem imposição de limites, desde que seja prestada contrapartida pelo beneficiário.

E) a usucapião especial de imóvel urbano pela qual aquele que possuir como sua área ou edificação urbana de até 250 metros quadrados, por dois anos, ininterruptamente e sem oposição, utilizando-a para sua moradia ou de sua família, adquirir-lhe-á o domínio, desde que não seja proprietário de outro imóvel urbano ou rural.

Resposta: letra a).

▸ Como esse assunto foi cobrado em concurso?

No concurso para Promotor de Justiça – MPE-RS (2017), foi perguntado:

Assinale com **V** (verdadeiro) ou com **F** (falso) as seguintes afirmações sobre o conteúdo do Estatuto da Cidade (Lei n 10.257, de 10 de julho de 2001, com suas posteriores alterações legislativas).

( ) O direito de superfície não pode ser transferido a terceiros, sendo vedada por lei qualquer previsão contratual nesse sentido.

( ) O superficiário responderá integralmente pelos encargos e tributos que incidirem sobre a propriedade superficiária, arcando, ainda, proporcionalmente à sua parcela de ocupação efetiva, com os encargos e tributos sobre a área objeto da concessão do direito de superfície, sendo vedada disposição em contrário no contrato respectivo.

( ) Em empreendimentos de pequeno porte, a elaboração do estudo prévio de impacto de vizinhança (EIV) substitui a elaboração e a aprovação de estudo prévio de impacto ambiental (EIA).

( ) O plano diretor é obrigatório para cidades integrantes de áreas de especial interesse turístico.

A sequência correta de preenchimento dos parênteses, de cima para baixo, é

a) F – V – F – F

b) F – F – F – V.

c) V – V – F – F.

d) V – F – V – V.

e) V – F – V – F.

A alternativa b) foi considerado correta.

▸ Como esse assunto foi cobrado em concurso?

No concurso para Especialista em Regulação - AGERBA - IBFC (2017), foi perguntado:

Tomando por base as disposições da lei federal nº 10.257, de 10/07/2001, assinale a alternativa correta sobre o direito de superfície.

a) O proprietário urbano poderá conceder a outrem o direito de superfície do seu terreno, apenas por tempo determinado, mediante escritura pública registrada no cartório de registro de imóveis

b) O direito de superfície abrange o direito de utilizar o solo, o subsolo ou o espaço aéreo relativo ao terreno, na forma estabelecida no contrato respectivo, atendida a legislação urbanística

c) A concessão do direito de superfície poderá ser gratuita ou onerosa

d) O superfciário responderá integralmente pelos encargos e tributos que incidirem sobre a propriedade superfciária, arcando, ainda, solidariamente, com os encargos e tributos sobre a área que não seja objeto da concessão do direito de superfície

e) O direito de superfície não pode ser transferido a terceiros

A alternativa b) foi considerado correta.

2.3. Diferença da superfície com outros institutos

A **enfiteuse difere do direito de superfície**, embora este seja o instituto a mais se assemelha.

DIFERENÇAS	
ENFITEUSE	**DIREITO DE SUPERFÍCIE**
• Direito perpétuo	• Temporário, por prazo determinado ou indeterminado
• Cobrança de foro anual ou cânon ao senhorio	• Não há cobrança de foro anual ou cânon, salvo expressa previsão contratual
• Pode ser tornar proprietário pleno, com o pagamento do resgate	• Não há resgate, a extinção ocorre com o decurso do prazo
• O atraso do pagamento de três prestações consecutivas (comisso) gera o descumprimento das obrigações e extinção do direito	• Descumprindo-se as regras contratuais, possibilita-se a resolução unilateral
• Possibilidade de explorar o solo da maneira que quiser	• Há a prévia destinação do imóvel

O direito de superfície também **se distingue do direito ao usufruto**, embora ambos sejam direitos reais:

▶ O direito de superfície pode ser gratuito ou oneroso, enquanto o direito ao usufruto é obrigatoriamente gratuito.

▶ No direito de superfície há maiores restrições, incide sobre bens imóveis e seu objeto é restrito à construção ou a plantação; já no usufruto, os bens poderão ser móveis ou imóveis e não há limitação ao modo de se usufruir.

▶ No direito de superfície é possível somente a exploração da superfície, com a finalidade de realizar acessões, enquanto no usufruto há a possibilidade de utilizar todo o bem.

▶ No usufruto, em caso de morte do usufrutuário, há a extinção do usufruto, enquanto na superfície o falecimento do superficiário ocasionará a transmissão a seus herdeiros.

> **Como esse assunto foi cobrado em concurso?**
>
> No concurso para advogado na Prefeitura de Fronteira-MG (MÁXIMA - MB Gestão Pública/2016), sobre o Estatuto da Cidade foi elaborada a seguinte pergunta:
>
> A) o Município poderá proceder à desapropriação do imóvel, com pagamento em títulos da dívida pública, após decorridos cinco anos de cobrança do IPTU progressivo sem que o proprietário tenha cumprido a obrigação de parcelamento, edificação ou utilização do imóvel.
>
> B) Adquirirá o domínio do imóvel por usucapião aquele que possuir como sua área ou edificação urbana de até duzentos e cinquenta metros quadrados, por cinco anos, ininterruptamente e sem oposição, utilizando-a para sua moradia ou de sua família e desde que não seja proprietário de outro imóvel urbano ou rural.
>
> C) O proprietário urbano poderá conceder a outrem o direito de superfície do seu terreno, apenas por tempo determinado, mediante escritura pública registrada no cartório de registro de Imóveis.
>
> D) O plano diretor é obrigatório para cidades com mais de vinte mil habitantes.
>
> Resposta: alternativa C).

2.4. Do direito de preempção

2.4.1. Especificações gerais

O **direito de preempção** confere ao Poder Público municipal preferência para aquisição de imóvel urbano objeto de alienação onerosa entre particulares. O direito de preempção também é conhecido como **direito de preferência ou de prelação.** O instituto ora tratado possui a **natureza jurídica** de um instrumento jurídico restritivo e específico de política urbana.

> **Como esse assunto foi cobrado em concurso?**
>
> No concurso para Procurador Autárquico – VUNESP, Pauliprev-SP (2018), foi perguntado:
>
> Assinale a alternativa correta, nos termos da Lei nº 10.257/2001.
>
> a) O direito de superfície somente pode ser transferido por tempo determinado, mediante escritura registrada no cartório de registro de imóveis.
>
> b) É vedado, ao plano diretor, fixar áreas nas quais o direito de construir possa ser exercido acima do coeficiente de aproveitamento básico adotado.
>
> c) O usucapião especial de imóvel urbano pode ser reconhecido ao mesmo possuidor mais de uma vez, para o mesmo imóvel.

d) O autor da ação de usucapião especial urbana terá os benefícios da assistência judiciária gratuita, exceto perante o cartório de registro de imóveis.

e) O direito de preempção confere ao Poder Publico municipal preferência na aquisição de imóvel urbano objeto de alienação onerosa entre particulares.

Foi considerada como correta a alternativa e).

O direito de preempção ou preferência possui **regulamentação** no Direito civil e tem a natureza jurídica de pacto adjeto ao contrato de compra e venda. Outras leis ainda fazem a previsão do direito de preferência, como a Lei do Inquilinato (Lei 8.245/1991, art. 27) e o Estatuto da Terra (Lei 4.504/1964, art. 92).

O Código Civil poderá ser utilizado de **forma supletiva**, como forma de suprir alguma omissão do Estatuto da Cidade, pois o direito de preempção previsto no Estatuto da Cidade possui alguns pontos parecidos com o previsto no Direito civil.

O direito de preempção significa o direito subjetivo conferido ao município ou ao Distrito Federal para que tenham preferência na **aquisição de imóvel urbano** quando este for alienado onerosamente entre particulares. Portanto, recai somente em imóveis situados dentro da zona urbana, independentemente da destinação ou do uso a cargo de particulares, excluindo-se, assim, os imóveis situados na zona rural.

A **preempção legal** não incidirá na hipótese de o imóvel urbano ser de um ente público, direto ou indireto, como uma autarquia ou fundação pública. Da mesma forma, quando o comprador for uma pessoa de Direito público não incidirá a preempção legal. É possível concluir que, na hipótese de empresas públicas e sociedades de economia mista, quando desempenham atividades econômicas, sujeitam-se ao regime de preempção legal.

▸ Atenção!

Apenas o imóvel urbano objeto de alienação onerosa entre particulares é atingido pela preempção legal.

A promessa de compra e venda registrada poderá ser enquadrada como direito real de aquisição de imóvel, pois o instrumento é considerado título de propriedade, permitindo até mesmo ação reivindicatória.

Há divergência na doutrina no caso da preferência dada em alienação sobre **direitos possessórios**. É fato que o Estatuto da Cidade menciona direito de preempção à aquisição de imóvel urbano e não sobre a aquisição de direitos sobre imóveis urbanos, excluindo-se, assim, os casos de alienação de direitos possessórios.

A lei municipal, baseada no plano diretor, **delimitará as áreas** em que incidirá o direito de preempção e fixará prazo de vigência não superior a cinco anos, renovável a partir de um ano após o decurso do prazo inicial de vigência.

A incidência dos prazos para o exercício do direito de preempção será fixada por uma lei municipal, não superior a cinco anos (o prazo poderá ser menor, como três anos, por exemplo), e sua **vigência será descontínua**. Após o prazo de vigência e o novo prazo (renovação do prazo), haverá o período de um ano (que poderá ser ampliado para dois anos, por exemplo) em que a lei **impede** o exercício do direito.

Há posição diversa, sustentando que o prazo poderá ser renovado após um ano do prazo inicial de vigência, ou seja, se a lei que cria a preempção entrou em vigor em 01.01.2016, com prazo de quatro anos, a partir de 01.01.2017 poderá o prazo ser renovado. Justifica-se tal posicionamento como forma de evitar a burla à lei municipal que cria o direito a preempção, pois os particulares poderiam aguardar o prazo na lei, para depois poderem negociar seus imóveis, no prazo de um ano, sem respeitar o direito de preempção.

O direito de preempção **fica assegurado durante o prazo de vigência**, independentemente do número de alienações referentes ao mesmo imóvel (art. 25, § 2º, do EC).

Para a possibilidade do exercício do direito de preempção se faz necessária a edição de uma **lei municipal**, obedecendo-se a **dois requisitos**: a) baseado no plano diretor da cidade; e b) que haja delimitação das áreas em que incidirá o direito de preempção.

Sem um **plano diretor** não é possível a ação administrativa para o exercício do direito de preempção.

Além do plano diretor é necessário que uma **lei específica** indique precisamente as áreas em que a medida poderá ser necessária.

Não é possível que as áreas em que incidirá o direito de preferência sejam instituídas por um **decreto regulamentar**.

A **averbação** junto à matrícula de todos os imóveis contidos nas áreas se torna necessária, em razão do princípio da segurança jurídica nas relações jurídicas e nos Cartórios de Registros, pois somente a publicação da lei impositiva não seria suficiente para os proprietários das áreas indicadas na lei municipal conhecerem a imposição urbanística.

São **hipóteses** para o exercício ao direito de preempção pelo Poder Público:

• regularização fundiária;
• execução de programas e projetos habitacionais de interesse social;

• constituição de reserva fundiária;
• ordenamento e direcionamento da expansão urbana;
• implantação de equipamentos urbanos e comunitários;
• criação de espaços públicos de lazer e áreas verdes;
• criação de unidades de conservação ou proteção de outras áreas de interesse ambiental;
• proteção de áreas de interesse histórico, cultural ou paisagístico;

▸ **Como esse assunto foi cobrado em concurso?**

No concurso para Promotor de Justiça – MPE-BA (2018), foi perguntado:

Observe a assertiva abaixo e marque a alternativa incorreta acerca do quanto disposto no Estatuto da Cidade (lei nº 10.257/2001).

O direito de preempção será exercido sempre que o Poder Público necessitar de áreas para:

a) Regularização fundiária.

b) Execução de programas e projetos habitacionais de interesse social.

c) Constituição de reserva fundiária.

d) Ordenamento e direcionamento da expansão rural.

e) Criação de espaços públicos de lazer e áreas verdes.

Foi considerada como correta a alternativa d).

O exercício do direito de preempção pela Administração Pública deverá ser fundamentado em umas das hipóteses supramencionadas. Cuida-se de um **ato vinculado**, pois o conteúdo deve estar devidamente fundamentado e possuir exata conexão com a finalidade exposta na lei municipal, permitindo assim um controle do ato com os fundamentos legais descriminados.

Poderá a municipalidade, porém, eleger, dentro de uma mesma área, **mais de uma das finalidades** previstas. Assim, a atuação administrativa poderá ser, de certa maneira, **discricionária**, na medida em que poderá exercer o direito de preferência entre as finalidades indicadas, sempre demonstrando as razões da escolha.

Como visto, caso a lei indique apenas um motivo, a municipalidade estará vinculada a ele.

▸ **Como esse assunto foi cobrado em concurso?**

No concurso para Procurador Jurídico – VUNESPE – Porto Ferreira/SP (2017), foi perguntado:

Acerca do que dispõe a Lei n° 10.257/01, é correto afirmar que

a) o direito de preempção confere ao Poder Público municipal preferência para aquisição de imóvel urbano objeto de alienação onerosa entre particulares.

b) a concessão do direito de superfície deverá ser invariavelmente onerosa.

c) na pendência da ação de usucapião especial urbana, tramitam conjuntamente quaisquer outras ações, petitórias ou possessórias, que venham a ser propostas relativamente ao imóvel usucapiendo.

d) decorridos dez anos de cobrança do IPTU progressivo sem que o proprietário tenha cumprido a obrigação de parcelamento, edificação ou utilização, o Município poderá proceder à desapropriação do imóvel, com pagamento em dinheiro.

e) compete aos Municípios, entre outras atribuições de interesse da política urbana, legislar sobre normas gerais de direito urbanístico.

Foi considerada como correta a alternativa a).

▸ Como esse assunto foi cobrado em concurso?

No concurso para Procurador Jurídico – Prefeitura de Andradina/SP - VUNESPE (2017), foi perguntado:

De acordo com a Lei no 10.257, de 10 de julho e 2001 (Estatuto da Cidade), assinale a alternativa correta.

a) Nos limites legais, o direito de preempção confere ao Poder Público municipal preferência para aquisição de imóvel urbano objeto de alienação onerosa entre particulares.

b) Antes do termo final do contrato não é possível extinguir-se o direito de superfície.

c) A concessão do direito de superfície não poderá ser realizada de forma gratuita.

d) O plano diretor não poderá, em nenhuma hipótese, fixar áreas nas quais o direito de construir possa ser exercido acima do coeficiente de aproveitamento básico adotado.

e) Decorridos cinco anos de cobrança do IPTU progressivo sem que o proprietário tenha cumprido a obrigação de parcelamento, edificação ou utilização, o Município poderá proceder à desapropriação do imóvel, mediante depósito prévio do valor do bem.

A alternativa a) foi considerado correta.

▸ Como esse assunto foi cobrado em concurso?

No concurso para Especialista em Regulação – AGERBA – IBFC (2017), foi perguntado:

Tomando por base as disposições da lei federal nº 10.257, de 10/07/2001, assinale a alternativa correta sobre o que constitui o direito conferido ao Poder Público municipal que implica na preferência para aquisição de imóvel urbano objeto de alienação onerosa entre particulares.

a) Direito de ofício

b) Direito de retenção

c) Direito de desapropriação

d) Direito de interdição

e) Direito de preempção

A alternativa e) foi considerado correta.

2.4.2. Procedimento

O **proprietário** deverá **notificar** sua intenção de alienar o imóvel para que o **município,** no prazo máximo de trinta dias, manifeste por escrito seu interesse em comprá-lo (art. 27 do EC).

O Estatuto da Cidade determina que o proprietário possui o dever de notificar o município da sua intenção de alienar o imóvel, devendo o município no **prazo de trinta dias**, informar por escrito se possui interesse na aquisição.

Quando a notificação for realizada, deverá ser **anexada proposta** de compra assinada por terceiro interessado na aquisição do imóvel, da qual constarão preço, condições de pagamento e prazo de validade (art. 27, § 1º, do EC).

Na proposta encaminhada ao município, este deverá realizar uma análise para que não efetue o pagamento por **um valor irreal** em relação ao de mercado, causando assim prejuízo ao Erário.

Mesmo que nenhuma proposta de aquisição do imóvel foi realizada, o proprietário deverá **notificar** o município mencionando o preço e as condições de validade da proposta de venda, além do prazo de validade.

Transcorrido o prazo da notificação sem manifestação, fica o proprietário **autorizado** a realizar a alienação para terceiros, nas condições da proposta apresentada.

A manifestação de exercer o direito de preempção é **faculdade** do município, que pode informar expressamente seu desinteresse ou ainda apenas deixar transcorrer o prazo que lhe é garantido para se manifestar (silêncio como forma de manifestação de vontade).

Somente será possível, contudo, o proprietário fazer a mencionada notificação caso saiba que seu imóvel está em uma área delimitada por lei municipal sujeita ao exercício do direito de preempção pelo município.

Duas medidas poderão ser adotadas para que o proprietário saiba que o seu imóvel está em uma área sujeita ao direito de preempção pelo município:

1ª) Embora silente o Estatuto da Cidade, uma vez editada a lei municipal, os proprietários de imóveis que estejam dentro da área delimitada deverão ser **cientificados**.
2º) O município fará **publicar**, em órgão oficial e em pelo menos um jornal local ou regional de grande circulação, edital de aviso da notificação recebida e da intenção de aquisição do imóvel nas condições da proposta apresentada (art. 27, § 2º, do EC).

A publicação do aviso possui a finalidade de: **a)** fazer a divulgação da notificação do proprietário; e **b)** tornar público o ato do município da intenção de adquirir o imóvel.

Caso o município resolva adquirir o imóvel, o pagamento deverá ser feito em **dinheiro**, como faria o terceiro interessado em comprar o imóvel, não se podendo realizar o pagamento com títulos da dívida pública.

Pode ainda o município oferecer uma **contraproposta ao particular**, com um valor de venda inferior ou em condições diferentes daquelas oferecidas pelo particular. Contudo, o interessado não é obrigado a aceitar a contraproposta, podendo vender o imóvel a outro particular, mas não por preço inferior àquele contido na sua proposta.

▸ Atenção!

O exercício do direito de compra pelo município por meio da preempção é realizado sem procedimento licitatório, enquadrando-se em um verdadeiro caso de inexigibilidade de licitação.

O direito de preempção conferido pelo Estatuto da Cidade ao município é de **direito pessoal**, vez que não há norma que contenha direito reivindicatório para o município, e não há necessidade de registro junto ao Cartório Imobiliário. Assim, havendo preterição na preferência, o negócio jurídico da compra e venda será considerado **válido e eficaz**, não podendo o município desfazê-lo.

O município não estará, contudo, impedido de utilizar-se de outros mecanismos, como a **desapropriação**, para apropriar-se do objeto a que tinha direito de preferência.

Poderá haver indenização decorrente da preterição do exercício do direito de preferência. Caso o proprietário seja cientificado pelo município sobre sua obrigação de notificá-lo em caso de alienação do imóvel, **caberá indenização** ao ente municipal pelas perdas e danos causados pela preterição. Caso o proprietário desconheça essa obrigação, **nenhuma indenização** será devida.

▸ Como esse assunto foi cobrado em concurso?

No concurso para Promotor de Justiça (UFMT – MT/2012) perguntou-se: *"Sobre o direito de preempção regulado no Estatuto da Cidade, é correto afirmar: [...]*

Resposta correta: letra: b) Assegura que o Poder Público municipal possa proteger imóveis de interesse cultural desde que estes se encontrem localizados na área de abrangência que tenha sido definida em lei, e que tenham sido consideradas as diretrizes fixadas no respectivo plano diretor."

Concretizada a venda a terceiro, o proprietário fica obrigado a apresentar ao município, no prazo de trinta dias, **cópia do instrumento público** de alienação do imóvel (art. 27, § 4º, do EC).

Ao município permite-se o exame de como foi celebrado o negócio jurídico entre o proprietário e terceiro, por meio da **cópia da escritura pública** que concretizou o negócio jurídico.

A obrigação descrita na lei é do **novo proprietário (adquirente)**, muito embora a lei não diga qual proprietário possui a obrigação legal. Contudo, o ex-proprietário poderá também providenciar a apresentação da cópia da escritura pública, o que satisfaz a vontade do legislador.

O Estatuto da Cidade omitiu-se na previsão de **sanção** caso haja descumprimento do proprietário da apresentação de cópia do instrumento público. Caberia ao município interessado, quando da elaboração da lei específica instituidora do direito de preempção, ou ainda em outra lei, fixar a sanção administrativa a ser imposta pelo proprietário que descumprir a obrigação legal. É fato que a sanção deve ser formalmente prevista em lei.

Para ter acesso às informações sobre o negócio jurídico da municipalidade:

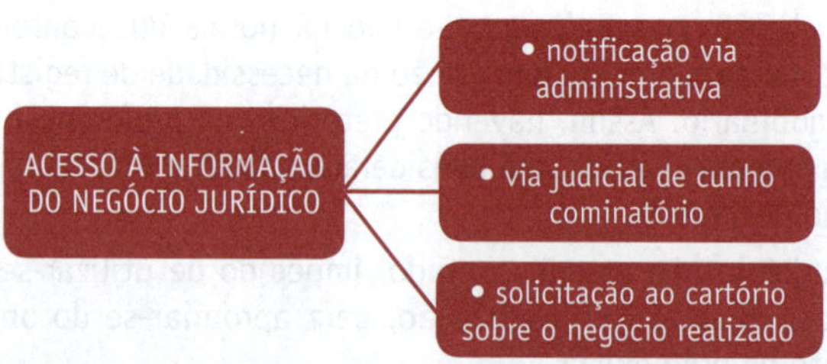

▸ Atenção!

A alienação processada em condições diversas da proposta apresentada é **nula** de pleno direito.

Pois bem. A hipótese prevista no art. 27, § 5º, do EC é de **nulidade**, podendo esta ser declarada de ofício pelo juiz, por qualquer interessado ou ainda pelo Ministério Público, e o negócio não poderá se convalescer com o decurso do tempo.

Possuem **legitimidade para** requerer a declaração de nulidade do negócio jurídico o vendedor, o comprador, o terceiro interessado, o Ministério Público e o município.

> **Cuidado!**
>
> O previsto no art. 27, § 5º, do EC prevê a **nulidade** em razão de a alienação ocorrer de **forma diversa da proposta**, e não à preterição para o exercício do direito de preempção pelo proprietário, por meio da falta de notificação à municipalidade.

Uma vez declarada a nulidade, as partes devem restituir o imóvel no estado em que antes se encontrava, **não** sendo possível a conversão em **indenização.**

Ocorrida a hipótese de nulidade, o município poderá adquirir o imóvel pelo **valor da base de cálculo do IPTU** ou pelo **valor indicado na proposta apresentada**, se este for inferior àquele (art. 27, § 6º, do EC). Ou seja, desfeito o negócio, possibilita-se ao município adquirir o imóvel pelo valor apresentado pelo IPTU ou pelo valor indicado na proposta, aquele em que o preço estiver menor.

Há entendimento no sentido de que o proprietário **não poderá desistir** da alienação depois de notificado o município para que exerça o direito de preferência. Outros sustentam que enquanto o município não se manifesta em relação à proposta apresentada, nada obstará a desistência do particular.

Ainda, pondera-se o fato de que a retirada de proposta de forma imotivada, antes da manifestação do ente público, violará o princípio da confiança e da boa-fé das relações contratuais, além de outras considerações a serem levadas em conta no caso concreto, o que poderá ensejar reparação pelo particular de eventuais perdas e danos.

> **Como esse assunto foi cobrado em concurso?**
>
> No concurso para Procurador Jurídico da Prefeitura de Rondonópolis-MT (UFMT - CEV /2016) foi perguntado sobre o direito de preempção, qual a alternativa correta:
>
> A) A notificação necessária ao cumprimento da lei municipal, quando da existência do direito de preempção por parte do Município, será realizada somente na iminência da primeira alienação do imóvel.

B) O Município possui a preferência na alienação do imóvel em que incidirá o direito de preempção e, após ser notificado, deverá manifestar positiva ou negativamente seu interesse, devendo o proprietário aguardar uma decisão do Poder Público para o prosseguimento da alienação.

C) A relação de compra e venda do imóvel entre proprietário e Município, em havendo interesse por parte deste no exercício do seu direito de preempção pré-estabelecido em lei, é de teor público, não havendo necessidade de publicação específica manifestando o interesse na aquisição.

D) Baseada no plano diretor, a lei municipal estabelecerá área em relação à infraestrutura urbana específicas onde incidirá o direito de preempção, com prazo de vigência, inclusive.

Alternativa correta: D).

2.5. Da outorga onerosa do direito de construir

Entre os instrumentos jurídicos e políticos previstos no Estatuto da Cidade que visam ordenar o pleno desenvolvimento das funções sociais da cidade e da propriedade urbana está a **outorga onerosa do direito de construir e de alteração de uso**, disciplinados entre os arts. 28 a 31 do EC.

A outorga onerosa do direito de construir, instrumento de política urbana, também é conhecida como **solo criado (ou solo virtual).**

▸ **Como esse assunto foi cobrado em concurso?**

No concurso de Procurador do Ministério Público do Tribunal de Contas FCC – TCM/GO/2015 foi questionado: Considere:

I. A competência municipal para promover, no que couber, adequado ordenamento territorial, mediante planejamento e controle do uso, do parcelamento e da ocupação do solo urbano, por relacionar-se com o Direito urbanístico, está sujeita a normas federais e estaduais.

II. É inconstitucional a lei municipal que tenha estabelecido, antes da Emenda Constitucional 29/2000, alíquotas progressivas para o IPTU, salvo se destinada a assegurar o cumprimento da função social da propriedade urbana.

III. Não viola o princípio da autonomia municipal disposição contida em Constituição estadual que obrigue os municípios com mais de 5 mil habitantes a instituir, por lei, o Plano Diretor.

IV. Pode o município estabelecer tributo pela chamada parcela do solo criado por representar remuneração ao município pela construção praticada em volume superior ao permitido nos limites de um coeficiente único de aproveitamento do solo. Está correto o que se afirma APENAS em:

Reposta: alternativa c), estão corretos I e II.

O plano diretor poderá **fixar áreas** em que o direito de construir poderá ser exercido acima do coeficiente de aproveitamento básico adotado, mediante contrapartida a ser prestada pelo beneficiário.

São **pressupostos** de incidência da outorga onerosa do direito de construir:

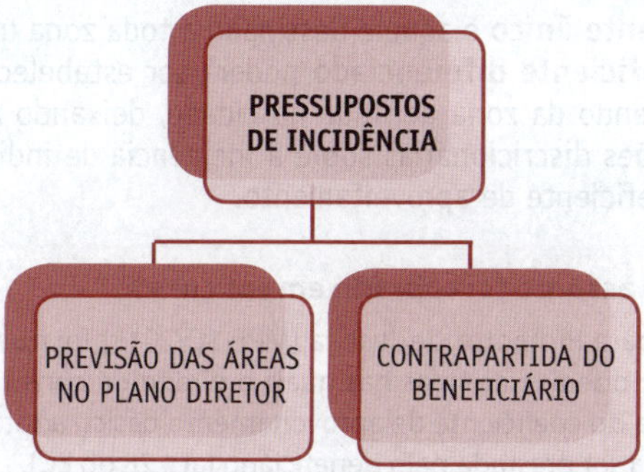

As áreas em que poderá ser concedida ou não a licença edilícia já devem estar previstas no **plano diretor**. Caso não estejam previstas, nelas não poderá ser construído acima do coeficiente, limitando-se o proprietário a obter uma licença de construção normal, dentro dos padrões urbanísticos que correspondem ao coeficiente único para as áreas.

Já a **contrapartida** deverá ser fixada na lei municipal específica que regular a outorga onerosa, podendo esta ser de várias espécies, como compensação pecuniária ou prestação de serviços públicos.

Não é possível a outorga onerosa sem a contrapartida a ser oferecida pelo beneficiário, pois do contrário, ao favorecer determinado particular, há um desvio de finalidade e ainda violação aos princípios da moralidade e da impessoalidade.

Para os fins do Estatuto da Cidade, **coeficiente de aproveitamento** é a relação entre a área edificável e a área do terreno.

O coeficiente de aproveitamento refere-se à **possibilidade real** do proprietário do direito de construir em seu terreno.

Coeficiente de aproveitamento *versus* taxa de ocupação
• O coeficiente de aproveitamento significa o índice que será aproveitado em relação ao terreno no que toca ao solo criado, alcançado por meio da área do terreno e a área total da construção, enquanto a taxa de ocupação alcança a área da superfície do terreno efetivamente ocupada pela construção.

Espécies de coeficiente:

• COEFICIENTE ÚNICO	• COEFICIENTE DIFERENCIADO

O plano diretor poderá fixar coeficiente de aproveitamento básico único para toda a zona urbana, ou **diferenciado** para áreas específicas dentro da zona urbana.

O **coeficiente único** é aquele destinado a toda zona urbana de forma integral. O **coeficiente diferenciado** poderá ser estabelecido pelo plano diretor dependendo da zona definida na cidade, deixando ao município o poder de decisões discricionárias sobre a incidência de índices maiores ou menores do coeficiente de aproveitamento.

> **Como esse assunto foi cobrado em concurso?**
>
> No concurso para Promotor de Justiça (MPE-SC/2013) foi questionado se o plano diretor poderá fixar áreas nas quais o direito de construir poderá ser exercido acima do coeficiente de aproveitamento básico adotado, mediante contrapartida a ser prestada pelo beneficiário (art. 28 do EC).

O plano diretor definirá os **limites máximos** a serem atingidos pelos coeficientes de aproveitamento, considerando a proporcionalidade entre a infraestrutura existente e o aumento de densidade esperado em cada área.

Caso adotada pelo município a existência de coeficientes diversificados de aproveitamento em áreas específicas da zona urbana, deverão ser **definidos limites máximos** a ser atingidos pelos coeficientes de aproveitamento. Ressalte-se que mesmo quando há previsão de coeficiente único de aproveitamento básico, deverão ser fixados limites.

> **Como esse assunto foi cobrado em concurso?**
>
> No concurso para Urbanista – Prefeitura de Salvador - FGV (2017), foi perguntado:
>
> De acordo com a Lei Federal nº 10.257/2001 (Estatuto da Cidade) com relação ao direito de construir, o Plano Diretor poderá
>
> a) fixar áreas nas quais o direito de construir será exercido acima do coeficiente de aproveitamento básico adotado, desde que o beneficiário seja portador de necessidades especiais.
>
> b) estabelecer coeficientes de aproveitamento diversificados, para áreas específicas dentro da zona urbana.
>
> c) definir limites máximos para os coeficientes de aproveitamento, considerando a proporcionalidade entre o número de usuários e a área da zona urbana.
>
> d) alterar o uso do solo, mediante o aumento da infraestrutura existente e do coeficiente de aproveitamento.
>
> e) dispensar o emprego do coeficiente básico adotado nas áreas centrais urbanas, nas quais a valorização do solo é mais elevada.
>
> Foi considerada como correta a alternativa b).

O plano diretor fixará as áreas em que será permitida **alteração de uso do solo**, mediante contrapartida a ser prestada pelo beneficiário (art. 29 da EC).

A **alteração de uso do solo** é instituto urbanístico diferente da outorga onerosa do direito de construir, embora previstos em uma única seção.

O **instituto acima mencionado consiste** na faculdade da municipalidade de consentir que seja modificado o uso do solo em determinada área, desde que a finalidade do uso do solo já esteja definida no plano diretor.

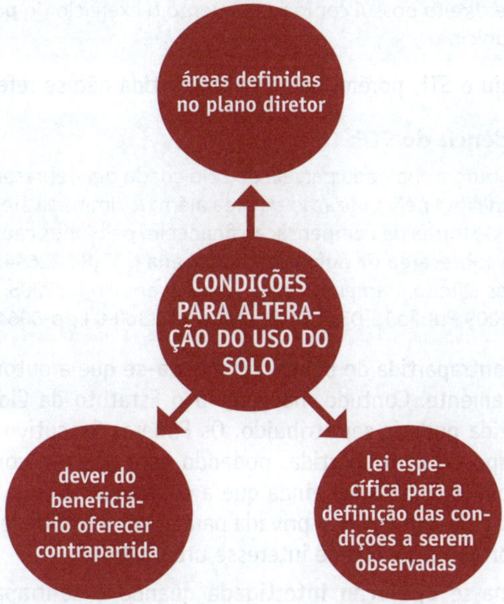

Tanto para a outorga onerosa do direito de construir como para a alteração do uso do solo se faz necessária a edição de **lei municipal específica,** complementando a lei aprovada pelo plano diretor.

As **condições** a serem observadas para a implementação dos mencionados institutos urbanísticos possuem previsão no art. 30 do EC.

PRESSUPOSTOS PARA A APLICAÇÃO - DA OUTORGA ONEROSA DO DIREITO DE CONSTRUIR E DE ALTERAÇÃO DO USO DO SOLO		
→ a fórmula de cálculo para a cobrança	→ casos de isenção do pagamento da outorga	→ a contrapartida do beneficiário (quem se beneficiará da outorga do direito)

O município está obrigado a seguir a normativa do Estatuto da Cidade, efetivando as condições necessárias para aplicar os referidos institutos urbanísticos.

Para que o município, baseado em sua discricionariedade, elabore uma fórmula de cálculo justa, a ser cobrada mediante **taxa**, há que se valer do princípio da proporcionalidade, afim de que não haja uma cobrança excessiva ou ainda uma cobrança irrisória.

> **▸ Atenção!**
>
> A outorga de direito possui como fundamento o exercício do **poder de polícia** pelo município.

Já decidiu o STF, porém, que a contrapartida não se refere a tributo.

> **▸ Jurisprudência do STF:**
>
> "[...] Não é tributo a chamada parcela do solo criado que representa remuneração ao município pela utilização de área além do limite da área de edificação. Trata-se de forma de compensação financeira pelo ônus causado em decorrência da sobrecarga da aglomeração urbana [...]" (RE 226942, Relator(a): Min. Menezes Direito, Primeira Turma, julgado em 21/10/2008, DJe-089 Divulg 14-05-2009 Public 15-05-2009 Ement Vol-02360-04 pp-00643)

Com a contrapartida do beneficiário **veda-se** que a outorga do direito se dê gratuitamente. Contudo, não previu o Estatuto da Cidade que tipo de contrapartida poderia ser atribuído. Os Poderes Executivo e Legislativo definirão o tipo de contrapartida, podendo este possuir, como regra, um caráter pecuniário. É possível ainda que a contrapartida seja realizada por meio de doação de alguma área privada para a municipalidade, ou ainda via parceria em projetos sociais de interesse urbanístico.

Denomina-se **operação interligada** quando a contrapartida refletir em uma ação de caráter social ou urbanístico executada pelo proprietário ou pelo interessado, sempre fundada no interesse público.

Os recursos auferidos com a adoção da outorga onerosa do direito de construir e de alteração de uso **serão aplicados** com as finalidades previstas para o direito de preempção (art. 30 do EC).

> **▸ Como esse assunto foi cobrado em concurso?**
>
> No concurso para procurador municipal para a Prefeitura de Porto Alegre-RS (FUNDATEC/2016), foi elaborada a seguinte pergunta sobre o instituto da outorga onerosa do direito de construir (solo criado), previsto no art. 28 do Estatuto da Cidade:
>
> I. A concessão da outorga onerosa do direito de construir depende da previsão, no Plano Diretor, de áreas nas quais o direito de construir possa ser exercido acima do coeficiente máximo de aproveitamento adotado, mediante contrapartida em dinheiro a ser prestada pelo beneficiário.

II. A cobrança da contrapartida ampara-se no princípio da justa distribuição dos benefícios e ônus decorrentes do processo de urbanização.

III. Os recursos da contrapartida obtida devem ser aplicados, dentre outras finalidades, em regularização fundiária e proteção de áreas de interesse histórico, cultural ou paisagístico.

Quais estão corretas?

A) Apenas I

B) Apenas II

C) Apenas I e II

D) Apenas I e III

E) Apenas II e III

Resposta: alternativa E).

▸ **Como esse assunto foi cobrado em concurso?**

No concurso para Especialista em Regulação - AGERBA - IBFC (2017), foi perguntado:

Tomando por base as disposições da lei federal nº 10.257, de 10/07/2001, assinale a alternativa INCORRETA sobre o direito de construir.

a) O plano diretor poderá fixar áreas nas quais o direito de construir poderá ser exercido acima do coeficiente de aproveitamento básico adotado, mediante contrapartida a ser prestada pelo beneficiário

b) Para os efeitos da referida lei, coeficiente de aproveitamento é a relação entre a área edificável e a área do terreno

c) O plano diretor deverá fixar coeficiente de aproveitamento básico único para toda a zona urbana

d) O plano diretor definirá os limites máximos a serem atingidos pelos coeficientes de aproveitamento, considerando a proporcionalidade entre a infraestrutura existente e o aumento de densidade esperado em cada área

e) O plano diretor poderá fixar áreas nas quais poderá ser permitida alteração de uso do solo, mediante contrapartida a ser prestada pelo beneficiário

A alternativa c) foi considerado correta.

2.6. Das operações urbanas consorciadas

A **operação urbana consorciada** é um dos instrumentos de política urbana, caracterizada como um instituto jurídico e político com previsão no Estatuto da Cidade.

Para sua implementação é necessária uma **lei municipal específica**, baseada no **plano diretor**, que poderá delimitar área para aplicação de operações consorciadas.

Segundo prevê o Estatuto da Cidade, considera-se **operação urbana consorciada** o conjunto de intervenções e medidas coordenadas pelo Poder Público municipal, com a participação dos proprietários, moradores, usuários permanentes e investidores privados, com o objetivo de alcançar em uma área transformações urbanísticas estruturais, melhorias sociais e a valorização ambiental (art. 32, § 1º, do EC).

▸ Como esse assunto foi cobrado em concurso?

No concurso para Promotor de Justiça do RS (MPE-RS/2016), foi elaborada a seguinte pergunta sobre o Estatuto da Cidade:

( ) Lei municipal específica para área incluída no plano diretor poderá determinar o parcelamento, a edificação ou a utilização compulsórios do solo urbano não edificado, subutilizado ou não utilizado, devendo fixar as condições e os prazos para implementação da referida obrigação.

( ) O direito de preempção será exercido sempre que o Poder Público necessitar de áreas para constituição de reserva fundiária, entre outras hipóteses.

( ) Poderão ser previstas nas operações urbanas consorciadas, entre outras medidas, a modificação de

índices e características de parcelamento, uso e ocupação do solo e subsolo, bem como alterações das normas edilícias, considerado o impacto ambiental delas decorrente.

( ) Considera-se consórcio imobiliário a forma de viabilização de planos de urbanização ou edificação por meio da qual o proprietário transfere ao Poder Público municipal seu imóvel e, após a realização das obras, recebe, como pagamento, uma compensação pecuniária definida.

A sequência correta de preenchimento dos parênteses, de cima para baixo, é

Resposta: alternativa C).

▸ Como esse assunto foi cobrado em concurso?

No concurso para Especialista em Regulação – AGERBA – IBFC (2017), foi perguntado:

Tomando por base as disposições da lei federal nº 10.257, de 10/07/2001, assinale a alternativa correta sobre as operações urbanas consorciadas.

a) Considera-se operação urbana consorciada o conjunto de intervenções e medidas coordenadas pelo Poder Público estadual, com a participação dos proprietários, moradores, usuários permanentes e investidores privados, com o objetivo de alcançar em uma área transformações urbanísticas estruturais, melhorias sociais e a valorização ambiental

b) Considera-se operação urbana consorciada o conjunto de intervenções e medidas coordenadas pelo Poder Público municipal, com a participação dos proprietários, moradores, usuários permanentes e investidores privados, com o objetivo de alcançar em uma área transformações urbanísticas estruturais, melhorias sociais e a valorização ambiental

c) Considera-se operação urbana consorciada o conjunto de intervenções e medidas coordenadas pelo Poder Público federal, com a participação dos proprietários, moradores, usuários permanentes e investidores privados, com o objetivo de alcançar em uma área transformações urbanísticas estruturais, melhorias sociais e a valorização ambiental

d) Considera-se operação urbana consorciada o conjunto de intervenções e medidas coordenadas pelo Poder Público municipal, com a participação dos proprietários, moradores, usuários permanentes e investidores privados, com o objetivo de evitar em uma área transformações urbanísticas conjunturais

e) Considera-se operação urbana consorciada o conjunto de intervenções e medidas coordenadas pelo Poder Público federal, com a participação dos proprietários, moradores, usuários permanentes e investidores privados, com o objetivo de evitar em uma área transformações urbanísticas conjunturais

A alternativa b) foi considerado correta.

Nota-se que quem dirige a parceria que resultará na operação consorciada é o **Poder Público**. Essa função é irrenunciável e indelegável, ou seja, privativa ao Poder Público, conforme atribuição constitucional prevista no art. 30, inc. VIII, da CF. Dessa forma, o poder de decisão, coordenação, de fixação de ações que atendam ao interesse público caberá ao município. Já a execução de tarefas, serviços e obras poderá ser realizada por particular. Porém, o município poderá, por meio da lei de operação consorciada urbana, criar ou indicar um órgão para que este exerça a função de coordenação.

As operações urbanas consorciadas possuem as seguintes **finalidades** básicas:

• transformações urbanísticas estruturais	• melhorias sociais	• valorização ambiental

As operações consorciadas dividem-se em dois grupos:

1°) Setor público;

2°) Setor privado.

O **setor público** é representado pelo governo municipal. O principal participante é o município, cuja função é coordenar as atividades conjugadas. Porém, não se impede que o estado ou a União participem, pois, além do interesse urbanístico do local, a operação poderá produzir efeitos regionais ou nacionais.

O **setor privado** poderá ser integrado por quatro categorias:

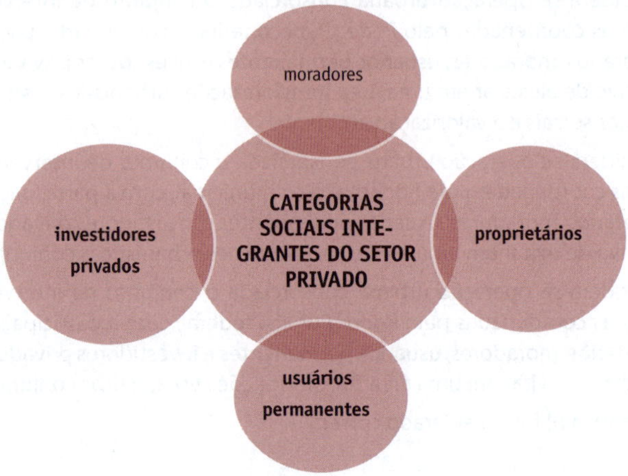

Os **usuários permanentes** são aqueles que se fazem frequentes no local: trabalhadores, agentes públicos, estudantes, comerciantes, prestadores de serviços e empresários, todos que utilizam a área para desempenhar suas atividades, sejam elas estudantis ou empresariais.

São **medidas** que deverão estar previstas nas operações urbanas consorciadas (art. 32, § 2º, do EC):

> I – a modificação de índices e características de parcelamento, uso e ocupação do solo e subsolo, bem como alterações das normas edilícias, considerado o impacto ambiental delas decorrente;
>
> II – a regularização de construções, reformas ou ampliações executadas em desacordo com a legislação vigente.
>
> III – a concessão de incentivos a operações urbanas que utilizam tecnologias visando a redução de impactos ambientais, e que comprovem a utilização, nas construções e uso de edificações urbanas, de tecnologias que reduzam os impactos ambientais e economizem recursos naturais, especificadas as modalidades de design e de obras a serem contempladas.

▸ Como esse assunto foi cobrado em concurso?

No concurso para Promotor de Justiça do RS (MPE/2016) foram questionadas as operações urbanas consorciadas: Poderão ser previstas nas operações urbanas consorciadas, entre outras medidas, a modificação de índices e características de parcelamento, uso e ocupação do solo e subsolo, bem como alterações das normas edilícias, considerado o impacto ambiental delas.

Resposta: O item foi considerado verdadeiro.

▸ Como esse assunto foi cobrado em concurso?

No concurso para Procurador da Câmara de Belo Horizonte/MG – CONSULPLAN (2018), foi perguntado:

De acordo com o Estatuto da Cidade, considera-se operação urbana consorciada o conjunto de intervenções e medidas coordenadas pelo Poder Público municipal, com a participação dos proprietários, moradores, usuários permanentes e investidores privados, com o objetivo de alcançar em uma área transformações urbanísticas estruturais, melhorias sociais e valorização ambiental. Poderão ser previstas nas operações urbanas consorciadas, entre outras medidas:

I. A modificação de índices e características de parcelamento, uso e ocupação do solo e subsolo, bem como alterações das normas edilícias, considerado o impacto ambiental delas decorrente.

II. A regularização de construções, reformas ou ampliações executadas em desacordo com a legislação vigente.

III. A concessão de incentivos a operações urbanas que utilizam tecnologias visando a redução de impactos ambientais, e que comprovem a utilização, nas construções e uso de edificações urbanas, de tecnologias que reduzam os impactos ambientais e economizem recursos naturais, especificadas as modalidades de *design* e de obras a serem contempladas.

Estão corretas as afirmativas

a) I, II e III.

b) I e III, apenas.

c) I e II, apenas.

d) II e III, apenas.

Foi considerada como correta a alternativa a).

As medidas são meramente **exemplificativas**, pois a lei municipal específica poderá prever outras medidas adequadas para as finalidades urbanísticas do instituto.

As medidas previstas no incs. I e II do art. 32, § 2º, do EC possuem um caráter de **exceção** e somente poderão ser concedidas via lei específica que instituir a operação urbana consorciada, exatamente nos moldes da previsão.

Não poderá o Poder Executivo por meio de ato administrativo modificar os índices de parcelamento, uso e ocupação do solo e subsolo, ou de normas edilícias, pois estes somente serão instituídos por meio de leis urbanísticas.

▸ **Como esse assunto foi cobrado em concurso?**

No concurso de Defensor Público (Vunesp – MS/2012) foi questionado sobre as medidas previstas nas operações consorciadas urbanas. "*Em consonância com o Estatuto da Cidade (Lei Federal 10.257/2001), [...] dentre as diretrizes gerais da política urbana encontram-se a simplificação da legislação de parcelamento, uso e ocupação do solo e das normas edilícias com vistas a permitir a redução dos custos e o aumento da oferta dos lotes e unidades habitacionais.*"

Resposta correta: letra c).

Da lei específica que aprovar a operação urbana consorciada constará o plano de operação urbana consorciada, contendo, no mínimo:

> I – definição da área a ser atingida;
>
> II – programa básico de ocupação da área;
>
> III – programa de atendimento econômico e social para a população diretamente afetada pela operação;
>
> IV – finalidades da operação;
>
> V – estudo prévio de impacto de vizinhança;
>
> VI – contrapartida a ser exigida dos proprietários, usuários permanentes e investidores privados em função da utilização dos benefícios previstos nos incisos I, II e III do § 2º do art. 32 do Estatuto da Cidade;
>
> VII – forma de controle da operação, obrigatoriamente compartilhado com representação da sociedade civil.
>
> VIII – natureza dos incentivos a serem concedidos aos proprietários, usuários permanentes e investidores privados, uma vez atendido o disposto no inciso III do § 2º do art. 32 do Estatuto da Cidade.

O plano de operação urbana possui elementos necessários e elementos complementares. São **elementos necessários** os que possuem caráter obrigatório, que devem estar previstos no plano; os **facultativos** são aqueles advindos da manifestação de critérios técnicos ou administrativos adotados pelo legislador.

Os recursos obtidos pelo Poder Público municipal na forma do inciso VI do art. 33 do Estatuto da Cidade serão aplicados **exclusivamente** na própria operação urbana consorciada. Os recursos previstos são os valores pagos por proprietários, usuários permanentes e investidores privados como forma de contrapartida pela operação.

Como, porém, se admite outra espécie de contrapartida, pode ocorrer que não seja exigida sua aplicação na respectiva operação urbana, por exemplo, na doação de um imóvel que esteja fora da área em que se realiza a operação urbana.

A partir da aprovação da lei específica, **são nulas as licenças e autorizações** a cargo do Poder Público municipal expedidas em desacordo com o plano de operação urbana consorciada.

O Estatuto da Cidade pretende com esse dispositivo legal **impor** a todos os interessados que observem os elementos urbanísticos aprovado na lei. Mesmo os atos administrativos, licença ou autorização concedidas antes da nova lei de conteúdo urbanístico, se forem contrários à nova normatização, deverão ser declarados nulos.

A lei específica que aprovar a operação urbana consorciada poderá prever a emissão pelo município de quantidade determinada de certificados de potencial adicional de construção, que serão alienados em leilão ou utilizados diretamente no pagamento das obras necessárias à própria operação.

Os certificados de potencial adicional de construção **(Cepac)** serão livremente negociados, mas conversíveis em direito de construir unicamente na área objeto da operação (art. 34 do EC).

A emissão desses certificados **não é uma obrigatoriedade** do município, podendo ser feita na lei específica que aprova a operação urbana. São títulos que podem ser adquiridos por qualquer pessoa, mesmo que esta não possua qualquer terreno ou imóvel situado na área da operação urbana.

Apresentado pedido de licença para construir, o **certificado de potencial adicional** será utilizado no pagamento da área de construção que supere os padrões estabelecidos pela legislação de uso e ocupação do solo, até o limite fixado pela lei específica que aprovar a operação urbana consorciada.

Os certificados devem ser alienados em leilão e utilizados diretamente no pagamento das obras necessárias à operação. Ao município cabe alienar os títulos por meio de leilão, possibilitando ao ente municipal obter o valor mais elevado entre os apresentados pelos interessados em adquirir os certificados. O município ainda poderá, com tais certificados, pagar terceiros, responsáveis pelas obras integrantes da operação urbana consorciada.

▸ Como esse assunto foi cobrado em concurso?

No concurso para procurador municipal para a Prefeitura de Porto Alegre-RS (FUNDATEC/2016), foi elaborada a seguinte pergunta sobre o Estatuto da Cidade:

I. Poderão ser previstas nas operações urbanas consorciadas, entre outras medidas, a regularização de construções, reformas ou ampliações executadas em desacordo com a legislação vigente.

II. A operação urbana consorciada não necessita de aprovação de lei específica.

III. Os certificados de potencial adicional de construção serão livremente negociados, mas conversíveis em direito de construir unicamente na área objeto da operação.

Quais estão corretas?

A) Apenas I

B) Apenas II

C) Apenas III

D) Apenas I e III

E) Apenas II e III

Resposta: alternativa D).

Nas regiões metropolitanas ou nas aglomerações urbanas instituídas por lei complementar estadual poderão ser realizadas **operações urbanas consorciadas interfederativas**, aprovadas por leis estaduais específicas. As disposições dos arts. 32 a 34 do Estatuto da Cidade aplicam-se às operações urbanas consorciadas interfederativas.

A Lei 13.089/15 incluiu no Estatuto da Cidade o **art. 34-A** e seu **parágrafo único.**

Segundo o art. 34-A do EC, nas regiões metropolitanas ou nas aglomerações urbanas instituídas por lei complementar estadual poderão ser realizadas **operações urbanas consorciadas interfederativas**, aprovadas por leis estaduais específicas.

Por sua vez, o parágrafo único do mencionado artigo prevê que as disposições dos arts. 32 a 34 do Estatuto da Cidade aplicam-se às operações urbanas consorciadas interfederativas previstas no ***caput***, no que couber.

▸ **Como esse assunto foi cobrado em concurso?**

No concurso para Procurador – ALERJ – FGV (2017), foi perguntado:

Com o objetivo de desenvolver urbanisticamente a área portuária da cidade e promover melhorias sociais e ambientais, o Município XYZ planeja concretizar uma operação urbana consorciada.

Sobre a situação apresentada, é correto afirmar que:

a) a União, o Estado e o Município XYZ deverão aprovar a operação urbana consorciada, por meio de consórcio interfederativo, após ratificação de protocolo de intenções por todos os entes;

b) para administrar a operação urbana consorciada, o Município deve constituir associação pública ou pessoa jurídica de direito privado sem fins econômicos, que será responsável pela programa básico de ocupação da área;

c) o Decreto Municipal que cria a operação urbana consorciada conterá, no mínimo, a definição da área a ser atingida e o estudo prévio de impacto de vizinhança, o qual substituirá o estudo prévio de impacto ambiental;

d) a operação urbana consorciada deve contar com a participação de proprietários, moradores, usuários permanentes e investidores privados, e ser aprovada por lei municipal específica, contendo estudo prévio de impacto de vizinhança;

e) a edição de plano diretor pelo Município implicará revogação da operação urbana consorciada, ainda que esta tenha sido aprovada por lei municipal específica.

A alternativa d) foi considerado correta.

2.7. Da transferência do direito de construir

O art. 35 do EC prevê o instituto urbanístico da **transferência do direito de construir** (também conhecido como transferência do potencial construtivo), que pode apresentar dois significados:

a) Transferência do direito de construir para outro local (**objetiva ou transferência interlocativa);** e

b) Transferência do direito de construir a outra pessoa **(subjetiva ou intersubjetiva).**

Na primeira hipótese o proprietário exerce seu direito de construir, na hipótese **autorizada por lei**, com base no plano diretor, em outro local. Já na segunda hipótese ocorre quando o proprietário aliena, por **escritura pública**, seu direito de construir previsto, para terceira pessoa que poderá usar esse direito.

Trata-se de conceder ao proprietário de um imóvel a possibilidade de exercer em outro imóvel seu potencial de construção, não exercido no imóvel de origem em razão de restrições impostas pelo Poder Público.

A transferência do direito de construir pode ocorrer a **título oneroso**, bem como a **título gratuito**, situação essa em que os particulares se utilizam das regras do Direito civil.

Para a existência da denominada transferência do potencial construtivo é preciso observar os seguintes aspectos:

a) Ocorre em uma situação em que, embora se possa construir até o limite do coeficiente básico de aproveitamento, o município restringe, apontando uma das hipóteses do art. 35 do EC;

b) O proprietário ficará em haver com esse direito de construir até o limite do coeficiente de aproveitamento de seu imóvel, porque está impedido de exercê-lo no próprio local;

c) O município reserva-se o direito de autorizar a construção em outro lugar, mediante uma contraprestação, até o patamar do coeficiente máximo de aproveitamento;

d) O município concederá ao proprietário a faculdade de transferir o potencial construtivo para outro imóvel, como forma de compensar a restrição sofrida, sem contraprestação do particular;

e) Se não quiser usá-lo, o particular pode alienar a terceiros.

> **Atenção!**
>
> Não apenas os imóveis privados, mas também **os imóveis públicos** podem se valer dos benefícios desse instituto.

Na transferência do direito de construir há uma relação entre o município e **um efetivo proprietário** de imóvel urbano, a quem se impede, de forma total ou parcial, o exercício do direito de construir, podendo atingir até mesmo o limite de coeficiente previsto para o local.

Diógenes Gasparini sustenta que outros possam ser **beneficiários da transferência do direito de construir:** a) o compromissário comprador, quando titular de compra e venda, quitado ou não; b) o superficiário; c) o posseiro em condições de adquirir o imóvel por usucapião; d) o enfiteuta (Costa, José Maria da. "Transferência do direito de construir". *In:* Estatuto da Cidade. São Paulo: RT, 2014, p. 385).

É bom esclarecer que a lei (art. 35 do EC), de **modo taxativo e com exclusividade**, menciona o proprietário, sem deixar possibilidade alguma de interpretação que estenda esse rol para abarcar outras pessoas.

A **lei municipal**, baseada no **plano diretor**, poderá autorizar o proprietário de imóvel urbano, privado ou público, a exercer em outro local, ou alienar, mediante escritura pública, **o direito de construir** previsto no plano diretor ou em legislação urbanística dele decorrente.

O instituto urbanístico da transferência do direito de construir precisa estar contemplado no plano diretor, e deverá ser disciplinado por uma lei municipal, fixando as condições em que tal direito poderá ser exercido. Portanto, imprescindível para a aplicação da transferência do direito de construir **um plano diretor**, para que esta dê validade e fundamente, por outra norma, o instituto da transferência do potencial construtivo. Trata-se de aplicação do princípio da reserva de plano, consagrada constitucionalmente.

O plano diretor do município poderá dispor sobre a existência da transferência do direito de construir **das seguintes formas**:

> I – O plano diretor cria e disciplina integralmente o instituto;
>
> II – O plano diretor cria e permite que lei apartada discipline o instituto;
>
> III – Pode, o plano diretor, criar o instituto e discipliná-lo de forma parcial, deixando a complementação para lei apartada; ou

IV – De forma genérica, o plano diretor autoriza a criação de institutos de política urbana, sem mencionar de forma nominal o instituto, deixando que se o faça em lei apartada.

A lei municipal deverá prever, basicamente, a **definição dos locais** em que a transferência será admitida e a indicação de quais dos pressupostos previstos no Estatuto da Cidade justificaria a admissibilidade da transferência.

Para que a lei municipal possa autorizar o proprietário a processar a transferência de seu direito deve haver a indicação de qual **fim justifica** a autorização. Tais fins estão fundados na política urbana e previstos nos incisos do art. 35 do EC:

• implantação de equipamentos urbanos e comunitários;
• preservação, quando o imóvel for considerado de interesse histórico, ambiental, paisagístico, social ou cultural;
• servir a programas de regularização fundiária, urbanização de áreas ocupadas por população de baixa renda e habitação de interesse social.

Na hipótese de preservação do imóvel, não se trata de tombamento. Caso o Poder Público declare oficialmente o interesse em preservar o imóvel, aplica-se o instituto da transferência do direito de construir, desde que preenchidos todos os requisitos legais, **não sendo necessário** para tanto que o imóvel esteja **tombado**.

Para a **regularização fundiária**, a utilização do instituto da transferência pode ocorrer quando, por exemplo, o proprietário do imóvel se vê impossibilitado de construir em seu terreno, pois este está ocupado por favelas ou habitações. Nessa hipótese duas soluções são possíveis: ou permite-se a aplicação do instituto da transferência do potencial construtivo; ou, se houver recusa do proprietário, a questão resolve-se por perdas e danos ou pela via da desapropriação.

Os **equipamentos urbanos** são aqueles utilizados em benefício da ordem urbana, como as redes de esgoto, de água, praças, entre outros.

O art. 35, § 1º, do EC faculta ao Poder Público conceder o direito de transferência de construir ao **proprietário que doar seu imóvel, ou ainda parte dele,** para os fins urbanísticos mencionados. Assim, o Poder Público adquire o imóvel gratuitamente; tal aquisição, despida do potencial construtivo, permanece com o proprietário para utilizá-lo em outro lugar, ou mesmo aliená-lo; e o Poder Público recebe o imóvel com o ônus de cumprir a finalidade específica determinada pela Lei.

▸ **Jurisprudência do STJ:**

"[...] 4. Segundo aponta o Laudo de Constatação elaborado pelo Ibama, no Estudo de Impacto de Vizinhança (EIV) não foram apresentadas considerações relativas a problemas bastante significativos decorrentes da edificação e da transformação da área: aumento do tráfego de veículos, coeficiente de esgotos e resíduos e abalos da estrutura sobre os recursos hídricos, em clara violação ao art. 37, incisos I, III, V, VI e VII, do Estatuto da Cidade (Lei 10.257/2001). 5. O entendimento majoritário da jurisprudência é de que não cabe ao Poder Judiciário substituir-se ao administrador, sob pena de invasão no mérito do ato administrativo. Entretanto, sabido que a atuação do Judiciário está limitada à análise da legalidade do ato administrativo, e que o ato de licenciamento ambiental encontra-se eivado de vícios, por não observar os preceitos legais e constitucionais apontados acima, entendo viável a intervenção judicial para suspensão das obras [...] (STJ – MC 22736 PR 2014/0122430-8, Relator: Ministro Og Fernandes, Data de Publicação: DJ 18/03/2015).

▸ **Como esse assunto foi cobrado em concurso?**

No concurso de Procurador do Ministério Público do Tribunal de Contas (FCC – GO/2015) foi questionado: A propósito dos institutos jurídicos e políticos previstos como instrumentos da política urbana pelo Estatuto da Cidade:

(A) os recursos auferidos com a adoção da outorga onerosa do direito de construir e de alteração de uso serão aplicados exclusivamente para regularização fundiária e execução de programas e projetos habitacionais de interesse social.

(B) a transferência do direito de construir confere autorização ao proprietário de imóvel urbano, privado ou público, a exercer em outro local, ou alienar, mediante escritura pública, o direito de construir previsto no plano diretor ou em legislação urbanística dele decorrente, mediante contrapartida a ser prestada pelo beneficiário.

(C) o direito à usucapião especial de imóvel urbano poderá ser reconhecido ao herdeiro legítimo do possuidor, ainda que não resida no imóvel por ocasião da abertura da sucessão.

(D) o direito de superfície abrange exclusivamente o direito de utilizar o solo e o espaço aéreo relativo ao terreno.

(E) no exercício do direito de preempção o município poderá adquirir o imóvel pelo valor da base de cálculo do IPTU ou pelo valor indicado na proposta apresentada pelo terceiro interessado na compra, se este for inferior àquele, apenas na hipótese de alienação a terceiro processada em condições diversas da proposta.

Resposta: alternativa e).

A transferência do direito de construir **difere** do desmembramento da propriedade por meio do direito de superfície, na medida em que este se apresenta como um instituto mais condizente com o Direito privado, enquanto a transferência do direito de construir é instituto de Direito público, apenas se consumando de acordo com as necessidades urbanísticas enumeradas pela própria lei.

Também difere a transferência do direito de construir da outorga onerosa do direito de construir. Enquanto na transferência do direito de construir a relação jurídica vincula o proprietário ao adquirente do direito, podendo essa pessoa ser pública ou privada, já na outorga do direito de construir a relação se dá entre o proprietário e o município, sendo este o destinatário da contrapartida a cargo do proprietário.

É possível que o instituto da transferência do direito de construir seja utilizado pelo município nas hipóteses em que **há restrições impostas** pelo estado ou pela União, desde que não acarrete ônus, incumbência nem qualquer tipo de sacrifícios outros.

O instituto da transferência do direito de construir **pode ser viabilizado**, observado o seguinte:

- Preenchimento pelos requisitos da lei e suas regras operacionais para a ocorrência prática, incluídos os cálculos para a conversão das áreas e o coeficiente;
- Condições claras definidas para as condições de transferência;
- Lista ou cadastro dos imóveis que possuam potencial para aplicar o instrumento;
- Confirmada a restrição do imóvel de origem e a viabilidade de aproveitamento do coeficiente do imóvel de destino, o proprietário deverá pleitear a transferência do direito de construir para outra área, entre aquelas definidas em lei, ao município;
- Uma vez verificada a proporcionalidade entre os imóveis envolvidos e verificado o preenchimento de todas as condições legais, procede-se à formalização mediante escritura pública;
- Quando alienar a terceiro, o negócio deverá ser acompanhado pelo Poder Público, que deverá registrar em cadastro a perda do potencial do imóvel que realizou a transferência, e por consequência o aumento do potencial do imóvel receptor;
- Atuação do município no sentido de verificar se a destinação do imóvel de origem seja cumprida, bem como que as condições transferidas do potencial construtivo sejam efetivamente observadas no imóvel de destino.

O Estatuto da Cidade **não** prevê a **obrigatoriedade** do **registro** de transferência do direito de construir junto à matrícula dos imóveis de origem e de destino. Contudo, pode o município fazê-lo. Aliás, é importante que o município faça suas próprias anotações e registros sobre as transferências nos cadastros municipais dos imóveis, para a garantia de aplicação do instituto, seja para controlar a perda de potencial construtivo de um, seja para controlar o acréscimo do coeficiente de aproveitamento de outro.

O proprietário do imóvel não é obrigado a aceitar a transferência do direito de construir, tratando-se de uma **faculdade**. Assim, poderá, se preferir, buscar a **indenização em dinheiro** correspondente ao potencial construtivo que fora impedido de utilizar.

2.8. Do Estudo do Impacto de Vizinhança

O **Estudo de Impacto de Vizinhança (EIV)** é um instrumento de atuação junto ao meio ambiente artificial que possui a perspectiva de assegurar o princípio da dignidade da pessoa humana (art. 1°, III, da CF), e ainda tem por objetivo compatibilizar a ordem econômica do capitalismo (art. 1°, IV, e art. 170 da CF).

Trata-se de um instrumento de política urbana, com diretrizes fixadas no Estatuto da Cidade como a garantia do direito de cidades sustentáveis, a gestão democrática, o planejamento do desenvolvimento, bem como o desenvolvimento das funções sociais da cidade.

O EIV possui como natureza jurídica uma forma de **limitação administrativa** que objetiva materializar a política urbana para o desenvolvimento social da cidade.

O EIV funda-se no **princípio da prevenção do dano ambiental**, pois o instrumento é fixado em uma ideia essencialmente preventiva, com vistas a ser executado de forma a contemplar os efeitos positivos e negativos do empreendimento ou atividade quanto à qualidade de vida da população residente na área e suas proximidades.

A **lei municipal** definirá os empreendimentos e atividades privados ou públicos em área urbana que dependerão de elaboração de Estudo Prévio de Impacto de Vizinhança (EIV) para obter as licenças ou autorizações de construção, ampliação ou funcionamento a cargo do Poder Público municipal (art. 36 do EC).

O Estatuto da Cidade, portanto, **incumbiu à lei municipal** definir os empreendimentos e atividades para quais construções, ampliações ou funcionamentos em que serão exigidos o EIV.

▸ **Como esse assunto foi cobrado em concurso?**

No concurso para Procurador do Estado/TO – FCC (2018), foi perguntado:

Um projeto de loteamento em determinada região de um Município foi objeto de questionamento por parte dos moradores da região, sob o argumento de que não teria sido elaborado Estudo de Impacto de Vizinhança (EIV). A exigência, considerando o disposto no Estatuto da Cidade,

a) será procedente se o empreendimento de loteamento em questão for pertencente a particular, tendo em vista que a apresentação fica dispensada quando a responsabilidade for de entes públicos ou de entes integrantes da Administração indireta.

b) é descabida, tendo em vista que o parcelamento do solo, sob a modalidade de loteamento, pressupõe a localização em área rural ou de expansão urbana, o que é incompatível com a elaboração do EIV.

c) será devida caso a legislação municipal assim preveja, considerando que os projetos de loteamento pressupõem a inserção em área urbana, requisito constante do Estatuto da Cidade para ser obrigatória a elaboração do EIV.

d) é obrigatória somente no caso do projeto de parcelamento estar inserido em área urbana ou área de expansão urbana, não sendo cabível caso o loteamento tenha sido registrado às margens de matrícula de área rural.

e) somente é cabida no caso de não haver licenciamento ambiental para a área, tendo em vista a identidade de finalidade com o EIV.

Foi considerada como correta a alternativa c).

Sustenta, contudo, Celso Antonio Pacheco Fiorillo e Renata Marques Ferreira que o art. 36 do EC, em sua primeira parte, quando condiciona os empreendimentos e atividades privados ou públicos ao estudo à "lei municipal", reveste-se de inconstitucionalidade, pois a exigência do estudo é estabelecido para qualquer instalação de obra ou atividade potencialmente causadora de significativa degradação ambiental (Fiorillo, Celso Antônio Pacheco; FERREIRA, Renata Marques. Estatuto da Cidade comentado. São Paulo: Saraiva, 2014, p. 175).

O estudo prévio funciona como um **pressuposto** para a aprovação da pretendida atividade, seja ela pública ou privada, como forma de adequar a pretensa atividade ao direito de vizinhança, permitindo, assim, que as edificações sejam compatíveis com a preservação desse direito.

Será de **responsabilidade do ente municipal** a criação de um órgão especializado em Direito urbanístico para proceder à avaliação da atividade ou do empreendimento.

O EIV possui um **objeto imediato**, que é a avaliação da outorga do ato de licença ou de autorização, e um **objeto mediato,** que reside nos efeitos advindos do empreendimento ou da atividade realizada em função do ato de outorga.

Para as análises da execução de EIV, há algumas **questões mínimas** especificadas no Estatuto da Cidade (art. 37 do EC):

O rol do art. 37 é **exemplificativo**, possui o mínimo do que deverá ser abordado pelo EIV, podendo a lei municipal abranger outros aspectos a serem investigados.

▸ Como esse assunto foi cobrado em concurso?

No concurso para Advogado (Transpetro) – *CESGRANRIO* (2018), foi perguntado:

Segundo a Lei n° 10.257/2001, o Estudo de Impacto de Vizinhança será executado de forma a contemplar os efeitos tanto positivos quanto negativos do empreendimento ou atividade no que se refere à qualidade de vida da população residente na área e suas proximidades, incluindo, ainda, a análise, no mínimo, de equipamento

a) comunitário

b) industrial

c) comercial

d) assistencial

e) preventivo

Foi considerada como correta a alternativa a).

Os efeitos das construções e dos funcionamentos de outras atividades constituem o ponto central do EIV, podendo ter **efeitos positivos e negativos**.

Os **efeitos positivos** resultam em benesses aos que estão próximos ao empreendimento ou atividade, ou seja, resulta de forma positiva nos direitos e interesses da vizinhança. Já se resultar efeitos negativos o ente municipal não permitirá que a obra se realize ou a atividade funcione.

Será considerado **efeito negativo** quando o dano à vizinhança atingir de forma prejudicial e generalizada toda a vizinhança, e não apenas quando há descontentamento de alguns ou contrarie interesses individuais e minoritários.

Será dada **publicidade** aos documentos integrantes do EIV, que ficarão disponíveis para consulta no órgão competente do Poder Público municipal, a **qualquer interessado**.

A **publicidade** também possibilita o controle judicial a ser exercido pelos interessados, como vizinhos e empreendedores privados, além de outros que vislumbrem ilegalidades, como desvios de finalidade ou condutas abusivas, podendo ser anulado.

Caberá ao proponente de projeto, da obra ou atividade o **dever de arcar** com todas as despesas necessárias ao EIV, a ser realizado por equipe técnica multidisciplinar, contendo todos os profissionais ligados às questões previstas no art. 37 do EC.

2.8.1. Estudo prévio de impacto ambiental

A elaboração do EIV **não substitui** a elaboração e a aprovação de estudo prévio de impacto ambiental (EIA), requeridas nos termos da legislação ambiental (art. 38 do EC).

Trata-se de **análise técnica de natureza diferente**, vez que o EIV será dirigido à proteção de vizinhança contra atividades e empreendimentos nocivos, enquanto o EIA possui como objetivo evitar ações que causem danos ao meio ambiente.

É importante ressaltar que o EIV inclui o patrimônio natural entre as análises de sua execução, inserindo-se então a **proteção ao meio ambiente**.

Os dois institutos possuem **competências constitucionais distintas**: enquanto o EIV é um instrumento de política urbana adotado pelo município, o EIA pode ser exigido por qualquer das esferas da Federação, vez que a todos são conferidos a competência para a proteção ao meio ambiente.

Ambos os estudos poderão exigidos. Contudo, na hipótese de lei municipal, poderá no EIV haver a necessidade de se verificar o impacto ambiental, conforme o art. 37, inc. VII, do EC. Assim, no EIV poderá haver a análise dos reflexos que o empreendimento ou a atividade possam vir a causar tanto à vizinhança como ao meio ambiente.

▶ **Como esse assunto foi cobrado em concurso?**

No concurso de Procurador do Município (FCC – Prefeitura Teresina-PI/2010) foi questionado se o EIV substitui a aprovação de estudo prévio de impacto ambiental.

▶ **Como esse assunto foi cobrado em concurso?**

No concurso para Especialista em Regulação – AGERBA – IBFC (2017), foi perguntado:

Tomando por base as disposições da lei federal nº 10.257, de 10/07/2001, assinale a alternativa correta sobre o estudo prévio de impacto de vizinhança (EIV).

a) Lei estadual definirá os empreendimentos e atividades privados ou públicos em área urbana que dependerão de elaboração de estudo prévio de impacto de vizinhança (EIV) para obter as licenças ou autorizações de construção, ampliação ou funcionamento a cargo do Poder Público municipal, sendo que a elaboração do EIV não substitui a elaboração e a aprovação de estudo prévio de impacto ambiental (EIA), requeridas nos termos da legislação ambiental

b) Lei federal definirá os empreendimentos e atividades privados ou públicos em área urbana que dependerão de elaboração de estudo prévio de impacto de vizinhança (EIV) para obter as licenças ou autorizações de construção, ampliação ou funcionamento a cargo do Poder Público municipal, sendo que a elaboração do EIV substitui a elaboração e a aprovação de estudo prévio de impacto ambiental (EIA), requeridas nos termos da legislação ambiental

c) Lei municipal definirá os empreendimentos e atividades privados ou públicos em área urbana que dependerão de elaboração de estudo prévio de impacto de vizinhança (EIV) para obter as licenças ou autorizações de construção, ampliação ou funcionamento a cargo do Poder Público municipal, sendo que a elaboração do EIV torna desnecessária a elaboração e a aprovação de estudo prévio de impacto ambiental (EIA), requeridas nos termos da legislação ambiental

d) Lei municipal definirá os empreendimentos e atividades privados ou públicos em área urbana que dependerão de elaboração de estudo prévio de impacto de vizinhança (EIV) para obter as licenças ou autorizações de construção, ampliação ou funcionamento a cargo do Poder Público municipal, sendo que a elaboração do EIV não substitui a elaboração e a aprovação de estudo prévio de impacto ambiental (EIA), requeridas nos termos da legislação ambiental

e) Lei estadual definirá os empreendimentos e atividades privados ou públicos em área urbana que dependerão de elaboração de estudo prévio de impacto de vizinhança (EIV) para obter as licenças ou autorizações de construção, ampliação ou funcionamento a cargo do Poder Público municipal, sendo que a elaboração do EIV substitui a elaboração e a aprovação de estudo prévio de impacto ambiental (EIA), requeridas nos termos da legislação ambiental

A alternativa d) foi considerado correta.

De maneira a prevenir o dano e minimizar o impacto, realiza-se o denominado **Estudo Prévio de Impacto Ambiental (EIA),** com previsão constitucional no art. 225, § 1º, inc. IV, da CF.

▸ Atenção!

O EIV é de **competência exclusiva** do município, enquanto o EIA é de **competência concorrente** da União, dos estados e municípios para a proteção do meio ambiente natural.

É preciso observar, todavia, se a área está sob **proteção ambiental** da União ou do estado, pois nessa hipótese não pode o município, por lei sua, utilizar o EIV para instituir normas que fogem de sua competência.

▸ Como esse assunto foi cobrado em concurso?

No concurso de Procurador do Ministério Público do Tribunal de Contas (FCC – GO/2015) foi questionado: O Estudo de Impacto de Vizinhança – EIV:

(A) substitui o Estudo de Impacto Ambiental – EIA no licenciamento de empreendimentos e atividades dentro da área urbana do município.

(B) só será obrigatório para a obtenção de licenças ou autorizações de construção, ampliação ou funcionamento a cargo do Poder Público municipal para empreendimentos ou atividades públicas ou privadas expressamente definidas em lei municipal.

(C) será executado de forma a contemplar os efeitos negativos do empreendimento ou atividade quanto à qualidade de vida da população, incluindo a análise da valorização imobiliária.

(D) limita-se a analisar questões referentes ao adensamento populacional, uso e ocupação do solo, geração de tráfego e demanda por transporte público.

(E) é obrigatório para obtenção das licenças e autorização para construção, ampliação ou funcionamento de qualquer empreendimento e atividade privada ou pública dentro do território do município.

Resposta correta: alternativa b).

▸ **Como esse assunto foi cobrado em concurso?**

No concurso para Procurador Municipal de Palmas – TO (Copese- UFT/2016) foi perguntado sobre os instrumentos de Planejamento e Tributários previstos no Estatuto da Cidade:

I. A competência da desapropriação-sanção aplicada ao contribuinte, decorridos cinco anos de aplicação do Imposto Predial Territorial Urbano Progressivo no tempo é discricionária.

II. A norma geral estabelece que a elaboração do Estudo de Impacto de Vizinhança (EIV) substitua a elaboração e aprovação de estudo prévio de impacto ambiental.

III. As Operações Urbanas Consorciadas exigem lei específica e a contrapartida dos proprietários, usuários permanentes e investidores privados, pela fruição dos benefícios decorrentes de modificações que poderão ser executadas em desconformidade com a lei vigente.

IV. O direito de preempção confere ao Poder Público preferência para aquisição de imóvel urbano objeto de alienação onerosa entre particulares e será exercido sempre que necessitar de áreas, entre outras demandas, para a criação de espaços públicos de lazer e áreas verdes.

Resposta: Foi considerada correta a alternativa b); somente o item II está incorreto.

▸ **Como esse assunto foi cobrado em concurso?**

No concurso para Promotor de Justiça de Roraima – RR (CESPE/2017) foi perguntado sobre o EIV no Estatuto da Cidade:

I - A definição dos empreendimentos e das atividades para cuja construção, ampliação e funcionamento deverá ser elaborado EIV é de competência municipal, seja em área urbana ou rural.

II - O EIV deve contemplar os efeitos positivos e negativos

do empreendimento ou da atividade para a qualidade de vida da população residente na área e em suas proximidades.

III - O EIV inclui a análise do uso e da ocupação do solo, bem como da geração de tráfego e da demanda por transporte público.

IV - Realizado o EIV, dispensam-se a elaboração e a aprovação de EIA.

Resposta: as assertivas II e III estão corretas.

▸ **Como esse assunto foi cobrado em concurso?**

No concurso para Promotor de Justiça de RR – CESPE (2017), foi perguntado:

Com relação ao EIV, previsto na Lei n.º 10.257/2001 (Estatuto da Cidade), julgue os itens a seguir.

I A definição dos empreendimentos e das atividades para cuja construção, ampliação e funcionamento deverá ser elaborado EIV é de competência municipal, seja em área urbana ou rural.

II O EIV deve contemplar os efeitos positivos e negativos do empreendimento ou da atividade para a qualidade de vida da população residente na área e em suas proximidades.

III O EIV inclui a análise do uso e da ocupação do solo, bem como da geração de tráfego e da demanda por transporte público.

IV Realizado o EIV, dispensam-se a elaboração e a aprovação de EIA.

Estão certos apenas os itens

a) I e II.

b) I e IV.

c) II e III.

d) III e IV.

Foi considerada como correta a alternativa c).

▸ Como esse assunto foi cobrado em concurso?

No concurso para Especialista em Regulação – AGERBA – IBFC (2017), foi perguntado:

Tomando por base as disposições da lei federal nº 10.257, de 10/07/2001, assinale a alternativa correta sobre a desapropriação.

a) Decorridos três anos de cobrança do IPTU progressivo sem que o proprietário tenha cumprido a obrigação de parcelamento, edificação ou utilização, o Município poderá proceder à desapropriação do imóvel, com pagamento em títulos da dívida pública

b) Decorridos dois anos de cobrança do IPTU progressivo sem que o proprietário tenha cumprido a obrigação de parcelamento, edificação ou utilização, o Município poderá proceder à desapropriação do imóvel, com pagamento em títulos da dívida pública

c) Decorridos cinco anos de cobrança do IPTU progressivo sem que o proprietário tenha cumprido a obrigação de parcelamento, edificação ou utilização, o Município poderá proceder à desapropriação do imóvel, com pagamento em títulos da dívida pública

d) Decorridos cinco anos de cobrança do IPTU progressivo sem que o proprietário tenha cumprido a obrigação de parcelamento, edificação ou utilização, o Município poderá proceder à desapropriação do imóvel, com pagamento em dinheiro

e) Decorridos três anos de cobrança do IPTU progressivo sem que o proprietário tenha cumprido a obrigação de parcelamento, edificação ou utilização, o Município poderá proceder à desapropriação do imóvel, com pagamento em dinheiro

A alternativa c) foi considerado correta.

3. CONCESSÕES URBANÍSTICAS

A **concessão urbanística**, na definição de JOSÉ AFONSO DA SILVA, "consiste numa espécie de concessão de obras públicas não para a exploração de serviço subsequente e ressarcimento mediante a cobrança de tarifa. Tratar-se-á, então, de uma concessão pura de obras públicas, não concessão mista de obras e serviços, figura que desponta na Dogmática Jurídica ainda muito timidamente." (SILVA, José Afonso da. *Direito Urbanístico Brasileiro*. 6. ed. São Paulo: Malheiros, 2010, p. 322).

A concessão urbanística poderá ser aplicada como um sistema de **outorga de atividades urbanísticas a particulares**, em especial, para a execução de planos ou projetos de reurbanização ou de renovação urbana elaborados pelos Municípios.

Por ser considerada a **concessão de obras públicas puras**, o seu objeto será a transferência à particular de uma das faculdades próprias da Administração Pública, para a execução de obras de uso e de aproveitamento gerais e de construções destinadas a serviços do Estado.

O concessionário, através da concessão urbanística, assumirá os encargos da execução de um plano, por exemplo, um plano de reurbanização ou de renovação urbana de alguma área, e possuirá o **direito de venda de parcelas ou de novas edificações** que forem feitas na área urbanificada, ou seja, será permitida a exploração de mais-valias ou outros produtos da mesma obra.

O concessionário **não receberá** tarifas de prestação de serviços ou oferecimento de bens ao uso público.

Contudo, **não há forma de regulamentação** para este tipo de concessão no sistema brasileiro.

4. LICENÇAS URBANÍSTICAS

A licença é considerada um **ato administrativo negocial**, ou seja, aqueles que envolvem uma declaração de vontade do Poder Público que coincide com a vontade do particular, visando à concretização de **negócio jurídico público ou às atribuições de certos direitos e vantagens ao particular**. A licença consiste em um ato administrativo declaratório de direito preexistente, unilateral e vinculado pelo Poder Público, pois, uma vez preenchidos os requisitos legais, será conferido ao interessado o desempenho de atividades ou a realização de fatos materiais que eram vedados ao particular.

O **alvará** é o instrumento da licença ou da autorização para a prática do ato, realização de atividade ou exercício de direito, dependente de policiamento administrativo.

O **alvará definitivo** é materializado através da licença.

O **alvará precário** é aquele materializado na **autorização**, que a Administração confere discricionariamente, desde que não haja óbice legal.

A licença é **direito público subjetivo** do interessado, razão pela qual a Administração não poderá negá-la caso todos os requisitos tenham sido preenchidos para a sua obtenção.

Uma vez expedida, a licença possui uma **presunção de definitividade**, só podendo ser invalidada caso ocorra alguma ilegalidade na expedição do alvará, por descumprimento do titular na execução da atividade, ou mesmo em razão de interesse público superveniente, hipótese em que poderá haver indenização.

Por sua vez, as **licenças urbanísticas** não são meramente uma técnica de habilitação para um exercício de direito, como visto anteriormente, mas, na concepção de JOSÉ AFONSO DA SILVA, também é "uma técnica de intervenção e controle urbanístico, impõe deveres e condiciona permanentemente o exercício destes (...)". (SILVA, José Afonso da. *Direito Urbanístico Brasileiro*. 6. ed. São Paulo: Malheiros, 2010, p. 434).

São **princípios gerais da licença urbanística** informados por JOSÉ AFONSO DA SILVA (*Direito Urbanístico Brasileiro*. 6. ed. São Paulo: Malheiros, 2010, p. 435/436):

• **necessidade**	o interessado será obrigado a requerê-las nos casos em que o exercício da atividade as exija, bem como no sentido da licença ser indispensável e insubstituível, de forma que a Administração urbanística não poderá dispensar, nem substituir por outra exigência ou compensação;
• **caráter vinculado**	não poderá a licença ser negada caso o requerente demonstre ter preenchido todas as exigências e requisitos previstos em lei para o exercício da faculdade licenciável, sem embargo da margem de discricionariedade técnica da Administração;
• **transferibilidade**	será transmitido automaticamente aos sucessores com a alienação do imóvel, sendo vedado ao Poder Público se opor à expedição ou a transferência do alvará ao novo proprietário ou compromissado comprador;
• **autonomia**	não tem efeito em relação às atuações privadas do requerente, pelo que a Administração não poderá discutir sobre a propriedade dos terrenos para os quais se solicita as licenças, não prejudicando questões de domínio, nem direitos de terceiros;

• definitividade	Durante a vigência do prazo a que ficam subordinadas, nos termos da lei, as licenças não poderão ser revogadas, salvo determinadas circunstâncias, e invalidadas nas hipóteses de vícios referentes à legalidade da outorga.

Ainda segundo os ensinamentos de JOSÉ AFONSO DA SILVA (*Direito Urbanístico Brasileiro*. 6. ed. São Paulo: Malheiros, 2010, p. 436), as licenças urbanísticas possuem **pressupostos**:

PRESSUPOSTOS OBJETIVOS	a) a **execução de construções** (especialmente edificações, instalações, reconstruções, reformas e demolições); bem como a construção de muros e gradis no alinhamento da via pública;
	(b) a **localização e o funcionamento** de atividades comerciais, industriais, institucionais e de prestação de serviços.
PRESSUPOSTOS SUBJETIVOS	Trata-se do **sujeito passivo**. Podem obter a licença tanto as pessoas físicas ou jurídicas privadas, como as pessoas de direito público.

Entre as licenças urbanísticas, merece destaque as **licenças para edificar e para demolição**, pois estas são conferidas aos exercícios de atividades que interferem diretamente na ordem urbana, constituindo, assim, uma forma de controle da aplicação de normas de direito urbanístico.

Na doutrina de JOSÉ AFONSO DA SILVA, a **licença para edificar** "constitui mais que simples remoção de obstáculos; constitui técnica de intervenção nas faculdades de edificar, reconhecida pelas normas edilícias e urbanísticas, com o objetivo de controlar e condicionar o exercício daquelas faculdades ao cumprimento das determinações das mencionadas normas edilícias e urbanísticas, incluindo as determinações dos planos urbanísticos.". (SILVA, José Afonso da. *Direito Urbanístico Brasileiro*. 6. ed. São Paulo: Malheiros, 2010, p. 437).

O **procedimento** para que seja obtida a licença para edificar possui três fases:

▶ **FASE INTRODUTÓRIA**: trata-se da relação entre o **sujeito requerente** e a **pessoa jurídica** que possui a capacidade de outorga. A fase introdutória instaura-se através de requerimento, para que seja submetido o projeto de plantas à aprovação do Poder Público. O requerimento deverá estar acompanhado pelos documentos exigidos na legislação edilícia e urbanística, que, em regra, são o título de propriedade do imóvel ou compromisso de compra e venda; o memorial descritivo da obra; e as peças gráficas, apresentadas de acordo com o modelo adotado pela Prefeitura, em escala conveniente, especificada na legislação pertinente; e o levantamento planialtimétrico do imóvel, que serviu de base para o projeto.

- **FASE DE APRECIAÇÃO DO PEDIDO:** tem início com a apresentação do requerimento, que não será recebido caso não tenham sido preenchidos os documentos exigidos. Uma vez recebido o requerimento, será verificado se estão **atendidas as exigências** da legislação edilícia (normas de vizinhança do Código Civil e do Código de Obras ou de Edificação) e urbanística (índices urbanísticos, restrições de uso do solo etc.), podendo ser solicitadas outras informações. Nesta oportunidade será levada em conta a **discricionariedade** técnica da Administração relativamente à outorga da licença.
- **FASE DECISÓRIA:** trata-se da fase de conclusão do procedimento de licença, em que será **decidido** se o requerimento será ou não deferido. Caso não sejam atendidos os comunicados para a correção de inexatidões ou deficiências sanáveis, o requerimento será indeferido. Da mesma forma se o requerimento apresentar um projeto com correções insanáveis. Na hipótese de o requerimento estar de acordo com as exigências legais, o pedido será deferido, outorgando-se a licença, tratando-se de **ato vinculado**.

A decisão deverá **ser publicada** para surtirem os efeitos legais.

As **licenças para *demolições*** são geralmente seguidas por novas construções ou por reconstrução, implicando numa renovação urbana, dependendo de um controle rigoroso do Poder Público para que não seja descaracterizada a paisagem urbana. Portanto, deverá o interessado requerer a competente licença na Prefeitura.

O titular da outorga possui um **prazo** para o exercício do direito, de acordo com o **prazo de vigência da licença**. Expirado o prazo, a licença caducará, tornando sem efeito o ato e os direitos dele decorrentes, devendo haver novo procedimento para a outorga da licença.

O **prazo de perempção** poderá ser **suspenso** de acordo com o que dispuser a lei. São exemplos de ocorrências que poderão ensejar a suspensão do prazo: (a) existência de pendência judicial; (b) calamidade pública; (c) decretação de utilidade pública; (d) pendência de processo de tombamento.

A outorga da licença poderá ser **revista e tornada sem efeito** pela Administração Pública baseada em diversos pressupostos, como: anulação, revogação, cassação e declaração de caducidade.

A **anulação das licenças urbanísticas**, como forma de controle de legalidade, ocorrerá em razão de ofensas das exigências legais (vícios de legalidade), tornando-as inválidas. A anulação poderá ocorrer de **ofício** pela própria Administração Pública, ou ainda pela via judicial, através da provocação de interessados.

Já a **revogação** é ato de controle do mérito, nas hipóteses em que sobrevenham motivos de interesse público que dificultem a realização da obra licenciada, como, por exemplo: "(a) mudança das circunstâncias: seja por haverem desaparecido as que motivaram sua outorga ou por sobrevirem outras que, se existissem antes, teriam justificado sua denegação; (b) adoção de novos critérios de apreciação – em que a incompatibilidade da atividade licenciada deriva de uma modificação posterior que a Administração introduziu no ordenamento jurídico urbanístico, quer aprovando novo plano diretor, quer modificando o existente, quer aprovando nova lei de zoneamento ou modificando a existente, com efeitos negativos para a manutenção da licença e do direito reconhecido ao particular com sua outorga; (c) erro na sua outorga – o erro que supõe a equivocada apreciação de circunstâncias reais não é um erro de fato, que em todo momento poderia ser sanado pela Administração; mas um erro de classificação, de valoração, de interpretação etc.; quer dizer, um erro de direito." (SILVA, José Afonso da. *Direito Urbanístico Brasileiro*. 6. ed. São Paulo: Malheiros, 2010, p. 448).

A **cassação das licenças** fundamenta-se em pressupostos diferentes da anulação e da revogação. A cassação da licença ocorre quando houver o **descumprimento**:

(a) do projeto, em partes essenciais, durante sua execução;

(b) da lei ou do regulamento que rege a execução da obra;

(c) das exigências do alvará de licença.

A caducidade decorre diretamente do **transcurso do prazo de perempção**, cujo efeito é apagar a validade da licença como fundamento do exercício do direito.

> ▸ **Atenção!**
>
> A prática de atos ou atividades fundadas na licença caduca constitui ilegalidade, sujeita às sanções legais.

Tanto a anulação e a revogação, como a cassação e a declaração de caducidade, possuem os **efeitos comuns** de vedar a construção na forma prevista, o embargo e a demolição da obra já realizada.

Na hipótese da **anulação** os possíveis prejuízos ao interessado não serão indenizáveis, bem como no caso da **cassação**. Por sua vez, a **revogação** poderá gerar prejuízo para o titular da licença que poderá provocar a obrigação de indenização por parte da Administração Pública.

Capítulo III

Do Plano Diretor

1. PLANO DIRETOR

1.1. Disposições gerais do plano diretor

O **Plano Diretor** possui fundamentação constitucional expressa no art. 182, § 1º:

> *A propriedade urbana cumpre sua função social quando atende às exigências fundamentais de ordenação da cidade expressas no plano diretor.*

No Estatuto da Cidade, o plano diretor possui previsão no art. 40.

O plano diretor é o **principal instrumento** a nortear todas as ações urbanísticas planejadas de um município, seja nos aspectos sociais, físicos, econômicos ou administrativos.

Conceitua-se o plano diretor, de modo sintético, na própria CF, conforme se observa do art. 182, § 2º: "O plano diretor, aprovado pela Câmara Municipal, obrigatório para cidades com mais de 20 mil habitantes, é o instrumento básico da política de desenvolvimento e de expansão urbana.".

▸ **Como esse assunto foi cobrado em concurso?**

No concurso para Procurador Jurídico – VUNESP, Prefeitura de Bauru-SP (2018), foi perguntado:

O plano diretor, aprovado pela Câmara Municipal, é o instrumento básico da política de desenvolvimento e de expansão urbana, sendo obrigatório para cidades com mais de

a) 1 (um) mil habitantes.

b) 5 (cinco) mil habitantes.

c) 10 (dez) mil habitantes.

d) 15 (quinze) mil habitantes.

e) 20 (vinte) mil habitantes.

Foi considerada como correta a alternativa e).

Carvalho Filho, citando José Afonso da Silva, menciona alguns **aspectos gerais** que devem ser previstos nos planos diretores (Carvalho Filho,

José dos Santos. Comentários ao Estatuto da Cidade. São Paulo: Atlas: 2013, p. 340-342):

a) **aspectos físicos:** planejamento com a ocupação e ordenação do solo do município (sistemas viários, zoneamento e de lazer), com o objetivo de melhorar a qualidade de vida dos habitantes da cidade.

b) **aspectos econômicos:** projeção de destinação de áreas para a atividade de construção de edifícios comerciais ou não e residências, em especial para atender o mercado imobiliário, que constitui o desenvolvimento econômico do município,

c) **aspecto ambiental**: necessidade do plano diretor para proteger o meio ambiente (art. 225 da CF);

d) **aspecto social**: relacionados aos serviços de educação, saúde, habitação, transporte, trabalho, enfim, tudo que melhore a qualidade de vida dos habitantes dos centros urbanos;

e) **aspectos administrativos**: relaciona-se com a execução dos projetos urbanísticos.

O Estatuto da Cidade não define uma forma específica para que seja editado um plano diretor, bastando, então, que seja uma **lei ordinária**, sempre observando a previsão em lei orgânica municipal.

> **Dica!**
> Em concursos, especialmente nos municipais, verificar qual a redação das leis orgânicas no que se refere ao plano diretor.

1.2. A lei do plano diretor

O plano diretor aprovado por **lei municipal** é o instrumento básico da política de desenvolvimento e expansão urbana.

Embora não seja previsto no Estatuto, a iniciativa da lei deverá partir do **Chefe do Executivo**, em razão do envolvimento de gastos públicos, posição, entre outros, de José Afonso da Silva.

Carvalho Filho, contudo, sustenta que o projeto de lei para a instituição do plano diretor é **geral**, e poderá ser deflagrado pelo prefeito municipal, por qualquer vereador, comissão da câmara municipal, ou ainda por meio de iniciativa popular, prevendo-o a lei orgânica do município (Carvalho Filho, José dos Santos. Comentários ao Estatuto da Cidade. São Paulo: Atlas: 2013, p. 347). Ambos defendem que a lei orgânica deverá observar os princípios das Constituições Federal e estaduais. Na Carta da República não foi prevista a iniciativa privada do Chefe do Executivo para instaurar processo legislativo que trate de matéria urbanística (art. 61, § 1º, da CF).

> ▸ **Atenção!**
>
> O plano diretor é um dos **requisitos** para que o município receba a propriedade ou a concessão de área de uso federal destinada à regularização fundiária, conforme previsão do art. 22, § 1º, da Lei 11.952/2009.

O projeto de lei deverá observar o **processo legislativo** previsto na lei orgânica do município.

Ainda a Câmara Municipal poderá adotar em seu regimento interno um **rito diferenciado**, com um número de duas ou mais discussões e votações ou sessões legislativas, tudo para que as regras e diretrizes do planejamento urbano ganhem maior estabilidade e não sejam modificadas de forma ocasional.

Como a aprovação do plano diretor ocorre por meio de lei municipal, os municípios poderão estabelecer em sua legislação **um *quorum* qualificado** para a sua aprovação ou mesmo modificação.

Posiciona-se contrariamente Carvalho Filho, sustentando que a lei orgânica **não poderia prever a aprovação de quórum qualificado** para a aprovação do plano diretor por que: a) trata-se de lei ordinária e o quórum já está fixado no art. 47 da CF; b) não há nenhuma reserva constitucional para que essa espécie normativa seja disciplinada com o quórum diverso do simples; e c) o processo urbanístico é dinâmico, não sendo possível deixá-lo engessado (Carvalho Filho, José dos Santos. Comentários ao Estatuto da Cidade. São Paulo: Atlas: 2013, p. 349).

Esclareça-se que o projeto, como regra, para sua aprovação necessita do ***quórum* normal** (presente a maioria da câmara, a aprovação se dá por maioria simples de votos dos presentes) para aprovação de leis ordinárias (art. 47 da CF).

Após o término do processo legislativo, caso aprovado, com ou sem emendas, este será encaminhado à sanção do prefeito municipal, para posterior promulgação e publicação, conforme as diretrizes legislativas traçadas pela CF.

Enquanto as normas e as diretrizes do plano diretor ocorrem por meio de lei, os **planos setoriais ou de simples urbanização e reurbanização** dele resultantes poderão ser aprovados via decreto.

As **medidas administrativas** decorrentes do plano diretor também serão concretizadas via decreto e atos executivos inferiores, observando-se sempre os limites de competência dos órgãos e agentes de que serão emanados os atos administrativos.

O plano diretor deverá englobar o território do município como um todo. Sua abrangência poderá incluir **áreas rurais** eventualmente existentes dentro do perímetro, tratando-se de áreas de expansão urbana ou de serviços públicos.

> **▸ Como esse assunto foi cobrado em concurso?**
>
> No concurso para Procurador Municipal de São Luiz – MA (FCC/2016) foi perguntado sobre o plano diretor:
>
> A) como faz parte do planejamento municipal, não precisa ser aprovado na forma da lei;
>
> B) pode promover a participação popular na sua elaboração;
>
> C) deve ser elaborado por todos os municípios;
>
> D) só pode ser elaborado por municípios de mais de 20 mil habitantes;
>
> E) deve englobar toda a área do município.
>
> Resposta: correta a alternativa e).

Não poderá o **município**, porém, legislar sobre **direito agrário**, pois se trata de matéria de **competência federal**.

Ainda, importante registrar que o STF já decidiu que **nem toda a competência normativa municipal (ou distrital) sobre ocupação dos espaços urbanos se esgota na aprovação de Plano Diretor.** Poderão haver outros atos normativos que complemente as regras sobre a coupação do solo urbano, desde que alinhadas com as diretrizes gerais estabelecidas na Lei do Plano Diretor (RE 607940, Relator(a): Min. Teori Zavascki, Tribunal Pleno, julgado em 29/10/2015, acórdão eletrônico repercussão geral – Mérito *DJe*-036 divulg 25-02-2016 public 26-02-2016).

1.3. Revisão do plano diretor

O art. 40, § 3º, do EC determina que o município deverá rever a lei que instituir o plano diretor a cada **dez anos**.

> **▸ Importante!**
>
> A lei que instituir o plano diretor **deverá ser revista**, pelo menos, a cada dez anos.

O **prazo de dez anos** é fixado pelo EC como máximo, ou seja, o processo de revisão deverá ser realizado em até dez anos, mas, dependendo do crescimento das demandas urbanísticas da cidade, o plano diretor poderá ser revisto em um **prazo menor.**

Aplica-se o **princípio da adequação**, pois o plano diretor deverá se adaptar às novas realidades sociais, não se admitindo sua defasagem em detrimento dos cidadãos dos municípios (Carvalho Filho, José dos Santos. Comentários ao Estatuto da Cidade. São Paulo: Atlas: 2013, p. 351).

Caso não seja o plano diretor revisto no prazo de dez anos, constitui-se uma forma de **inconstitucionalidade por omissão** por parte do governo municipal.

A revisão do plano diretor é **dever jurídico** imposto à Administração Municipal, razão pela qual seu descumprimento trará consequências jurídicas, em razão da inércia administrativa caracterizada como omissão ilegal.

Caso a Administração **deixe de proceder à revisão** do plano diretor, o EC considera tal conduta improbidade administrativa, conforme o art. 52, inc. VII. A conduta ainda poderá configurar infração política-administrativa, enquadrando-se nas disposições previstas no Decreto-Lei 201/1967, em que a acusação poderá render a cassação do prefeito ou do vereador.

> ▸ **Como esse assunto foi cobrado em concurso?**
>
> No concurso para Procurador do Estado (PGE-GO/2013) foi cobrado: *"São considerados instrumentos de intervenção urbanística do Estatuto das Cidades (Lei Federal 10.257/2001) os institutos abaixo, EXCETO: [...].*
>
> *Resposta correta: letra a): plano diretor para cidades com mais de 50 mil habitantes, revisto a cada cinco anos, pelo menos."*

1.4. Elaboração do plano diretor

O art. 40, § 4º, do EC estabelece que o **processo de elaboração** do plano diretor e a **fiscalização de seu cumprimento** deverão observar o respeito a certas garantias de **participação da sociedade e a publicidade**.

<table>
<tr><td rowspan="3">Na elaboração do plano diretor e na fiscalização de sua implementação, os Poderes Legislativo e Executivo dos municípios deverão garantir:</td><td>▸ a promoção de audiências públicas e debates com a participação da população e de associações representativas dos vários segmentos da comunidade.</td></tr>
<tr><td>▸ a publicidade quanto aos documentos e informações produzidos.</td></tr>
<tr><td>▸ o acesso de qualquer interessado aos documentos e informações produzidos.</td></tr>
</table>

Para a realização das audiências públicas e debates é possível admitir duas modalidades de participação: a direta e a indireta. Na **participação direta** permite-se que qualquer cidadão, de forma direta, analise e opine sobre o projeto do plano diretor, enquanto a **participação indireta** é realizada por meio das associações que representem os setores existentes no local.

A ausência da participação popular poderá resultar na **inconstitucionalidade da lei** que institui o plano diretor.

Para a garantia da participação popular no projeto, poderá o **Ministério Público** ser acionado para as providências pertinentes ao cumprimento integral do EC.

Antes da promoção das audiências, é necessário que o Poder Público **divulgue o mais amplamente possível** a pauta dos temas a serem debatidos, bem como a documentação pertinente.

O EC garante ao cidadão ou mesmo à pessoa jurídica o acesso aos documentos, estudos, pesquisas e informações relacionados ao plano diretor, **não podendo tal acesso ser negado** pelas autoridades responsáveis. A negativa pode-se enquadrar como eventual abuso de poder, permitindo ao interessado, se for o caso, impetrar mandado de segurança. Ainda, o responsável poderá ser enquadrado na prática de ato de improbidade administrativa (art. 52, inc. VI, do EC).

▸ Como esse assunto foi cobrado em concurso?

No concurso de Procurador do Ministério Público do Tribunal de Contas FCC – TCM/GO/2015 foi questionado: Considere:

I. O prefeito municipal incorre em improbidade administrativa quando impedir ou deixar de garantir no processo de elaboração do plano diretor a promoção de audiências públicas e debates com a participação popular.

II. A inclusão no plano diretor de área no território municipal sujeita ao parcelamento ou edificação compulsórios, IPTU progressivo no tempo e desapropriação com pagamento mediante títulos da dívida pública só é possível em municípios com mais de 20 mil habitantes.

III. O plano diretor sempre deverá conter identificação e diretrizes para a preservação e ocupação das áreas verdes municipais, quando for o caso, com vistas à redução da impermeabilização das cidades.

IV. As leis do plano plurianual, de diretrizes orçamentárias e do orçamento anual devem incorporar as diretrizes e as prioridades contidas no plano diretor.

Está correto o que se afirma APENAS em: [...].

Resposta: alternativa b), estão corretos os itens I e IV. Parte superior do formulário.

1.5. Obrigatoriedade do plano diretor

A CF dispõe, no art. 182, § 1º, da CF, a **obrigatoriedade** da elaboração do plano diretor.

No mesmo norte, o Estatuto da Cidade também prevê as hipóteses em que é obrigatório o plano diretor.

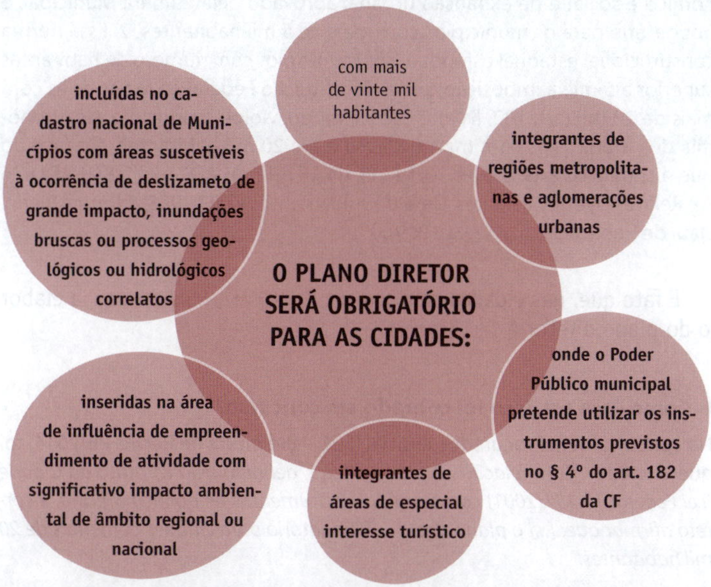

▸ **Como esse assunto foi cobrado em concurso?**

No concurso para Defensor Público (FCC – SP/2013) foi questionado: *"De acordo com o Estatuto da Cidade: [...] O plano diretor, aprovado por lei municipal, é o instrumento básico da política de desenvolvimento e expansão urbana, sendo obrigatório para cidades inseridas na área de influência de empreendimentos ou atividades com significativo impacto ambiental de âmbito regional ou nacional."*

Resposta: letra e).

Há quem sustente a inconstitucionalidade do dispositivo do Estatuto da Cidade que contempla outras hipóteses de obrigatoriedade do plano diretor além da prevista na Constituição Federal, pois esta **somente** prevê o plano diretor obrigatório para cidades **com mais de 20 mil habitantes**, conforme seu art. 182, § 1º, da CF.

Ressalte-se apenas que os incisos I e III do art. 41 do EC são constitucionais, pois guardam relação de congruência com a CF.

STF: "[...] O *caput* do art. 195 da Constituição do Estado do Amapá estabelece que 'o plano diretor, instrumento básico da política de desenvolvimento econômico e social e de expansão urbana, aprovado pela Câmara Municipal, é obrigatório para os municípios com mais de 5 mil habitantes'. 2. Essa norma constitucional estadual estendeu, aos municípios com número de habitantes superior a 5 mil, a imposição que a Constituição Federal só fez àqueles com mais de 20 mil (art. 182, § 1º). 3. Desse modo, violou o princípio da autonomia dos municípios com mais de 5 mil e até 20 mil habitantes, em face do que dispõem os arts. 25, 29, 30, I e VIII, da CF e 11 do ADCT [...]" (STF, ADI 826 AP, Relator: Sydney Sanches, Data de Julgamento: 17.09.1998, Tribunal Pleno, Data de Publicação: DJ 12.03.1999).

É fato que, nas cidades com **menos de 20 mil habitantes,** a elaboração do plano diretor é **facultativa**.

▸ Como esse assunto foi cobrado em concurso?

No concurso para Procurador Judicial (FCC – Prefeitura de Recife-PE/2014) foi questionado: *"Com relação ao plano diretor, definido pelo Estatuto da Cidade (Lei Federal 10.257/2001) como um dos instrumentos de política urbana, é correto afirmar que: [...] o plano diretor é obrigatório para cidades com mais de 20 mil habitantes."*

Resposta: letra b).

Obs.: No mesmo sentido, questão no concurso de Procurador do Estado (Cespe – PGE-BA/2014).

▸ Como esse assunto foi cobrado em concurso?

No concurso para Juiz de Direito Substituto (Cespe BA/2012) foi questionado: "Em relação à política urbana, assinale a opção correta: *O plano diretor é obrigatório para cidades com mais de 20 mil habitantes e para aquelas que integrem áreas de especial interesse turístico, entre outras situações definidas em lei."*

Resposta: letra a).

▸ Como esse assunto foi cobrado em concurso?

No concurso de Promotor de Justiça (MPE-MS/2013) foi perguntado: *"Em relação ao direito ambiental, é correto afirmar que: [...] O plano diretor é um dos instrumentos básicos para o pleno desenvolvimento das funções ambientais da cidade e garantir o bem-estar dos seus habitantes, sendo obrigatório quando o município possui mais de 20 mil habitantes."*

Resposta: letra b).

> ▸ **Como esse assunto foi cobrado em concurso?**
>
> No concurso de Procurador do Estado (Cespe PGE-BA/2014) foi questionado o seguinte item na questão: *"Pedro é proprietário de um imóvel situado em município com mais de 50 mil habitantes. Sua propriedade é próxima da zona costeira, o que o obriga a cumprir algumas limitações administrativas municipais impostas pelo município no que tange à proteção ambiental da zona costeira. Considerando essa situação hipotética, as normas aplicáveis e a jurisprudência, julgue os itens a seguir em relação à política urbana. Apesar de o plano diretor não ser obrigatório ao município, este deve mapear as áreas suscetíveis à ocorrência de deslizamentos de grande impacto e de inundações bruscas."*
>
> Resposta: o item está errado, conforme o art. 41, inc. VI, do EC.

No caso da realização de empreendimentos ou atividades inseridas na área de influência de empreendimentos ou atividades com significativo impacto ambiental de âmbito regional ou nacional, os recursos técnicos e financeiros para a elaboração do plano diretor estarão inseridos entre as **medidas de compensação adotadas**.

> ▸ **Atenção!**
>
> Na hipótese de cidades com mais de 500 mil habitantes, deverá ser elaborado um **plano de transporte urbano integrado**, compatível com o plano diretor ou nele inserido.

> ▸ **Como esse assunto foi cobrado em concurso?**
>
> No concurso para Procurador do Estado do AM (CESPE/2016) foi perguntado se em cidades com população igual ou superior a 20 mil habitantes, é obrigatória a elaboração de um plano diretor e de um plano de transporte urbano integrado.
>
> Resposta: o item foi considerado falso.

O art. 41, § 2º, do EC estabelece necessidade da elaboração de um **plano de transporte urbano integrado**, compatível com o plano diretor ou nele inserido. A política nacional de mobilidade urbana foi implantada através da Lei nº 12.587/2012.

Esse plano de transporte integrado pode constituir: **a) um plano autônomo**, consistente em um documento próprio; ou **b) plano incidental**, quando em um capítulo especial dentro do plano diretor.

> ▸ **Importante!**
>
> Observar que o Estatuto da Cidade se refere ao **transporte urbano dos municípios**, ou seja, o transporte de competência dos municípios.

1.5.1 Política Nacional de Mobilidade Urbana

A Lei nº 12.587/2012 instituiu algumas diretrizes para a **Política Nacional da Mobilidade**, para fins de regulamentar o disposto nos art. 2º, inc. VII, e o art. 40, § 2º, ambos do Estatuto da Cidade, como forma de instrumentos da política de desenvolvimento urbano, cujo objetivo é a integração entre os diferentes modos de transporte e a melhoria da acessibilidade e mobilidade das pessoas e cargas no território do Município.

> **▸ Como esse assunto foi cobrado em concurso?**
>
> No concurso para Especialista em Regulação – AGERBA – IBFC (2017), foi perguntado:
>
> Tomando por base as disposições da lei federal nº 12.587, de 03/01/2012, que institui as diretrizes da política nacional de mobilidade urbana, assinale a alternativa correta.
>
> a) Para efeitos da referida lei, são modos de transporte urbano apenas os motorizados
>
> b) Os serviços de transporte urbano são classificados, quanto ao objeto, em transporte oneroso e transporte gratuito
>
> c) Os serviços de transporte urbano são classificados, quanto à natureza do serviço, em transporte coletivo e transporte individual
>
> d) Os serviços de transporte urbano são classificados, quanto à característica do serviço, em transporte público e transporte privado
>
> e) O Sistema Nacional de Mobilidade Urbana é o conjunto organizado e coordenado dos modos de transporte, de serviços e de infraestruturas que garante os deslocamentos de pessoas e cargas no território do Município
>
> A alternativa e) foi considerado correta.

A Política Nacional de Mobilidade Urbana tem ainda como **objetivo** contribuir para o acesso universal à cidade, o fomento e a concretização das condições que contribuam para a efetivação dos princípios, objetivos e diretrizes da política de desenvolvimento urbano, por meio do planejamento e da gestão democrática do Sistema Nacional de Mobilidade Urbana.

São ainda objetivos da Política Nacional de Mobilidade Urbana, conforme previsão do art. 7º da Lei nº 12.587/2012:

> I – reduzir as desigualdades e promover a inclusão social;
>
> II – promover o acesso aos serviços básicos e equipamentos sociais;
>
> III – proporcionar melhoria nas condições urbanas da população no que se refere à acessibilidade e à mobilidade;

IV – promover o desenvolvimento sustentável com a mitigação dos custos ambientais e socioeconômicos dos deslocamentos de pessoas e cargas nas cidades; e

V – consolidar a gestão democrática como instrumento e garantia da construção contínua do aprimoramento da mobilidade urbana.

Compõe o **Sistema Nacional de Mobilidade Urbana** através do conjunto organizado e coordenado dos:

<table>
<tr><td rowspan="2">1. MODO DE TRANSPORTE URBANO</td><td>Motorizados</td></tr>
<tr><td>Não motorizados</td></tr>
</table>

<table>
<tr><td rowspan="6">2. SERVIÇOS DE TRANSPORTES URBANOS</td><td rowspan="2">Quanto ao objeto</td><td>De passageiros</td></tr>
<tr><td>De cargas</td></tr>
<tr><td rowspan="2">Característica do serviço</td><td>Coletivo</td></tr>
<tr><td>Individual</td></tr>
<tr><td rowspan="2">Natureza do serviço</td><td>Público</td></tr>
<tr><td>Privado</td></tr>
</table>

<table>
<tr><td rowspan="7">3. INFRAESTRUTURA DE MOBILIDADE URBANA</td><td>vias e demais logradouros públicos, inclusive metroferrovias, hidrovias e ciclovias;</td></tr>
<tr><td>estacionamentos;</td></tr>
<tr><td>terminais, estações e demais conexões;</td></tr>
<tr><td>pontos para embarque e desembarque de passageiros e cargas;</td></tr>
<tr><td>sinalização viária e de trânsito;</td></tr>
<tr><td>equipamentos e instalações</td></tr>
<tr><td>instrumentos de controle, fiscalização, arrecadação de taxas e tarifas e difusão de informações.</td></tr>
</table>

A Política Nacional de Mobilidade Urbana possui os seguintes princípios estruturantes:

a) acessibilidade universal;

b) desenvolvimento sustentável das cidades, nas dimensões socioeconômicas e ambientais;

> c) equidade no acesso dos cidadãos ao transporte público coletivo;
>
> d) eficiência, eficácia e efetividade na prestação dos serviços de transporte urbano;
>
> e) gestão democrática e controle social do planejamento e avaliação da Política Nacional de Mobilidade Urbana;
>
> f) segurança nos deslocamentos das pessoas;
>
> g) justa distribuição dos benefícios e ônus decorrentes do uso dos diferentes modos e serviços;
>
> h) equidade no uso do espaço público de circulação, vias e logradouros; e
>
> i) eficiência, eficácia e efetividade na circulação urbana.

Como diretrizes, a Política Nacional de Mobilidade Urbana possui:

> I - integração com a política de desenvolvimento urbano e respectivas políticas setoriais de habitação, saneamento básico, planejamento e gestão do uso do solo no âmbito dos entes federativos;
>
> II - prioridade dos modos de transportes não motorizados sobre os motorizados e dos serviços de transporte público coletivo sobre o transporte individual motorizado;
>
> III - integração entre os modos e serviços de transporte urbano;
>
> IV - mitigação dos custos ambientais, sociais e econômicos dos deslocamentos de pessoas e cargas na cidade;
>
> V - incentivo ao desenvolvimento científico-tecnológico e ao uso de energias renováveis e menos poluentes;
>
> VI - priorização de projetos de transporte público coletivo estruturadores do território e indutores do desenvolvimento urbano integrado; e
>
> VII - integração entre as cidades gêmeas localizadas na faixa de fronteira com outros países sobre a linha divisória internacional.
>
> VIII - garantia de sustentabilidade econômica das redes de transporte público coletivo de passageiros, de modo a preservar a continuidade, a universalidade e a modicidade tarifária do serviço.

▸ **Como esse assunto foi cobrado em concurso EM PROVA ORAL?**

No concurso para Especialista em Regulação – AGERBA – IBFC (2017), foi perguntado:

Tomando por base as disposições da lei federal nº 12.587, de 03/01/2012 que institui as diretrizes da política nacional de mobilidade urbana, assinale a alternativa correta sobre o que a referida lei considera expressa e, especificamente, como a condição em que se realizam os deslocamentos de pessoas e cargas no espaço urbano.

a) Mobilidade urbana

b) Acessibilidade

c) Transporte público coletivo

d) Deslocamento qualitativo

e) Acessibilidade pessoal pública

A alternativa a) foi considerado correta.

▸ **Como esse assunto foi cobrado em concurso EM PROVA ORAL?**

No concurso para Especialista em Regulação – AGERBA – IBFC (2017), foi perguntado:

Tomando por base as disposições da lei federal nº 12.587, de 03/01/2012 que institui as diretrizes da política nacional de mobilidade urbana, assinale a alternativa INCORRETA sobre os princípios e diretrizes da Política Nacional de Mobilidade Urbana.

a) Entre os princípios, inclui-se o desenvolvimento sustentável das cidades, nas dimensões socioeconômicas e ambientais

b) Entre os princípios, inclui-se a justa distribuição dos benefícios e ônus decorrentes do uso dos diferentes modos e serviços

c) Entre as diretrizes, não está prevista a integração entre os modos e serviços de transporte urbano

d) Entre as diretrizes, está previsto o incentivo ao desenvolvimento científco-tecnológico e ao uso de energias renováveis e menos poluentes

e) Entre as diretrizes, está prevista a priorização de projetos de transporte público coletivo estruturadores do território e indutores do desenvolvimento urbano integrado

A alternativa c) foi considerado correta.

Para os fins de regulação dos serviços de transporte público coletivo, o Lei nº 12.587/2012, fixou a orientação das seguintes diretrizes para fins de **política tarifária**:

I - promoção da equidade no acesso aos serviços;

II - melhoria da eficiência e da eficácia na prestação dos serviços;

III - ser instrumento da política de ocupação equilibrada da cidade de acordo com o plano diretor municipal, regional e metropolitano;

IV - contribuição dos beneficiários diretos e indiretos para custeio da operação dos serviços;

V - simplicidade na compreensão, transparência da estrutura tarifária para o usuário e publicidade do processo de revisão;

VI - modicidade da tarifa para o usuário;

VII - integração física, tarifária e operacional dos diferentes modos e das redes de transporte público e privado nas cidades;

VIII - articulação interinstitucional dos órgãos gestores dos entes federativos por meio de consórcios públicos;

IX - estabelecimento e publicidade de parâmetros de qualidade e quantidade na prestação dos serviços de transporte público coletivo; e

X - incentivo à utilização de créditos eletrônicos tarifários.

Segundo a Lei em tela, os Municípios deverão divulgar, de forma sistemática e periódica, os **impactos dos benefícios tarifários** concedidos no valor das tarifas dos serviços de transporte público coletivo.

▸ **Como esse assunto foi cobrado em concurso EM PROVA ORAL?**

No concurso para Especialista em Regulação – AGERBA – IBFC (2017), foi perguntado:

Tomando por base as disposições da lei federal nº 12.587, de 03/01/2012 que institui as diretrizes da política nacional de mobilidade urbana, assinale a alternativa correta sobre as diretrizes para a regulação dos serviços de transporte público coletivo.

a) A concessão de benefícios tarifários a uma classe ou coletividade de usuários nos serviços de transporte público coletivo deverá ser custeada com recursos financeiros específicos previstos em lei, sendo vedado atribuir o referido custeio aos usuários do respectivo serviço público

b) A política tarifária do serviço de transporte público coletivo tem como diretriz ser instrumento da política de ocupação equilibrada da cidade de acordo com o plano diretor municipal, excluído seu caráter regional

c) Os Municípios deverão divulgar, de forma sistemática e periódica, os impactos dos benefícios tarifários concedidos no valor das tarifas dos serviços de transporte público coletivo

d) A política tarifária do serviço de transporte público coletivo não tem como diretriz a modicidade da tarifa para o usuário

e) O preço público cobrado do usuário pelo uso do transporte público coletivo denomina-se tarifa pública, sendo instituída por ato específico do prestador com base nas regras de mercado.

A alternativa c) foi considerado correta.

O art. 9º da Lei nº 12.587/12 estabelece que o **regime econômico e financeiro da concessão e o da permissão do serviço de transporte público coletivo** serão estabelecidos no respectivo edital de licitação, sendo a tarifa de remuneração da prestação de serviço de transporte público coletivo resultante do processo licitatório da outorga do poder público.

A tarifa de remuneração da prestação do serviço de transporte público coletivo deverá ser constituída pela soma:

a) do preço público cobrado do usuário pelos serviços

b) à receita oriunda de outras fontes de custeio, de forma a cobrir os reais custos do serviço prestado ao usuário por operador público ou privado; e

c) pela remuneração do prestador.

A Lei nº 12.587/12 define que o preço público cobrado do usuário pelo uso do transporte público coletivo denomina-se **tarifa pública**, sendo instituída por ato específico do poder público outorgante.

Caso haja diferença a menor entre o valor monetário da tarifa de remuneração da prestação do serviço de transporte público de passageiros e a tarifa pública cobrada do usuário denomina-se **déficit** ou **subsídio tarifário.**

Por sua vez, caso haja diferença a maior entre o valor monetário da tarifa de remuneração da prestação do serviço de transporte público de passageiros e a tarifa pública cobrada do usuário denomina-se **superávit** tarifário.

Na hipótese do poder público optar pela adoção de **subsídio tarifário**, o **déficit** originado deverá ser coberto:

1) por receitas extratarifárias;

2) receitas alternativas;

3) subsídios orçamentários;

4) subsídios cruzados intrassetoriais e intersetoriais provenientes de outras categorias de beneficiários dos serviços de transporte;

5) outras fontes, instituídos pelo poder público delegante.

Quando houver a ocorrência de **superávit** tarifário proveniente de receita adicional originada em determinados serviços delegados, a receita deverá ser **revertida** para o próprio Sistema de Mobilidade Urbana.

Será de competência do **poder público delegante** a fixação, o reajuste e a revisão da tarifa de remuneração da prestação do serviço e da tarifa pública a ser cobrada do usuário. Também de competência do poder público delegante a **fixação dos níveis tarifários.**

Para os reajustes das tarifas de remuneração da prestação do serviço deverão ser observadas a periodicidade mínima estabelecida pelo poder público delegante no edital e no contrato administrativo e incluirão a transferência de parcela dos ganhos de eficiência e produtividade das empresas aos usuários.

Quando das **revisões ordinárias** das tarifas de remuneração, hipótese em que deverão ter periodicidade mínima estabelecida pelo poder público delegante no edital e no contrato administrativo, há que se observar o seguinte:

> I - incorporar parcela das receitas alternativas em favor da modicidade da tarifa ao usuário;
>
> II - incorporar índice de transferência de parcela dos ganhos de eficiência e produtividade das empresas aos usuários; e
>
> III - aferir o equilíbrio econômico e financeiro da concessão e o da permissão, conforme parâmetro ou indicador definido em contrato.

É possível a implementação política de descontos. O operador do serviço, por sua conta e risco e sob anuência do poder público, poderá realizar **descontos nas tarifas ao usuário**, inclusive de caráter sazonal, sem que isso possa gerar qualquer direito à solicitação de revisão da tarifa de remuneração.

Também é possível a revisão extraordinária das tarifas. O poder público poderá, em caráter excepcional e desde que observado o interesse público, proceder à **revisão extraordinária das tarifas**, por ato de ofício ou mediante provocação da empresa, caso em que esta deverá demonstrar sua cabal necessidade, instruindo o requerimento com todos os elementos indispensáveis e suficientes para subsidiar a decisão, dando publicidade ao ato.

Para fins de contratação dos serviços de transporte público coletivo, deve haver uma licitação prévia, e ainda que sejam observadas algumas diretrizes:

> I - fixação de metas de qualidade e desempenho a serem atingidas e seus instrumentos de controle e avaliação;
>
> II - definição dos incentivos e das penalidades aplicáveis vinculadas à consecução ou não das metas;
>
> III - alocação dos riscos econômicos e financeiros entre os contratados e o poder concedente;

IV - estabelecimento das condições e meios para a prestação de informações operacionais, contábeis e financeiras ao poder concedente; e

V - identificação de eventuais fontes de receitas alternativas, complementares, acessórias ou de projetos associados, bem como da parcela destinada à modicidade tarifária.

▸ **Como esse assunto foi cobrado em concurso?**

No concurso para Especialista em Regulação – AGERBA – IBFC (2017), foi perguntado:

Tomando por base as disposições da lei federal nº 12.587, de 03/01/2012 que institui as diretrizes da política nacional de mobilidade urbana, assinale a alternativa correta sobre as diretrizes para a regulação dos serviços de transporte público coletivo.

a) A contratação dos serviços de transporte público coletivo será precedida de licitação e deverá observar como diretriz a alocação dos riscos econômicos e financeiros entre os contratados e o poder concedente

b) A contratação dos serviços de transporte público coletivo dispensa prévia licitação e deverá observar como diretriz fixação de metas de qualidade e desempenho a serem atingidas e seus instrumentos de controle e avaliação

c) A contratação dos serviços de transporte público coletivo dispensa prévia licitação e deverá observar como diretriz a definição dos incentivos e das penalidades aplicáveis vinculadas à consecução ou não das metas

d) A contratação dos serviços de transporte público coletivo será precedida de licitação e deverá observar como diretriz a identificação de eventuais fontes de receitas alternativas, complementares, acessórias ou de projetos associados, proibida parcela destinada à modicidade tarifária

e) A contratação dos serviços de transporte público coletivo dispensa prévia licitação e deverá observar como diretriz o estabelecimento das condições e meios para a prestação de informações operacionais, contábeis e financeiras ao poder concedente . A alternativa a) foi considerado correta.

▸ **Como esse assunto foi cobrado em concurso?**

No concurso para Especialista em Regulação – AGERBA – IBFC (2017), foi perguntado:

Tomando por base as disposições da lei federal nº 12.587, de 03/01/2012 que institui as diretrizes da política nacional de mobilidade urbana, assinale a alternativa correta sobre as diretrizes para a regulação dos serviços de transporte público coletivo.

a) O regime econômico e financeiro da concessão e o da permissão do serviço de transporte público coletivo serão estabelecidos no respectivo edital de licitação, sendo a tarifa de remuneração da prestação de serviço de transporte público coletivo alheia ao processo licitatório da outorga do poder público

b) A tarifa de remuneração da prestação do serviço de transporte público coletivo deverá ser constituída pelo preço público cobrado do usuário pelos serviços subtraída a receita oriunda de outras fontes de custeio

c) A existência de diferença a menor entre o valor monetário da tarifa de remuneração da prestação do serviço de transporte público de passageiros e a tarifa pública cobrada do usuário denomina-se "superávit" ou subsídio tarifário

d) A existência de diferença a maior entre o valor monetário da tarifa de remuneração da prestação do serviço de transporte público de passageiros e a tarifa pública cobrada do usuário denomina-se "déficit" tarifário

e) Caso o poder público opte pela adoção de subsídio tarifário, o "déficit" originado deverá ser coberto por receitas extratarifárias, receitas alternativas, subsídios orçamentários, subsídios cruzados intrassetoriais, e intersetoriais provenientes de outras categorias de beneficiários dos serviços de transporte, dentre outras fontes, instituídos pelo poder público delegante. A alternativa e) foi considerado correta.

Qualquer **subsídio tarifário** ao custeio da operação do transporte público coletivo deverá ser definido em contrato, com base em critérios transparentes e objetivos de produtividade e eficiência, especificando, minimamente, o objetivo, a fonte, a periodicidade e o beneficiário, conforme o estabelecido nos arts. 8º e 9º da Lei nº 12.587/12.

Os serviços de **transporte privado coletivo**, prestados entre pessoas físicas ou jurídicas, deverão ser autorizados, disciplinados e fiscalizados pelo poder público competente, com base nos princípios e diretrizes Lei nº 12.587/12.

O transporte remunerado privado individual de passageiros será regulamentado e fiscalizado exclusivamente pelos Municípios e ao Distrito Federal no âmbito dos seus territórios.O serviço de transporte remunerado privado individual de passageiros, nos Municípios que optarem pela sua regulamentação, somente será autorizado ao motorista que cumprir as seguintes condições:

> I - possuir Carteira Nacional de Habilitação na categoria B ou superior que contenha a informação de que exerce atividade remunerada;
>
> II - conduzir veículo que atenda aos requisitos de idade máxima e às características exigidas pela autoridade de trânsito e pelo poder público municipal e do Distrito Federal;
>
> III - emitir e manter o Certificado de Registro e Licenciamento de Veículo (CRLV);
>
> IV - apresentar certidão negativa de antecedentes criminais.

Caso haja a exploração dos serviços remunerados de transporte privado individual de passageiros sem o cumprimento dos requisitos previstos acima, bem como na regulamentação do poder público municipal e do Distrito Federal caracterizará transporte ilegal de passageiros.

Segundo a Lei Política Nacional de Mobilidade Urbana, o **direito à exploração de serviços de táxi** poderá ser outorgado a qualquer interessado que satisfaça os requisitos exigidos pelo poder público local, conforme prevê o art. 12-A, da Lei nº 12.587/12. Ainda a Lei permite a **transferência da outorga** a terceiros que atendam aos requisitos exigidos em legislação municipal. As transferências ocorrerão pelo prazo da outorga e são condicionadas à prévia anuência do poder público municipal e ao atendimento dos requisitos fixados para a outorga.

Na hipótese de falecimento do outorgado, o direito à exploração do serviço será **transferido a seus sucessores legítimos**, nos termos do Código Civil.

Na outorga de exploração de serviço de táxi, serão reservadas 10% (dez por cento) das vagas para condutores com deficiência. Na hipótese de não preenchimento das vagas, as remanescentes devem ser disponibilizadas para os demais concorrentes.

Para concorrer as vagas, o condutor com deficiência deverá observar os seguintes requisitos quanto ao veículo utilizado:

> I - ser de sua propriedade e por ele conduzido; e
>
> II - estar adaptado às suas necessidades, nos termos da legislação vigente.

Na prestação de serviços de transporte público coletivo, o poder público delegante deverá realizar atividades de fiscalização e controle dos serviços delegados, preferencialmente em parceria com os demais entes federativos.

Os usuários do Sistema Nacional de Mobilidade Urbana possuem os seguintes **direitos**, sem prejuízos daqueles previstos no Código de Defesa do Consumidor e os direitos previstos no regime de concessão e permissão da prestação de serviços públicos (Lei nº 8987/95):

> I - receber o serviço adequado, nos termos do art. 6º da Lei nº 8.987, de 13 de fevereiro de 1995;
>
> II - participar do planejamento, da fiscalização e da avaliação da política local de mobilidade urbana;
>
> III - ser informado nos pontos de embarque e desembarque de passageiros, de forma gratuita e acessível, sobre itinerários, horários, tarifas dos serviços e modos de interação com outros modais; e

> IV - ter ambiente seguro e acessível para a utilização do Sistema Nacional de Mobilidade Urbana, conforme as Leis nºs 10.048, de 8 de novembro de 2000, e 10.098, de 19 de dezembro de 2000.

A Lei nº12.587/2012, no parágrafo único do art. 14, estabelece que os **usuários dos serviços** terão o **direito de ser informados** através de uma linguagem acessível e de fácil compreensão, sobre:

> I - seus direitos e responsabilidades;
>
> II - os direitos e obrigações dos operadores dos serviços; e
>
> III - os padrões preestabelecidos de qualidade e quantidade dos serviços ofertados, bem como os meios para reclamações e respectivos prazos de resposta.

A Lei de Política Nacional de Mobilidade Urbana também prevê a **participação da sociedade civil**: a) no planejamento; b) na fiscalização; e c) na avaliação da Política Nacional de Mobilidade Urbana, além de dever assegurada pelos seguintes **instrumentos:**

> I - órgãos colegiados com a participação de representantes do Poder Executivo, da sociedade civil e dos operadores dos serviços;
>
> II - ouvidorias nas instituições responsáveis pela gestão do Sistema Nacional de Mobilidade Urbana ou nos órgãos com atribuições análogas;
>
> III - audiências e consultas públicas; e
>
> IV - procedimentos sistemáticos de comunicação, de avaliação da satisfação dos cidadãos e dos usuários e de prestação de contas públicas.

Para a concretização da Política Nacional de Mobilidade Urbana a Lei em estudo prevê atribuições a cada um dos entes federados:

UNIÃO	
Art. 16, inc. I	prestar assistência técnica e financeira aos Estados, Distrito Federal e Municípios, nos termos desta Lei;
Art. 16, inc. II	contribuir para a capacitação continuada de pessoas e para o desenvolvimento das instituições vinculadas à Política Nacional de Mobilidade Urbana nos Estados, Municípios e Distrito Federal, nos termos desta Lei;
Art. 16, inc. III	organizar e disponibilizar informações sobre o Sistema Nacional de Mobilidade Urbana e a qualidade e produtividade dos serviços de transporte público coletivo;

UNIÃO	
Art. 16, inc. IV	fomentar a implantação de projetos de transporte público coletivo de grande e média capacidade nas aglomerações urbanas e nas regiões metropolitanas;
Art. 16, inc. VI	fomentar o desenvolvimento tecnológico e científico visando ao atendimento dos princípios e diretrizes desta Lei;
Art. 16, inc. VII	prestar, diretamente ou por delegação ou gestão associada, os serviços de transporte público interestadual de caráter urbano.

ESTADOS	
Art. 17, inc. I	prestar, diretamente ou por delegação ou gestão associada, os serviços de transporte público coletivo intermunicipais de caráter urbano, em conformidade com o § 1º do art. 25 da Constituição Federal;
Art. 17, inc. II	propor política tributária específica e de incentivos para a implantação da Política Nacional de Mobilidade Urbana;
Art. 17, inc. III	garantir o apoio e promover a integração dos serviços nas áreas que ultrapassem os limites de um Município, em conformidade com o § 3º do art. 25 da Constituição Federal.

MUNICÍPIOS	
Art. 18, inc. I	planejar, executar e avaliar a política de mobilidade urbana, bem como promover a regulamentação dos serviços de transporte urbano.
Art. 18, inc. II	prestar, direta, indiretamente ou por gestão associada, os serviços de transporte público coletivo urbano, que têm caráter essencial.
Art. 18, inc. III	capacitar pessoas e desenvolver as instituições vinculadas à política de mobilidade urbana do Município.

Na hipótese das atribuições do Distrito Federal serão aplicadas as dos Estados e Municípios.

Para a concretização das atribuições acima mencionadas, os entes federados deverão obedecer às normas fixadas pelas respectivas leis de diretrizes orçamentárias, às efetivas disponibilidades asseguradas pelas suas leis orçamentárias anuais e aos imperativos da Lei de Responsabilidade Fiscal.

Os entes responsáveis pelo **planejamento, gestão e a avaliação dos sistemas de mobilidade**, devem contemplar em suas atuações:

> I - a identificação clara e transparente dos objetivos de curto, médio e longo prazo;
>
> II - a identificação dos meios financeiros e institucionais que assegurem sua implantação e execução;
>
> III - a formulação e implantação dos mecanismos de monitoramento e avaliação sistemáticos e permanentes dos objetivos estabelecidos; e
>
> IV - a definição das metas de atendimento e universalização da oferta de transporte público coletivo, monitorados por indicadores preestabelecidos.

A Lei nº 12.587/2012, em seu art. 22, prevê que serão considerados como **atribuições mínimas** dos órgãos gestores dos entes federativos incumbidos respectivamente do planejamento e gestão do sistema de mobilidade urbana:

> I - planejar e coordenar os diferentes modos e serviços, observados os princípios e diretrizes desta Lei;
>
> II - avaliar e fiscalizar os serviços e monitorar desempenhos, garantindo a consecução das metas de universalização e de qualidade;
>
> III - implantar a política tarifária;
>
> IV - dispor sobre itinerários, frequências e padrão de qualidade dos serviços;
>
> V - estimular a eficácia e a eficiência dos serviços de transporte público coletivo;
>
> VI - garantir os direitos e observar as responsabilidades dos usuários; e
>
> VII - combater o transporte ilegal de passageiros.

Os entes federativos para fins de gestão do sistema de transporte e da mobilidade urbana utilizam-se de diversos **instrumentos**, sendo que dentre eles podem ser mencionados os seguintes:

> I - restrição e controle de acesso e circulação, permanente ou temporário, de veículos motorizados em locais e horários predeterminados;
>
> II - estipulação de padrões de emissão de poluentes para locais e horários determinados, podendo condicionar o acesso e a circulação aos espaços urbanos sob controle;

III - aplicação de tributos sobre modos e serviços de transporte urbano pela utilização da infraestrutura urbana, visando a desestimular o uso de determinados modos e serviços de mobilidade, vinculando-se a receita à aplicação exclusiva em infraestrutura urbana destinada ao transporte público coletivo e ao transporte não motorizado e no financiamento do subsídio público da tarifa de transporte público, na forma da lei;

IV - dedicação de espaço exclusivo nas vias públicas para os serviços de transporte público coletivo e modos de transporte não motorizados;

V - estabelecimento da política de estacionamentos de uso público e privado, com e sem pagamento pela sua utilização, como parte integrante da Política Nacional de Mobilidade Urbana;

VI - controle do uso e operação da infraestrutura viária destinada à circulação e operação do transporte de carga, concedendo prioridades ou restrições;

VII - monitoramento e controle das emissões dos gases de efeito local e de efeito estufa dos modos de transporte motorizado, facultando a restrição de acesso a determinadas vias em razão da criticidade dos índices de emissões de poluição;

VIII - convênios para o combate ao transporte ilegal de passageiros; e

IX - convênio para o transporte coletivo urbano internacional nas cidades definidas como cidades gêmeas nas regiões de fronteira do Brasil com outros países, observado o art. 178 da Constituição Federal.

Para o Plano de Mobilidade Urbana, instrumento de efetivação da Política Nacional de Mobilidade Urbana, contemplará os princípios, os objetivos e as diretrizes da Lei nº12.587/2012, bem como:

I - os serviços de transporte público coletivo;

II - a circulação viária;

III - as infraestruturas do sistema de mobilidade urbana, incluindo as ciclovias e ciclofaixas;

IV - a acessibilidade para pessoas com deficiência e restrição de mobilidade;

V - a integração dos modos de transporte público e destes com os privados e os não motorizados;

VI - a operação e o disciplinamento do transporte de carga na infraestrutura viária;

VII - os polos geradores de viagens;

VIII - as áreas de estacionamentos públicos e privados, gratuitos ou onerosos;

IX - as áreas e horários de acesso e circulação restrita ou controlada;

X - os mecanismos e instrumentos de financiamento do transporte público coletivo e da infraestrutura de mobilidade urbana; e

XI - a sistemática de avaliação, revisão e atualização periódica do Plano de Mobilidade Urbana em prazo não superior a 10 (dez) anos.

Dispõe o art. 24, § 1º da Lei nº12.587/2012, que os Municípios acima de 20.000 (vinte mil) habitantes e em todos os demais obrigados, na forma da lei, à elaboração do plano diretor, deverá ser elaborado o **Plano de Mobilidade Urbana**, integrado e compatível com os respectivos planos diretores ou neles inserido.

Na hipótese de Municípios sem sistema de transporte público coletivo ou individual, o Plano de Mobilidade Urbana deverá ter o foco no **transporte não motorizado** e no planejamento da infraestrutura urbana destinada aos **deslocamentos a pé e por bicicleta**, de acordo com a legislação vigente.

O art. 24, § 4º da Lei nº12.587/2012, com redação dada pela Lei nº Lei nº 13.683/18, estabelece que os Municípios que não tenham elaborado o Plano de Mobilidade Urbana até a data de promulgação desta Lei terão **o prazo máximo de 7 (sete) anos** de sua entrada em vigor para elaborá-lo, findo o qual ficarão impedidos de receber **recursos orçamentários federais destinados à mobilidade urbana** até que atendam à exigência desta Lei.

1.6. Conteúdo do plano diretor

O legislador fixou alguns **conteúdos mínimos** que devem constar do plano diretor, conforme se extrai do art. 42 do EC.

Caso o plano diretor se omita em alguns desses conteúdos mínimos, em dissintonia com o disposto no art. 42 do EC, poderá ocorrer uma **inconstitucionalidade por omissão por via reflexa**, vez que a lei municipal contraria a lei federal que possui compatibilidade com a CF.

São **exigências** do plano diretor:

PLANO DIRETOR DEVERÁ CONTER NO MÍNIMO

- a delimitação das áreas urbanas onde poderá ser aplicado o parcelamento, edificações ou utilização compulsórios , considerando a existência de infraestrutura e de demanda para utilização, na forma do art. 5º do Estatuto da Cidade.
- Disposições Requeridas pelos arts. 25, 28, 29, 32 e 35 todos do Estatuto da Cidade.
- sistema de acompanhamento e controle.

▸ **Importante!**

O art. 42, inc. II, do EC refere-se ao fato de o **plano diretor prever os instrumentos urbanísticos**: do direito de preempção municipal (art. 25); outorga onerosa do direito de construir (art. 28); alteração do uso do solo (art. 29); operações urbanas consorciadas (art. 32); e a transferência do direito de construir (art. 35 do EC).

Não há, porém, menção da **usucapião urbana**, individual ou coletiva (arts. 9º e 10 do EC) e do **direito de superfície** (art. 21 do EC), pois são matérias de competência legislativa da União. São da esfera do direito civil, portanto, não podem figurar em leis municipais.

▸ **Atenção!**

O rol do art. 42, inc. II, também não traz o **Estudo Prévio de Impacto de Vizinhança** (EIV), previsto no art. 36 do EC.

O plano diretor dos municípios incluídos no cadastro nacional de municípios com áreas suscetíveis à ocorrência de deslizamentos de grande impacto, inundações bruscas ou processos geológicos ou hidrológicos correlatos deverá conter, além do que prevê o art. 42 do EC, ainda outras exigências (art. 42-A do EC):

- parâmetros de parcelamento, uso e ocupação do solo, de modo a promover a diversidade de usos e a contribuir para a geração de emprego e renda;
- mapeamento contendo as áreas suscetíveis à ocorrência de deslizamentos de grande impacto, inundações bruscas ou processos geológicos ou hidrológicos correlatos;
- planejamento de ações de intervenção preventiva e realocação de população de áreas de risco de desastre;
- medidas de drenagem urbana necessárias à prevenção e à mitigação de impactos de desastres;

▶ diretrizes para a regularização fundiária de assentamentos urbanos irregulares, se houver, observadas a Lei 11.977, de 7 de julho de 2009, e demais normas federais e estaduais pertinentes, e previsão de áreas para habitação de interesse social por meio da demarcação de zonas especiais de interesse social e de outros instrumentos de política urbana, onde o uso habitacional for permitido;
▶ identificação e diretrizes para a preservação e ocupação das áreas verdes municipais, quando for o caso, com vistas à redução da impermeabilização das cidades.

Os conteúdos previstos no art. 42-A do EC traz à baila os denominados **conteúdos mínimos específicos.**

O cadastro nacional mencionado no art. 42-A do EC deverá ser providenciado pela **União**, para que sejam identificados os municípios sob a ameaça de deslizamento e inundações.

▸ Como esse assunto foi cobrado em concurso?

No concurso para Defensor Público - FCC – DPE-PR (2017), foi perguntado:

Sobre a tutela coletiva do direito à cidade, do direito à moradia e do meio ambiente, considere:

I. O Estatuto da Cidade (Lei n° 10.257/2001) prevê que as cidades incluídas no cadastro nacional de Municípios com áreas suscetíveis à ocorrência de deslizamentos de grande impacto, inundações bruscas ou processos geológicos ou hidrológicos correlatos têm que, obrigatoriamente, elaborar Plano Diretor, independentemente do número de habitantes.

II. Por se tratar de política urbanística essencial à exata ordenação das cidades, os Municípios não poderão dispensar as exigências relativas ao percentual e às dimensões de áreas destinadas ao uso público ou ao tamanho dos lotes regularizados, assim como a outros parâmetros urbanísticos e edilícios, ainda que se trate de regularização fundiária de núcleos urbanos informais.

III. O princípio do poluidor pagador internaliza o custo social provocado pelas externalidades da atividade econômica em decorrência de seu processo produtivo.

IV. O consumidor de produtos e de serviços não faz parte do sistema de logística reversa de resíduos sólidos, cuja responsabilidade recai sobre o fornecedor.

V. É possível regularização fundiária de interesse social dos núcleos urbanos informais inseridos em área urbana de ocupação consolidada existentes, total ou parcialmente, em áreas de preservação permanente. Todavia, para tanto, é preciso aprovação de projeto no qual se elabore estudos técnicos que justifiquem as melhorias ambientais em relação à situação anterior, inclusive por meio de compensações ambientais, quando for o caso.

Está correto o que se afirma APENAS em

a) I, II e III.

b) II e III.

c) I, III e V.

d) I e IV.

e) III e V.

Foi considerada como correta a alternativa c).

A competência administrativa de tal providência é do **Ministério das Cidades**. Ainda há o dever do governo federal para dar assistência técnica aos municípios para um adequado planejamento de prevenção aos desastres mencionados, com a finalidade de introduzi-lo no plano diretor. A identificação e o mapeamento de áreas de risco levarão em conta as cartas geotécnicas.

Estabelece ainda o Estatuto da Cidade que o conteúdo do plano diretor deverá ser compatível com as disposições insertas nos **planos de recursos hídricos,** formulados consoante a Lei 9.433/1997, que instituiu a Política Nacional de Recursos Hídricos e ainda criou o Sistema Nacional de Gerenciamento de Recursos Hídricos, regulamentando o art. 21, inc. XIX, da CF.

Os **planos de recursos hídricos** referidos pelo Estatuto da Cidade são aqueles que visam fundamentar e orientar a implementação da Política Nacional de Recursos Hídricos, além do gerenciamento dos mencionados recursos.

Os arts. 6º e 7º da Lei 9.433/1997 estabelecem alguns **elementos mínimos** para a elaboração dos planos acima mencionados.

Os municípios incluídos no cadastro nacional de municípios com áreas suscetíveis à ocorrência de **deslizamentos de grande impacto, inundações bruscas ou processos geológicos ou hidrológicos correlatos** e que não tenham plano diretor aprovado terão o prazo de cinco anos para encaminhá-lo para aprovação pela Câmara Municipal (art. 42-A, § 4º, do EC).

Essa norma tem como destinatários **os municípios com menos de 20 mil habitantes**, em cujos territórios haja áreas de risco sujeitas a deslizamentos e inundações. Contudo, tal exigência é inconstitucional, por ausência de previsão na CF/1988.

Ainda importante, sobre o plano diretor, é a necessidade de que seja observada a inclusão de **todas as medidas instituídas** pela Política Nacional de Proteção e Defesa Civil previstas na Lei 12.608/2012. São diretrizes da Política Nacional de Proteção e Defesa Civil, previstas em seu art. 4º:

▶ atuação articulada entre a União, os estados, o Distrito Federal e os municípios para redução de desastres e apoio às comunidades atingidas;
▶ abordagem sistêmica das ações de prevenção, mitigação, preparação, resposta e recuperação;
▶ prioridade às ações preventivas relacionadas à minimização de desastres;
▶ adoção da bacia hidrográfica como unidade de análise das ações de prevenção de desastres relacionados a corpos d'água;
▶ planejamento com base em pesquisas e estudos sobre áreas de risco e incidência de desastres no território nacional;
▶ participação da sociedade civil.

▸ **Como esse assunto foi cobrado em concurso?**

No concurso para Procurador Municipal de Palmas – TO (Copese- UFT/2016) foi perguntado sobre o Plano Diretor:

I. O Plano diretor tem sua natureza jurídica de plano indicativo. Por este motivo se torna lei que impõe comportamentos tanto para a sociedade como para o Poder Público. Entretanto, difere das demais leis em razão de que para ser modificada depende da realização de audiências públicas.

II. O processo de condução na elaboração ou revisão do plano diretor é de responsabilidade do Executivo municipal a partir da instalação do núcleo gestor, composto unicamente por representantes do Poder Público. Caberá, portanto, ao núcleo gestor, entre outras atribuições, compatibilizar o trabalho técnico com a leitura comunitária ao final do processo.

III. O plano diretor, aprovado por lei, estabelece as linhas gerais do processo de planejamento urbano e garante a aplicação dos instrumentos do Estatuto da Cidade; portanto, não engloba a atuação na área rural. A lei que o instituir deverá ser revista a cada dez anos, devendo o plano plurianual nesse período incorporar as diretrizes nele contidas.

IV. O plano diretor de entes municipais incluídos no Cadastro Nacional de Municípios com áreas suscetíveis de deslizamentos de grande impacto, inundações bruscas ou processos geológicos ou hidrológicos correlatos deverá conter planejamento de ações de intervenção preventivas e relocação de população de áreas de risco de desastre.

Resposta: Alternativa c): os itens I, II e III estão incorretos.

1.7. Ampliação do perímetro urbano

A **ampliação do perímetro urbano** decorre do próprio crescimento do município, com efeitos tanto nos aspectos demográficos quanto nos industriais, comerciais e empresariais em geral.

Os municípios que optarem por ampliar o perímetro urbano elaborarão projetos específicos que possuam alguns **requisitos** previstos no Estatuto da Cidade (art. 42-B do EC):

▸ Como esse assunto foi cobrado em concurso EM PROVA ORAL?

No concurso XLIV da Magistratura RJ/2012, foi perguntado ao candidato: *"Plano diretor: conteúdo, obrigatoriedade e finalidade."*

▸ Como esse assunto foi cobrado em concurso EM PROVA ORAL?

No concurso para Promotor de Justiça – FUNDEP – MPE-MG (2017), foi perguntado:

Assinale a alternativa **CORRETA:**

a) Todos os municípios que pretendam ampliar ou diminuir seu perímetro urbano ou rural necessitam, obrigatoriamente, do Plano Diretor para tal finalidade.

b) O Plano Diretor é obrigatório para todos os municípios brasileiros, uma vez que se trata de instrumento de política urbana e sua ausência pode, em tese, ensejar ato de improbidade administrativa para o gestor público municipal.

c) O município que, por força de lei, possua Plano Diretor poderá ampliar seu perímetro urbano, desde que elabore projeto específico que contemple, dentre outras situações, a inclusão de diretrizes e instrumentos específicos para proteção ambiental e do patrimônio histórico e cultural.

d) Nenhuma das anteriores.

A alternativa c) foi considerado como correta.

Quando o plano diretor contemplar as exigências estabelecidas no *caput* do art. 42-B do EC, o município ficará **dispensado** da elaboração do projeto específico de que trata o artigo referido (art. 42-B, § 2º, do EC).

A aprovação de projetos de parcelamento do solo no novo perímetro urbano ficará condicionada à existência do projeto específico e deverá obedecer às suas disposições (art. 42-B, § 3º, do EC). Enquanto não elaborado o projeto específico de ampliação do perímetro urbano, sobrestar-se-á qualquer pedido de parcelamento do solo.

O plano diretor é de **observância obrigatória** não só pelo município e pelos particulares, mas também pelos órgãos federais e estaduais que realizarem obras ou serviços na área planificada pelo município, pois a competência erigida ao município para o plano diretor é de ordem constitucional.

▸ Como esse assunto foi cobrado em concurso?

No concurso para Titular de Serviços de Notas e de Registros de Remoção (Ieses, TJ-PA/2016) foi perguntado sobre o plano diretor, de acordo com o Estatuto da Cidade:

I. O plano diretor deverá englobar o território do município como um todo.

II. No processo de elaboração do plano diretor e na fiscalização de sua implementação, os Poderes Legislativo e Executivo municipais garantirão a promoção de audiências públicas e debates com a participação da população e de associações representativas dos vários segmentos da comunidade; a publicidade quanto aos documentos e informações produzidos e o acesso de qualquer interessado aos documentos e informações produzidos.

III. O plano diretor é parte integrante do processo de planejamento municipal, devendo o plano plurianual, as diretrizes orçamentárias e o orçamento anual incorporar as diretrizes e as prioridades nele contidas.

IV. A lei que instituir o plano diretor deverá ser revista, pelo menos, a cada quinze anos.

Resposta: foram consideradas corretas as assertivas I, II e III.

▸ **Como esse assunto foi cobrado em concurso?**

No concurso para Procurador Municipal no Município de SP (VUNESP/2014) foi perguntado, em prova dissertativa, sobre o Plano Diretor:

O Plano Diretor como instrumento básico de tutela do meio ambiente artificial, constante no Estatuto da Cidade (Lei 10.257/01). O candidato deverá abordar em sua dissertação os seguintes tópicos: (i) definição do plano diretor enquanto instrumento básico da política de desenvolvimento e expansão urbana no âmbito do meio ambiente artificial e do plano constitucional e o conteúdo mínimo que deve conter, decorrente do Estatuto da Cidade; (ii) função social da propriedade urbana; (iii) pressupostos constitucionais do Plano Diretor.

▸ **Como esse assunto foi cobrado em concurso?**

No concurso para Advogado, na Câmara de São Lourenço-MG, (GESTÃO DE CONCURSOS/2016) foi perguntado sobre o Plano Diretor, qual a alternativa incorreta:

A) somente se for descumprida a determinação de parcelamento, edificação ou utilização compulsória, o Município poderá iniciar a cobrança de IPTU progressivo no tempo, mediante majoração da alíquota pelo prazo máximo de cinco anos consecutivos.

B) o plano diretor, aprovado por lei municipal, é obrigatório apenas para as cidades com mais de vinte mil habitantes e deve restringir- se à zona urbana do Município, uma vez que se trata de instrumento básico da política de desenvolvimento e expansão urbana.

C) operações urbanas consorciadas são um conjunto de intervenções e medidas coordenadas pelo Poder Público municipal, com a participação dos proprietários, moradores, usuários permanentes e investidores privados, com o objetivo de alcançar em uma área transformações urbanísticas estruturais, melhorias sociais e a valorização ambiental.

D) o direito de preempção, previsto no Estatuto da Cidade, concede ao Poder Público municipal a preferência para aquisição de imóvel urbano objeto de alienação onerosa entre particulares, inserido nas áreas delimitadas nos termos de lei municipal, baseada no Plano Diretor.

Alternativa correta: B).

▸ **Como esse assunto foi cobrado em concurso?**

No Exame da OBA (FGV/2016), sobre o plano diretor, foi elaborada a seguinte pergunta:

O prefeito do Município Alfa, que conta hoje com 30 (trinta) mil habitantes e tem mais de 30% de sua área constituída por cobertura vegetal, consulta o Procurador Geral do Município para verificar a necessidade de edição de Plano Diretor, em atendimento às disposições constitucionais e ao Estatuto da Cidade (Lei nº 10.257/01). Sobre o caso, assinale a afirmativa correta:

A) O Plano Diretor não é necessário, tendo em vista a área de cobertura vegetal existente no Município Alfa, devendo este ser substituído por Estudo Prévio de Impacto Ambiental (EIA).

B) O Plano Diretor não será necessário, tendo em vista que todos os municípios com mais de 20 (vinte) mil habitantes estão automaticamente inseridos em "aglomerações urbanas", que, por previsão legal, são excluídas da necessidade de elaboração de Plano Diretor.

C) Será necessária a edição de Plano Diretor, aprovado por lei municipal, que abrangerá todo o território do Município Alfa, em razão do seu número de habitantes.

D) O Plano Diretor será necessário na abrangência da região urbana do município, regendo, no que tange à área de cobertura vegetal, as normas da Política Nacional do Meio Ambiente.

Resposta: alternativa C).

▸ Como esse assunto foi cobrado em concurso?

No concurso para Engenharia ambiental – Prefeitura de Salvador - FGV (2017), foi perguntado:

Segundo o Estatuto das Cidades, Lei Federal nº 10.257/01, diversos instrumentos podem ser utilizados para o planejamento e aplicação da política urbana municipal: plano diretor; disciplina do parcelamento, do uso e da ocupação do solo; zoneamento ambiental; plano plurianual; gestão orçamentária participativa; dentre outros.

O instrumento básico da política de desenvolvimento e expansão urbana, aprovado por lei municipal, é

a) o plano diretor.

b) a disciplina do parcelamento, do uso e da ocupação do solo.

c) o zoneamento ambiental.

d) o plano plurianual.

e) a gestão orçamentária participativa.

Foi consideraa política da como correta a alternativa a).

1.8. Conselho Nacional de Desenvolvimento Urbano

O Conselho Nacional de Desenvolvimento Urbano (**CNDU), também conhecido como Conselho das Cidades**, foi criado pela Medida Provisória 2.220/2001 como um órgão deliberativo e consultivo, integrante da estrutura da Presidência da República, possuindo diversas competências, entre elas a de **emitir orientações e recomendações sobre a aplicação da Lei 10.257, de 10 de julho de 2001** e dos demais atos normativos relacionados ao desenvolvimento urbano.

O CNDU é **composto** por seu presidente, pelo plenário e por uma secretaria-executiva, cujas atribuições são definidas por decreto. O CNDU poderá ainda instituir comitês técnicos de assessoramento.

Tanto no CNDU como nos comitês a participação **não será remunerada**. Contudo, as funções de membro do CNDU e dos comitês técnicos serão consideradas prestação de relevante interesse público, e a ausência ao trabalho delas decorrente será abonada e computada como jornada efetiva de trabalho, para todos os efeitos legais.

O **Decreto 5.790/2006** da Presidência da República regulamentou a composição, estruturação, competências e funcionamento do **Conselho das Cidades (ConCidades)**, e dá outras providências.

As **atribuições do Concidades** estão previstas no art. 3º do mencionado Decreto, entre elas emitir orientações e recomendações sobre a aplicação do Estatuto da Cidade e dos demais atos normativos relacionados ao desenvolvimento urbano.

A **composição** do Concidades está no art. 4º, disposta e organizada pelos seguintes segmentos:

I – dezesseis representantes do Poder Público Federal, sendo:

a) três do Ministério das Cidades;

b) um da Casa Civil da Presidência da República;

c) um do Ministério da Cultura;

d) um do Ministério da Fazenda;

e) um do Ministério da Integração Nacional;

f) um do Ministério da Saúde;

g) um do Ministério do Desenvolvimento Social e Combate à Fome;

h) um do Ministério do Meio Ambiente;

i) um do Ministério do Planejamento, Orçamento e Gestão;

j) um do Ministério do Trabalho e Emprego;

l) um do Ministério do Turismo;

m) um do Ministério da Ciência e da Tecnologia;

m) um da Secretaria de Relações Institucionais da Presidência da República; e

o) um da Caixa Econômica Federal;

II – nove representantes do Poder Público estadual, do Distrito Federal ou de entidades civis de representação do Poder Público estadual e do Distrito Federal, observado o critério de rodízio entre os estados, o Distrito Federal e as entidades civis;

III – doze representantes do Poder Público municipal ou de entidades civis de representação do Poder Público municipal;

IV – vinte e três representantes de entidades dos movimentos populares;

V – oito representantes de entidades empresariais;

VI – oito representantes de entidades de trabalhadores;

VII – seis representantes de entidades profissionais, acadêmicas e de pesquisa; e

VIII – quatro representantes de organizações não governamentais.

Por sua vez, o Conselho das Cidades, nos usos de suas atribuições, através da Resolução Recomendada 34/2005, alterada pela Resolução Recomendada 164, de 26 de março de 2014, emitiu orientações e recomendações quanto ao conteúdo mínimo do plano diretor:

CONTEÚDO MÍNIMO DO PLANO DIRETOR	• As ações e medidas para assegurar o cumprimento das funções sociais da cidade, considerando o território rural e urbano;
	• As ações e medidas para assegurar o cumprimento da função social da propriedade urbana, tanto privada como pública;
	• Os objetivos, temas prioritários e estratégias para o desenvolvimento da cidade e para a reorganização territorial do município, considerando sua adequação aos espaços territoriais adjacentes;
	• Os instrumentos da política urbana previstos pelo art. 42 do EC, vinculando-os aos objetivos e estratégias estabelecidos no plano diretor.
	• Os municípios incluídos no cadastro nacional de municípios com áreas suscetíveis à ocorrência de deslizamentos de grande impacto, inundações bruscas, processos geológicos ou hidrológicos correlatos, conforme dispõe a Lei 12.608/2012, devem observar o disposto no art. 42-A do EC, seus incisos e §§, destacando-se a necessidade de elaboração e aprovação do plano diretor e posterior encaminhamento para aprovação pela Câmara Municipal no prazo de cinco anos;
	• Os municípios que pretendam ampliar seu perímetro urbano devem observar o disposto no art. 42-B do Estatuto da Cidade, seus incisos e §§.

▸ Como esse assunto foi cobrado em concurso?

No concurso para Procurador Municipal – CESPE – Prefeitura de Fortaleza Ceará (2017), foi perguntado:

Tendo como referência as normas do direito urbanístico, com destaque para as aplicáveis ao plano diretor, julgue o item que se segue.

O cumprimento da função social de propriedade urbana é verificado pelo atendimento às exigências fundamentais de ordenação da cidade, as quais são expressas no plano diretor, quando existir.

O item foi considerado correto.

Ainda a mencionada resolução prevê que as funções sociais da cidade e da propriedade urbana **serão definidas** a partir da destinação de cada porção do território do município, bem como da identificação dos imóveis não edificados, subutilizados e não utilizados, no caso de sua existência, de forma a garantir:

a) espaços coletivos de suporte à vida na cidade, definindo áreas para atender as necessidades da população de equipamentos urbanos e comunitários, mobilidade, transporte e serviços públicos, e áreas de proteção, preservação e recuperação do meio ambiente natural e construído, do patrimônio cultural, histórico, artístico, paisagístico e arqueológico;

b) acessibilidade e mobilidade sustentável de todos os cidadãos por meio do desenho dos espaços públicos e do sistema viário básico;

c) a universalização do acesso à água potável, aos serviços de esgotamento sanitário, a coleta e disposição de resíduos sólidos e ao manejo sustentável das águas pluviais, de forma integrada às políticas ambientais, de recursos hídricos e de saúde;

d) terra urbanizada para todos os segmentos sociais, visando especialmente a proteção do direito à moradia da população de baixa renda e das populações tradicionais;

e) áreas para todas as atividades econômicas, especialmente para os pequenos empreendimentos comerciais, industriais, de serviço e agricultura familiar.

Após a definição das funções sociais da cidade e da propriedade urbana, o plano diretor **deverá:**

▶ **determinar critérios para a caracterização de imóveis não edificados, subutilizados, e não utilizados.**

▶ **determinar critérios para a aplicação do instrumento estudo de impacto de vizinhança.**

▶ **definir o prazo para notificações dos proprietários de imóveis prevista pelo art. 5º, § 4º, do Estudo da Cidade.**

▶ **delimitar as áreas urbanas onde poderão ser aplicados o parcelamento, a edificação e a utilização compulsórios, considerando a existência de infraestrutura e de demanda para utilização.**

▶ **delimitar as áreas definidas pelo art. 2º desta Resolução e respectivas destinações nos mapas, e descrição de perímetros, consolidando no plano diretor toda a legislação incidente sobre o uso e ocupação do solo no território do município.**

Ainda determina a Resolução 34 do Conselho das Cidades, no art. 5º, que a instituição das zonas especiais, considerando o interesse local, **deverá:**

> I – destinar áreas para assentamentos e empreendimentos urbanos e rurais de interesse social;

II – demarcar os territórios ocupados pelas comunidades tradicionais, tais como as indígenas, quilombolas, ribeirinhas e extrativistas, de modo a garantir a proteção de seus direitos;

III – demarcar as áreas sujeitas a inundações e deslizamentos, bem como as áreas que apresentem risco à vida e à saúde;

IV – demarcar os assentamentos irregulares ocupados por população de baixa renda para a implementação da política de regularização fundiária;

V – definir normas especiais de uso, ocupação e edificação adequadas à regularização fundiária, à titulação de assentamentos informais de baixa renda e à produção de habitação de interesse social, onde couber;

VI – definir os instrumentos de regularização fundiária, de produção de habitação de interesse social e de participação das comunidades na gestão das áreas;

VII – demarcar as áreas de proteção, preservação e recuperação do meio ambiente natural e construído, do patrimônio cultural, histórico, artístico, paisagístico e arqueológico.

Capítulo IV

Da Gestão Democrática

1. GESTÃO DEMOCRÁTICA DA CIDADE

O Estatuto da Cidade estabelece diversas providências com a finalidade **de garantir a participação da população interessada** em que haja um processo urbanístico planejado.

A **gestão democrática** reflete na necessidade de o Poder Público deixar de lado a implementação de um **processo de urbanização unilateral** sem considerar a participação popular.

Impõe o Estatuto da Cidade a obrigação legal de **inserir a sociedade** interessada no processo de planejamento urbanístico.

A gestão democrática **significa** a coordenação e o processo de planejamento urbanístico, com vistas a atender os interesses da sociedade conseguidos por meio de debates, consultas e audiências públicas, entre outros.

Os **instrumentos** para a garantia da gestão democrática previstos no Estatuto da Cidade são (art. 43 do EC):

INSTRUMENTOS UTILIZADOS PARA GARANTIR A GESTÃO DEMOCRÁTICA DA CIDADE			
• órgãos colegiados de política urbana, nos níveis nacional, estadual e municipal.	• debates, audiências e consultas públicas.	• conferências sobre assuntos de interesse urbano, nos níveis nacional, estadual e municipal.	• participação popular de projeto de lei e de planos, programas e projetos de desenvolvimento urbano.

Tais mecanismos jurídicos e administrativos são necessários para permitir a **participação da população** no processo de planejamento urbanístico municipal.

▸ **Como esse assunto foi cobrado em concurso?**

No concurso de Procurador do Ministério Público do Tribunal de Contas FCC – TCM/GO/2015 foi questionado: Segundo a Lei 10.257/2000, é garantida a participação democrática, de forma direta, dos cidadãos nos assuntos da cidade através de:

(A) iniciativa popular de projeto de lei e de planos, programas e projetos de desenvolvimento urbano.

(B) referendo popular e plebiscito.

(C) órgãos colegiados de política urbana, nos níveis nacional, estadual e municipal.

(D) debates, audiências e consultas públicas.

(E) conferências sobre assuntos de interesse urbano, nos níveis nacional, estadual e municipal.

Resposta: alternativa a).

Os **conselhos** são órgãos colegiados integrados por representantes do Poder Público, bem como por membros da sociedade, de forma preferencialmente **paritária**. É possível ainda que a composição seja tripartite, integrada por representantes de órgãos, por representantes do Poder Público, por representantes dos moradores e usuários permanentes e ainda por representantes dos setores produtivos da indústria ou comércio.

Esses conselhos, normalmente instituídos por órgãos colegiados, devem ser criados por meio de iniciativa do chefe do Poder Executivo local (art. 61, § 1º, II, e, da CF). Ressalte-se que será necessária a instituição de regimento para organizar a forma de funcionamento do órgão e de seus membros agentes.

As **audiências, debates e consultas** substanciam os princípios da publicidade na Administração Pública (art. 37, *caput,* da CF), princípio do devido processo legal e da ampla defesa (art. 5º, incs. LIV e LI) e o direito à informação (art. 5º, inc. XXXIII, da CF).

Os **debates** são a troca de ideias, opiniões e críticas capazes de construir conclusões para as soluções dos problemas apresentados. Os debates entre a sociedade e o governo têm por objetivo construir soluções para problemas advindos das ações urbanísticas.

Por sua vez, as **audiências e consultas públicas** permitem às autoridades incumbidas das ações urbanísticas interagir com a comunidade e buscar as soluções para mais bem atender seus membros.

Basicamente, a diferença entre as audiências públicas e as consultas públicas é: na hipótese de audiências públicas há **debates orais,** consignados em uma sessão designada para esse fim, enquanto na consulta a opinião deverá ser **manifestada por escrito,** sem sessão designada para esse fim.

As audiências públicas possuem **requisitos mínimos** fixados nos arts. 8º e 9º da Resolução 25 do Conselho das Cidades:

> Art. 8º As audiências públicas determinadas pelo art. 40, § 4º, inciso I, do Estatuto da Cidade, no processo de elaboração de plano diretor, têm por finalidade informar, colher subsídios, debater, rever e analisar o conteúdo do Plano Diretor Participativo, e deve atender aos seguintes requisitos:
>
> I – ser convocada por edital, anunciada pela imprensa local ou, na sua falta, utilizar os meios de comunicação de massa ao alcance da população local;
>
> II – ocorrer em locais e horários acessíveis à maioria da população;
>
> III – serem dirigidas pelo Poder Público municipal, que após a exposição de todo o conteúdo, abrirá as discussões aos presentes;
>
> IV – garantir a presença de todos os cidadãos e cidadãs, independente de comprovação de residência ou qualquer outra condição, que assinarão lista de presença;
>
> V – serem gravadas e, ao final de cada uma, lavrada a respectiva ata, cujos conteúdos deverão ser apensados ao Projeto de Lei, compondo memorial do processo, inclusive na sua tramitação legislativa.
>
> Art. 9º A audiência pública poderá ser convocada pela própria sociedade civil quando solicitada por no mínimo 1 % dos eleitores do município.

As **conferências sobre assuntos de interesses urbanos** são consideradas a divulgação de especialistas e estudiosos de ideias e sugestões em congressos, simpósios, painéis e seminários ou em outros encontros técnicos sobre determinado tema específico

A **iniciativa de projeto de lei popular** é possível nas hipóteses em que a iniciativa de lei não seja privativa do Chefe do Executivo, cuja iniciativa se dá na Câmara dos Deputados (art. 14, inc. III, da CF), conforme o art. 62, § 2º, da CF:

> *A iniciativa popular pode ser exercida pela apresentação à Câmara dos Deputados de projeto de lei subscrito por, no mínimo, 1% do eleitorado nacional, distribuído pelo menos por cinco estados, com não menos de 0,3% dos eleitores de cada um deles.*

Previa ainda o Estatuto da Cidade, no inciso V do art. 43, a possibilidade do **referendo e do plebiscito**. Contudo, o dispositivo foi vetado pelo Chefe do Executivo.

Embora os institutos tenham sido revogados, **nada impede sua utilização,** pois estes não são vedados e ainda podem estar amparados em dispositivos da lei orgânica. Assim, poderá o governo municipal elaborar um plebiscito ou um referendo para que a sociedade se manifeste. Ademais, os instrumentos do referendo e do plebiscito possuem previsão constitucional como forma de participação popular (art. 14, incs. I e II, da CF).

No âmbito municipal, **a gestão orçamentária participativa** (alínea f do inc. III do art. 4º do EC) incluirá a realização de debates, audiências e consultas públicas sobre as propostas do plano plurianual, da lei de diretrizes orçamentárias e do orçamento anual, como **condição obrigatória** para sua aprovação pela Câmara Municipal.

O plano plurianual, a lei de diretrizes e orçamentárias e o orçamento anual, considerados instrumentos fundamentais das finanças públicas, possuem previsão no **art. 165 e §§ da CF.**

O **orçamento participativo** é um dos instrumentos de participação popular nas questões públicas. Trata-se da discussão e da deliberação dos cidadãos sobre a utilização de parte dos recursos públicos.

A participação da sociedade no orçamento já possuía previsão no **art. 48, parágrafo único, da Lei de Responsabilidade Fiscal:**

> *Parágrafo único. A transparência será assegurada também mediante:*
>
> *I – incentivo à participação popular e realização de audiências públicas, durante os processos de elaboração e discussão dos planos, lei de diretrizes orçamentárias e orçamentos;*
>
> *II – liberação ao pleno conhecimento e acompanhamento da sociedade, em tempo real, de informações pormenorizadas sobre a execução orçamentária e financeira, em meios eletrônicos de acesso público;*
>
> *III – adoção de sistema integrado de administração financeira e controle, que atenda a padrão mínimo de qualidade estabelecido pelo Poder Executivo da União e ao disposto no art. 48-A.*

As administrações municipais deverão elaborar seus planos plurianuais e propostas orçamentárias **sempre** com a prévia realização de debates, consultas e audiências, pois tais meios foram considerados legalmente indispensáveis para instrumentalizar de forma efetiva a participação da sociedade no processo.

A **condição obrigatória** descrita no art. 44 do EC determina que a atuação do Poder Legislativo na elaboração dos instrumentos financeiros mencionados somente será legitimada se houver a permissão da participação da sociedade na elaboração das propostas.

E se a lei orçamentária for aprovada sem a observância do disposto no art. 44 do EC?

Será **inconstitucional a lei**, pois o Estatuto da Cidade está previsto na CF para tratar de normas gerais sobre política pública. Portanto, qualquer lei municipal não compatível com tais regras possuirá vício formal de constitucionalidade.

Os organismos gestores das regiões metropolitanas e aglomerações urbanas incluirão obrigatória e significativa participação da população e de associações representativas dos vários segmentos da comunidade, de modo a garantir o controle direto de suas atividades e o pleno exercício da cidadania.

Os **instrumentos de gestão democrática** também encontram disciplina no art. 7º da Resolução Recomendada 34/05, alterada pela Resolução Recomendada 164, de 26 de março de 2014:

> O plano diretor deverá definir os instrumentos de gestão democrática do Sistema de Acompanhamento e Controle Social, sua finalidade, requisitos e procedimentos adotados para aplicação, tais como:
>
> I – o conselho da cidade ou similar, com representação do governo, sociedade civil e das diversas regiões do município, conforme estabelecido na Resolução 13 do Conselho das Cidades;
>
> II – conferências municipais;
>
> III – audiências públicas, das diversas regiões do município, conforme parâmetros estabelecidos na Resolução 25 do Conselho das Cidades;
>
> IV – consultas públicas;
>
> V – iniciativa popular;
>
> VI – plebiscito;
>
> VII – referendo.

▸ Como esse assunto foi cobrado em concurso?

No concurso para advogado na Prefeitura de Fronteira-MG (MÁXIMA - MB Gestão Pública/2016), sobre o Estatuto da Cidade foi elaborada a seguinte pergunta:

De acordo com o Estatuto das Cidades (Lei 10.257/2001) são instrumentos necessários para garantir a gestão democrática da cidade, EXCETO

A) Debates, audiências e consultas públicas.

B) Conferências sobre assuntos de interesse urbano, nos níveis nacional, estadual e municipal.

C) Órgãos colegiados de política urbana, nos níveis nacional, estadual e municipal.

D) Projeto de lei de iniciativa do Prefeito Municipal e de planos, programas e projetos de desenvolvimento urbano.

Resposta: alternativa D).

Capítulo V

Disposições Finais do Estatuto da Cidade

1. CONSÓRCIO IMOBILIÁRIO

O Poder Público municipal poderá facultar ao proprietário de área atingida pela obrigação de que trata o *caput* do art. 5º do Estatuto da Cidade, ou objeto de regularização fundiária urbana para fins de regularização fundiária, o estabelecimento de **consórcio imobiliário** como forma de viabilização financeira do aproveitamento do imóvel.

O consórcio imobiliário é uma figura recente no Direito brasileiro. Por isso, deve ainda sofrer um processo de amadurecimento e evolução.

Considera-se **consórcio imobiliário** a forma de viabilização de planos de urbanização, de regularização fundiária ou de reforma, conservação ou construção de edificação por meio da qual o proprietário transfere ao poder público municipal seu imóvel e, após a realização das obras, recebe, como pagamento, unidades imobiliárias devidamente urbanizadas ou edificadas, ficando as demais unidades incorporadas ao patrimônio público.

> **Atenção!**
>
> No consórcio imobiliário não se recebe como pagamento uma compensação pecuniária definida, mas sim unidades imobiliárias devidamente urbanizadas.

> **Como esse assunto foi cobrado em concurso?**
>
> No concurso para Promotor de Justiça do RS (MPE/2016) foi perguntado sobre o consórcio imobiliário: Considera-se consórcio imobiliário a forma de viabilização de planos de urbanização ou edificação por meio da qual o proprietário transfere ao Poder Público municipal seu imóvel e, após a realização das obras, recebe como pagamento uma compensação pecuniária definida.
>
> Resposta: O item foi considerado falso.

O consórcio imobiliário, quando requerido ao Poder Público, é uma forma de o proprietário **fugir das sanções** impostas nos arts. 7º e 8ª do

EC, utilizado como forma de viabilização financeira do aproveitamento do imóvel.

Trata-se de um **resultado de ajuste** entre o proprietário e o governo municipal, em que o proprietário transfere seu imóvel ao Poder Público municipal, e posteriormente, após a execução das obras, receberá a título de pagamento unidades imobiliárias já urbanizadas.

É um **negócio jurídico bilateral, oneroso, comutativo, solene**, em que o proprietário receberá outros bens imóveis como forma de pagamento da anterior transferência de sua propriedade para o governo municipal. O consórcio imobiliário, portanto, remete à natureza jurídica da **permuta**, em que o município e o proprietário constituem uma associação de interesses com a finalidade de permutar bens para alcançar projetos urbanísticos. Essa posição é adotada por Carvalho Filho (Carvalho Filho, José dos Santos. Comentários ao Estatuto da Cidade. São Paulo: Atlas, 2013, p. 409).

Outros, como Caramuru Afonso Francisco, sustentam que possui a natureza jurídica de **doação do imóvel objeto do consórcio**, gravada com encargo (Torrano, Luiz Antônio Alves. Consórcio imobiliário. *In:* Estatuto da Cidade. São Paulo: RT, 2014, p. 618).

Outros, como Paulo Afonso Cavichioli Carmona, sustentam que a natureza jurídica é de **convênio administrativo.** Essa posição funda-se no fato de que os convênios administrativos são acordos administrativos entre pessoas jurídicas de Direito público interno de qualquer nível, ou ainda entre estas e pessoas jurídicas de Direito privado, para a realização de objetivos de interesse comum. É certo que, enquanto no convênio há convergência de interesses, no contrato (permuta) há ajuste de interesses opostos entre as partes.

O proprietário de um imóvel, por meio de lei municipal específica, incluída em plano diretor, poderá possuir a obrigação de parcelar, edificar ou utilizar sua área, nas condições e prazos previstos na mencionada lei. Surge então a possibilidade de o proprietário requerer o consórcio imobiliário.

Assim, quando o proprietário de um imóvel, nas condições mencionadas, é notificado pelo município para que cumpra a obrigação dentro do prazo e das condições fixadas na notificação, **poderá requerer** ao Poder Público o estabelecimento de **consórcio imobiliário** em seu imóvel.

▸ Cuidado!

O consórcio imobiliário é forma de viabilizar planos de urbanização ou edificação. Assim, caso a determinação do Poder Público seja utilizar compulsoriamente o solo urbano subutilizado ou não utilizado, é **descabido o consórcio imobiliário.**

Formar-se-á então um **processo administrativo** instaurado a partir do protocolo, em que se requer a formação do consórcio, havendo, dessa forma, a **suspensão dos prazos** previstos na notificação para que se cumpram as obrigações consistentes em dar uma função social ao imóvel.

Caso o requerimento seja deferido, a propriedade do imóvel deverá ser transferida para a realização das obras e serviços. Indeferido o requerimento, retomam-se os prazos suspensos.

Há divergência na doutrina sobre **o momento para o requerimento do consórcio imobiliário**. Antes mesmo da notificação, desde que o imóvel esteja incluído no plano diretor, poderá requer o consórcio imobiliário, pois o EC silencia o momento em que o município poderá facultar ao proprietário o estabelecimento do consórcio. Nesse sentido, José Carlos de Freitas. No mesmo sentido, Paulo Afonso Cavichioli Carmona, ainda mencionando que para tal possibilidade há que possuir previsão na lei municipal específica e no plano diretor (Torrano, Luiz Antônio Alves. Consórcio Imobiliário. *In:* Estatuto da Cidade. São Paulo: RT, 2014, p. 621). É fato que em ambos os casos o Poder Público somente poderá deferir o requerimento após a notificação. Contudo, o indeferimento do requerimento poderá ser realizado a qualquer momento, independentemente da notificação.

O **termo final** para propor o consórcio imobiliário limita-se ao tempo em que o proprietário for titular do imóvel, ou seja, aplicada a sanção de desapropriação, não há mais possibilidade de requerer o consórcio imobiliário, pois a titularidade do imóvel passará a ser do município.

> **Atenção!**
>
> No caso em tela não **há pagamento simultâneo**, como ocorre na permuta. O proprietário ficará sem sua propriedade e sem a contraprestação imobiliária enquanto o governo municipal realiza as operações de urbanização ou edificação.

Caso o município retarde a entrega das unidades imobiliárias ou se recuse a entregá-las como pagamento da área transferida, haverá indiscutível **ilegalidade** do Poder Público e ofensa a direito subjetivo em razão do pagamento ao imóvel transferido.

Possuirá então o proprietário, após o término do processo de urbanização ou edificação, o direito de ingressar judicialmente com **pretensão condenatória** contra o município, pleiteando a entrega das unidades imobiliárias que correspondem ao pagamento devido pela transferência do imóvel, ou, na sua impossibilidade, o **direito à indenização**, que corresponde ao valor do imóvel transferido, além de possíveis perdas e danos causados.

Por se tratar de uma atividade tipicamente administrativa, a concessão do consórcio será um **ato discricionário, cuja incumbência será da** autoridade municipal, após um juízo de conveniência e oportunidade deferir ou não o pedido.

Para que o consórcio imobiliário seja autorizado, há de se **fundamentar** na viabilização financeira do aproveitamento do imóvel, sendo proibido autorizar a instalação de consórcio por razões distintas.

Ou seja, somente poderá fazer jus ao consórcio imobiliário o imóvel de propriedade de pessoas **sem recursos financeiros**, que por si mesmas não possam dar à sua propriedade urbana os fins exigidos pelo Estatuto da Cidade.

Caso o consórcio imobiliário seja viabilizado fora dessa hipótese, favorecendo algum proprietário ou construtora, o **ato será inválido** em razão do vício de motivo, devendo ser anulado em virtude da desconformidade com a lei.

O indeferimento do pleito poderá ser discutido via **recurso administrativo**, nos termos da legislação municipal pertinente.

Somente **o titular do domínio do imóvel** poderá pleitear o consórcio imobiliário. Os titulares de direitos reais não possuem legitimidade para requerer o consórcio imobiliário, como o superficiário, o usufrutuário, o habitante, o usuário, o titular de direito de promitente de comprador ou os concessionários de uso especial para fins de moradia e de direito real de uso. Caso estes sejam prejudicados em razão da instituição do consórcio imobiliário, poderão buscar seu direito por meio de indenização.

Na hipótese de **servidão**, a utilidade por ela proporcionada ao prédio dominante deverá ser respeitada pelo município, pois trata-se de terceiro diante das partes envolvidas no consórcio.

Todos os **gravames** que recaiam sobre o imóvel objeto do consórcio imobiliário, com seu estabelecimento, ou implicarão em vencimento antecipado da obrigação ou serão sub-rogados no valor da posterior indenização devida.

Formalizado o consórcio imobiliário, o proprietário deverá transferir o imóvel ao município, via escritura pública devidamente registrada.

O **pagamento** será efetuado por meio de unidades imobiliárias devidamente urbanizadas ou edificadas, após a realização da urbanização ou edificação prevista no plano diretor.

O **valor** das unidades imobiliárias a serem entregues ao proprietário será correspondente ao valor do imóvel antes da execução das obras.

O **valor a ser pago** pelo município será o do valor do imóvel antes da ação urbanística.

Não há, no Estatuto da Cidade, a **fixação de prazos** para que o município dê o devido aproveitamento ao imóvel objeto de consórcio imobiliário. Não há prazo nem para o início da obra nem para seu término.

Contudo, posiciona-se Diógenes Gasparini que o município terá o **prazo máximo de cinco anos**, contados da aquisição, para proceder ao aproveitamento do imóvel, aplicando-se tal prazo de forma similar na hipótese prevista na desapropriação-sanção (TORRANO, Luiz Antônio Alves. Consórcio Imobiliário. *In:* Estatuto da Cidade. São Paulo: RT, 2014, p. 631).

No caso de inadimplência do Poder Público, o município arcará, de acordo com os termos estabelecidos no consórcio, e na ausência de previsão contratual, arcará com perdas e danos.

Não há falar em **retrocessão** na hipótese de consórcio imobiliário, pois ou o município cumpre a destinação prevista para o imóvel, ou, em caso de inadimplência, há a responsabilidade do município de acordo com as cláusulas contratuais ou pelas perdas e danos ocorridos.

O art. 46, § 3º, do EC, acrescido pela Lei nº 13.456/17, prevê que caso seja instaurado consórcio imobiliário por proprietários que tenham dado causa à **formação de núcleos urbanos informais**, ou por seus sucessores, não os eximirá das responsabilidades administrativa, civil ou criminal.

O consórcio é uma forma de **viabilização de planos de urbanização ou de edificação** pela qual o proprietário irá transferir seu imóvel ao Poder Público e, depois de realizadas as obras, recebe como forma de pagamento as unidades imobiliárias devidamente urbanizadas e edificadas. Assim, o consócio imobiliário **não se confunde**, embora haja semelhanças, com o:

***Leasing* imobiliário** – trata-se de um contrato pelo qual uma pessoa, com a pretensão de utilizar determinado imóvel, consegue que a instituição financeira o adquira e arrende-o ao interessado, por prazo determinado, com a possibilidade de o arrendatário, terminado o prazo, devolver o bem, renovar o arrendamento, ou ainda adquirir o bem mediante pagamento de preço residual fixado no contrato.

Alienação fiduciária – consistente na transferência, como forma de garantia, feita pelo devedor ao credor, de uma propriedade resolúvel e da posse indireta de certo bem, resolvendo o contrato com o pagamento da dívida.

Compra e venda com pacto adjeto de retrovenda – trata-se de um pacto acidental à compra e venda, no qual o vendedor se reserva no direito de recomprar, no prazo máximo de três anos, o imóvel alienado, restituindo ao comprador o preço pago e ressarcindo as despesas efetuadas com o negócio.

Contrato de incorporação – é um contrato jurídico em que um dos contratantes se compromete a vender, ou vende, fração ideal ou terreno vinculada a unidade autônoma de edificação a ser construída sob regime condominial.

> **Como esse assunto foi cobrado em concurso?**
>
> No concurso da Cespe – MPOG – Analista de Infraestrutura – Área IV – 2010, foi questionado:
>
> Julgue os itens a seguir, referentes à Lei 10.257/2001. [...] Consórcio imobiliário é o negócio jurídico estabelecido entre o proprietário do imóvel e o Poder Público, como forma de viabilização financeira do aproveitamento do imóvel, em que o proprietário transfere ao Poder Público municipal seu imóvel e, após a realização das obras, recebe como pagamento unidades imobiliárias devidamente urbanizadas ou edificadas.
>
> Resposta: correta.

2. TRIBUTOS E TARIFAS

Dispõe o art. 47 do EC sobre a necessidade de tributar os imóveis urbanos, assim como as tarifas relativas a serviços públicos urbanos, de forma diferenciada, em razão da função do interesse social.

O **art. 47 do EC** é um dispositivo de instrumento de política urbana, que possui o objetivo de corrigir, por meio de tributos e tarifas, as possíveis distorções ou mesmo injustiças causadas pelos diversos segmentos de moradores e usuários da cidade.

> **Importante anotar!**
>
> Os tributos sobre imóveis urbanos, assim como as tarifas relativas a serviços públicos urbanos, serão diferenciados em **função do interesse social.**

São mecanismos conferidos pela lei com a finalidade de criar e preservar a justiça social para que se possam **fixar tributos e tarifas diferenciadas**.

O **interesse social** disposto no texto do art. 47 do EC exige tratamento diverso aos setores considerados desiguais perante a sociedade, de forma a atingir a denominada justiça social.

Para que seja implementado o disposto no art. 47 do EC são necessárias **leis específicas e atos regulamentares administrativos**.

3. PROGRAMAS, PROJETOS HABITACIONAIS E CONCESSÃO DE DIREITO REAL DE USO DE IMÓVEL PÚBLICO

Nos casos de programas e projetos habitacionais de interesse social desenvolvidos por órgãos ou entidades da Administração Pública com atuação específica nessa área, os **contratos de concessão de direito real de uso de imóveis públicos**:

- terão, para todos os fins de direito, caráter de escritura pública, não se aplicando o disposto no inciso II do art. 134 do Código Civil;
- constituirão título de aceitação obrigatória em garantia de contratos de financiamentos habitacionais.

O **programa ou o projeto** será de interesse social quando atender as demandas que existem nas cidades e aos interesses dos munícipes, sempre buscando seu melhor bem-estar e melhor qualidade de vida (art. 48 do EC).

Somente órgãos ou entidades da Administração Pública que possuem uma **atuação específica na área** poderão elaborar projetos e programas habitacionais de interesse social. A atuação específica do órgão ou entidade da Administração deve estar prevista em lei.

Os órgãos ou entidades da Administração Pública referidos no dispositivo referem-se tanto à Administração Direta como a **Administração Indireta**, mas, dessas, somente as pessoas jurídicas de Direito público.

> **Atenção!**
>
> A celebração de concessão de direito real de uso de **imóveis públicos** somente poderá ser realizada por pessoas jurídicas de Direito público, em razão de que só estas possuem esse tipo de imóvel.

Daí por que não se aplica esse instrumento às pessoas jurídicas de Direito privado da Administração Indireta, como as sociedades de economia mista e empresas públicas, cujo patrimônio compõe de **bens privados**.

O instituto permite que o particular faça uso de área ou de edificação pública. A concessão de direito real de uso foi instituída pelo Decreto-Lei 271/1967, aplicável ao instituto em comento, observadas as peculiaridades específicas do art. 48 do EC.

Trata-se de um **contrato administrativo** formalizado por **instrumento público ou particular**, ou por simples termo administrativo, com a inscrição do título em Cartório de Registro de Imóveis, podendo ser o ajuste **gratuito ou remunerado**, de **prazo determinado ou indeterminado**, ensejando um direito real resolúvel.

Registrado o contrato de concessão, o concessionário poderá usufruir o imóvel de acordo com o destino especificado no contrato, passando a ser de sua incumbência os encargos civis, tributários e administrativos incidentes do imóvel e suas possíveis rendas.

4. CONSIDERAÇÕES GERAIS

Os estados e municípios terão o **prazo de noventa dias**, a partir da entrada em vigor do Estatuto da Cidade, para fixar prazos, por lei, para a expedição de diretrizes de empreendimentos urbanísticos, aprovação de projetos de parcelamento e de edificação, realização de vistorias e expedição de termo de verificação e conclusão de obras (art. 49 do EC).

Sustenta Carvalho Filho que o mencionado dispositivo é **inconstitucional** porque fere a autonomia de estados e municípios, assegurada no art. 18 da CF (Carvalho Filho, José dos Santos. Comentários ao Estatuto da Cidade. São Paulo: Atlas, 2013, p. 427).

Caso **não** seja cumprida a determinação, fica estabelecido o prazo de sessenta dias para a realização de cada um dos referidos atos administrativos, que valerá até que os estados e municípios disponham em lei de forma diversa.

O **art. 50 do EC** estabelece que os municípios enquadrados na obrigação prevista nos incisos I e II do ***caput*** do art. 41 dessa Lei e que não tenham plano diretor aprovado na data de sua entrada em vigor deverão aprová-lo até 30 de junho de 2008.

Art. 41 do EC: O plano diretor é obrigatório para cidades	Inc. I	· com mais de 20 mil habitantes
	Inc. II	· integrantes de regiões metropolitanas e aglomerações urbanas

▸ Atenção!

Para os efeitos desta Lei, **aplicam-se ao Distrito Federal** e ao governador do Distrito Federal as disposições relativas, respectivamente, a município e a prefeito.

Nota-se do disposto no art. 52 do EC que as regras de Direito urbanístico destinadas geralmente **aos municípios** também deverão ser aplicadas ao Distrito Federal, pois ente político acumula as competências tanto dos municípios como dos estados, consoante dispõe o art. 32, § 1º, da CF.

Capítulo VI

Tutela Coletiva à Ordem Urbanística

1. IMPROBIDADE ADMINISTRATIVA LESIVA AO MEIO AMBIENTE ARTIFICIAL

O Estatuto da Cidade (art. 52) estabelece hipóteses de **improbidade administrativa**, ampliando as já existentes na Lei de Improbidade Administrativa (LIA) (Lei 8.429/1992).

São **atos de improbidade administrativa** previstos no Estatuto da Cidade:

O **Prefeito** incorrerá nos seguintes **atos de improbidade administrativa:**	• deixar de proceder, no prazo de cinco anos, o adequado aproveitamento do imóvel incorporado ao patrimônio público, conforme o disposto no § 4º do art. 8º do EC;
	• utilizar áreas obtidas por meio do direito de preempção em desacordo com o disposto no art. 26 do EC;
	• aplicar os recursos auferidos com a outorga onerosa do direito de construir e de alteração de uso em desacordo com o previsto no art. 31 do EC;
	• aplicar os recursos auferidos com operações consorciadas em desacordo com o previsto no § 1º do art. 33 do EC;
	• impedir ou deixar de garantir os requisitos contidos nos incisos I a III do § 4º do art. 40 do EC;
	• deixar de tomar as providências necessárias para garantir a observância do disposto no § 3º do art. 4º e no art. 5º, ambos do EC;
	• adquirir imóvel objeto de direito de preempção, nos termos dos arts. 25 a 27 do EC, pelo valor da proposta apresentada, se este for comprovadamente superior ao de mercado.

Os dispositivos mencionados não estabelecem sanções, razão pela qual, para que se possa dar eficácia ao comando legal, necessário se faz a incidência de outra norma, no caso, a Lei de Improbidade Administrativa.

Embora LIA seja aplicável usualmente aos prefeitos que praticam atos ímprobos, é possível que **outros agentes públicos** contribuam para a prática dos atos de improbidade descritos no EC. Assim, em regra, não alcançarão os mencionados atos de improbidade administrativa as autoridades federais e estaduais, pois estas não possuem as competências constitucionais e legais próprias e privativas dos municípios em matéria de política urbana.

Ademais, importante destacar que está superada a discussão de que a LIA se aplica aos agentes políticos, incluindo o **prefeito municipal**. É firme a posição dos Tribunais Superiores de que a LIA se aplica ao prefeito municipal, sem prejuízo da responsabilização criminal e política prevista no Decreto-Lei 201/1967 (REsp. 1414757/RN, Rel. Ministro Humberto Martins, Segunda Turma, julgado em 06/10/2015, DJe 16/10/2015).

De forma excepcional, as sanções da LIA, combinadas com o art. 52 do EC, poderão alcançar **outros agentes municipais**.

Não só os agentes públicos, mas os **particulares** que concorrem para a prática do ato de improbidade administrativa também poderão ser processados e integrar o polo passivo da demanda. Contudo, não se podem responsabilizar os particulares com base na LIA sem que figure no polo passivo um **agente público** responsável pelo ato questionado, o que não impede, contudo, o eventual ajuizamento de ação civil pública comum para obter o ressarcimento do Erário, segundo reiteradas decisões do STJ (AgRg no AREsp. 574.500/PA, Rel. Ministro Humberto Martins, Segunda Turma, julgado em 02/06/2015, DJe 10/06/2015).

As condutas previstas no art. 52 da EC não só lesam o Erário, mas também são atos de **improbidade administrativa** que lesam o meio ambiente artificial e atentam contra os objetivos constitucionais da política urbana, ou seja, o pleno desenvolvimento das funções sociais da cidade e a garantia do bem-estar de seus habitantes, consoante o art. 182 da CF.

Para que haja um **adequado enquadramento entre o EC e a LIA,** contudo, há necessidade apurar se a conduta fere um dos incisos do art. 52 do EC, para posteriormente realizar uma análise de enquadramento da conduta nos arts. 9º, 10 ou 11 da LIA, conforme o ato resulte em enriquecimento ilícito, prejuízo ao Erário ou violação aos princípios da Administração Pública.

Dessa forma, para tornar eficaz a punição das condutas ímprobas previstas no Estatuto da Cidade, há que se utilizar **toda estrutura da LIA** para a apuração dos fatos, ou seja, toda a parte procedimental da LIA, bem como para a aplicação de penalidades.

Lembre-se que é **inadmissível a aplicação da responsabilidade objetiva** perante a LIA, pois não se pode confundir improbidade com simples ilegalidade.

Segundo o STJ a improbidade é uma ilegalidade tipificada e qualificada pelo elemento subjetivo da conduta do agente. Por isso, na tipificação das **condutas descritas nos arts. 9º e 11 da Lei 8.429/1992** é indispensável, para a caracterização de improbidade, que o agente tenha agido dolosamente e, ao menos, culposamente, nas hipóteses do art. 10 (AgRg no REsp. 1500812/SE, Rel. Ministro Mauro Campbell Marques, Segunda Turma, julgado em 21/05/2015, DJe 28/05/2015).

▸ **Como esse assunto foi cobrado em concurso?**

No concurso para Procurador Municipal - CESPE – Prefeitura de Belo Horizonte/MG (2017), foi perguntado:

O Estatuto da Cidade

a) tipifica novas condutas que poderão caracterizar improbidade administrativa na execução da política urbana.

b) não dispõe sobre plano diretor, o qual é lei reservada à competência municipal.

c) regulamenta a forma de realização de consultas públicas como instrumento de gestão democrática das cidades.

d) inclui, de forma taxativa, a lista dos instrumentos para a execução da política urbana.

Foi considerada como correta a alternativa a).

1.1. Omissão no aproveitamento de imóvel desapropriado (art. 52, inc. II)

O inc. II do art. 52 do EC prevê a hipótese de improbidade administrativa caso o prefeito municipal não realize, no **prazo de cinco anos**, o adequado aproveitamento do imóvel incorporado ao patrimônio público, conforme o disposto no § 4º do art. 8o da mesma Lei.

Por sua vez, o art. 8º do EC trata da **desapropriação** com pagamento em títulos:

> [...] *decorridos cinco anos de cobrança do IPTU progressivo sem que o proprietário tenha cumprido a obrigação de parcelamento, edificação ou utilização, o município poderá proceder à desapropriação do imóvel, com pagamento em títulos da dívida pública.*

O dispositivo prevê uma **conduta omissiva** (*non facere*), pois o prefeito permanece inerte ante a necessidade de adotar medidas para o adequado aproveitamento ao imóvel desapropriado.

O prazo de cinco anos declinado no dispositivo legal somente se inicia **a partir do registro de carta de adjudicação do imóvel desapropriado**, ou seja, quando o bem é incorporado ao patrimônio público, nos termos do art. 29 do Decreto-Lei 3.365/1941:

> *Efetuado o pagamento ou a consignação, expedir-se-á, em favor do expropriante, mandado de imissão de posse, valendo a sentença como título hábil para a transcrição no registro de imóveis.*

Sustenta Carvalho Filho que a **contagem para o prazo inicial** se dá quando efetuado o pagamento da indenização, pois se trata do pressuposto extraído da CF (art. 5º, inc. XXIV) (Carvalho Filho, José dos Santos. Comentários ao Estatuto da Cidade. São Paulo: Atlas, 2013, p. 445).

É possível o enquadramento dessa conduta ímproba na subsunção de ato de improbidade que atenta **contra os princípios da Administração Pública**, consoante o previsto no art. 11, inc. II, da Lei 8.429/1992, *"retardar ou deixar de praticar, indevidamente, ato de ofício"*. Configurado o comportamento omissivo doloso, o agente sofrerá a aplicação das sanções do **inc. III do art. 12 da Lei 8.429/1992**.

1.2. Utilização indevida de áreas adquiridas pelo direito de preempção (art. 52, inc. III)

Segundo o inc. III do art. 52 do EC, o prefeito incorrerá em conduta ímproba quando utilizar áreas obtidas por meio do **direito de preempção em desacordo com o disposto na lei.**

O **direito de preempção** confere ao Poder Público municipal preferência para aquisição de imóvel urbano objeto de alienação onerosa entre particulares. As áreas nas quais incidirão tal instituto, bem como seu prazo de vigência, serão estabelecidas em lei municipal, baseada no plano diretor.

Por sua vez, o art. 26 declara que o **direito de preempção será exercido sempre** que o Poder Público necessitar de áreas para: (i) regularização fundiária; (ii) execução de programas e projetos habitacionais de interesse social; (iii) constituição de reserva fundiária; (iv) ordenamento e direcionamento da expansão urbana; (v) implantação de equipamentos urbanos e comunitários; (vi) criação de espaços públicos de lazer e áreas verdes; (vii) criação de unidades de conservação ou proteção de outras áreas de interesse ambiental; e, (viii) proteção de áreas de interesse histórico, cultural ou paisagístico.

> **▸ Como esse assunto foi cobrado em concurso?**
>
> No concurso para Promotor de Justiça do RS (MPE/2016) foi questionado sobre o direito de preempção: O direito de preempção será exercido sempre que o Poder Público necessitar de áreas para constituição de reserva fundiária, entre outras hipóteses.
>
> Resposta: O item foi considerado verdadeiro.

O dispositivo legal tem como objetivo punir o prefeito que utilizar de **forma desvirtuada** as áreas obtidas por meio do instituto do direito de preempção.

A presente hipótese de ato de improbidade também reflete na conduta ímproba atentatória aos princípios da Administração Pública, na forma do art. 11, inc. I, da Lei 8.429/1992: *"praticar ato visando fim proibido em lei ou regulamento ou diverso daquele previsto, na regra de competência"*, hipótese que se caracteriza essencialmente pela afronta ao princípio da finalidade, sujeitando o ímprobo às sanções do **inc. III do art. 12 da Lei de Improbidade Administrativa**.

1.3. Aplicação indevida de recursos obtidos com outorga onerosa do direito de construir e de alteração de uso (art. 52, inc. IV)

A conduta de improbidade administrativa prevista no inc. IV do art. 52 da EC estabelece que o gestor municipal **não pode aplicar** os recursos auferidos com a outorga onerosa do direito de construir e de alteração de uso em desacordo com o previsto no art. 31 da mesma Lei.

O presente dispositivo legal protege a regular e adequada gestão dos recursos auferidos a partir da aplicação desses dois instrumentos urbanísticos – outorga onerosa do direito de construir e alteração do uso do solo –, vinculando a aplicação desses recursos ao atendimento das finalidades previstas nos incs. I a IX do art. 26 do EC.

Além de observar a aplicação correta dos recursos em uma das finalidades previstas no art. 26 do EC, terá o administrador de observar ainda o plano diretor e a lei municipal específica referente a tais instrumentos urbanísticos, sob pena de estar incurso na mencionada prática de ato de improbidade administrativa.

Assim como nas condutas anteriores, esta se amolda em ato de improbidade que atenta contra os princípios da Administração Pública, na forma do art. 11, inc. I: *"praticar ato visando fim proibido em lei ou regulamento ou diverso daquele previsto, na regra de competência"*. Portanto, as penalidades são as previstas no **inc. III do art. 12 da LIA.**

1.4. Aplicação indevida de recursos obtidos com operações consorciadas (art. 52, inc. V)

O inc. V do art. 52 da Lei 10.257/2001 prevê que o prefeito poderá incorrer na prática de ato de improbidade **caso aplique recursos** auferidos com operações consorciadas em desacordo com o previsto no § 1º do art. 33 da mesma Lei.

Por sua vez, o art. 33, § 1º, do EC estabelece que os recursos obtidos pelo Poder Público municipal por meio desse instrumento urbanístico **deverão ser aplicados exclusivamente** na própria operação urbana consorciada.

As **operações urbanas consorciadas** são disciplinadas pelos arts. 32 a 34 do EC, consistindo em instrumentos urbanísticos de fomento que se propõem a viabilizar o aproveitamento e a valorizar o solo urbano.

Por meio deles, a Administração municipal pode auferir recursos privados para construção de obras e equipamentos urbanos, com a finalidade de revigorar o espaço urbano.

Tal instituto deve ser utilizado em áreas da cidade que demandam especial intervenção do Poder Público (revitalização, preservação, indução de novas características ou correção das já existentes), conforme especificado no plano diretor.

O prefeito municipal que praticar a conduta proibida pelo inc. V do art. 52 será inserido no disposto no **inc. I do art. 11 da Lei 8.429/1992 da LIA**.

1.5. Inobservância de princípios relativos à cidadania (inciso VI do art. 52)

O inc. VI do art. 52 da Lei 10.257/2001 prevê que o administrador poderá praticar o ato improbidade administrativa, quando **impede ou deixa de garantir** os requisitos contidos nos incs. I a III do § 4º do art. 40 do EC.

Segundo a Lei, o plano diretor "é o instrumento básico da política de desenvolvimento e expansão urbana".

Por sua vez, o § 4º, que trata do processo de elaboração e da fiscalização da implementação do Plano, assim reza:

> No processo de elaboração do plano diretor e na fiscalização de sua implementação, os Poderes Legislativo e Executivo municipais garantirão:
>
> I – a promoção de audiências públicas e debates com a participação da população e de associações representativas dos vários segmentos da comunidade;
>
> II – a publicidade quanto aos documentos e informações produzidos;
>
> III – o acesso de qualquer interessado aos documentos e informações produzidos.

A norma reproduzida reitera a necessidade de que a política urbana conduzida pelo Poder Público Municipal seja transparente e promova ampla participação popular, facilitando a compreensão da sociedade nas questões discutidas e deliberadas.

O comportamento do administrador descrito na norma em comento implica na prática de **ato de improbidade prevista no art. 11, incs. II e IV, da Lei 8.429/1992**, pois, na hipótese, o Prefeito, no processo de elaboração do plano diretor, não promove as audiências públicas e os debates (art. 40, § 4º, I, do Estatuto). Há incidência na hipótese do inc. II, uma vez que deixa de praticar ato de ofício. Mas, quando não há a garantia da publicidade no processo de elaboração (art. 40, § 4º, II e III, do Estatuto), incorre no inc. IV, segundo o qual constitui ato de improbidade *"negar a publicidade aos atos oficiais"*. Dessa forma, incide o prefeito municipal nas sanções previstas no inc. III do art. 12 da Lei 8.429/1992.

1.6. Deixar de editar o plano diretor e de revê-lo (inciso VII do art. 52)

O inc. VII do art. 52 do EC prevê que recai em ato de improbidade administrativa o prefeito que deixar de tomar as providências necessárias para que o plano diretor seja revisto a cada dez anos (art. 40, § 3º, do EC) ou ainda, nos municípios que contam mais de 20 mil habitantes ou aqueles que integrem regiões metropolitanas e aglomerações urbanas, deixar de aprovar o plano diretor até o dia 30 de junho de 2008 (art. 50 do EC).

Trata-se de uma **inércia administrativa** (conduta omissiva), considerada omissão ilegal, dando ensejo a consequências de ordem jurídica.

É possível o enquadramento dessa conduta ímproba na subsunção de ato de improbidade que atenta **contra os princípios da Administração Pública**, consoante o previsto no art. 11, inc. II, da Lei 8.429/1992: *"retardar ou deixar de praticar, indevidamente, ato de ofício"*. Configurado o comportamento omissivo doloso, o agente sofrerá a aplicação das sanções do inc. III do art. 12 da Lei 8.429/1992.

1.7. Aquisição de imóvel por um preço supervalorizado (inciso VIII do art. 52)

O dispositivo legal atribui como ato de improbidade a autoridade administrativa municipal que, por meio do exercício do direito de preempção (arts. 25 a 27 do EC), adquira a propriedade com um **preço superior ao de mercado**, agindo, assim, com **má-fé no emprego de verbas públicas**.

É certo que se faz necessária uma análise mercadológica do valor do imóvel por meio de especialistas em contratos de compra e venda de imóveis. Os preços do mercado sempre possuem uma variação, determinando uma faixa de preço mínima e outra máxima, mas com valores consideráveis aceitáveis. Dessa forma, caso o prefeito adquirira o imóvel com preço elevado, mas dentro da faixa de preço avaliada, não há improbidade administrativa, fazendo-se valer o princípio da razoabilidade.

O comportamento do administrador descrito na norma em comento implica na prática de **ato de improbidade prevista no art. 10, inc. V, da Lei 8.429/1992,** pois na hipótese o prefeito permitiu ou facilitou a aquisição, permuta ou locação de bem ou serviço por preço superior ao de mercado.

▸ **Como esse assunto foi cobrado em concurso?**

No concurso de Assessor Jurídico – MPE/RS – 2014 foi questionado: O Estatuto da Cidade, Lei 10.257, de 10 de julho de 2001, prevê que, sem prejuízo da punição de outros agentes públicos envolvidos e da aplicação de outras sanções cabíveis, poderá incorrer o prefeito em improbidade administrativa. A esse respeito, considere as seguintes ações.

1. Deixar de proceder, no prazo de dez anos, o adequado aproveitamento do imóvel incorporado ao patrimônio público, conforme o disposto no § 4º do art. 8º da Lei 10.257/2001.
2. Utilizar áreas obtidas por meio do direito de preempção em desacordo com o disposto no art. 26 da Lei 10.257/2001.
3. Não aplicar os recursos auferidos com a outorga onerosa do direito de construir e de alteração de uso em desacordo com o previsto no art. 31 da Lei 10.257/2001.
4. Adquirir imóvel objeto de direito de preempção, nos termos dos arts. 25 a 27 da Lei 10.257/2001, pelo valor da proposta apresentada, se este for, comprovadamente, superior ao de mercado.

Quais dessas ações caracterizam improbidade administrativa praticada por prefeito?

Resposta: letra d): apenas 2 e 4.

1.8. Improbidade administrativa no Estatuto da Metrópole

O art. 21 do Estatuto da Metrópole prevê outras duas condutas que podem configurar a prática de improbidade administrativa, de acordo com a Lei 8.429, de 2 de junho de 1992 (LIA).

Dispõe o art. 21, inc. I, do Estatuto da Metrópole, como conduta caracterizadora de improbidade administrativa:

> I – o governador ou agente público que atue na estrutura de governança interfederativa que deixar de tomar as providências necessárias para:
>
> a) garantir o cumprimento do disposto no *caput* do art. 10 desta Lei, no prazo de três anos da instituição da região metropolitana ou da aglomeração urbana mediante lei complementar estadual;
>
> b) elaborar e aprovar, no prazo de três anos, o plano de desenvolvimento urbano integrado das regiões metropolitanas ou das

> aglomerações urbanas instituídas até a data de entrada em vigor desta Lei mediante lei complementar estadual; [...].

Por sua vez, o art. 21, inc. II, do Estatuto da Metrópole estabelece como conduta ímproba:

> II – o prefeito que deixar de tomar as providências necessárias para garantir o cumprimento do disposto no § 3o do art. 10 desta Lei, no prazo de três anos da aprovação do plano de desenvolvimento integrado mediante lei estadual.

> **Atenção!**
> Diferentemente do Estatuto da Cidade, em que as responsabilidades estão voltadas ao prefeito municipal, na hipótese do Estatuto da Metrópole o **governador do estado** aparece também como responsável.

1.9. Atos de improbidade administrativa decorrentes de concessão ou aplicação indevida de benefício financeiro ou tributário

A **Lei Complementar 157/2016** alterou a Lei de Improbidade Administrativa, criando uma **quarta espécie de ato de improbidade administrativa**, acrescendo o art. 10-A. Segundo o novo dispositivo, será considerado ato de improbidade administrativa conceder, aplicar ou manter benefício financeiro ou tributário em contrariedade ao art. 8º-A, *caput* ou § 1º, da LC 116/2003.

O art. 8º A da Lei Complementar 116/2003 prevê a **alíquota mínima de 2%, referente ao ISS** que os municípios poderão conceder. Portanto, não poderão conceder isenção, incentivo ou benefício relacionado com ISS se isso resultar em uma alíquota inferior a 2%, salvo nas exceções previstas na Lei.

Segundo o **art. 12, inc. IV**, caso o administrador pratique o ato de improbidade do art. 10-A estará sujeito às seguintes **penalidades**:

- perda da função pública;
- suspensão dos direitos políticos de cinco a oito anos; e
- multa civil de até três vezes o valor do benefício financeiro ou tributário concedido.

A ação de improbidade pedindo a condenação do agente público pelo art. 10-A poderá ser **proposta**, segundo disposto no **art. 17, § 13**:

- pelo Ministério Público;
- pela pessoa jurídica interessada.

Será considerado "pessoa jurídica interessada" e poderá propor a ação de improbidade ou intervir no processo como interessado o **município**

prejudicado pela concessão de isenção, em desacordo com o art. 8º-A da LC 116/2003.

A nova hipótese de ato de improbidade prevista no art. 10-A da Lei 8.429/1992 somente **produzirá efeitos** a partir de 30/12/2017, conforme previsão do **§ 1º do art. 7º da LC 157/2016**.

2. PROCEDIMENTO JUDICIAL: RITO DA LEI DE IMPROBIDADE PARA OS ATOS DE IMPROBIDADE DO ESTATUTO DA CIDADE

Em razão da harmonização existente entre o Estatuto da Cidade e a Lei de Improbidade Administrativa, deverá ser aplicado o **procedimento judicial** previsto na LIA ao Estatuto da Cidade, para que se possam imputar as sanções relativas às condutas consideradas improbidade administrativa pela Lei do Meio Ambiente Artificial.

2.1. Procedimento judicial da Lei de Improbidade Administrativa

A LIA possui um **procedimento especial de jurisdição contenciosa** para o processo de conhecimento das ações civis de improbidade administrativa. O procedimento judicial previsto na LIA possui sua disciplina nos arts. 14 ao 18.

> STJ: Segundo precedentes do STJ, não se aplicam aos atos de improbidade administrativa o **princípio da insignificância** (STJ – REsp. 892.818-RS).

Qualquer pessoa poderá representar à autoridade administrativa competente a realização de investigações sobre ato de improbidade administrativa de que tenha ciência (art. 14 da LIA). A representação para a investigação **deverá ser escrita ou oral**, reduzida a termo e assinada, e deve conter de forma obrigatória: a) a qualificação do representante; b) as informações sobre o fato e a sua autoria; e c) a indicação de provas de que tenha conhecimento.

A representação será **arquivada se:**

– o fato noticiado não configurar ato de improbidade administrativa;
– estiver desprovida de elementos mínimos indicativos da ocorrência ou da autoria;
– o fato representado já for objeto de investigação ou de ação de improbidade.

Caso não haja os requisitos obrigatórios contidos na representação, a autoridade competente poderá rejeitá-la em despacho fundamentado, mas a rejeição **não impede** a representação ao Ministério Público.

Quando a notícia da improbidade administrativa for de conhecimento de uma comissão processante, esta **deverá dar conhecimento ao**

Ministério Público e ao Tribunal ou Conselho de Contas da existência de procedimento administrativo que apure ato de improbidade administrativa, podendo os mencionados órgãos indicar, a requerimento, representante para acompanhar o referido procedimento (art. 15 da LIA).

São **legitimados** para a propositura da ação de improbidade (art. 17 da LIA):

MINISTÉRIO PÚBLICO	PESSOA JURÍDICA INTERESSADA

STJ: Embora já questionada, a legitimidade do Ministério Público para a defesa do patrimônio público já está consolidada pela Súmula 329 do STJ; ademais, através das ações de improbidade administrativa não há somente a defesa de interesses patrimoniais, mas também há a defesa da legalidade, da moralidade e da defesa ao patrimônio social (AgRg no AREsp. 484.423/MS, Rel. Ministra Assusete Magalhães, Segunda Turma, julgado em 01/12/2015, DJe 14/12/2015).

STJ: O STF também, recentemente, fixou entendimento de que o Ministério Público estadual **possui legitimidade para atuar no Superior Tribunal de Justiça** nos processos em que figure como parte, reservando-se ao Ministério Público Federal, por meio da Procuradoria-Geral da República, a atuação como fiscal da lei (AgRg no AREsp. 528.143/RN, Rel. Ministro Benedito Gonçalves, Primeira Turma, julgado em 07/05/2015, DJe 14/05/2015).

▸ Atenção!

Quando o Ministério Público não for o autor da ação de improbidade, obrigatoriamente atuará como **fiscal da lei**, sob pena de nulidade do processo.

A respeito da competência, em regra **não prevalece** o foro por prerrogativa de função existente no processo penal, ou seja, não há competência originária para julgar e processar ação de improbidade administrativa.

STJ: De acordo com a orientação jurisprudencial predominante no STJ, a LIA deve ser aplicada a prefeitos municipais, porquanto, apesar do regime de responsabilidade político-administrativa, previsto no Decreto-Lei 201/1967, estão eles submetidos à Lei 8.429/1992, em face da inexistência de incompatibilidade entre as referidas normas, além do que o **foro por prerrogativa** de função não se estende ao processamento das **ações de improbidade administrativa** (AgRg no AREsp. 476.873/MG, Rel. Ministra Assusete Magalhães, Segunda Turma, julgado em 20/08/2015, DJe 03/09/2015).

Proposta a ação por improbidade administrativa, após estar a inicial em ordem, o juiz mandará autuar e ordenará a notificação do requerido, para oferecer manifestação escrita dentro do **prazo de quinze dias**.

STJ: A **falta de notificação** do requerido para a manifestação escrita no prazo de quinze dias gera **nulidade relativa (*pas de nullité sans grief*)**, havendo necessidade de demonstrar o prejuízo (EREsp. 1008632/RS, Rel. Ministro Mauro Campbell Marques, Primeira Seção, julgado em 11/02/2015, DJe 09/03/2015).

Após receber a defesa escrita, o juiz, no prazo de trinta dias, em decisão fundamentada, poderá **rejeitar a ação** no caso de:

– inexistência do ato de improbidade administrativa;
– improcedência da ação;
– inadequação da via eleita.

O réu somente será **citado** após a análise do recebimento da ação.

STJ: Segundo precedentes do STJ, se houver indícios da prática dos atos de **improbidade administrativa**, bem como do envolvimento da requerida, a petição **inicial** deve ser recebida, aplicando-se, à semelhança do que ocorre no processo penal, por ocasião do recebimento da denúncia, o **princípio do *in dubio pro societate*** (AgRg no REsp. 1533238/SP, Rel. Ministro Mauro Campbell Marques, Segunda Turma, julgado em 03/12/2015, DJe 14/12/2015).

Da decisão que **receber** a petição inicial caberá **agravo de instrumento**.

▸ Fique de olho!

Em qualquer fase, o juiz poderá **extinguir** o processo sem julgamento do mérito, caso seja reconhecida a **inadequação** da ação de improbidade administrativa.

Ajuizada a ação de improbidade pelo Ministério Público, a pessoa jurídica eventualmente lesada deverá ser **notificada** da propositura da ação no mesmo prazo da notificação do requerido.

A Administração Pública poderá, na hipótese de a ação ser proposta pelo MP:

- atuar ao lado do Ministério Público;
- abster-se de contestar o pedido; ou
- atuar no polo passivo da demanda.

Trata-se de hipótese de litisconsórcio facultativo ou assistência.

> **STJ: Ainda sobre a figura jurídica do litisconsórcio, segundo já decidiu o STJ, na Lei de Improbidade não há previsão legal de formação de litisconsórcio** entre o suposto autor do ato de improbidade e eventuais beneficiários, tampouco havendo relação jurídica entre as partes a obrigar o magistrado a decidir de modo uniforme a demanda (AgRg no REsp. 1421144/PB, Rel. Ministro Benedito Gonçalves, Primeira Turma, julgado em 26/05/2015, DJe 10/06/2015).

Na ação proposta pelo MP, a **ausência** de citação da pessoa jurídica interessada não causa prejuízo para o ente público e **não há nulidade.**

Nas ações de improbidade haverá o **ajuste prévio** entre os agentes públicos, que exercem os cargos previstos no art. 221, *caput*, do CPP, incluídos nesse rol os prefeitos municipais, e o Magistrado, sobre **o local, dia e hora para serem inquiridos** (art. 17, § 12, da LIA).

> STJ: Para fins de instrução da ação de improbidade administrativa é admissível a utilização da **prova emprestada**, colhida na persecução penal, desde que assegurados o contraditório e a ampla defesa (AgRg no REsp. 1299314/DF, Rel. Ministro Og Fernandes, Segunda Turma, julgado em 23/10/2014, DJe 21/11/2014).

Julgada **procedente a lide** nas hipóteses de improbidade administrativa lesiva ao Erário, a **sentença** conterá:

SENTENÇA – Lesão do Erário –

- ▶ Declaração que o ato ou contrato impugnado é ilegal e configura improbidade
- ▶ desconstitução do ato impugnado
- ▶ recomposição integral do dano patrimonial efetivamente causado ao Erário
- ▶ aplicação das demais sanções cabíveis pleitadas na inicial

2.2. Medidas cautelares na Lei de Improbidade Administrativa

Entre as medidas denominadas cautelares, previstas na improbidade administrativa, há o **afastamento do agente público** durante a ação civil por improbidade administrativa. Essa hipótese se dará apenas como medida necessária para a instrução processual, sendo que o agente público ainda continuará recebendo a remuneração, mesmo afastado.

A LIA não prevê um prazo determinado para o afastamento cautelar do agente público. Contudo, o STJ entende que há necessidade de se **impor um prazo limite**, razoável e proporcional ao caso concreto, que não poderá extrapolar o **prazo de 180 dias** (AgRg na SLS 1.957/PB, Rel. Ministro Francisco Falcão, Corte Especial, julgado em 17/12/2014, DJe 09/03/2015).

Caso haja fundados indícios de responsabilidade, a comissão processante poderá representar ao Ministério Público ou a procuradoria do órgão para requerer junto ao juiz competente a **decretação do sequestro dos bens** dos agentes ou terceiro que tenha enriquecido ilicitamente ou causado dano ao patrimônio público (art. 16 da LIA).

A LIA **não prevê** as regras na hipótese de decretação do sequestro, devendo tal medida ser processada de acordo com o art. 301 do CPC (Lei 13.105/2015).

Podem requerer **medidas cautelares:**

<table>
<tr><td rowspan="2">Ministério Público e pessoa jurídica prejudicada</td><td rowspan="2">Poderão requerer pedido de medida cautelar para:</td><td>Sequestro, investigação, exame e bloqueio de bens; e</td></tr>
<tr><td>Bloqueio de contas bancárias e aplicações financeiras mantidas pelo investigado no exterior.</td></tr>
</table>

STJ: A **decretação da indisponibilidade** pode alcançar tantos bens quantos necessários a garantir as consequências financeiras da prática de improbidade, mesmo os adquiridos anteriormente à conduta ilícita, excluídos os bens impenhoráveis assim definidos por lei, salvo quando estes tenham sido comprovadamente adquiridos também com produto da empreitada ímproba, hipótese em que se resguarda apenas os essenciais à subsistência do indiciado/acusado (REsp. 1461892/BA, Rel. Ministro Herman Benjamin, Segunda Turma, julgado em 17/03/2015, DJe 06/04/2015).

STJ: A jurisprudência do STJ ainda pacificou orientação no sentido de que a **decretação de indisponibilidade** prevista no art. 7º, parágrafo único, da LIA **não depende da individualização dos bens**, podendo recair sobre aqueles adquiridos antes ou depois dos fatos descritos na inicial, bem como **sobre bens de família,** pois o que há na legislação é apenas uma limitação de eventual alienação do bem (EDcl no AgRg no REsp. 1351825/BA, Rel. Ministro Og Fernandes, Segunda Turma, julgado em 22/09/2015, DJe 14/10/2015).

STJ: Ainda que o ato de improbidade administrativa recaia sobre as hipóteses descritas no **art. 11 da LIA (violação de princípios)**, é possível a decretação de indisponibilidade de bens (AgRg no REsp. 1299936/RJ, Rel. Ministro Mauro Campbell Marques, Segunda Turma, julgado em 18/04/2013, DJe 23/04/2013).

STJ: É possível que a **medida acautelatória de indisponibilidade de bens** seja deferida em ação de improbidade administrativa nos autos da ação principal, ainda que sem audiência da parte adversa e, portanto, antes da notificação a que se refere o art. 17, § 7º, da Lei 8.429/1992, conforme já pacificado pelo STJ (AgRg no AREsp. 460.279/MS, Rel. Ministro Herman Benjamin, Segunda Turma, julgado em 07/10/2014, DJe 27/11/2014).

STJ: É possível que a decretação de indisponibilidade de bens possa recair sobre aqueles adquiridos antes da prática do ato de improbidade administrativa (REsp. 1461892/BA, Rel. Ministro Herman Benjamin, Segunda Turma, julgado em 17/03/2015, DJe 06/04/2015), bem como para a medida cautelar de indisponibilidade de bens, prevista na LIA, basta comprovar a verossimilhança das alegações, pois, pela própria natureza do bem protegido, o **legislador dispensou o requisito do perigo da demora** (AgRg no AREsp. 460.279/MS, Rel. Ministro Herman Benjamin, Segunda Turma, julgado em 07/10/2014, DJe 27/11/2014).

2.3. Sanções e prescrição

As sanções aplicadas em razão da prática de atos de improbidade administrativa estão previstas no art. 12 da LIA.

São sanções de **natureza política** (suspensão dos direitos políticos); **político-administrativa** (perda da função pública); **administrativa** (proibição de contratar e receber benefícios ou incentivos fiscais ou creditícios do Poder Público) e **civil** (multa, ressarcimento do dano e perda dos valores ou bens acrescidos de forma ilícita).

STJ: Na hipótese de revisão da dosimetria das sanções aplicadas em ação de improbidade administrativa pelos Tribunais Superiores, resta caracterizado o reexame do conjunto fático-probatório dos autos, encontrando óbice na Súmula 7/STJ, com exceção se da leitura do acórdão recorrido verificar-se a desproporcionalidade entre os atos praticados e as sanções impostas (AgRg no REsp. 1452792/SC, Rel. Ministro Benedito Gonçalves, Primeira Turma, julgado em 26/05/2015, DJe 10/06/2015).

Não são sanções de índole penal.

> **Cuidado!**
>
> A efetivação da suspensão dos direitos políticos e a perda do cargo somente ocorrerão com o **trânsito em julgado** da sentença condenatória.

> **Pegadinha!**
>
> A LIA não prevê hipótese de **perda** dos direitos políticos.

Na hipótese de aplicação das sanções de improbidade administrativa não há necessidade de efetiva ocorrência de dano ao patrimônio público, salvo quanto à pena de ressarcimento (art. 21, inc. I, da LIA), bem como **não há** qualquer tipo de vinculação em relação a aprovação ou rejeição de contas pelo órgão de controle interno ou pelo Tribunal de Contas (art. 21, inc. II, da LIA).

> STJ: O magistrado **não está obrigado** a aplicar, de forma cumulada, todas as penas previstas no art. 12 da LIA, podendo fundamentadamente fixá-las e dosá-las segundo a natureza, a gravidade e as consequências da infração (AgRg no AREsp. 538.656/SE, Rel. Ministro Napoleão Nunes Maia Filho, Primeira Turma, julgado em 23/06/2015, DJe 05/08/2015).

> Já decidiu o STJ que as penalidades aplicadas em decorrência da prática de ato de improbidade administrativa, na hipótese em que seja patente a violação aos princípios da proporcionalidade e da razoabilidade, podem ser revistas em recurso especial, circunstância essa que não se aplica à Súmula 7 do STJ (EREsp. 1.215.121-RS, Rel. Min. Napoleão Nunes Maia Filho, julgado em 14/08/2014).

As ações de improbidade administrativa poderão ser propostas **(prescrição):**

a) até cinco anos após o término do exercício de mandato, de cargo em comissão ou função de confiança; e

b) dentro do prazo prescricional previsto em lei específica para faltas disciplinares puníveis com demissão a bem do serviço público, nos casos de exercício de cargo efetivo ou emprego.

> **Atenção!**
>
> A **Lei 13.019/2014** acresceu o inc. III ao art. 23, criando novo prazo prescricional: "até cinco anos da data da apresentação à Administração Pública da prestação de contas final pelas entidades referidas no parágrafo único do art. 1o desta Lei".

STJ: Na hipótese de improbidade administrativa em relação a particulares que se beneficiam de ato ímprobo, possui o **termo inicial** idêntico ao do agente público que praticou a ilicitude (AgRg no REsp 1510589/SE, Rel. Ministro Benedito Gonçalves, Primeira Turma, julgado em 26/05/2015, DJe 10/06/2015).

STJ: O prefeito municipal reeleito, quando pratica atos de improbidade administrativa durante a primeira gestão, o início da contagem do prazo prescricional se dá a partir do **final do segundo mandato** (AgRg no REsp 1510969/SP, Rel. Ministra Regina Helena Costa, Primeira Turma, julgado em 27/10/2015, DJe 11/11/2015).

STJ: Segundo jurisprudência pacífica do STF e STJ, as ações de ressarcimento ao Erário nos atos de improbidade administrativa **são imprescritíveis** (AgRg no AREsp. 663.951/MG, Rel. Ministro Humberto Martins, Segunda Turma, julgado em 14/04/2015, DJe 20/04/2015).

3. ORDEM URBANÍSTICA E AÇÃO CIVIL PÚBLICA

Na proteção conferida aos direitos difusos e coletivos promovidos pela Lei de Ação Civil Pública (Lei 7.347/1985) está a proteção à **ordem urbanística**, conforme estabelece o art. 1º, inc. VI, da mencionada Lei.

A ordem urbanística é, de fato, um **direito transindividual**, vez que o processo de urbanização não possui a finalidade de proteger a um indivíduo, mas sim a uma população, uma cidade inteira, bairros, enfim, todos os segmentos que compõem os centros urbanos.

Portanto, as normas previstas no Estatuto da Cidade, bem como em todas as demais leis que possuam pertinência com o meio ambiente urbano, devem ser utilizadas para fins de proteção e preservação da ordem urbanística, mediante a Ação Civil Pública e outros instrumentos pertinentes. Assim, passemos a uma **breve análise** sobre a Lei de Ação Civil Pública.

Os direitos difusos possuem a seguinte classificação:

- **Interesse público primário:** é a retratação da manifestação de vontade social, aquilo que a sociedade deseja para si;
- **Interesse público secundário:** é modo de interpretação da vontade social pelo administrador, retratando, assim, o interesse do gestor da coisa pública;
- **Interesses difusos:** são aqueles de natureza transindividual, indivisível, de que sejam titulares pessoas indeterminadas e ligadas por circunstância de fato;

- **Interesses coletivos:** são aqueles também de natureza transindividual, indivisível, mas cujos titulares dos direitos sejam um grupo, categoria ou classe de pessoas que estejam ligadas entre si ou com a parte contrária por uma relação jurídica-base;
- **Interesses individuais homogêneos:** são aqueles interesses de pessoas determinadas ou determináveis, titulares de objetos divisíveis, ligados entre si por um vínculo fático, decorrente da origem das lesões.

Regem-se pelas disposições da Lei de Ação Civil Pública (LACP):

Ações de responsabilidade por danos morais e patrimoniais causados	
	• ao meio-ambiente;
	• ao consumidor;
	• a bens e direitos de valor artístico, estético, histórico, turístico e paisagístico;
	• a qualquer outro interesse difuso ou coletivo;
	• por infração da ordem econômica;
	• **à ordem urbanística**;
	• à honra e à dignidade de grupos raciais, étnicos ou religiosos;
	• ao patrimônio público e social.

A propositura de uma ação civil pública **não prejudica** a ação popular.

A Lei de Ação Civil pública estabelece algumas hipóteses em que ela **não será cabível**:

a) para veicular pretensões que envolvam tributos;

b) contribuições previdenciárias;

c) o Fundo de Garantia do Tempo de Serviço (FGTS); e

d) outros fundos de natureza institucional cujos beneficiários podem ser individualmente determinados.

A ação civil pública possui como objeto da condenação:

Ação civil pública	Objeto de condenação:	
		– em dinheiro;
		– cumprimento de obrigação de fazer;
		– obrigação de não fazer.

As disposições da Lei de Ação Civil Pública possuem aplicação subsidiária ao Código de Processo Civil, naquilo em que não contrarie suas disposições.

Ainda serão aplicados à LACP os dispositivos do **Título III da lei que instituiu o Código de Defesa do Consumidor, tratando-se da denominada norma de integração.**

Em relação à **competência, conexão e litispendência,** caso inexista incompatibilidade, serão aplicadas às ações civis públicas as regras previstas nos arts. 42 a 66 do CPC (Lei 13.105/2015). Segundo o art. 55 do CPC, para haver **conexão**, é preciso que duas ou mais ações possuam identidades da causa de pedir ou de pedido.

Não há óbice para a existência de conexão entre ação coletiva e ação individual, pois o ajuizamento de uma não impede a propositura de outra, vez que **não há litispendência** (art. 104 do CDC). A **litispendência** ocorre quando uma ação repete outra já em curso, ou quando entre elas houver identidade de partes, de causa de pedir e de pedido. É possível a litispendência entre ação pessoal e coletiva para a defesa de interesses individuais homogêneos, quando os lesados participam da ação coletiva, intervindo no processo como litisconsortes do autor.

A **conexão** enseja a reunião dos processos para julgamento, e a competência será fixada pela regra de prevenção.

Já em relação à **competência**, as ações civis públicas serão propostas no foro do **local** onde ocorrer o **dano**. O juízo terá **competência funcional** para processar e julgar a causa.

A propositura da ação **prevenirá a jurisdição do juízo** para todas as ações posteriormente intentadas que possuam a mesma causa de pedir ou o mesmo objeto.

Nas hipóteses de julgamento da Justiça Federal, nos casos de competência do art. 109, inc. I, da CF, o foro competente será o do **juiz federal** que exerce jurisdição sobre o local em que o dano ocorreu ou deveria ocorrer. Decidiu o STF que a regra do art. 109, § 3º, da CF somente se aplica se houver previsão de lei expressa nesse sentido, o que não ocorre na LACP.

Se o dano atingir mais de uma comarca, a competência se dará por **prevenção.**

> ▸ **Dica!**
>
> STF: juiz estadual **não é investido** de jurisdição federal para julgamento de ação civil pública.

> ▸ **Cuidado!**
>
> Se o dano for causado por uma sociedade de economia mista federal, de quem é a competência? O julgamento da ação civil pública será da **Justiça estadual**, nos termos da Súmula 556 do STF.

Nas hipóteses de tutela de interesses individuais homogêneos, o CDC, art. 93, trouxe regras próprias, com **competência da justiça local:** a) no foro do lugar onde ocorreu ou deva ocorrer o dano, quando de âmbito local; e b) no foro da Capital do estado ou no do Distrito Federal, para os danos de âmbito nacional ou regional, aplicando-se as regras do CPC aos casos de competência concorrente.

É possível a propositura de **ações cautelares e liminares** na Lei de Ação Civil Pública, objetivando, até, **evitar dano** ao patrimônio público e social, ao meio ambiente, ao consumidor, à honra e à dignidade de grupos raciais, étnicos ou religiosos, à ordem urbanística ou aos bens e direitos de valor artístico, estético, histórico, turístico e paisagístico.

Na ação que tenha por objeto o cumprimento de obrigação de fazer ou não fazer, o juiz determinará o cumprimento da prestação da atividade devida ou a cessação da atividade nociva, sob pena de execução específica, ou de cominação de multa diária, se esta for suficiente ou compatível, independentemente de requerimento do autor.

O juiz poderá, em ação civil pública, conceder mandado liminar, **com ou sem justificação** prévia, em decisão sujeita a agravo.

Contudo, a execução da liminar poderá ser suspensa a requerimento de pessoa jurídica de Direito público interessada, e para evitar grave lesão à ordem, à saúde, à segurança e à economia pública, através de decisão do Presidente do Tribunal a que competir o conhecimento do respectivo recurso, em decisão fundamentada, da qual caberá agravo para uma das turmas julgadoras, no prazo de cinco dias a partir da publicação do ato.

Segundo a Lei de Ação Civil Pública a MULTA LIMINAR é:

EXIGÍVEL	• do réu após o trânsito em julgado da decisão favorável ao autor
DEVIDA	• desde o dia em que se configurar o descumprimento.

Possuem **legitimidade *ad causa*** para a propositura de ação civil pública:

Legitimidade para a propositura de ação civil pública e cautelar	– o Ministério Público;
	– a Defensoria Pública;
	– entes políticos;
	– a autarquia, empresa pública, fundação ou sociedade de economia mista;
	– as associações

Segundo prevê a Lei de Ação Civil Pública, as associações possuem **requisitos** que as legitimam:

• estejam constituídas há pelo menos um ano nos termos da lei civil;
• incluam, entre suas finalidades institucionais, a proteção ao patrimônio público e social, ao meio ambiente, ao consumidor, à ordem econômica, à livre concorrência, aos direitos de grupos raciais, étnicos ou religiosos ou ao patrimônio artístico, estético, histórico, turístico e paisagístico.

Nos casos das associações, o **requisito da pré-constituição poderá ser dispensado** pelo juiz, quando haja manifesto interesse social evidenciado pela dimensão ou característica do dano, ou pela relevância do bem jurídico a ser protegido. Ainda o CDC (art. 82, III) admite que o órgão público, mesmo que não possua personalidade jurídica própria (Procons, por exemplo) possa propor ação civil pública.

O art. 5º, inc. V, b, da LACP expressa o **requisito** pertinente ao interesse de agir da associação civil, também conhecido como **representatividade adequada ou pertinência temática**. A representatividade adequada consiste na necessidade de que as **finalidades institucionais** das associações ou órgãos públicos legitimados estejam relacionadas com o **objeto a ser tutelado** na ação civil pública.

> **▸ Cuidado!**
>
> A legitimidade de ação de improbidade administrativa é diferente da ação civil pública. Para ação de improbidade administrativa estão previstos como legitimados apenas o MP e a pessoa jurídica interessada. Somente estes possuem legitimidade de acordo com a maioria da doutrina e jurisprudência, embora haja entendimento minoritário sustentando a legitimidade das associações civis.

> **▸ Lembrem-se!**
>
> **Qualquer cidadão** está legitimado para a tutela do patrimônio público, por meio da ação popular (art. 5º, inc. LXXIII, da CF).

Parte da doutrina reconhece a legitimidade do art. 5º da LACP como **legitimação extraordinária**; outros sustentam ser **legitimação autônoma para a condução do processo**, mas há outros que sustentam ser uma **legitimidade ordinária**, comum para a defesa dos direitos difusos e coletivos.

O Ministério Público possui legitimidade para a propositura de ação civil pública de quaisquer interesses **difusos e coletivos,** desde que indisponíveis.

Na defesa dos **interesses individuais homogêneos**, o Ministério Público terá legitimidade sempre que forem indisponíveis, nos termos do art.

127 da CF, por exemplo, na hipótese de inexistência, na rede pública de ensino, de cem vagas para crianças com 7 anos de idade.

O Ministério Público, se não intervier no processo como parte, atuará obrigatoriamente como **fiscal da lei**. A atuação do Ministério Público na LACP é regida pelo princípio da obrigatoriedade, impondo o dever de agir desde que tenha elementos suficientes para tanto. Sustenta-se o princípio da obrigatoriedade da atuação no Ministério Público na LACP por meio da interpretação dos arts. 5º, §§ 1º e 3º e 15, da LACP.

Os **sindicatos** deverão, além do registro prévio no cartório competente, registrar seu estatuto no Ministério do Trabalho (art. 8º, inc. I, da CF).

A **Defensoria Pública** terá legitimidade para a propositura de ação civil pública desde que o interesse a ser tutelado pertença a pessoas necessitadas de assistência jurídica do Estado, a quem cabe ao órgão público representar, conforme disposição do art. 134 da CF.

A legitimação para a propositura da ação civil pública é **concorrente e disjuntiva.** É concorrente porque será demandada por qualquer dos legitimados que atuarão em direito próprio, e é disjuntiva porque haverá litispendência caso um dos legitimados ingresse com ação civil pública e outro, posteriormente, também ingresse em juízo com medidas de mesmo teor.

É facultado ao Poder Público e a outras associações legitimadas **habilitar-se como litisconsorte de quaisquer das partes**. Será ainda possível o litisconsórcio facultativo entre os Ministérios Públicos da União, do Distrito Federal e dos estados na defesa dos interesses e direitos da LACP (art. 5º, § 5º, da LACP, art. 210, § 1º, do ECA, e art. 81, § 1º, do Estatuto do Idoso).

O Ministério Público ou outro legitimado **assumirá a titularidade ativa**, em caso de:

• desistência infundada	• ou abandono da ação por associação legitimada

O Ministério Público poderá ser **provocado** para as providências necessárias quando os fatos que constituem objeto da ação civil:

Provocarem iniciativa do MP sobre fatos e informações	Constituam objeto da ação civil, indicando-lhe os elementos de convicção	**FACULDADE** DE QUALQUER PESSOA
		DEVER DO SERVIDOR

Na hipótese de juízes e tribunais, nos exercícios de suas funções, tiverem conhecimento de fatos que possam ensejar a propositura da ação civil, **remeterão peças** ao Ministério Público para as providências cabíveis.

Para fins de instruir a inicial de uma ACP, o interessado poderá **requerer** às autoridades competentes as certidões e informações que julgar necessárias, a serem fornecidas **no prazo de** quinze dias.

Lembrem-se! O Ministério Público tem o poder de **requisitar** (art. 129, inc. VI, da CF).

O Ministério Público possui a sua disposição um mecanismo de investigação previsto na Lei de Ação Civil Pública. Trata-se do **inquérito civil**. O inquérito civil possui previsão no art. 8º, § 1º, da LACP e no art. 129, inc. III, da CF, além do art. 90 do CDC, art. 6º da Lei Federal 7.583/1989, art. 201, V, do ECA, art. 25, inc. VI, da LONMP, e art. 7º, inc. I, da LOPMU, entre outras.

O inquérito civil é um procedimento administrativo de natureza inquisitória cuja finalidade é coletar elementos que possam embasar uma eventual ação civil pública. Trata-se de um **instrumento privativo** do MP, e nenhum dos outros legitimados ativos poderá instaurá-lo ou impulsioná-lo. É possível a aplicação subsidiária dos princípios contidos nos arts. 4º e ss. do CPP a esse instrumento civil de investigação.

O inquérito civil é **dispensável**, ou seja, pode o MP propor ação civil pública caso possua elementos suficientes para tal, sem que haja necessidade de se instaurar previamente um inquérito civil público.

Em razão da prescindibilidade e da natureza inquisitiva, as irregularidades no trâmite do inquérito civil **não ensejam** decreto de **nulidade** do processo que vier a ser ajuizado.

São **características** do inquérito civil: a) informalidade; b) inquisitoriedade; e c) a publicidade.

No inquérito civil poderá ser decretado **sigilo**, determinado pelo seu presidente, quando se mostrar conveniente para o desenvolvimento das investigações, aplicando-se de forma analógica o art. 20 do CPP. A decisão de sigilo deverá ser fundamentada e poderá ensejar recurso junto ao Conselho Superior do MP.

Para instruir o inquérito civil, o Ministério Público poderá **requisitar** de qualquer organismo público ou particular certidões, informações, exames ou perícias, no prazo que assinalar, que **não poderá ser inferior a dez dias úteis**.

São fases do Inquérito civil:

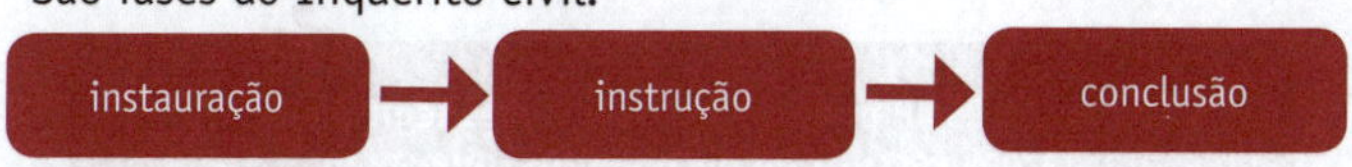

A instauração do inquérito civil poderá ser de **ofício ou por provocação**.

O meio mais comum para o início de uma investigação via inquérito civil se dá por meio de **portaria**.

Ainda o inquérito civil poderá ser instaurado por **delegação**, por ordem do Procurador-Geral de Justiça.

A instauração do inquérito civil ainda poderá decorrer de ordem do Conselho Superior do MP, quando o órgão der provimento a recurso interposto contra indeferimento de representação.

Para que o Ministério Público proceda na instrução do inquérito civil poderá utilizar as requisições e as notificações. A **notificação** é o instrumento utilizado para coletar prova oral dentro do inquérito civil, ou seja, é uma determinação para que alguém compareça ao Ministério Público e preste depoimento ou ainda forneça esclarecimentos. A **requisição** é uma ordem legal de apresentação de documentos, fornecimento de certidões ou realização de exames ou perícias.

Somente nos casos em que a **lei impuser sigilo** poderá ser negada certidão ou informação, hipótese em que a ação poderá ser proposta desacompanhada daqueles documentos, cabendo ao juiz requisitá-los.

Encerradas as investigações e o Ministério Público não encontrar elementos suficientes para a propositura de ação civil pública, o inquérito civil deverá ser **arquivado**.

O arquivamento deverá ser submetido a exame e deliberação do **Conselho Superior do Ministério Público (CSMP)**, conforme dispuser seu Regimento.

ARQUIVAMENTO DO INQUÉRITO CIVIL:

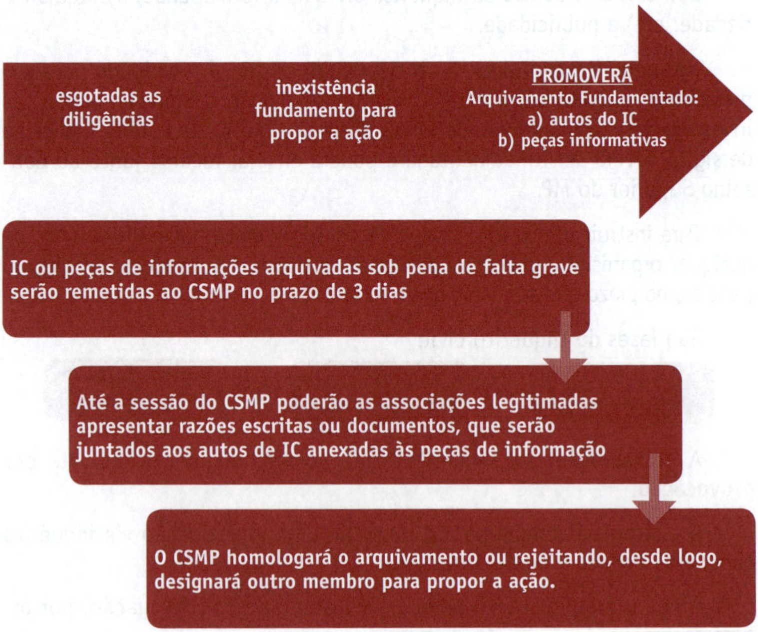

Proposta eventual ação civil pública, está poderá ser julgada procedente ou não pelo **juiz competente** para o julgamento.

Se procedente, poderá haver **condenação** em dinheiro, e a indenização pelo dano causado será revertida a um fundo gerido por um conselho federal ou por conselhos estaduais de que participarão necessariamente o Ministério Público e representantes da comunidade, sendo seus recursos destinados à reconstituição dos bens lesados.

Havendo acordo ou condenação com fundamento em dano causado por ato de **discriminação étnica** em ACP, a prestação em dinheiro reverterá diretamente ao fundo mencionado na LACP e **será utilizada:**

Para ações de promoção da igualdade étnica, conforme definição do Conselho Nacional de Promoção da Igualdade Racial, na hipótese de extensão nacional, ou dos Conselhos de Promoção de Igualdade Racial estaduais ou locais, nas hipóteses de danos com extensão regional ou local, respectivamente.

A associação autora e os diretores responsáveis pela propositura da ação serão **solidariamente condenados** em honorários advocatícios e ao décuplo das custas, sem prejuízo da responsabilidade por perdas e danos.

Nas ações de ACP não haverá adiantamento de custas, emolumentos, honorários periciais e quaisquer outras despesas, nem condenação da associação autora, **salvo comprovada má-fé**, em honorários de advogado, custas e despesas processuais.

A LACP e o CDC não trazem uma sistemática recursal específica em sede de ação civil pública. Em razão do disposto no art. 19 da LACP, aplica-se a sistemática comum do CPC. Em relação aos efeitos de eventual recurso, o juiz poderá conferir **efeito suspensivo aos recursos**, para evitar dano irreparável à parte.

Ainda sobre recursos, caso seja vencida a Fazenda Pública (seja como autora, seja como ré), a ação civil pública está sujeita ao **duplo grau obrigatório de jurisdição**.

Se a sentença prolatada em sede de ação civil pública não for **executada** pela associação autora até o prazo de sessenta dias do trânsito em julgado da sentença condenatória:

MINISTÉRIO PÚBLICO	• **deverá** promover a execução
DEMAIS LEGITIMADOS	• têm a **faculdade** de promover

Em sede de ação civil pública vige o princípio da obrigatoriedade da execução. Caso a sentença prolatada seja ilíquida, **deverá** o Ministério Público iniciar a fase de liquidação, caso o autor não faça no prazo de sessenta dias.

> ▸ **Cuidado!**
>
> Ainda que o Ministério Público tenha se manifestado pela improcedência da ação civil pública, a instituição **não se eximirá** do dever de executá-la, conforme previsão da LACP.

Por fim, a **coisa julgada** na ação civil pública possui um regramento peculiar. A sentença civil fará coisa julgada *erga omnes*, nos limites da competência territorial do órgão prolator, exceto se o pedido for julgado improcedente por insuficiência de provas, hipótese em que qualquer legitimado poderá intentar outra ação com idêntico fundamento, valendo-se de nova prova (art. 16 da LACP).

O CDC dispõe, sobre os **efeitos da coisa julgada** nas ações coletivas:

a) **interesses difusos:** a sentença transitada em julgado será imutável *erga omnes*, salvo na hipótese de improcedência por falta de provas, quando outra ação poderá ser proposta baseada em nova prova.

b) **interesses coletivos:** a sentença será imutável *ultra partes,* mas de forma limitada ao grupo, categoria ou classe de lesados, salvo na hipótese de a sentença ser julgada improcedente por falta de provas, razão pela qual nova ação poderá ser proposta com base em nova prova.

c) **interesses individuais homogêneos:** a sentença será imutável *erga omnes* somente na hipótese de procedência, beneficiando vítimas e sucessores.

Para que seja **beneficiado da coisa julgada** formada em ação coletiva, o autor de ação individual deverá ter requerido oportunamente sua suspensão ou, na hipótese de mandado de segurança coletivo, a própria desistência da ação individual.

No processo coletivo, a **sentença beneficia indistintamente** o grupo de lesado, seguindo as seguintes regras:

a) na hipótese de **procedência** a sentença produzirá imutabilidade *erga omnes* ou *ultra partes,* para beneficiar vítimas e sucessores;

b) quando a sentença for de **improcedência,** poderá ser proposta nova ação fundada em nova prova; e

c) a **improcedência não prejudica direitos individuais.**

> ▸ **Atenção!**
>
> No caso de os **titulares** de interesses forem **indetermináveis** (como no caso dos interesses difusos), a sentença de procedência beneficiará de forma indistinta todo o grupo de lesados, mas caso os titulares sejam determinados (interesses coletivos e individuais homogêneos), a extensão da imutabilidade da decisão dependerá do pedido e do respectivo deferimento.

3.1. Termo de ajustamento de conduta

O compromisso de ajustamento de conduta é uma das hipóteses de **solução extrajudicial de conflitos**, utilizada na defesa dos direitos transindividuais, em especial utilizado na defesa do meio ambiente.

A Lei de Ação Civil pública confere ao Ministério Público a possibilidade da elaboração de um **termo de ajustamento de conduta (TAC)**. Trata-se de um **título executivo extrajudicial**, obtido através de um acordo bilateral e consensual entre o Ministério Público e o causador ou potencial causador do dano, assumindo o compromisso de adequar sua conduta às exigências legais.

Além do Ministério Público, os **órgãos públicos legitimados** poderão tomar dos interessados compromisso de ajustamento de sua conduta às exigências legais, mediante cominações. Por isso, em relação às empresas públicas e sociedade de economia mista, em que pese terem personalidade jurídica de direito privado, há controvérsia doutrinária sobre a possibilidade de tomarem compromisso. Uma corrente sustenta a impossibilidade, pois estas não estão abarcadas pela expressão dos órgãos públicos, pois possuem personalidade jurídica de direito privado. Outra corrente sustenta a possibilidade, sustentando que a expressão "órgãos públicos" refere-se a qualquer órgão que integre a estrutura pública ou que seja por esta controlado, como as empresas públicas e sociedades de economia mista. Contudo, uma **terceira corrente prevalece**, no sentido de que apenas as empresas públicas e sociedades de economia mista quando prestadoras de **efetivos serviços públicos**, por auxiliarem o Estado na prestação de seus deveres constitucionais, **podem firmar compromisso**.

Nas cláusulas do termo de compromisso deverá haver a imposição de uma **sanção** ao interessado, com vistas a assegurar o efetivo cumprimento da obrigação principal assumida.

> **▸ Atenção!**
>
> A eficácia do título extrajudicial decorrerá tão somente da assinatura por tomador e interessado, dispensada qualquer outra formalidade (como a presença de testemunhas ou homologação judicial).

Quando **descumprido o TAC**, um dos legitimados para a ação civil pública poderá executá-lo ou mesmo um indivíduo lesado, na hipótese de interesses individuais homogêneos.

Uma vez firmado, o termo de ajustamento de conduta poderá ser objeto de discussão em **ação judicial própria** para a sua rescisão, caso haja a alegação de algum vício no negócio jurídico, como erro, dolo, simulação, fraude etc., podendo ainda a rescisão ser voluntária.

4. AÇÃO POPULAR

Existem diversos **instrumentos de controle urbanístico** inseridos na técnica de proteção da legalidade urbanística.

Entre os instrumentos, há os de **controle repressivo**, necessários para que corrijam desvios de legalidade, podendo ser administrativos ou judiciais.

A atuação repressiva de **natureza administrativa** realiza-se pela aplicação de sanções administrativas, de natureza pecuniária, como as multas, ou ainda as interdições de atividade ou embargos de obras ou demolição compulsória.

O **embargo de obra** funda-se na conduta do agente que infringe normas técnicas ou administrativas na construção licenciada ou sem a devida licença. A demolição compulsória de obra, por sua vez, aplica-se nas hipóteses extremas, como a obra clandestina.

Na **via judicial**, a proteção da legalidade urbanística pode ser de natureza criminal ou de natureza civil.

A **proteção penal** realiza-se de acordo com as normas de direito penal e processo penal pertinentes.

Já as **ações civis** podem ser propostas ou pela Administração, ou por particulares, como, por exemplo, a ação de demolição.

Porém, há que se destacar a **ação popular**, que assume importante papel na tutela da legalidade urbanística, em razão da abrangência de seu objeto (a ordem urbanística).

A ação popular pode ser utilizada por **qualquer cidadão**, com finalidade de anular ato lesivo ao patrimônio público ou de entidade que o Estado participe, à moralidade administrativa, ao meio ambiente e ao patrimônio histórico e cultural, ficando o autor, salvo comprovada má-fé, isento de custas judiciais e do ônus da sucumbência, conforme estabelece o **art. 5º, inc. LXXIII, da CF**.

São **pressupostos específicos** da ação popular:

a) o autor da ação deve ser cidadão ativo, isto é, deve ser eleitor, comprovando-se por título eleitoral ou documento equivalente;

b) o ato impugnado deve ser lesivo ao patrimônio público, à **moralidade, ao meio ambiente** e ao **patrimônio histórico** e **cultural**; e

c) a ocorrência de ilegalidade ou ilegitimidade, o que inclui os princípios administrativos como, por exemplo, o da **moralidade**.

Contudo, é importante observar que a ação popular será admitida para o controle dos atos administrativos e **não para os atos judiciais**, conforme já decidiu o STF ao não conhecer de ação popular interposta em face de decisão do STJ (Pet 2018 AgR/SP), na qual restou assentado que se "revela inadmissível o ajuizamento de ação popular em que se postule a desconstituição de ato de conteúdo jurisdicional".

O **cidadão**, brasileiro nato ou mesmo naturalizado, incluindo aquele que possui 16 anos, no gozo de seus direitos políticos, possui legitimidade constitucional para propor uma ação popular. O cidadão de 16 anos não precisará de assistência para a propositura da ação popular, pois se trata de um direito político, tal como o direito ao voto.

Ainda quanto ao **sujeito ativo** da ação popular, **estão excluídos**:

a) as pessoas jurídicas (Súmula 365, do STF);

b) os estrangeiros;

c) os apátridas; e

d) as pessoas que estiverem com os direitos políticos suspensos ou perdidos, na forma do art. 15, da Constituição Federal.

Nos termos do art. 6º da Lei, **podem ser sujeitos passivos** da ação popular:

a) as pessoas cujo patrimônio é protegido: União, Estados, DF, Municípios, autarquias, fundações públicas, empresas públicas, sociedades de economia mista, pessoas jurídicas subvencionadas pelo Estado;

b) aqueles que causarem, ou ameaçarem causar, por ato ou omissão, lesão aos bens tutelados: autoridades, funcionários ou administradores; e

c) os beneficiários diretos do ato ou da omissão não podem ser beneficiários indiretos.

A ação popular está regulamentada através da **Lei nº 4.717/1965.**

Muito embora o art. 7º da Lei da Ação Popular expressamente disponha que o rito processual da ação popular será o **procedimento ordinário**, essa ação possui cunho de procedimento especial, uma vez que a lei guarda particularidades diferenciadoras do procedimento ordinário comum.

O **prazo para contestação** nas hipóteses de ação popular é de 20 dias, prorrogáveis por mais 20 dias, a requerimento do interessado, se particularmente difícil a produção de prova documental, e será comum a todos os interessados, correndo da entrega em cartório do mandado cumprido, ou, quando for o caso, do decurso do prazo assinado em edital, nos termos do art. 7º, § 2º, inc. IV, da Lei de Ação Popular.

A ação popular deverá tramitar pelo **juízo singular**, pois não há prerrogativa de foro para julgamento de ação popular, competindo à justiça federal a análise do feito para as hipóteses do art. 109 da CF; em caso contrário, será competência da justiça estadual.

> **Cuidado!**
> A justiça comum, em 1ª instância, é a competente para julgar ação popular proposta contra o **Presidente da República** (Ação Originária nº 859, julgada pelo STF em 11/10/2001).

Segundo o art. 9º, *caput*, da Lei da Ação Popular, caso haja desistência do autor da ação, serão publicados editais, assegurando a qualquer **cidadão ou ao Ministério Público**, para que no prazo de 90 dias promova-se o prosseguimento da ação. No caso de sentença condenatória que haja decorrido 60 dias da publicação de segunda instância, sem que o autor ou terceiro promova a execução, o Ministério Público promoverá nos 30 dias seguintes, sob pena de falta grave (art. 16 da Lei da Ação Popular).

A sentença que **julgar procedente** a ação popular e decretar a invalidade do ato impugnado, condenará ao pagamento de perdas e danos os responsáveis pela sua prática e os beneficiários dele, de acordo com o art. 11, da Lei de Ação Popular.

Insta, por fim, esclarecer que é necessária a **intervenção do Ministério Público** em todos os atos da Ação Popular, pois a atribuição ministerial foi ampliada pela CF/88, impondo ao Ministério Público o dever de investigação e produção de provas na ação popular, em razão da sua titularidade como guardião do patrimônio público e interesses difusos e coletivos.

> **Atenção!**
> O Ministério Público **não tem legitimidade** para propositura da ação popular, havendo outros meios legais à disposição do órgão para tutela do patrimônio público, como, por exemplo, a ação civil pública.

5. AÇÕES REAIS E AÇÕES POSSESSÓRIAS

As **ações reais** ou **fundadas em direito real** são aquelas que têm por objeto um direito real, derivado de uma relação jurídica de direito material existente entre uma pessoa (sujeito ativo) e uma coisa. O *nomen juris* da ação é de direito material (*direito real*), e o processo apenas considera este aspecto ao defini-la. Nessa ação o autor pede que se **reconheça** seu **direito real** (*pretensão declaratória*) juntamente com a **entrega da coisa** que se encontra indevidamente em poder de terceiro, quando for o caso. O **efeito declaratório** de direito real julgado procedente é o reconhecimento do direito à coisa.

Por outro lado, na **ação pessoal** uma pessoa (sujeito ativo) demonstra o vínculo pessoal ou obrigacional que a une a outra (sujeito passivo), por meio de um contrato, ato ilícito, negócio jurídico etc. O **efeito declaratório** nessa ação é o reconhecimento dessa relação, e daí surgirá a condenação em perdas e danos, rescisão ou resolução do contrato, a obrigação de fazer ou não fazer etc.

A classificação que distingue as **ações em real** ou **pessoal** leva em conta a causa de pedir próxima. Será real ou pessoal a ação conforme o direito discutido for real ou pessoal. Se o **direito discutido** for real, a ação é real, se o direito discutido for pessoal, então, é pessoal.

Se numa **ação reivindicatória**, por exemplo, houver pedido de perdas e danos, este decorre de um ato ilícito e refoge ao âmbito real do pedido principal.

As **ações reais** têm como objeto principal **tornar efetivo** e **operacional o direito de propriedade** (coisa móvel ou imóvel) e dos **direitos reais limitados**, cuja definição fundamental vem na parte final do art. 1.228 do Código Civil, que assim proclama: *"O proprietário tem a faculdade de usar, gozar e dispor da coisa, e o* ***direito de reavê-la do poder de quem quer que injustamente a possua ou detenha****"* (grifo não original).

O **direito de reaver a coisa** (rei vindicatio) é um dos elementos constitutivos da propriedade. O proprietário pode **reivindicar** ou **reaver** seus bens em poder de quem **injustamente** os possua ou detenha, como corolário de seu **direito de sequela**, que é uma das características do **direito real.**

A expressão *"direito real"* tem origem no latim *jus in re*, cujo significado é direito sobre a coisa. Desse modo, aquele que possui direito sobre uma coisa, móvel ou imóvel, é o legitimado para a propositura da ação real. Como assevera Maria Helena Diniz, *"compete sua promoção àquele que é o titular do direito real contra quem não o quer reconhecer, detendo injustamente a coisa sobre a qual recai aquele direito"*.

Os direitos reais mais lembrados são aqueles elencados no artigo 1.225, I a XIII, do Código Civil brasileiro, entre os quais o novel direito de laje. Isso não significa que sejam únicos, todavia. Os direitos reais são **taxativos** apenas porque sua criação **depende de lei**. As limitações do direito de propriedade que não tenham previsão legal têm **natureza obrigacional**, pois as partes **não podem** criar direitos reais.

Assim é que o direito brasileiro prevê direitos reais disciplinados de **modo esparso no Código Civil** (*direito de retenção, pacto de retrovenda etc.*) e os instituídos em diversas **leis especiais** (alienação fiduciária).

Também deve ser lembrada a **ação reipersecutória**, que pode ser real ou pessoal. Trata-se da ação através da qual se vai a juízo em busca de alguma coisa. A ação de despejo é reipersecutória. O locador quer o bem locado de volta. Este é um exemplo de ação reipersecutória pessoal, porque fundada em um direito pessoal, o contrato de locação. Admite-se que a ação reipersecutória seja fundada em direito real. A ação reivindicatória é real e reipersecutória (persegue a coisa).

Desse modo, tem-se que a ação reipersecutória é concedida ao autor para que retome ao seu patrimônio o que lhe pertence, mas se encontra em poder de terceiro ou na esfera patrimonial do réu que não cumpriu uma obrigação contratual. Como diz Maria Helena Diniz, *"essas ações pessoais são designadas 'reipersecutórias', porque, embora oriundas de relação de direito pessoal, têm por finalidade a aquisição de um direito real ou o esclarecimento de dúvidas sobre uma coisa"*.

O novo CPC estabelece no art. 311, III, que a **tutela da evidência** será concedida, independentemente da demonstração de perigo de dano ou de risco ao resultado útil do processo, quando se tratar de **pedido reipersecutório** fundado em prova documental adequada do contrato de depósito. Nestes casos, será decretada, liminarmente, a ordem de entrega do objeto custodiado, sob cominação de multa.

Entre as **ações reais** destaca-se a **ação reivindicatória**, que possui a natureza jurídica eminentemente dominial e por isso só pode ser utilizada pelo proprietário.

A **legitimidade ativa**, além do titular do domínio, é conferida ao titular dos direitos reais sobre coisas alheias, e na resolúvel, ao condômino (CC, art. 1.314) e ao compromissário comprador. A **legitimidade passiva** é definida por quem está na posse ou detém a coisa, sem título ou suporte jurídico.

São **pressupostos**, portanto, da **ação reivindicatória**:

(a) titularidade do domínio, pelo autor, da área reivindicada;

(b) individualização da coisa e;

(c) a posse injusta do réu.

O **efeito** da ação reivindicatória é a **restituição** da coisa *(objetivo imediato)*, restabelecendo ao reivindicante os direitos de usar, gozar e dispor *(objetivo mediato)*.

Podem ser **objeto** desta ação todos os bens considerados propriedade, ou seja, todas as coisas corpóreas que se encontram no comércio, sejam móveis ou imóveis, singulares ou coletivas, simples ou compostas, mesmo as universalidades de fato.

É importante lembrar que a **pretensão** reivindicatória é **imprescritível**, pois o **domínio é perpétuo**, só extinguido nos casos expressos em lei (ex: usucapião, desapropriação etc.), como dispõe a Súmula 237 do STF, *"O usucapião pode ser arguido em defesa"*.

A **ação reivindicatória** não se confunde com a ação de **imissão de posse**; naquela o autor pede o domínio e posse, enquanto nesta requer a consolidação em concreto da posse que nunca tivera.

Outros meios de defesa da propriedade são a **ação negatória**, que se destina a garantir a plenitude do domínio, restringido ou limitando por ato de terceiro, sem que ocorra o desapossamento da coisa, mas um mero embaraço ao livre exercício do domínio.

A **ação de dano infecto** de caráter preventivo e cominatório pode ser oposta em caso de fundado receio de perigo iminente, e razão de ruína do prédio vizinho ou vício na sua construção (CC, art. 1.280), ou nos casos de mau uso da propriedade vizinha.

O novo CPC contempla **regras de competência** a serem observadas nas ações fundadas em **direto pessoal**, em **direito real sobre bens móveis** e em **direto real sobre bens imóveis**.

Ações fundadas em direito pessoal ou em direito real sobre bens móveis CPC/2015	Ações fundadas em direito real sobre bens imóveis e possessória imobiliária CPC/2015
"Art. 46. A ação fundada em **direito pessoal** ou em **direito real sobre bens móveis** será proposta, em regra, no foro de domicílio do réu. § 1º Tendo mais de um domicílio, o réu será demandado no foro de qualquer deles. § 2º Sendo incerto ou desconhecido o domicílio do réu, ele poderá ser demandado onde for encontrado ou no foro de domicílio do autor. § 3º Quando o réu não tiver domicílio ou residência no Brasil, a ação será proposta no foro de domicílio do autor, e, se este também residir fora do Brasil, a ação será proposta em qualquer foro. § 4º Havendo 2 (dois) ou mais réus com diferentes domicílios, serão demandados no foro de qualquer deles, à escolha do autor. § 5º A execução fiscal será proposta no foro de domicílio do réu, no de sua residência ou no do lugar onde for encontrado".	"Art. 47. Para as ações fundadas em **direito real sobre imóveis** é competente o foro de situação da coisa. § 1º O autor pode optar pelo foro de domicílio do réu ou pelo foro de eleição se o litígio não recair sobre direito de propriedade, vizinhança, servidão, divisão e demarcação de terras e de nunciação de obra nova. § 2º A **ação possessória imobiliár**ia será proposta no foro de situação da coisa, cujo juízo tem competência absoluta".

Por outro lado, os arts. 73 e 74 do novo CPC dispõem sobre a capacidade processual do cônjuge ou do companheiro para propor ação (autores) que verse sobre direito real imobiliário e para responder (como réus) a ação sobre este mesmo direito e as ações possessórias.

Capacidade processual do cônjuge para as ações reais imobiliárias e possessórias CPC/2015
"Art. 73. O cônjuge necessitará do **consentimento do outro** para **propor** ação que verse sobre **direito real imobiliário**, salvo quando casados sob o **regime de separação absoluta** de bens. § 1º Ambos os cônjuges serão **necessariamente citados** para a ação: I - que verse sobre **direito real imobiliário**, salvo quando casados sob o regime de **separação absoluta de bens**; II - *omissis* III - *omissis* IV - que tenha por objeto o reconhecimento, a constituição ou a extinção de **ônus sobre imóvel** de **um** ou de **ambos** os cônjuges. § 2º Nas **ações possessórias**, a participação do cônjuge do autor ou do réu somente é **indispensável** nas hipóteses de **composse** ou de ato por **ambos praticado**. § 3º Aplica-se o disposto neste artigo à **união estável** comprovada nos autos". "Art. 74. O consentimento previsto no art. 73 **pode ser suprido judicialmente** quando for **negado** por um dos cônjuges **sem justo motivo**, ou quando lhe seja **impossível** concedê-lo. Parágrafo único. A falta de consentimento, quando **necessário** e **não suprido** pelo juiz, **invalida o processo**".

Referentemente à proteção da possessória, este é o principal efeito da posse, que ainda inclui a percepção dos frutos, a responsabilidade pela perda ou deterioração da coisa, a indenização pelas benfeitorias, o direito de retenção e a usucapião (CC, arts. 1.210 a 1.222 e 1.238).

A proteção possessória é admitida por dois modos, que são:

- a **legítima defesa** e pelo **desforço imediato**: nestes mecanismos de defesa o possuidor pode manter ou restabelecer a situação de fato, por seus próprios recursos. A autotutela, autodefesa ou defesa direta da posse encontra fundamento no art. 1.210, § 1º, do CC, segundo o qual *"O possuidor turbado, ou esbulhado, poderá manter-se ou restituir-se* ***por sua própria força****, contanto que o* ***faça logo****; os atos de defesa, ou de desforço,* ***não podem ir além*** *do indispensável à manutenção, ou restituição da posse"*. O possuidor **turbado** pode exercer a **legítima defesa** da posse; o **esbulhado**, o **desforço imediato**. São requisitos comuns a ambos: (a) uso da própria força; (b) que seja logo após a turbação ou esbulho, ou assim que possível agir; (c) que a reação seja proporcional ou indispensável à retomada do bem.

- as **ações possessórias**: são criadas com o fim específico de defesa da posse (heterotutela). As ações tipicamente possessórias são também conhecidas por **interditos possessórios** (manutenção, reintegração e interditos proibitórios). A respeito da **legitimidade ativa** para a propositura das ações possessórias exige a **condição de possuidor** do autor, pois o mero **detentor não** tem legitimidade, como regra. Em recente decisão do STJ, todavia, foi reconhecida a possibilidade do manejo de interditos possessórios em litígio entre particulares sobre bem público dominical, mas não em face do ente público, caso em que o particular exercer mera detenção. Assim, com relação aos bens públicos dominicais, justamente por possuírem estatuto semelhante ao dos bens privados, não sendo considerados *res extra commercium*, tem-se que o particular poderá manejar interditos possessórios contra terceiros que venham a ameaçar ou violar a sua posse (STJ, REsp 1.296.964-DF). A **legitimidade ativa**, assim, é consagrada a quem tenha posse, direta ou indireta, ainda que sem título. Pelo Enunciado 76 da I Jornada de Direito Civil "O possuidor direto tem direito de defender a sua posse contra o indireto, e este, contra aquele (art. 1.197, *in fine*, do novo Código Civil)". Possuem **legitimidade passiva** o autor da ameaça, turbação ou esbulho (NCPC, arts. 561, II, e 567), o curador, o herdeiro ou a pessoa jurídica de direito privado.

Compreende o novo CPC, nos arts. 554 a 568, entre os procedimentos especiais, as disposições relativas às ações possessórias, divididas em disposições gerais, da manutenção e da reintegração de posse e do interdito proibitório.

Disposições Gerais das Ações Possessórias CPC-2015
"Art. 554. A propositura de uma ação possessória em vez de outra não obstará a que o juiz conheça do pedido e outorgue a proteção legal correspondente àquela cujos pressupostos estejam provados. § 1° No caso de ação possessória em que figure no polo passivo grande número de pessoas, serão feitas a citação pessoal dos ocupantes que forem encontrados no local e a citação por edital dos demais, determinando-se, ainda, a intimação do Ministério Público e, se envolver pessoas em situação de hipossuficiência econômica, da Defensoria Pública. § 2° Para fim da citação pessoal prevista no § 1º, o oficial de justiça procurará os ocupantes no local por uma vez, citando-se por edital os que não forem encontrados. § 3° O juiz deverá determinar que se dê ampla publicidade da existência da ação prevista no § 1º e dos respectivos prazos processuais, podendo, para tanto, valer-se de anúncios em jornal ou rádio locais, da publicação de cartazes na região do conflito e de outros meios. Art. 555. É lícito ao autor cumular ao pedido possessório o de: I - condenação em perdas e danos; II - indenização dos frutos. Parágrafo único. Pode o autor requerer, ainda, imposição de medida necessária e adequada para: I - evitar nova turbação ou esbulho;

II - cumprir-se a tutela provisória ou final.

Art. 556. É lícito ao réu, na contestação, alegando que foi o ofendido em sua posse, demandar a proteção possessória e a indenização pelos prejuízos resultantes da turbação ou do esbulho cometido pelo autor.

Art. 557. Na pendência de ação possessória é vedado, tanto ao autor quanto ao réu, propor ação de reconhecimento do domínio, exceto se a pretensão for deduzida em face de terceira pessoa.

Parágrafo único. Não obsta à manutenção ou à reintegração de posse a alegação de propriedade ou de outro direito sobre a coisa.

Art. 558. Regem o procedimento de manutenção e de reintegração de posse as normas da Seção II deste Capítulo quando a ação for proposta dentro de ano e dia da turbação ou do esbulho afirmado na petição inicial.

Parágrafo único. Passado o prazo referido no *caput*, será comum o procedimento, não perdendo, contudo, o caráter possessório.

Art. 559. Se o réu provar, em qualquer tempo, que o autor provisoriamente mantido ou reintegrado na posse carece de idoneidade financeira para, no caso de sucumbência, responder por perdas e danos, o juiz designar-lhe-á o prazo de 5 (cinco) dias para requerer caução, real ou fidejussória, sob pena de ser depositada a coisa litigiosa, ressalvada a impossibilidade da parte economicamente hipossuficiente".

O art. 554, *caput*, do novo CPC consagra **a fungibilidade** entre as tutelas possessórias, de forma que o juiz poderá conceder uma tutela possessória diversa daquela requerida pelo autor, tratando-se de **exceção do princípio da congruência** presente no art. 492, *caput*, do novo CPC. Os §§ 1º a 3º do art. 554 tratam da ação possessória com **grande número de sujeitos no polo passivo**, situação na qual a intervenção do Ministério Público é **obrigatória**, bem como da Defensoria Pública, se envolver invasões de pessoas hipossuficientes, por exemplo.

A **cumulação de pedidos** prevista no art. 555, *caput*, I e II, de condenação em perdas e danos, e indenização dos frutos, depende do preenchimento dos requisitos do art. 327, § 1º, incisos I a III, bem como da indicação da causa de pedir própria que fundamente os pedidos. Além disso, o parágrafo único, I e II, do art. 555 prevê imposição de medida **necessária e adequada** para evitar **novas agressões** possessórias e a cumprir a **tutela provisória ou final.**

No prazo da contestação (15 dias) poderá o réu nas ações possessórias apresentar pedido de natureza reconvencional em face do autor, de proteção possessória ou de indenização diz o art. 556 do novo CPC.

O STJ, porém, **reconhece a natureza dúplice das ações possessórias**, embora nestas inexista a predeterminação das legitimações, de modo que a improcedência da ação conduzirá o réu a obter o bem da vida em discussão, independentemente de pedido expresso.

Nesse sentido:

• RMS 20.626/PR

Também admite o STJ que o réu apresente pedido contraposto de remoção de ato ilícito, o que não é previsto no art. 556 do novo CPC.

Nesse sentido:

• REsp 1.423.898/MS

Por outro lado, na pendência de ação possessória é vedado tanto ao autor como réu dessa ação propor ação petitória para se discutir propriedade, proclama o art. 557 do novo CPC. A **posse** é um **direito autônomo** e não se confunde com a propriedade, de modo que o possuidor pode se defender do titular do domínio que venha a molestar sua posse. No mesmo sentido dispõe o art. 1.210, § 2º, do CC, de que **não obsta** a reintegração ou manutenção da posse a alegação em defesa da propriedade.

Por **exceção**, a pretensão de domínio pode ser **deduzida em face de terceiro**, ou que a disputa sobre a posse ocorra com **base na alegação de propriedade**, caso em que a ação continua a ter o caráter possessório, embora a doutrina aponte para a natureza petitória.

Nesse sentido:

• STJ, REsp 755.861/SE

• Súmula 487 do STF: *"Será deferida a posse a quem, evidentemente, tiver o domínio, se com base neste for ela disputada"*.

A reintegração de posse e a manutenção de posse têm o mesmo **procedimento especial** previsto nos arts. 560 a 566 do novo CPC, ainda que possuam graus diferentes de agressão à posse.

Não são todas as ações possessórias que seguem o rito diferenciado. Apenas aquelas de **posse nova de bens imóveis** em que a demanda é proposta a **"menos" de ano e dia da ofensa** à posse.

A ação de **posse velha**, manejada "após" ano e dia da agressão à posse, segue o **procedimento comum**, mas **não perde** o caráter possessório (NCPC, art. 558, parágrafo único).

A especialidade do procedimento é a previsão de **medida liminar** porque após essa providência o procedimento será comum.

Trata-se de **tutela de evidência**, ainda que não prevista no art. 311 do NCPC. A **tutela de urgência**, porém, não é estranha às ações possessórias, notadamente nas ações de posse velha, que não têm previsão da liminar prevista no art. 562 do NCPC.

Prevê o novo CPC a exigência de **caução** – real ou fidejussória – se o réu provar que o **autor** a quem foi concedida liminar de manutenção ou reintegração de posse **carece de idoneidade financeira** para responder às perdas e danos do réu, caso a tutela provisória seja revogada e sua efetivação tenha causado prejuízo ao réu. A parte será **liberada** de prestar a caução se comprovar ser **economicamente hipossuficiente** (NCPC, art. 559).

O regramento do procedimento especial para as ações de manutenção e reintegração de posse está previsto nos arts. 560 a 566. Logo em seguida, nos arts. 567 e 568, disciplina o novo CPC a ação de interdito proibitório.

Manutenção e Reintegração de Posse CPC/2015
"Art. 560. O possuidor tem direito a ser mantido na posse em caso de turbação e reintegrado em caso de esbulho. Art. 561. Incumbe ao autor provar: I - a sua posse; II - a turbação ou o esbulho praticado pelo réu; III - a data da turbação ou do esbulho; IV - a continuação da posse, embora turbada, na ação de manutenção, ou a perda da posse, na ação de reintegração. Art. 562. Estando a petição inicial devidamente instruída, o juiz deferirá, sem ouvir o réu, a expedição do mandado liminar de manutenção ou de reintegração, caso contrário, determinará que o autor justifique previamente o alegado, citando-se o réu para comparecer à audiência que for designada. Parágrafo único. Contra as pessoas jurídicas de direito público não será deferida a manutenção ou a reintegração liminar sem prévia audiência dos respectivos representantes judiciais. Art. 563. Considerada suficiente a justificação, o juiz fará logo expedir mandado de manutenção ou de reintegração. Art. 564. Concedido ou não o mandado liminar de manutenção ou de reintegração, o autor promoverá, nos 5 (cinco) dias subsequentes, a citação do réu para, querendo, contestar a ação no prazo de 15 (quinze) dias. Parágrafo único. Quando for ordenada a justificação prévia, o prazo para contestar será contado da intimação da decisão que deferir ou não a medida liminar. Art. 565. No litígio coletivo pela posse de imóvel, quando o esbulho ou a turbação afirmado na petição inicial houver ocorrido há mais de ano e dia, o juiz, antes de apreciar o pedido de concessão da medida liminar, deverá designar audiência de mediação, a realizar-se em até 30 (trinta) dias, que observará o disposto nos §§ 2º e 4º. § 1º Concedida a liminar, se essa não for executada no prazo de 1 (um) ano, a contar da data de distribuição, caberá ao juiz designar audiência de mediação, nos termos dos §§ 2º a 4º deste artigo. § 2º O Ministério Público será intimado para comparecer à audiência, e a Defensoria Pública será intimada sempre que houver parte beneficiária de gratuidade da justiça.

> § 3º O juiz poderá comparecer à área objeto do litígio quando sua presença se fizer necessária à efetivação da tutela jurisdicional.
> § 4º Os órgãos responsáveis pela política agrária e pela política urbana da União, de Estado ou do Distrito Federal e de Município onde se situe a área objeto do litígio poderão ser intimados para a audiência, a fim de se manifestarem sobre seu interesse no processo e sobre a existência de possibilidade de solução para o conflito possessório.
> § 5o Aplica-se o disposto neste artigo ao litígio sobre propriedade de imóvel.
> Art. 566. Aplica-se, quanto ao mais, o procedimento comum".

Vimos que a proteção possessória se desenvolve por **três diferentes** ações, os chamados **interditos possessórios.** A proteção adequada depende da agressão sofrida, mas o novo CPC manteve o **princípio da fungibilidade** no art. 554, de maneira que a distinção perde importância prática.

Os **requisitos da petição inicial** estão previstos no art. 561, incisos I a IV, prevendo o art. 562 a expedição do mandado liminar, se a prefacial estiver **devidamente instruída**. Não estando, o juiz poderá designar audiência de **justificação**, com a devida **citação** do réu para comparecer à audiência, independentemente de pedido expresso do autor.

Nesse sentido:

- STJ, Ag Rg no Ag 1.113.817/SP

Se **considerar suficiente a justificação**, o juiz fará expedir mandado de justificação ou de reintegração. Havendo a concessão da liminar, o **réu será intimado** na própria audiência (NCPC, art. 1.003, § 1º).

Contra **pessoas jurídicas de direito público** não será deferida liminar de manutenção ou a reintegração **sem prévia audiência** dos respectivos representantes judiciais, que podem fazer por **escrito**, no prazo a ser fixado pelo juiz (NCPC, art. 562, parágrafo único).

De qualquer modo, concedido ou não o mandado liminar de manutenção ou de reintegração, o autor promoverá, nos **5 dias** subsequentes, a **citação do réu** para, querendo, contestar a ação no prazo de **15 dias** (NCPC, art. 564).

No caso de **litígio coletivo pela posse do imóvel**, o art. 565 do CPC/2015 consagra **especialidades procedimentais**, tal como a audiência de mediação obrigatória.

Vale ressaltar que o **procedimento comum** se aplica desde o **início** nas ações possessórias de posse velha, e após a concessão ou não de liminar.

Interdito Proibitório CPC/2015
"Art. 567. O possuidor direto ou indireto que tenha justo receio de ser molestado na posse poderá requerer ao juiz que o segure da turbação ou esbulho iminente, mediante mandado proibitório em que se comine ao réu determinada pena pecuniária caso transgrida o preceito. Art. 568. Aplica-se ao interdito proibitório o disposto na Seção II deste Capítulo".

A **ação de interdito proibitório** tem a natureza inibitória, porque voltada contra a ameaça de agressão à posse, evitando que se concretize a prática do ato ilícito, consubstanciado na turbação ou no esbulho.

6. PROTEÇÃO DO PATRIMÔNIO CULTURAL

6.1. Conceito de patrimônio cultural

Segundo o art. 216, *caput*, e incisos I a V, da Constituição Federal, o **patrimônio cultural** compreende "os bens de **natureza material** e **imaterial**, tomados individualmente ou em conjunto, portadores de referência à **identidade**, à **ação**, à **memória** dos **diferentes grupos formadores** da sociedade brasileira, nos quais se incluem:

1. *as formas de expressão;*
2. *os modos de criar, fazer e viver;*
3. *as criações científicas, artísticas e tecnológicas;*
4. *as obras, objetos, documentos, edificações e demais espaços destinados às manifestações artístico-culturais;*
5. *os conjuntos urbanos e sítios de valor histórico, paisagístico, artístico, arqueológico, paleontológico, ecológico e científico.*

Enquanto o *caput* do art. 216 refere-se à identidade, à ação e à memória dos grupos formadores da sociedade brasileira, os incisos apresentam a relação dos bens de natureza material e imaterial, que podem ou não se relacionar com os grupos formadores da sociedade brasileira.

Como consequência, a **proteção** legal dos bens culturais compreende os incisos do art. 216, ainda que estes não tenham vínculos, direto ou indireto, à identidade, à ação e à memória dos grupos formadores da sociedade brasileira.

6.2. Competências

O art. 23, inciso III, da Constituição Federal, inclui entre a **competência comum** da União, Estados, Distrito Federal e Municípios, a **proteção** dos documentos, obras e outros bens de valor histórico, artístico e cultural, os monumentos, as paisagens naturais notáveis e os sítios arqueológicos.

Desse modo, a **preservação** do patrimônio histórico e cultural é atribuída a **todos** os Entes da Federação.

No artigo seguinte, atribui-se a **competência concorrente** para **legislar** sobre a matéria à **União**, aos **Estados** e ao **Distrito Federal** (art. 24, VII, da CF), o que significa que a União limitar-se-á a estabelecer normas gerais, exercendo os **Estados** a competência **suplementar**, na forma dos §§ 1º a 4º do art. 24.

Aos **Municípios** foi dada a competência de promover a proteção do patrimônio **histórico-cultural local**, observada a **legislação** e a ação fiscalizadora federal e estadual (art. 30, IX). Vale destacar que os Municípios **não têm** competência legislativa nessa matéria, ou seja, devem utilizar os instrumentos de proteção previstos na legislação federal e estadual.

6.3. Instrumentos de tutela de bens culturais materiais e imateriais

Pelo art. 216, § 1º, da Constituição Federal, o Poder Público com a colaboração da comunidade promoverá e protegerá o patrimônio cultural brasileiro, por meio de:

1. *inventário;*
2. *registro;*
3. *vigilância;*
4. *tombamento;*
5. *desapropriação e;*
6. *outras formas de acautelamento e preservação.*

O § 5º do art. 216 determina ainda que ficam **tombados** os **documentos** e os **sítios** detentores de reminiscências históricas dos **antigos quilombos.**

A proteção do patrimônio cultural brasileiro ainda pode ser feita por meio de outros mecanismos, tais como a ação popular (art. 5º, inc. LXXIII da CF), o direito de petição (art. 5º, inc. XXXIV da CF) e a ação civil pública (Lei nº 7.347/1985).

O **tombamento** e o **registro**, todavia, formam a base do atual sistema de proteção ao patrimônio cultural brasileiro, em âmbito federal, de sorte que o **tombamento** se ocupa de bens integrantes do **patrimônio material**, a partir do qual se desdobrariam várias outras formas de proteção para complementá-lo, enquanto que o **registro** se recai sobre o **patrimônio imaterial**, derivando, a partir dele, outros instrumentos que também asseguram a guarida da parte intangível.

Assevera Maria Sylvia Zanella Di Pietro que o **tombamento** "é forma de intervenção do Estado na propriedade privada, que tem por objetivo a proteção histórico e artístico nacional, assim, considerado, pela legislação ordinária, 'conjunto dos bens móveis e imóveis existentes no país e cuja conservação seja de interesse público, quer por sua vinculação a fatos memoráveis da história do Brasil, quer por seu excepcional valor arqueológico ou etnográfico, bibliográfico ou artístico.' (art. 1º do Decreto-lei nº 25, de 30-11-37, que organiza a proteção do patrimônio histórico e artístico nacional)." (DI PIETRO, Maria Sylvia Zanella. *Direito Administrativo*. 26ª ed. São Paulo: Atlas, 2013. p. 146).

> **▸ Atenção!**
>
> A **União** pode tombar **bens dos Municípios** e **Estados**; e os Estados poderão tombar bens dos **Municípios**. Contudo, os Municípios não poderão tombar bens pertencentes a entes maiores (União e Estados), devendo, para, caso tenha interesse no tombamento, obter uma autorização do ente público maior a que pertencer o bem a ser tombado.

A doutrina diverge na questão relativa ao **tombamento** de um bem de **natureza pública**. Uma corrente reconhece a possibilidade, mas respeitando certa ordem, qual seja, a União tombando bens dos Estados, Distrito Federal e Municípios e os Estados dos Municípios, de acordo com as normas gerais de desapropriação que pregam a **autonomia dos entes** (art. 1º, § 2º, do Decreto-Lei nº 3.365/41). Para outra corrente, todavia, é plena a possibilidade do Município tombar um bem pertencente à União, pois no tombamento, de forma diferente da desapropriação, não se verifica a perda da propriedade, mas apenas a mera limitação dos direitos inerentes ao domínio.

Já se decidiu que o tombamento não implica em transferência da propriedade. Inexiste, portanto, a limitação constante no art. 1º, § 2º, do DL 3.365/1941, que proíbe o Município de desapropriar bem do Estado.

Nesse sentido:

- RMS 18.952/RJ

Questão interessante diz respeito à **possibilidade de indenização** nos casos de tombamento, o que não é pacífico na doutrina.

Segundo o posicionamento de Maria Sylvia Z. Di Pietro, o tombamento, em razão de não impedir o particular de exercer o domínio, não gera o direito à indenização, pois para que se faça jus a essa compensação, há necessidade de demonstração de prejuízo decorrente do ato de tombamento.

Não há obrigação do Poder Público em indenizar o proprietário do imóvel em caso de tombamento. (DI PIETRO, Maria Sylvia Zanella. *Direito Administrativo*. 26. ed. São Paulo: Atlas, 2013. p. 146.)

Diferentemente, Celso Antônio Bandeira De Mello afirma que o tombamento, por trazer um prejuízo econômico manifesto para o proprietário, exigirá indenização ao particular que tiver o bem afetado. Ressalta ainda que quando o tombamento abrange toda uma cidade, ou quase toda, como ocorreu nas cidades de Parati e Ouro Preto, os imóveis não se desvalorizaram e o tratamento foi uniforme, não havendo razão para indenização (*Curso de direito administrativo*. 27. ed. São Paulo: Malheiros, 2010. p. 927).

O tombamento é uma forma de intervenção do Estado na propriedade, com **restrição parcial**, não impedindo ao particular o exercício dos direitos inerentes ao domínio, por isso não dá, em regra, direito à indenização. Sua **finalidade** específica é a **conservação** cultural do bem.

Portanto, ainda que tombado o bem, o proprietário pode usar, gozar e dispor, respeitadas **algumas regras**. É possível, por exemplo, que o bem tombado seja alienado, contudo, não de maneira livre pelo proprietário, pois há o denominado **direito de preferência** previsto em lei.

O proprietário tem a obrigação de antes de alienar a propriedade tombada notificar a União, o Estado e o Município onde se situem para que no **prazo de 30 dias** exerçam o direito de preferência.

A inobservância do **direito de preferência** aos Entes Federados resultará na **nulidade do negócio**, além de impor ao proprietário e ao adquirente a multa de 20% do valor do contrato.

> **Atenção!**
>
> O Novo Código de Processo Civil (Lei nº 13.105/15), no art. 1.072, I, revogou o art. 22 do Decreto-Lei nº 25/37 e, dessa maneira, não há mais o direito de preferência para a alienação extrajudicial de bem tombado, ressaltando-se que o art. 892, § 3º, do Novo CPC estabelece que no "caso de leilão de bem tombado, a União, os Estados e os Municípios terão, nessa ordem, o direito de preferência na arrematação, em igualdade de oferta".

Poderão ser objeto de tombamento bens de qualquer natureza, desde que tenham algum valor histórico ou artístico, sejam eles móveis ou imóveis, materiais ou imateriais, públicos ou privados.

Prevê o art. 1º, § 2º do Decreto-Lei nº 27/37 que estão sujeitos ao tombamento monumento, sítios e paisagens naturais.

São **modalidades de tombamento**:

1. *quanto à constituição ou procedimento: (a) de ofício; (b) voluntário; (c) compulsório;*

2. *quanto à eficácia: (a) provisório; e (b) definitivo*
3. *quanto aos destinatários: (a) geral; (b) individual.*

Quando incide sobre **bens públicos**, tem-se o tombamento de **ofício**, previsto no art. 5º, que se processa mediante simples notificação à entidade a quem pertencer (União, Estado ou Município) ou sob cuja guarda estiver a coisa tombada; com a notificação, a medida começa a produzir efeitos.

Já o **tombamento** que tenha por objeto **bens particulares**, pode ser **compulsório** ou **voluntário**, conforme se observa dos arts. 8º e 9º do Decreto-Lei nº 25/37. O primeiro se dá através de um procedimento administrativo, iniciado pelo Poder Público, mesmo contra a vontade do proprietário, em que há uma imposição do Estado de regras a bens públicos ou particulares, com a finalidade de se preservar o patrimônio histórico, artístico e cultural brasileiro. O **tombamento voluntário** ocorre quando o proprietário do bem, preenchidas as condições legais, pede a restrição do bem.

O art. 10 do Decreto-Lei nº 25/37 distingue duas outras modalidades, ao estabelecer que o tombamento voluntário ou compulsório pode ser **provisório** ou **definitivo**, conforme esteja o respectivo processo iniciado pela **notificação** ou concluído pela **inscrição** dos referidos bens no livro do Tombo.

A Lei de Registros Públicos **não menciona** o tombamento como fato jurídico averbável, contudo o Decreto-Lei nº 25/37 prevê a **exigência da averbação**.

Ressalte-se que **mesmo sem o registro no CRI o tombamento produz seus efeitos jurídicos**, pois este ato de averbação **não integra** o procedimento de tombamento.

Já decidiu o STJ que o **tombamento não é fase procedimental**, mas sim medida assecuratória de preservação do bem até a conclusão dos pareceres e a inscrição no livro respectivo. Contudo, parte da doutrina sustenta que o tombamento provisório é fase do processo.

Não há no caso do tombamento uma **limitação administrativa** aos prédios vizinhos, mas apenas restrições, que de se **absterem** em realizar construções que impeçam ou reduzam a visibilidade do prédio tombado, ou mesmo colocar cartazes ou anúncios, sem autorização do órgão competente, conforme o art. 18 do Decreto-Lei nº 25/37.

A inobservância do direito de preferência aos Entes Federados resultará na **nulidade do negócio**, além de impor ao proprietário e ao adquirente a multa de 20% do valor do contrato.

O proprietário tem o dever de conservar o bem tombado para mantê-lo dentro de suas características culturais. Caso o proprietário não disponha de recursos para realizar eventuais obras de conservação e reparação, deverá comunicar o fato ao órgão que decretou o tombamento, o qual mandará executá-las às suas expensas.

Proclama o art. 11 do Decreto-Lei nº 25/37, que as coisas tombadas, que pertençam à União, aos Estados ou aos Municípios, são **inalienáveis por natureza**, e só poderão ser transferidas de uma à outra das referidas entidades. Por sua vez, o parágrafo único do art. 11 define que uma vez feita a transferência, dela **deve o adquirente dar imediato conhecimento** ao Serviço do Patrimônio Histórico e Artístico Nacional.

O art. 20 do Decreto-Lei nº 25/37 proclama que as "coisas tombadas ficam sujeitas à vigilância permanente do Serviço do Patrimônio Histórico e Artístico Nacional, que poderá inspecioná-los sempre que fôr julgado conveniente, não podendo os respectivos proprietários ou responsáveis criar obstáculos à inspeção, sob pena de multa de cem mil réis, elevada ao dobro em caso de reincidência.".

É possível que o fundamento que deu suporte ao tombamento **desapareça**, desta forma, não mais existindo as razões que motivaram a restrição ao bem. Assim, é possível fazer o desfazimento do ato, mediante o **cancelamento do ato de inscrição**, ou, como preferem alguns, por **destombamento.** O **cancelamento** se procede pelo desaparecimento dos motivos que ensejaram a restrição do Estado na propriedade e não pela indenização.

São fases do tombamento voluntário ou compulsório:

1. *o órgão competente notificará o proprietário do bem, com finalidade deste anuir ao tombamento ou que realize a impugnação por escrito, no prazo de 15 dias;*
2. *caso não haja impugnação no prazo, determinará a autoridade a inscrição no livro do tombo;*
3. *se houver impugnação, deverá haver manifestação do órgão ou interessado de onde emanou a proposta de tombamento;*
4. *posteriormente, os autos serão submetidos à apreciação do Conselho do órgão competente para decisão;*
5. *na esfera federal, decidindo-se pelo tombamento será efetuada a sua inscrição, que terá sua eficácia dependente de homologação do Ministro da Cultura (Lei nº 6.292/75). Caberá recurso do ato de tombamento ao Presidente da República se emitido pelo IPHAN.*

Por sua vez o registro é aplicável, exclusivamente, aos **bens culturais imateriais**. Segundo o art. 1º, § 1º, I a IV, do Decreto 3.551/00, o registro deve ser feito num dos seguintes livros:

> *(a) livro de registro dos saberes e modos de fazer enraizados no cotidiano das comunidades;*
>
> *(b) livro de registro das festas, celebrações e folguedos que marcam ritualmente a vivência do trabalho, da religiosidade e do entretenimento;*
>
> *(c) livro de registro das linguagens verbais, musicais, iconográficas e performáticas;*
>
> *(d) livro dos lugares destinado à inscrição de espaços comunitários, como mercados, feiras, praças e santuários, onde se concentram e reproduzem práticas culturais coletivas.*

Para que se efetive o **registro**, é necessário que o bem de natureza imaterial tenha referência a sua continuidade histórica e relevância nacional para a memória, a identidade e a formação da sociedade brasileira (art. 1º, § 2º), já que o decreto reporta-se às inscrições junto ao IPHAN.

O registro corresponde à identificação e à produção de conhecimento sobre o bem cultural de natureza imaterial e **equivale a documentar**, pelos meios técnicos mais adequados, o passado e o presente dessas manifestações, com o objetivo de manter a memória desses bens culturais e de sua trajetória no tempo.

De modo distinto ao patrimônio material, em que a proteção (tombamento) tem um caráter garantidor da integridade física, o registro não tem um caráter vigilante.

O **registro** é um importante instrumento legal de preservação na medida em que justifica o desenvolvimento de projetos e avaliza a execução de políticas públicas voltadas à proteção, salvaguarda e continuidade dessa manifestação hoje e para as gerações futuras.

O **registro** de um bem cultural imaterial envolve **três fases**:

> *1ª: seleção e levantamento preliminar;*
>
> *2ª: identificação e documentação do mesmo, ou seja, a montagem de um dossiê.*
>
> *3ª: os documentos organizados devem ser submetidos à apreciação do órgão gestor do patrimônio cultural, no contexto da escala geográfica a que se pretende atribuir o registro. Se nacional, ao IPHAN, se estadual e/ou regional, ao setor correspondente na unidade da federação, se de domínio local, aos respectivos conselhos municipais do patrimônio cultural para análise, deliberação e demais procedimentos administrativos, inclusive a inscrição do bem no livro correspondente à sua categoria e a publicação do decreto nos meios oficiais de comunicação.*

Parte II

LOTEAMENTO DO SOLO URBANO

Capítulo I

Parcelamento do Solo Urbano

1. CONCEITOS DE PARCELAMENTO DO SOLO URBANO

Em razão do crescimento desenfreado de loteamentos à margem da legislação vigente na época, idealizados por loteadores que agiam em prejuízo, sobremaneira, das classes menos favorecidas, foi editada, em 19.12.1979, a nova lei sobre os loteamentos urbanos, que ficou conhecida por ***"Lei Lehmann"***, em homenagem ao senador que a idealizou.

Parcelamento do solo urbano é conceituado como "o processo urbanístico, cuja finalidade é proceder a divisão de gleba, para fins de ocupação, compreendendo o parcelamento, o loteamento e o desmembramento" (Silva, Edson Jacinto da. Parcelamento e desmembramento do solo urbano. Leme: Led, 1999, p. 4).

Os **possuidores** e os **detentores** não podem promover o parcelamento do solo; apenas os **proprietários** e os **coproprietários** podem fazê-lo. Os condôminos, porque titulares do domínio, estão autorizados a tanto, mas deve existir **anuência de todos os titulares da gleba e acordo expresso**.

Caso o **loteador seja pessoa jurídica**, será indispensável que o **estatuto** ou **contrato social** autorize os representantes a atuar nesse ramo.

Segundo o art. 3º da Lei 6.766/1979, **somente será admitido o parcelamento do solo para fins urbanos** em zonas urbanas, de expansão urbana ou de urbanização específica, assim definidas pelo plano diretor ou aprovadas por lei municipal.

O **loteamento urbano a respeito do qual dispõe a Lei 6.766/1979** é a divisão voluntária do solo em lotes destinados a edificação, com **abertura de novas vias de circulação**, de logradouros públicos ou prolongamento, modificação ou ampliação das vias existentes, na forma da legislação pertinente.

▸ **Como esse assunto foi cobrado em concurso?**

Foi abordado no concurso para Procurador do Município, de Palmas, TO: Considerando o estabelecido na Lei de Parcelamento do solo urbano (Lei Federal 6.766/1979), analise as afirmativas a seguir.

A alternativa letra "d" foi considerada correta. Isso porque o conceito legal de *loteamento* corresponde em todas as letras ao disposto no art. 2º, § 3º, da Lei 6.766/1979.

Na redação do art. 3º, *caput*, da Lei 6.766/1979, se estabelece os **elementos espaciais** referentes às áreas que podem receber parcelamentos urbanos. Por último, são vedações legais ao parcelamento de solo urbano, uma referente a terrenos com declividade igual ou superior a 30%, salvo se atendidas exigências específicas das autoridades competentes, e outra, em terrenos onde as condições geológicas não aconselham a edificação (Lei 6.766/1979, art. 3º, III e IV).

O **desmembramento, também expressamente previsto na Lei do Parcelamento de 1979,** é caracterizado pela divisão da gleba em lotes destinados a edificação, **com aproveitamento do sistema viário existente**.

Loteamento e desmembramento são modalidades de parcelamento do solo urbano, **mas não se confundem**. Diferenciam-se porque o desmembramento não implica a abertura de novas vias e logradouros públicos, nem no prolongamento, modificação ou ampliação dos já existentes, o que ocorre em relação ao loteamento.

▸ **Como esse assunto foi cobrado em concurso?**

Foi abordado no concurso para Promotor de Justiça/RJ/2011: As Promotorias de Justiça de Tutela Coletiva do Estado do Rio de Janeiro possuem diversos inquéritos civis públicos apurando a existência de loteamentos irregulares e clandestinos. Sobre o tema, é correto afirmar que:

Resposta: a letra "c" foi considerada correta, pois, de acordo com o art. 2º, § 2º, da Lei nº 6.766/79, desmembramento é a subdivisão de gleba em lotes destinados a edificação, com aproveitamento do sistema viário existente, desde que não implique na abertura de novas vias e logradouros públicos, nem no prolongamento, modificação ou ampliação dos já existentes.

Segundo Hely Lopes Meireles, "***loteamento*** é meio de urbanização e só se efetiva por procedimento voluntário e formal do proprietário da gleba, que planeja sua divisão e a submete à aprovação da prefeitura, para subsequente inscrição no Registro Imobiliário, transferência gratuita das áreas das vias públicas e espaços livres ao município e alienação dos lotes aos interessados; o ***desmembramento*** é apenas repartição da gleba, sem atos de urbanização, e tanto pode ocorrer pela vontade do proprietário (venda, doação etc.) como por imposição judicial (arrematação, partilha etc.), em ambos os casos sem qualquer transferência de área ao domínio público. Meirelles, Hely Lopes. Direito municipal *brasileiro*. 14. ed. São Paulo: Malheiros, 2006, p. 558).

Assim, o **loteamento** é a repartição de terra de que resulta a ampliação do sistema urbanístico, enquanto o **desmembramento** se opera dentro do espaço urbano existente, influenciando apenas na densidade de ocupação dos espaços já urbanizados, sem afetar, assim, os delineamentos das vias e logradouros preexistentes.

▸ Como esse assunto foi cobrado em concurso?

Foi tema no concurso para Promotor de Justiça do MP/MS, 2018:

Sobre Direito Urbanístico, assinale a alternativa **incorreta**.

a) É vedado vender ou prometer vender parcela de loteamento ou de desmembramento urbano não registrado.

b) Considera-se loteamento urbano a subdivisão de gleba em lotes destinados à edificação, com aproveitamento do sistema viário existente, desde que não implique na abertura de novas vias e logradouros públicos, nem no prolongamento, modificação ou ampliação dos já existentes; enquanto se considera desmembramento urbano a subdivisão da gleba em lotes destinados à edificação, com abertura de novas vias de circulação, de logradouros públicos ou prolongamento, modificação ou ampliação das vias existentes.

c) De acordo com o STJ, o Estatuto da Cidade (art. 12, § 2º) estabelece de forma relativa a presunção de hipossuficiência em ação de usucapião especial urbano, no que tange aos benefícios da justiça e da assistência judiciária gratuita, inclusive perante o cartório de registro de imóveis.

d) Os núcleos urbanos informais existentes sem oposição há mais de cinco anos e cuja área total dividida pelo número de possuidores seja inferior a duzentos e cinquenta metros quadrados por possuidor são suscetíveis de serem usucapidos coletivamente, desde que os possuidores não sejam proprietários de outro imóvel urbano ou rural.

e) A elaboração do estudo de impacto de vizinhança (EIV) não substitui a elaboração e a aprovação de estudo prévio de impacto ambiental (EIA), requeridas nos termos da legislação ambiental.

(Resposta: Foi considerado **incorreta** a alternativa letra "b").

O **arruamento**, por sua vez, caracteriza-se **unicamente** pela abertura de vias de circulação na gleba, como início de urbanização, a ser realizado pelo proprietário, com aprovação da prefeitura, e transferência gratuita das áreas das ruas ao município. O ente público local também pode realizar o arruamento, mediante indenização aos titulares do domínio da área, para a interligação das novas ruas ao sistema viário municipal existente. Desse modo, pode ocorrer o arruamento sem loteamento ou desmembramento

Isso porque o "**arruamento** é o traçado definidor das vias públicas e espaços livres da cidade" (Meirelles, Hely Lopes. *Direito municipal brasileiro*. 14. ed. São Paulo: Malheiros, 2006, p. 546).

Em se tratando de **loteamento, o arruamento é um requisito prévio**, como exigência dos municípios para toda área em urbanização.

De todo modo, desde que o loteamento ou arruamento sejam aprovados pela prefeitura municipal, e inscritos no Registro Imobiliário, as vias e praças, os espaços livres e as áreas destinadas a edifícios públicos e outros equipamentos urbanos, constantes do projeto e do memorial descritivo, passam a integrar o domínio do município, independentemente de título aquisitivo, porque as vias e logradouros são sempre públicos, considerados *bem de uso comum do povo* (LPSU, art. 22, *caput*).

▸ Como esse assunto foi cobrado em concurso?

Foi abordado no concurso para Promotor de Justiça/CE/2009: Passam a integrar o domínio do município as vias e praças, os espaços livres e as áreas destinadas a edifícios públicos ou outros equipamentos urbanos, constantes do projeto e do memorial descritivo do loteamento:

Resposta: foi considerada correta a letra "e", por expressa disposição legal, a teor do art. 22, caput, da Lei 6.766, segundo o qual, "Desde a data de registro do loteamento, passam a integrar o domínio do município as vias e praças, os espaços livres e as áreas destinadas a edifícios públicos e outros equipamentos urbanos, constantes do projeto e do memorial descritivo."

Vale lembrar que, na hipótese de **parcelamento do solo implantado e não registrado**, o município poderá requerer, por meio da apresentação da planta do parcelamento elaborada pelo loteador ou aprovada pelo município e de declaração de que o parcelamento se encontra implantado, o **registro das áreas destinadas a uso público**, que passarão da mesma forma a integrar seu domínio (LPS, art. 22, parágrafo único).

Assim, **não** há falar em **arruamento privado** ou **ruas particulares**, porque o **sistema viário é público**. Diferentemente, o sistema de circulação interna ou as **vias internas dos loteamentos fechados** são consideradas propriedade particular, fora do perímetro urbano.

O **loteamento fechado**, muito comum nos grandes centros, não é contemplado na Lei 6.766/1979, sendo admitido, porém, quando previsto em lei municipal.

Para Hely Lopes Meirelles, "**loteamentos especiais** estão surgindo, principalmente nos arredores das grandes cidades, visando a descongestionar as metrópoles. Para esses loteamentos não há, ainda, legislação superior específica que oriente a sua formação, mas nada impede que os municípios editem normas urbanísticas locais adequadas a essas urbanizações. E tais são os denominados '**loteamentos fechados**', '**loteamentos integrados**', '**loteamentos em condomínio**', com ingresso só permitido aos moradores e pessoas por eles autorizadas e com equipamentos e serviços urbanos próprios, para autossuficiência da comunidade. Essas modalidades merecem prosperar. Todavia, impõe-se um regramento legal prévio para disciplinar o sistema de vias internas (que em tais casos não são bens públicos de uso comum do povo) e os encargos de segurança, higiene e conservação das áreas comuns e dos equipamentos de uso coletivo dos moradores, que tanto podem ficar com a prefeitura como com os dirigentes do núcleo, mediante convenção contratual e remuneração dos serviços por preço ou taxa, conforme o caso" (Meirelles, Hely Lopes. *Direito municipal brasileiro*. 14. ed. São Paulo: Malheiros, 2006, p. 562).

Outra figura também relacionada à urbanização é o **desdobro** ou **fracionamento**, que se verifica quando ocorre a divisão da área do lote para formação de novo ou de novos lotes, respeitadas as exigências mínimas de dimensionamento e índices urbanísticos para edificação segundo dispuser a lei municipal, e respeitada a área mínima dos lotes prevista no art. 4º, II, da Lei 6.766/1979.

▸ **Como esse assunto foi cobrado em concurso?**

Foi cobrado no concurso para Promotor de Justiça do Estado de São Paulo (2017): O Município X, de 30.000 habitantes, ao estabelecer a sua política de ocupação do solo, instituiu como módulo mínimo do lote urbano a área de 300 metros quadrados, fazendo-o por intermédio de seu Plano Diretor.

Y, residente em área albergada pelos efeitos da norma municipal, alegando preencher todos os requisitos pertinentes, ingressou em Juízo com demanda, almejando obter o reconhecimento de seu direito a usucapião especial urbano sobre área correspondente a 200 metros quadrados.

O Magistrado a quo, embora reconhecendo a presença dos demais requisitos pertinentes à citada forma de aquisição originária da propriedade, julgou improcedente a demanda, sob o fundamento de que a gleba não comportaria desdobro em montante inferior àquele previsto nas normas municipais regentes da política de ocupação do solo urbano regularmente editadas.

Questiona-se: agiu com acerto o Magistrado? Fundamente, inclusive, explicitando se a norma Municipal é inconstitucional e, se o caso, por qual (is) motivo (s).

A Lei 6.766/1979 dispõe sobre o parcelamento do solo mediante loteamento e desmembramento. Não disciplina, todavia, a respeito da divisão ou fracionamento de *lotes*.

O parágrafo único do art. 11 da Lei 6.766/1979 faz menção ao desdobro, remetendo ao município ou o Distrito Federal, quando for o caso, a fixação dos requisitos exigíveis para a aprovação de desmembramento de lotes decorrentes de loteamento.

A rigor, a **divisão de lotes** nada mais é do que um desmembramento impróprio, porque recai sobre a área de lotes, e não na extensão de uma gleba (art. 2º, § 2º, da Lei 6.766/1979). Por essa razão, ao desdobro não se aplicam os rigores do processo de registro do desmembramento propriamente dito, previsto no art. 18 da Lei de 1979, exceto quando, analisada em concreto, a divisão dos lotes encoberta desdobros sucessivos que chegam a ser verdadeiros loteamentos ou desmembramentos dissimulados.

A doutrina ainda destaca outros conceitos relacionados ao traçado urbano, que são o **alinhamento**, o **nivelamento**, a **salubridade urbana**, a **segurança** e a **funcionalidade**.

1.1. Quadro resumo

Loteamento	Desmembramento	Desdobro	Arruamento
- Caracteriza-se pela divisão voluntária da gleba, em lotes destinados a edificação, com abertura de novas vias de circulação, de logradouros públicos ou prolongamento, modificação ou ampliação das vias existentes, na forma da legislação pertinente, com o traço distintivo do desenvolvimento ou ampliação de bairros, aumentando o espaço urbano.	- Também há divisão de gleba em lotes, destinados a edificação, porém, diferencia-se do loteamento na medida em que aproveita o sistema viário existente, ou seja, não implica a abertura de novas vias e logradouros públicos, nem no prolongamento, modificação ou ampliação dos já existentes. Portanto, opera-se dentro do sistema urbanístico existente, repercutindo, contudo, na densidade de ocupação dos espaços já urbanizados, não afetando, principalmente, o perfil das vias e logradouros preexistentes.	- Ocorre o desdobro (ou fracionamento), espécie de parcelamento não contemplada na Lei n 6.766/79, mas aceito pela doutrina, se previsto em lei estadual ou municipal, que deve estabelecer seus requisitos. O desdobro, assim, não é a divisão da gleba, como se verifica nos anteriores, é a divisão da área do lote, que pode ser para formação de novo ou de novos lotes.	- Evidencia-se unicamente pela abertura de vias de circulação na gleba, sem qualquer divisão desta em lotes, como início de urbanização. Pode ser realizado pelo proprietário, com aprovação da Prefeitura, e transferência gratuita das áreas das ruas ao Município, como pode ser realizado pelo próprio ente público local, mediante indenização, para a interligação ao sistema viário existente.

2. FUNDAMENTOS CONSTITUCIONAIS E LEGAIS

A **competência para legislar sobre Direito urbanístico é concorrente** (CF, art. 24, I), ou seja, cabe à **União** editar **normas gerais** (CF, art. 24, § 1º), sem prejuízo da **suplementação** pelos **estados-membros** (CF, art. 24, § 2º) e da disciplina pelos **municípios,** de acordo com as **peculiaridades locais** (CF, art. 30, I e II).

A Lei Federal 6.766, de 19 de dezembro de 1979, dispõe sobre o parcelamento do solo para fins urbanos, estabelecendo no art. 1º, parágrafo único, expressamente, que *"Os estados, o Distrito Federal e os municípios poderão estabelecer normas complementares relativas ao parcelamento do solo municipal para adequar o previsto nesta Lei às peculiaridades regionais e locais"*. As normas urbanísticas previstas na Lei 6.766/1979 são de caráter geral e fixam os parâmetros mínimos de urbanização e divisão de glebas em áreas urbanas, que podem ser complementadas pelos estados, Distrito Federal e municípios, para atender às condições regionais ou locais de ordenamento e desenvolvimento urbano, de acordo com o formato da competência legislativa concorrente prevista na Constituição Federal.

Como procedimento urbanístico, o parcelamento do solo urbano está sujeito a **cláusulas convencionais** e a **normas legais**, e estas possuem natureza **civil** e **urbanística**.

As **cláusulas convencionais** são aquelas constantes do **exemplar do contrato-padrão** de **promessa de venda**, ou **de cessão** ou de **promessa de cessão**, depositado no registro imobiliário, para a transcrição das **escrituras públicas** ou **instrumentos particulares** de aquisição dos lotes (LPS, arts. 18, VI, e 26).

As **normas legais** são as que garantem o direito de propriedade e a legitimidade do titular de aquisição do lote no final do pagamento, **mediante prova da quitação** (LPS, art. 26, § 6º).

Por último, as **normas urbanísticas**, editadas pela União, estados, Distrito Federal e municípios, são as que objetivam assegurar ao loteamento os equipamentos e condições mínimas de habitualidade e conforto, bem como harmonizá-lo com o plano diretor do município, para a correta expansão urbana.

3. FINALIDADE URBANA E AS ESPÉCIES DE SOLO

Estabelece o art. 3º, *caput*, da Lei 6.766/1979: "Somente será admitido o parcelamento do solo para **fins urbanos** em **zonas urbanas**, de **expansão urbana** ou de **urbanização específica**, assim definidas pelo **plano diretor** ou **aprovadas por lei municipal**".

De início, a Lei 6.766/1979 **afasta de sua órbita** os loteamentos para **fins rurais ou agrários**, que obedecem a normas especiais ditadas pela legislação agrária, que são o Estatuto da Terra (Lei 4.504/1964) e seu regulamento (Decreto 59.428/1964), a Lei 5.868/1972, o Decreto-Lei 58/1937 e a Instrução do Incra 17-b/1980.

O Decreto-Lei 58, de 1937, que dispunha sobre os loteamentos urbanos e rurais, foi derrogado tacitamente pela Lei 6.766/1979, seguindo vigente apenas para regular o parcelamento do solo rural (art. 1º) e a adjudicação compulsória desses imóveis (arts. 16 e 22).

De acordo com o art. 1º do Decreto-Lei 58/1937, estão sujeitas às exigências do loteamento as divisões em lotes de **terrenos** urbanos ou **rurais**, destinados pelos proprietários ou coproprietários à venda por oferta pública, mediante pagamento do preço a prazo, em prestações sucessivas e periódicas.

Os **loteamentos agrários destinam-se** à exploração econômica da terra, de natureza agrícola, pecuária, extrativa ou agroindustrial (Estatuto da Terra, art. 4º, I).

De modo diverso, os **loteamentos urbanos** têm por objetivos a urbanização, edificação e ocupação do solo urbano, com a finalidade de habitação, indústria ou comercio.

Para a Lei 6.766/1979 não é suficiente para que se reconheça como loteamento urbano a **finalidade urbana** do solo, exigindo-se, também, que a área loteável esteja **situada** em *zona urbana, de expansão urbana ou de urbanização específica, assim definidas pelo plano diretor ou aprovadas por lei municipal*.

Pode-se dizer, assim, que o **loteamento será urbano** quando reunir ao menos dois elementos, o **finalístico** (destinado à moradia, ao lazer, ao comércio, à indústria) e o **espacial** (perímetro urbano), sem os quais não incidirá a Lei 6.766/1979. Por outras palavras, o solo a ser parcelado deve ter **destina**ção **urbana**, e se **situar em zona urbana,** de **expansão urbana** ou de **urbanização específica.**

O parcelamento de imóvel rural, por sua vez, caracteriza-se por sua **destinação, pois as áreas fracionadas são aplicadas** às atividades de exploraçãoextrativa agrícola, pecuária ou agroindustrial, de acordo com o art. 4º, I, do Estatuto da Terra (Lei 4.504, de 1964). Portanto, a destinação econômica define, qualifica e singulariza o imóvel rural, não sendo relevante sua localização, quer se encontre no perímetro urbano ou rural.

Para a doutrina, em referência ao art. 3º, caput, da Lei 6.766/1979,[1] ao município *"não cabe estabelecer os critérios de definição das zonas urbanas ou de expansão urbana"*; a ele compete *"definir os seus contornos, ou seja, para delimitá-los de modo especifico e concreto no âmbito do seu território"* (Mukai, Toschio. *Loteamentos e desmembramentos urbanos*. São Paulo: Sugestões Literárias, 1980, p. 18).

Por meio do **zoneamento** de seu território, o município estabelece o traçado e delimita as zonas urbanas, de expansão urbana ou de urbanização específica.

Em todo caso, contudo, deve respeitar as áreas consideradas urbanas ou rurais por lei federal, como na hipótese do Estatuto da Terra (Lei Federal 4.504, de 1964, art. 4º, I), que qualifica os "imóveis rurais".

1. Art. 3º, *caput*, da Lei 6.766/1979: *"Somente será admitido o parcelamento do solo para fins urbanos em* ***zonas urbanas, de expansão urbana*** *ou de* ***urbanização específica, assim definidas pelo plano diretor*** *ou* ***aprovadas por lei municipal"***, grifamos.

> **▸ Importante!**
>
> Segundo decidiu o STJ (AR 3971 / GO), "É a **municipalidade** que, com base no art. 30 da Constituição Federal/1988, **estabelece a sua zona rural e a sua zona urbana**, observado por exclusão o conceito apresentado pelo Estatuto da Terra (Lei 4.504/1964) para imóvel rural para definir os imóveis urbanos. Apesar de o **critério de definição da natureza do imóvel não ser a localização**, mas a sua **destinação econômica**, os municípios **podem**, observando a vocação econômica da área, criar zonas urbanas e rurais. Assim, mesmo que determinado imóvel esteja em zona municipal urbana, pode ser, dependendo da sua exploração, classificado como rural".

Interessante que em relação à implantação de **chácaras de lazer ou sítios de recreio** em zona rural, prevalece o entendimento de considerá-los loteamentos urbanos, pois o lazer é uma atividade urbana, e deve obedecer aos preceitos da Lei 6.766/1979. É o que determinam os arts. 94 a 96 do Decreto 59.428, de 1966.

Portanto, não é a natureza da zona (rural ou urbana) onde o loteamento está implantado que define a incidência da Lei 6.766/1979, mas sua **finalidade urbana** (para lazer, moradia, comércio, indústria, fins institucionais). Também é a **destinação** que caracteriza o imóvel como rural, e não sua localização, conforme a Lei 4.504/1964.

Nesse sentido:

- STJ, REsp. 783325.

> **▸ Importante!**
>
> Já decidiu o STJ que as chácaras são consideradas "**loteamentos mistos** (urbano e rural), determinando que a unidade de medida a ser aplicada para as **chácaras loteadas é o metro quadrado,** e para as **chácaras não loteadas é o hectare**" (EDcl no REsp 363900/GO, Rel. Min. Francisco Peçanha Martins, Segunda Turma).

O **plano diretor** ou **plano diretor de desenvolvimento** integrado é o instrumento básico da política de desenvolvimento e de expansão urbana, **obrigatório para cidades com mais de 20 habitantes**, devendo ser **aprovado pela Câmara Municipal** (CR, art. 182, § 2º).

Nas palavras de Hely Lopes Meirelles, trata-se do *"complexo de normas legais e diretrizes técnicas para o desenvolvimento global constante do município, sob os aspectos físico, social, econômico e administrativo, desejado pela comunidade local. Deve ser a expressão das aspirações dos munícipes quanto ao progresso do território municipal no seu conjunto cidade/campo"* (*Direito municipal brasileiro*. 14. ed. São Paulo: Malheiros: 2006, p. 538).

Compete ao município, de maneira privativa e irretratável, por meio de *lei municipal* ou do *plano diretor*, estabelecer as áreas consideradas *urbanas* ou *urbanizáveis*, de *expansão urbana* e de *urbanização específica*, sobre as quais poderá aprovar o parcelamento do solo.

No que se refere ao conceito das **espécies de solo urbano**, distinta a lição de Sérgio Frazão do Couto, para quem: (i) ***solo urbano propriamente dito*** – *porção territorial onde existem erigidas, continuamente, as moradias dos seus habitantes, as vias de circulação entre as unidades residenciais, os serviços próprios, direção político-administrativa;* (ii) ***solo de expansão urbana*** – *porção territorial indefinida aos redor das cidades, para onde possa seu crescimento se dirigir, pela agregação de novos componentes urbanísticos constantes da zona urbana propriamente dita;* (iii) ***solo urbanizável*** – *aquele onde as condições geológicas, sanitárias, ecológicas, etc., impedem atualmente sua ocupação pela população, sem riscos para ela, até as correções necessárias para torná-lo habitável* (COUTO, Sérgio Frazão do. *Manual prático do parcelamento do solo urbano*. Forense. Rio de Janeiro: 1981, p. 8-11).

Assevera o autor, ainda, que esses tipos de solo urbano podem sofrer mutações nas categorias classificatórias por força de normas legais pertinentes ou fatos sociais e obras governamentais que incidam sobre eles.

4. CONDIÇÕES PARA O PARCELAMENTO

A Lei do Parcelamento exige **condições prévias** para a implantação de loteamentos e desmembramentos.

Uma das condições decorre do art. 3º, *caput*, da Lei 6.766/1979, com redação dada pela Lei 9.785/1999, pois somente será admitido o parcelamento do solo para fins urbanos em zonas urbanas, de expansão urbana ou de urbanização específica, assim **definidas pelo plano diretor** ou **aprovadas por lei municipal**.

Sob o aspecto **fiscal**, o Código Tributário Nacional, no art. 32, § 1º, traz a definição de zona urbana (para fins de incidência de imposto sobre a propriedade predial e territorial urbana), exigindo a **lei municipal** definidora da zona urbana que esta possua alguns requisitos mínimos de melhoramentos, construídos ou mantidos pelo Poder Público, sem os quais não poderá instituir e cobrar IPTU.

Também para **fins tributários**, a lei municipal pode considerar urbanas as áreas urbanizáveis, ou de expansão urbana, constantes de **loteamentos aprovados** pelos órgãos competentes, destinados à habitação, à indústria ou ao comércio, mesmo que localizados fora das zonas urbanas (CTN, art. 32, § 2º).

As demais condições decorrem do parágrafo único do art. 3º, incisos I a V, da Lei 6.766/1979, modificado pela Lei 9.785/1999, que veda o parcelamento em terrenos que se encontram em situações naturais adversas. Como instrumento de expansão urbana cujo objetivo é alocar pessoas em novo centro habitacional, a implantação do loteamento ou desmembramento não pode se desenvolver em áreas sob risco de inundações, desmoronamentos ou que tenham recebido o depósito de materiais nocivos à saúde, por exemplo.

Assim, o fracionamento do solo é **proibido**:

1ª Vedação: Em **terrenos alagadiços e sujeitos a inundações**, antes de tomadas as providências para assegurar o escoamento das águas;

2ª Vedação: Em terrenos que tenham sido aterrados com material **nocivo à saúde pública**, sem que sejam previamente saneados;

3ª Vedação: Em terrenos com **declividade igual ou superior a 30%**, salvo se atendidas exigências específicas das autoridades competentes;

4ª Vedação: Em terrenos onde as **condições geológicas** não aconselham a edificação;

5ª Vedação: Em áreas de **preservação ecológica** ou naquelas onde a **poluição impeça condições sanitárias suportáveis**, até a sua correção.

Em algumas destas situações, existe a possibilidade de correções e a consequente implantação do desdobramento do solo urbano, com obras de saneamento, drenagem, escoamento de águas, nivelamento e de erradicação dos elementos poluidores (LPS, art. 3º, V, parte final).

5. REQUISITOS URBANÍSTICOS PARA LOTEAMENTO

Os requisitos urbanísticos para loteamento são as **exigências legais** cujo objetivo é assegurar aos futuros moradores uma vida comunitária respeitável e digna, que compreenda todas as condições sanitárias, urbanas e que se adapte à padronização da cidade atual.

Constantes do art. 4º, incisos I a IV, §§ 1º a 3º, e do art. 5º, todos da Lei 6.766/1979, os estados, Distrito Federal e municípios podem estabelecer outros requisitos adequados às peculiaridades regionais e locais, desde que não contrariarem a norma federal (LPS, art. 1º, parágrafo único).

Dessa maneira, são **quatro** os requisitos mínimos dos loteamentos, vejamos:

REQUISITOS URBANÍSTICOS			
Sistema de circulação e equipamentos comunitários e urbanos	**Área e frente (testada) mínima dos lotes**	**Faixa não edificante das águas, rodovias e ferrovias**	**Articulação das vias do loteamento com as vias adjacentes oficiais**
• as áreas destinadas a *sistemas de circulação*, a *implantação de equipamento urbano e comunitário*, bem como a *espaços livres de uso público*, **serão proporcionais** à densidade de ocupação prevista pelo **plano diretor** ou aprovada por **lei municipal** para a zona em que se situem.	• os lotes terão área mínima de 125 m² e **frente mínima** de 5 metros, **salvo** quando o loteamento se destinar a *urbanização específica* ou *edificação de conjuntos habitacionais de interesse social*, previamente aprovados pelos órgãos públicos competentes.	• ao longo das águas correntes e dormentes, como rios, riachos, lagoas etc. e das faixas de domínio público das rodovias e ferrovias, será obrigatória a reserva de uma faixa **não edificável de 15 metros de cada lado**, salvo maiores exigências da legislação específica.	• as **vias de loteamento deverão articular-se** com as vias adjacentes oficiais, existentes ou projetadas, e harmonizar-se com a topografia local.

▸ Como esse assunto foi cobrado em concurso?

Foi abordado no concurso para Procurador do Estado, GO/2013: Observadas as disposições da Lei Federal 6.766/1979, que disciplina o parcelamento do solo urbano, é INCORRETO afirmar:

(Resposta: foi considerada "incorreta" a opção letra "c". Os lotes terão área mínima de 125 m² e testada mínima de 5 m, salvo quando o loteamento se destinar a urbanização específica ou edificação de conjuntos habitacionais de interesse social, previamente aprovados pelos órgãos públicos competentes (Lei 6.766, art. 4º, II).

Conforme o art. 4º, § 1º, da Lei 6.766/1979, a **legislação municipal** definirá, para cada zona em que se divida o território do município, os *usos permitidos*, se residenciais ou comerciais, por exemplo, e os índices urbanísticos de parcelamento e *ocupação do solo*, que incluirão obrigatoriamente as áreas mínimas e máximas de lotes, especialmente em relação à *urbanização específica* ou *edificação de conjuntos habitacionais de interesse social*, observada, nos demais casos, a **metragem quadrada mínima estabelecida em 125m²** e **frente mínima de 5 metros**, bem como os coeficientes máximos de aproveitamento.

> **Como esse assunto foi cobrado em concurso?**
>
> Foi abordado no concurso para Promotor de Justiça/CE/2011: De acordo com a Lei de Parcelamento do Solo Urbano (Lei 6.766/1979),
>
> Resposta: considerou-se correta a letra "e", em razão do que estabelece a Lei 6.766, de 1979, no art. 4º, § 1º, os loteamentos deverão atender, pelo menos, aos requisitos que enumera, de I a IV, bem como que "a legislação municipal definirá, para cada zona em que se divida o território do município, os usos permitidos e os índices urbanísticos de parcelamento e ocupação do solo, que incluirão, obrigatoriamente, as áreas mínimas e máximas de lotes e os coeficientes máximos de aproveitamento".

De igual modo, são **obrigatórias** as áreas destinadas à implantação dos **sistemas comunitários e urbanos.**

> **Importante distinguir:**
>
> • **equipamentos comunitários:** os loteamentos devem contemplar áreas destinadas à implantação dos prédios de educação, cultura, saúde, lazer e similares (LPS, art. 4º, I e § 2º);
>
> • **equipamentos urbanos**: estes são a infraestrutura para os serviços de abastecimento de água, esgoto, energia elétrica, coleta de águas pluviais, rede telefônica, gás canalizado (LPS, art. 5º, parágrafo único). São considerados **infraestrutura básica** dos parcelamentos, conforme o art. 2º, § 5º, da LPS, que estabelece dessa natureza as obras de escoamento das águas pluviais, iluminação pública, esgotamento sanitário, abastecimento de água potável, energia elétrica pública e domiciliar e vias de circulação. Nesse aspecto, em se tratando de loteamentos situados em **zonas habitacionais de interesse social** (ZHIS), declaradas por **lei**, **reduzem-se** os equipamentos de infraestrutura básica obrigatórios, que passam ser apenas aqueles das vias de circulação, as soluções de escoamento das águas pluviais, a rede para o abastecimento de água potável, o esgotamento sanitário e para a energia elétrica domiciliar. Para as classes menos favorecidas, portanto, a implantação do sistema de **energia elétrica pública** não é uma exigência. O PoderPúblico competente poderá exigir **complementarmente**, em cada loteamento, a reserva de faixa *non aedificandi* destinada a **equipamentos urbanos públicos** (LPS, art. 5º, parágrafo único).

Caso seja necessário, a reserva de *faixa não edificável* vinculada a **dutovias** (oleodutos, gasodutos, minerodutos e aquedutos) **será exigida no âmbito do respectivo licenciamento ambiental**, observados critérios e parâmetros que garantam a **segurança da população** e a **proteção do meio ambiente**, conforme estabelecido nas normas técnicas pertinentes (LPS, art. 4º, § 3º).

> **▸ Como esse assunto foi cobrado em concurso?**
>
> Foi cobrado no concurso para Advogado, SABESP (FCC/2018)
>
> Considere os seguintes requisitos:
>
> I. Os lotes terão área mínima de 100 m² e frente mínima de 3 metros, salvo quando o loteamento se destinar a urbanização específica ou edificação de conjuntos habitacionais de interesse social, previamente aprovados pelos órgãos públicos competentes.
>
> II. Ao longo das águas correntes e dormentes e das faixas de domínio público das rodovias e ferrovias, será obrigatória a reserva de uma faixa não edificável de 15 metros de cada lado, salvo maiores exigências da legislação específica.
>
> III. As vias de loteamento deverão articular-se com as vias adjacentes oficiais, existentes ou projetadas, e harmonizar-se com a topografia local.
>
> (Resposta: Foram consideradas corretas os itens II e III, na forma do que dispõe o art. 4º, III e IV, da Lei n. 6.766/79).

De acordo com o art. 10 da Lei 6.938/1981, o **licenciamento ambiental** é exigência para toda construção, instalação, ampliação e funcionamento de estabelecimentos e atividades utilizadores de recursos ambientais, efetiva ou potencialmente poluidores ou capazes, sob qualquer forma, de causar degradação ambiental, e dependerá de prévio licenciamento ambiental.

A exigência **do prévio licenciamento ambiental** dos loteamentos urbanos decorre, portanto, do art. 4º, § 3º, da Lei 6.766/1979, cujo procedimento é disciplinado na Resolução 237/1997 do Conselho Nacional do Meio Ambiente (Conama). Esse instrumento, aliás, contempla expressamente o *parcelamento do solo* entre as atividades ou empreendimentos sujeitos a licenciamento ambiental.

Em matéria de licenciamento ambiental, a **competência material é comum** (CR, art. 23) e a **legislativa é concorrente** (CR, art. 24), podendo a União, o estado, os municípios e o Distrito Federal o exercer e criar normas sobre o licenciamento.

A Lei Complementar 140, de 8 de dezembro de 2011, que regulamenta o art. 23 da Constituição da República, dispõe sobre a distribuição da **competência material** de cada ente federativo, para fins de licenciamento ambiental.

O licenciamento ambiental, como vimos, é de competência material comum, mas sempre tramitará ocorrerá em um único ente federativo. Mas é admitida a **manifestação não vinculante dos demais entes** e a **delegação**, mediante **convênio**, conforme os arts. 5º e 13 da Lei Complementar 140/2011, desde que o ente destinatário disponha de órgão ambiental capacitado a executar as ações administrativas a serem delegadas e de **conselho de meio ambiente**.

▶ **Como esse assunto foi cobrado em concurso?**

Foi abordado no concurso para Promotor de Justiça do Ministério Público do Estado de Goiás: No tocante à Lei Federal 6.766/1979 (Lei do Parcelamento do Solo), assinale a alternativa falsa:

Resposta: a opção certa é a alternativa letra "c". De acordo com o art. 2º, § 6º, incisos I a IV, da Lei 6.766/1979, a infraestrutura básica dos parcelamentos situados nas zonas habitacionais declaradas por lei como de interesse social (ZHIS) consistirá, no mínimo, de: (a) vias de circulação; (b) escoamento das águas pluviais; (c) rede para o abastecimento de água potável; e (d) soluções para o esgotamento sanitário e para a energia elétrica domiciliar.

5.1. Espécies de loteamento

A Lei n. 13.465/2017 alterou a Lei de Loteamento de Solo Urbano (Lei n. 6.766/79), inserindo os §§ 7º e 8º ao art. 2º, o § 4º ao art. 4º e o art. 36-A. Também alterou essa mesma lei o Código Civil, dele fazendo constar nova figura de condomínio, no art. 1.358-A. Aliás, a lei criou duas modalidades de condomínio, uma das quais foi mantida no seu próprio texto.

Iniciando pelo Código Civil, o **condomínio de lotes** é um desdobramento do condomínio edilício vertical (de casas), de que tratava o art. 8º da Lei nº 4.591/1964. Isto porque o condomínio edilício vertical não cria lotes, e sim unidades imobiliárias vinculadas a uma fração ideal do solo e das áreas comuns. Com o novo art. 1.358-A do CC, passa a ser permitida a criação de um condomínio que será composto por lotes, os quais estarão necessariamente vinculados a uma fração ideal das áreas comuns em proporção a ser definida no ato de instituição.

Isso significa, por exemplo, que as ruas, as praças e as demais áreas de uso comum **não são transferidas à propriedade do Município** ou **Distrito Federal**, mas continuam sendo propriedade privada, pertencente aos titulares do lote de acordo com a respectiva fração ideal. O condomínio de lotes não se confunde com o edilício em planos verticais, ainda que o § 2º do art. 1.358-A do CC estabeleça que serão aplicadas ao condomínio de lotes, no que couber, as regras de condomínio edilício.

Isto porque no **condomínio de lotes**, não haverá uma associação de moradores, e sim um condomínio, ente despersonalizado que é representado pelo síndico, que se sujeita às deliberações dos condôminos e que tem legitimidade para cobrar as contribuições de todos os condôminos. O § 3º do art. 1.358-A estabelece que, "para fins de incorporação imobiliária, a implantação de toda a infraestrutura ficará a cargo do empreendedor".

Assim, no **condomínio de lotes**, como as áreas de uso comum são bens privados, as obras de infraestrutura **não serão feitas pelo poder**

público, não impedindo, todavia, que o incorporador repasse os custos ou a obrigação de fazer essas obras aos compradores dos lotes. Se estes não fizerem, contudo, o incorporador deve responder perante o Poder Público por eventuais omissões destes na realização dessas obras, sem prejuízo do direito de regresso.

O novo § 7º do art. 2º da Lei n. 6.766/79 estabelece que "o lote poderá ser constituído sob a forma de **imóvel autônomo** ou de **unidade imobiliária integrante de condomínio de lotes**". (grifo nosso).

Também foi acrescido o § 4º ao art. 4º da Lei nº 6.766/79, dispondo o seguinte: "no caso de lotes integrantes de **condomínio de lotes**, poderão ser instituídas limitações administrativas e direitos reais sobre coisa alheia em benefício do poder público, da população em geral e da proteção da paisagem urbana, tais como servidões de passagem, usufrutos e restrições à construção de muros" (grifamos).

O "loteamento fechado", portanto, com estas mudanças, pode ser constituído sob a forma de **condomínio de lotes**, ou **não**.

Isto porque a Lei nº 13.465/2017 introduziu o § 8º ao art. 2º da Lei nº 6.766/79, para criar a figura do **loteamento de acesso controlado**, que pode ser utilizado para respaldar a dinâmica de loteamentos fechados, assim entendidos aqueles que, por qualquer meio (muros, portarias etc.) restringem o acesso de terceiros à região loteada.

O **loteamento de acesso controlado** nada mais é do que um parcelamento de que resultem lotes sob a forma de imóveis autônomos (e não como unidades condominiais) com a possibilidade de serem instaladas portarias nas ruas com o objetivo de controlar o acesso de veículos e de pessoas.

Esse tipo de restrição de controle **depende de ato administrativo do poder público do Município**. Essa autorização municipal deverá ser concedida a algum representante dos interesses dos moradores da região loteada. O art. 2º, § 8º, da Lei nº 6.766/79 veda claramente que se impeça o acesso de pessoas e veículos, se o condutor ou o pedestre se identificar e autorizar o seu cadastramento.

No **loteamento de acesso controlado**, as **vias de circulação** são bens públicos municipais, diferentemente do **loteamento condominial**, em que as **vias de circulação interna são privadas**, apenas sujeitas a restrições impostas pelos condôminos, salvo eventual limitação decorrente da legislação urbanística local, administrativa ou decorrente de direito real alheio em benefício do poder público da população em geral e da proteção da paisagem urbana, tais como servidões de passagem, usufrutos e restrições à construção de muros. (novo art. 1.358-A, § 2º, do CC; novo § 4º, do art. 4º, da L. 6.766/79).

Portanto, a partir da alteração da Lei n. 13.465, de 2017, são estas as espécies de loteamentos:

1. **Loteamento tradicional:** aquele em que os lotes são imóveis autônomos (art. 2º, § 7º, Lei nº 6.766/79);

2. **Loteamento de acesso controlado:** loteamento tradicional, com a autorização do poder público municipal para que os representantes dos proprietários (geralmente uma associação) controlem o acesso de pessoas e de veículos mediante a sua identificação e o seu cadastramento, vedado, porém, impedir-lhes o trânsito se estiverem identificados (art. 2º, § 8º, Lei nº 6.766/79);

3. **Loteamento condominial:** aquele em que os lotes constituem unidades autônomas de um condomínio de lotes (art. 2º, § 7º, Lei nº 6.766/79; CC, art. 1.358-A).

Como vimos, **outra nova forma de condomínio** foi criada pela Lei n. 13.465/2017, nos seus arts. 61 a 63, **mas não foi inserida no Código Civil**.

Trata-se do **condomínio urbano simples**, espécie de condomínio que se aplica a imóveis urbanos. Essa nova modalidade pode ser compreendida como condomínio edilício, que dispensa algumas formalidades em razão da sua **pequena dimensão**.

Segundo o art. 61, *caput*, da Lei n. 13.465/2017, esse condomínio aplica-se a situações de terrenos onde haja **mais de uma construção** e **em que o seu titular queira tornar cada uma dessas construções uma unidade autônoma de condomínio**.

Diante da sua **simplicidade**, o condomínio urbano simples dispensa a apresentação de convenção de condomínio (art. 61, parágrafo único). Assim, como se trata de um condomínio, cada construção constituirá uma unidade imobiliária autônoma e, portanto, terá uma **matrícula própria**.

Além do mais, cada unidade autônoma deve ficar **vinculada a uma fração ideal das áreas comuns**, à semelhança do que sucede no condomínio edilício. As unidades autônomas poderão ser **alienadas e gravadas livremente por seus titulares**, sendo que nenhuma dessas unidades poderá ser privada de acesso ao logradouro público (art. 62, § 3º). A gestão das partes comuns, embora se apliquem as regras de condomínio edilício no que couber (art. 61, parágrafo único, da Lei nº 13.465/2017), será feita de comum acordo entre os condôminos, podendo ser formalizada por meio de **instrumento particular** (art. 62, § 4º).

Por último, proclama o novo art. 36-A da Lei n. 6.766/79 que as atividades desenvolvidas pelas **associações de proprietários de imóveis, titulares de direitos** ou **moradores em loteamentos** ou **empreendimentos**

assemelhados, desde que **não tenham fins lucrativos**, bem como pelas **entidades civis organizadas em função da solidariedade** de interesses coletivos desse público com o objetivo de administração, conservação, manutenção, disciplina de utilização e convivência, visando à valorização dos imóveis que compõem o empreendimento, tendo em vista a sua natureza jurídica, vinculam-se, por **critérios de afinidade**, **similitude** e **conexão**, à atividade de administração de imóveis. A administração de imóveis nesta forma **sujeita seus titulares** à normatização e à disciplina constantes de seus atos constitutivos, cotizando-se na forma desses atos para suportar a consecução dos seus objetivos.

5.2. Área de preservação permanente urbana

A área de preservação permanente no espaço urbano foi prevista no Código Florestal de 1965, no art. 2º, alínea i, incluído pela Lei nº 6.535/78. Pouco mais tarde, na Lei nº 6.766, de 1979, estabeleceu diretrizes básicas do parcelamento do solo urbano, estipulando no art. 4º, III, atualmente com redação dada pela Lei nº 10.932/2014, que, "ao longo das águas correntes e dormentes e das faixas de domínio público das rodovias e ferrovias, será obrigatória a reserva de uma faixa não-edificável de 15 (quinze) metros de cada lado, salvo maiores exigências da legislação específica".

Com a ressalva da parte final acima, surgiram divergências doutrinárias, com destaque para o entendimento de que a "legislação específica" poderia ampliar as áreas de preservação permanente urbana para além da metragem prevista na Lei do Parcelamento do Solo.

Posteriormente a Lei nº 7.803/89 suprimiu a alínea i do Código Florestal de 1965, e incluiu o parágrafo único ao art. 2º, nos seguintes termos: "Nos casos de áreas urbanas, assim entendidas as compreendidas nos perímetros urbanos definidos por lei municipal, e nas regiões metropolitanas e aglomerações urbanas, em todo o território abrangido, observar-se-á o disposto nos respectivos planos diretores e leis de uso do solo, respeitados os *princípios e limites a que se refere este artigo*" (grifamos).

A nova redação da parte final continuou a fomentar controvérsias, sobre os "limites" da área de preservação permanente urbana.

No atual Código Florestal (Lei nº 12.651/2012) o art. 3º, II, conceitua área de preservação permanente como sendo aquela "protegida, coberta ou não por vegetação nativa, com a função ambiental de preservar os recursos hídricos, a paisagem, a estabilidade geológica e a biodiversidade, facilitar o fluxo gênico de fauna e flora, proteger o solo e assegurar o bem-estar das populações humanas".

O art. 4º do Código Florestal, por sua vez, estabelece as áreas de **preservação permanente por imposição legal**, em zonas rurais ou urbanas, segundo as disposições dos incisos I a XI.

Merece destaque o inciso II do art. 4º ao diferenciar que são áreas **de preservação permanente o entorno dos lagos** e **lagoas naturais**, em faixa com largura mínima de: (a) **100 (cem) metros**, em **zonas rurais**, exceto para o corpo d'água com até 20 (vinte) hectares de superfície, cuja faixa marginal será de 50 (cinquenta) metros; (b) **30 (trinta) metros**, em **zonas urbanas**.

Nos subsequentes arts. 7º, 8º e 9º do Código Florestal é estabelecido o **regime de proteção das áreas de preservação permanente**, rural e **urbana**, prevendo, entre outras situações, a **permissão de acesso** de pessoas e animais nestas áreas para obtenção de água e para realização de atividades de baixo impacto ambiental.

Com a MP nº 759, de 2016, que foi convertida na Lei n. 13.465, de 2017, dois importantes artigos do Código Florestal foram **modificados**, para neles constar a **regularização ambiental das áreas de preservação permanente urbana.**

De acordo com a nova redação do **art. 64 do Código Florestal,** "na regularização fundiária de interesse social (Reurb-S) dos núcleos urbanos informais inseridos em área urbana de ocupação consolidada e que ocupam **Áreas de Preservação Permanente**, a **regularização ambiental será admitida por meio da aprovação do projeto de regularização fundiária,** na forma da Lei específica de Regularização Fundiária Urbana" (grifamos).

Pelo **art. 65 do Código Florestal**, com nova redação, "a regularização fundiária de interesse específico (Reurb-E) dos núcleos urbanos informais inseridos em **área urbana consolidada** e que ocupem **Áreas de Preservação Permanente não identificadas como áreas de risco**, a regularização ambiental será admitida por meio da aprovação do projeto de regularização fundiária, na forma da lei específica de regularização fundiária urbana".

Capítulo II

Projetos de Loteamento e Desmembramento e sua Aprovação

1. PROJETO DE LOTEAMENTO

A aprovação do loteamento desenvolve-se em **duas fases**.

a) **Fase preliminar**

Antes mesmo de elaborado o projeto de loteamento, o interessado **deverá solicitar à prefeitura municipal**, ou ao **Distrito Federal**, se localizado em seu território, **mediante consulta prévia**, que defina as **diretrizes** para o uso do solo, traçado dos lotes, do sistema viário, dos espaços livres e das áreas reservadas para equipamento urbano e comunitário, ou seja, aqui se procura a orientação para elaborar o projeto definitivo, apresentando, para esse fim, **requerimento por escrito**, instruído dos seguintes documentos, de acordo com o art. 6º, I a VI, da Lei 6.766/1979:

1. *planta do imóvel;*
2. *divisas da gleba a ser loteada;*
3. *curvas de nível à distância adequada, quando exigidas por lei estadual ou municipal;*
4. *localização dos cursos d'água, bosques e construções existentes;*
5. *indicação dos arruamentos contíguos a todo o perímetro, localização das vias de comunicação, das áreas livres, dos equipamentos urbanos e comunitários existentes no local ou em suas adjacências, com as respectivas distâncias da área a ser loteada;*
6. *tipo de uso predominante a que o loteamento se destina;*
7. *características, dimensões e localização das zonas de uso contíguas.*

Uma vez apresentado o requerimento, a prefeitura municipal, ou o Distrito Federal, quando for o caso, **indicará**, nas **plantas apresentadas** junto com o **requerimento**, as linhas básicas para o desdobramento da área, de acordo com as diretrizes de planejamento estadual e municipal, e notadamente, segundo o art. 7º, I a V, da LPS, fixará o seguinte:

1. *a orientação sobre as diretrizes oficiais de planejamento estadual e municipal, com indicação das ruas ou estradas existentes ou projetadas, que compõem o sistema viário da cidade e do município, relacionadas com o loteamento pretendido e a serem respeitadas;*
2. *o traçado básico do sistema viário principal;*
3. *a localização aproximada dos terrenos destinados a equipamento urbano e comunitário e das áreas livres de uso público;*
4. *as faixas sanitárias do terreno necessárias ao escoamento das águas pluviais e as faixas não edificáveis;*
5. *a zona ou zonas de uso predominante da área, com indicação dos usos compatíveis.*

A Lei do Parcelamento é **omissa** em relação ao prazo para o Poder Público **fixar** as diretrizes. Já as **diretrizes aprovadas** vigorarão pelo **prazo máximo de quatro anos**, conforme o art. 7º, parágrafo único, da Lei 6.766/1979, com redação dada pela Lei 9.785, de 1999.

> **Importante!**
>
> As **diretrizes** são **obrigatórias**. Em dois casos, porém, serão **dispensadas,** desde que **previsto em lei**, e nas seguintes condições (LPS, art. 8º):
>
> **1º caso:** *para os municípios com menos de 50 mil habitantes;*
>
> **2º caso:** *para os municípios cujo plano diretor contiver diretrizes de urbanização para a zona em que se situe o parcelamento.*

No momento seguinte à orientação dos traçados e diretrizes fixadas pela prefeitura municipal ou Distrito Federal, quando houver, o **projeto de loteamento** poderá ser apresentado, observado o prazo decadencial de quatro anos das diretrizes fixadas.

Uma observação é importante. Nem sempre o município ou o Distrito Federal fornecem as diretrizes de maneira expressa, ora simplesmente concordando com o esboço apresentado, ora nem mesmo respondendo ao requerimento formulado, caso em que o loteador não poderá sofrer prejuízos em razão da inércia dos entes públicos.

b) **Fase do projeto definitivo**

Uma vez apresentadas as diretrizes, o loteador elaborará o projeto definitivo e o apresentará à prefeitura municipal ou ao Distrito Federal.

Além daqueles que serviram à fixação das diretrizes, o projeto elaborado será apresentado com os seguintes **documentos**:

1. *desenhos;*

2. *memorial descritivo;*
3. *cronograma de execução das obras, com* **duração máxima de quatro anos***;*
4. *certidão atualizada da matrícula da gleba, expedida pelo Cartório de Registro de Imóveis competente;*
5. *certidão negativa de tributos municipais;*
6. *instrumento de garantia* (LPS, art. 9º).

Importante!

O cronograma de execução das obras terá **duração máxima** de **quatro anos** (Lei 6.766/1979, art. 9º, *caput*). Todavia, a legislação estadual, distrital ou municipal **poderá estabelecer prazos menores**, assim como o próprio cronograma do loteamento aprovado, conforme os arts. 1º, parágrafo único, e 12, § 1º, da Lei 6.766/1979. **Não** cumprido o cronograma, haverá **caducidade da aprovação**. Por outro lado, a **lei municipal** definirá os prazos para que um **projeto de parcelamento** apresentado seja aprovado ou rejeitado e para que as **obras executadas sejam aceitas ou recusadas.** Logo, são duas situações distintas. Nos municípios cuja legislação for **omissa**, os prazos serão de **noventa dias** para a **aprovação ou rejeição** do projeto, e de **sessenta dias** para a **aceitação ou recusa** das obras realizadas (Lei 6.766/1979, art. 16, § 2º).

A Lei 6.766/1979 **dispensa o título de propriedade** quando se tratar de **parcelamento popular**, destinado às classes de menor renda, em imóvel **declarado de utilidade pública**, com processo de desapropriação judicial em curso e imissão provisória na posse, desde que promovido pela **União**, **estados**, **Distrito Federal**, **municípios** ou **suas entidades delegadas**, autorizadas por **lei** a implantar projetos de habitação (LPS, art. 9º e 18, § 4º).

Estabelece ainda a Lei do Parcelamento que, caso se constate, a qualquer tempo, que a certidão da matrícula apresentada como atual **não tem mais correspondência com os registros e averbações cartorárias do tempo da sua apresentação**, além das consequências **penais cabíveis**, serão consideradas **insubsistentes** tanto as diretrizes expedidas anteriormente quanto as aprovações consequentes, de maneira que não produzirão efeitos (LPS, art. 9º, § 3º).

A Lei do Parcelamento também exige **elementos mínimos dos desenhos** do projeto de loteamento, que são os seguintes:

1. *a subdivisão das quadras em lotes, com as respectivas dimensões e numeração;*
2. *o sistema de vias com a respectiva hierarquia;*
3. *as dimensões lineares e angulares do projeto, com raios, cordas, arcos, pontos de tangência e ângulos centrais das vias;*

4. *os perfis longitudinais e transversais de todas as vias de circulação e praças;*
5. *a indicação dos marcos de alinhamento e nivelamento localizados nos ângulos de curvas e vias projetadas;*
6. *a indicação em planta e perfis de todas as linhas de escoamento das águas pluviais* (LPS, art. 9º, § 1º).

De igual modo, **obrigatoriamente** o **memorial descritivo** deverá conter:

1. *a descrição sucinta do loteamento, com as suas características e a fixação da zona ou zonas de uso predominante;*
2. *as condições urbanísticas do loteamento e as limitações que incidem sobre os lotes e suas construções, além daquelas constantes das diretrizes fixadas;*
3. *a indicação das áreas públicas que passarão ao domínio do município no ato de registro do loteamento;*
4. *a enumeração dos equipamentos urbanos, comunitários e dos serviços públicos ou de utilidade pública, já existentes no loteamento e adjacências* (LPS, art. 9º, § 2º).

Conforme destacado inicialmente, **compete** ao **município** ou ao **Distrito Federal**, segundo a localização da gleba, a **aprovação** do loteamento.

▸ Como esse assunto foi cobrado em concurso?

Foi cobrado no concurso para Promotor de Justiça do Estado do Estado Rio Grande do Sul: Discorra, com base no fundamento legal e na jurisprudência, sobre a possibilidade de que a municipalidade proceda à desafetação de áreas destinadas a sistemas de circulação e à implantação de equipamento urbano e comunitário, bem como a espaços livres de uso público que tiveram o domínio transferido ao município durante o parcelamento do solo urbano.

Em alguns casos, porém, ainda que não aprove, os **Estados disciplinam**, por **decreto**, a **aprovação** pelos municípios de loteamentos e desmembramentos, respeitadas as exigências urbanísticas do planejamento municipal, nas seguintes hipóteses (LPS, arts. 13 e 15):

1. *quando localizados em áreas de interesse especial, tais como as de proteção aos mananciais ou ao patrimônio cultural, histórico, paisagístico e arqueológico, assim definidas por legislação estadual ou federal;*
2. *quando o loteamento ou desmembramento localizar-se em área limítrofe do município, ou que pertença a mais de um município, nas regiões metropolitanas ou em aglomerações urbanas, definidas em lei estadual ou federal;*

3. *quando o loteamento abranger área superior a 1.000.000 m².*

A mesma regra **não se aplica** ao Distrito Federal, porque vedada sua divisão em municípios, razão pela qual acumula as competências legislativas reservadas aos estados e aos municípios (CF, art. 32, *caput*, e § 1º).

▸ Como esse assunto foi cobrado em concurso?

Foi abordado no concurso para Promotor de Justiça/PE/2014: Sobre loteamento, considerando-se a legislação federal que o rege, é correto afirmar:

Resposta: dos itens acima, apenas o "b" está correto, uma vez que os loteamentos deverão atender, pelo menos, aos requisitos previstos no art. 4º, I a IV, da Lei 6.766/1979, entre os quais o seguinte: (inciso I) "as áreas destinadas a sistemas de circulação, a implantação de equipamento urbano e comunitário, bem como a espaços livres de uso público, serão proporcionais à densidade de ocupação prevista pelo plano diretor ou aprovada por lei municipal para a zona em que se situem".

1.1. Quadro resumo

PEDIDO DE DEFINIÇÃO DE DIRETRIZES NA PREFEITURA PELO LOTEADOR

– O que é: o loteador deverá solicitar à Prefeitura a definição das diretrizes para o uso do solo, traçado dos lotes, do sistema viário, dos espaços livres e das áreas reservadas para equipamento urbano e comunitário. Junto com o requerimento, deve ser apresentado a planta do imóvel.

– Ficam dispensados dessa etapa: os Municípios com menos de cinqüenta mil habitantes e aqueles cujo plano diretor contiver diretrizes de urbanização para a zona em que se situe o parcelamento poderão dispensar, por lei, essa etapa de fixação de diretrizes.

– Prazo de validade das diretrizes: 04 (quatro) anos.

Fundamento legal: art. 6º a 8º da Lei nº 6766/79.

APRESENTAÇÃO DO PROJETO NA PREFEITURA PELO LOTEADOR

O que é: o loteador apresentará o projeto na Prefeitura, acompanhado de certidão atualizada da matrícula da gleba (título de propriedade), expedida pelo Cartório de Registro de Imóveis competente, de certidão negativa de tributos municipais e do competente instrumento de garantia.

Conteúdo do projeto:

a) desenhos

b) memorial descritivo

c) cronograma de execução das obras (com duração máxima de quatro anos).

Fundamento legal: art. 9º, da Lei nº 6766/79.

2. PROJETO DE DESMEMBRAMENTO

De acordo com Rui Geraldo Camargo Viana, *"ao lado do loteamento, caracterizado pelo desenvolvimento ou ampliação de bairros, aumentando o espaço urbano, aparece o conceito de desmembramento. Configura desmembramento o mesmo fenômeno de repartição de terra, desde que operado dentro do sistema urbanístico existente, influenciando, apenas, na densidade de ocupação dos espaços já urbanizados, não afetando, principalmente, o perfil das vias e logradouros preexistente"* (Viana, Rui Geraldo Camargo. *O parcelamento do solo urbano*. Rio de Janeiro: Forense, 1985, p. 51).

Em consonância com a Lei 6.766/1979, o **parcelamento é o gênero**, enquanto o **loteamento e o desmembramento são espécies**.

O Decreto-Lei 58, de 10 de dezembro de 1937, **não faz referência** ao parcelamento das áreas urbanas sob a forma do **desmembramento.** Segundo o art. 1º do texto legal, *"Os proprietários ou coproprietários de terras rurais ou terrenos urbanos, que pretendam vendê-los, divididos em lotes e por oferta pública, mediante pagamento do preço a prazo em prestações sucessivas e periódicas [..]"*.

Com o Decreto-Lei 271, de 28 de fevereiro de 1967, a **definição de desmembramento**, como novo tipo de parcelamento, é **inserido** no sistema jurídico, distinguindo-o do loteamento. Para esse diploma, considera-se *loteamento urbano* a subdivisão de área em lotes destinados à edificação de qualquer natureza que não se enquadre no conceito de desmembramento (art. 1º, § 1º). Por outro lado, considera-se *desmembramento* a subdivisão de área urbana em lotes para edificação na qual seja aproveitado o sistema viário oficial da cidade ou vila sem que se abram novas vias ou logradouros públicos e sem que se prolonguem ou se modifiquem os existentes (art. 1º, § 2º).

A Lei 6.766, de 19 de dezembro de 1979, foi mais explícita que a anterior, definindo o **desmembramento** como a *"[..] subdivisão de gleba em lotes destinados a edificação, com aproveitamento do sistema viário existente, desde que não implique na abertura de novas vias e logradouros públicos, nem no prolongamento, modificação ou ampliação dos já existentes"* (art. 2º, § 2º). Também conceituou o **loteamento** considerando-o *"a subdivisão de gleba em lotes destinados a edificação, com abertura de novas vias de circulação, de logradouros públicos ou prolongamento, modificação ou ampliação das vias existentes"* (art. 2º, § 1º).

> **▸ Como esse assunto foi cobrado em concurso?**
>
> Foi abordado no concurso para Promotor de Justiça/SC/2014: Analise o enunciado da questão abaixo e assinale se ele é falso ou verdadeiro: Segundo a Lei 6.766/1979, que disciplina o parcelamento do solo urbano, considera-se desmembramento a subdivisão de gleba em lotes destinados a edificação, com abertura de novas vias de circulação, de logradouros públicos ou prolongamento, modificação ou ampliação das vias existentes.

Resposta: o item acima foi considerado "falso". Pelo art. 2º, § 2º, da Lei 6.766/1979, "Considera-se desmembramento a subdivisão de gleba em lotes destinados a edificação, com aproveitamento do sistema viário existente, desde que não implique na abertura de novas vias e logradouros públicos, nem no prolongamento, modificação ou ampliação dos já existentes".

O **projeto de desmembramento** é delineado pelos arts. 10 e 11 da Lei 6.766/1976, se apresentado com **menos requisitos** do que aqueles fixados para o projeto de loteamento.

Marca característica do desmembramento, em que se procede à subdivisão de áreas urbanas em lotes, é o **aproveitamento do sistema viário existente**, sem acarretar qualquer ampliação ou modificação daqueles já implantados.

Ainda que mais simplificado o projeto de desmembramento, as **exigências legais para que seja submetido a registro** são as mesmas do projeto de loteamento, como veremos mais adiante (Lei 6.766/1979, arts. 18 e ss.).

Nesse particular, a Lei do Parcelamento deixa a impressão de que tanto o projeto de desmembramento como o de loteamento serão *"registrados"*. Todavia, a locução significa *"levar o projeto ao cartório, ao ofício imobiliário para o ato competente"*, ensina Arnaldo Rizzardo (*Direito das coisas. 7. ed.* Rio de Janeiro: Forense, 2014, p. 990).

Muito antes da vigente Lei dos Registros Públicos, o Decreto 4.857, de 1939, estabelecia, no art. 285, que os "desmembramentos" seriam averbados, sistemática essa acolhida na Lei 6.015, de 1973.

▶ **Importante!**

O **loteamento é registrado** (Lei 6.015/1973, art. 167, I, n. 19), e o **desmembramento é averbado** (Lei 6.015/1973, art. 167, II, n. 4).

O projeto de desmembramento deve respeitar, de **início**, o art. 3º, I a V, da Lei 6.766/1979, que **veda** o parcelamento urbano – loteamento e desmembramento – nas situações em que especifica, de maneira a impedir a implantação de núcleos habitacionais em:

1. *terrenos alagadiços e sujeitos a inundações, antes de tomadas as providências para assegurar o escoamento das águas;*
2. *em terrenos que tenham sido aterrados com material nocivo à saúde pública, sem que sejam previamente saneados;*
3. *em terrenos com declividade igual ou superior a 30%, salvo se atendidas exigências específicas das autoridades competentes;*

4. *em terrenos onde as condições geológicas não aconselham a edificação;*
5. *em áreas de preservação ecológica ou naquelas onde a poluição impeça condições sanitárias suportáveis, até a sua correção.*

É importante destacar que tais **vedações não são absolutas**, mas **relativas**, pois se permite o emprego de **correções na gleba em todas as hipóteses mencionadas**, mediante obras de saneamento, escoamento de águas, eliminação dos agentes poluidores etc., para que possam ser loteadas ou desmembradas.

▸ Como esse assunto foi cobrado em concurso?

Foi abordado no concurso para Procurador do Estado /MT/2011: NÃO será permitido o parcelamento do solo:

(a) em terrenos alagadiços e sujeitos a inundações, em qualquer hipótese.

(b) em terrenos que tenham sido aterrados com material nocivo à saúde pública, ainda que sejam previamente saneados.

(c) em áreas de preservação ecológica ou naquelas onde a poluição impeça condições sanitárias suportáveis, até a sua correção.

(d) em terrenos onde as condições geológicas aconselham a edificação.

(e) em terreno com declividade igual ou superior a 20%.

Resposta: a letra "c" foi considerada a alternativa correta. Somente será admitido o parcelamento do solo para fins urbanos em zonas urbanas, de expansão urbana ou de urbanização específica, assim definidas pelo plano diretor ou aprovadas por lei municipal. Não será permitido o parcelamento do solo em áreas de preservação ecológica ou naquelas onde a poluição impeça condições sanitárias suportáveis, até a sua correção (Lei 6.766, art. 3º, parágrafo único, V).

Aos desmembramentos, ainda, devem ser aplicados, no que couber, as **disposições urbanísticas** vigentes para as **regiões em que se situem** ou, na ausência destas, as **disposições urbanísticas para os loteamentos** (Lei 6.766/1979, art. 3º).

O **requerimento** para a aprovação de projeto de desmembramento deverá ser **endereçado à prefeitura municipal**, ou ao **Distrito Federal**, quando for o caso, instruído dos seguintes documentos:

a) **certidão atualizada da matrícula da gleba**: expedida pelo Cartório de Registro de Imóveis competente, que será dispensado quando se tratar de parcelamento popular, destinado às classes de menor renda, em imóvel declarado de utilidade pública, com processo de desapropriação judicial em curso e imissão provisória na posse, desde que promovido pela União, estados, Distrito Federal, municípios ou suas entidades delegadas, autorizadas por lei a implantar projetos de habitação (LPS, arts. 10 e 18, § 4º).

b) **planta do imóvel a ser desmembrado**: deverá constar da planta do imóvel, entre outros dados, obrigatoriamente:

1. a indicação das *vias existentes* e dos *loteamentos próximos;*
2. a *indicação do tipo de uso predominante* no local; e
3. a *indicação da divisão de lotes pretendida na área.*

É omisso o art. 10 da Lei 6.766/1979; porém, deverá o interessado juntar ao requerimento o memorial descritivo, que compreenderá os elementos supra, bem como a indicação das condições do solo na qual especifique se as situações previstas no art. 3º da Lei do Parcelamento são encontradas ou não na gleba a ser parcelada.

Prescreve o art. 11 da Lei 6.766/1979 a aplicação ao **desmembramento**, **no que couber, das disposições urbanísticas** vigentes para as regiões em que se situem ou, na ausência destas, as disposições urbanísticas para os loteamentos.

De acordo com o art. 4º, § 1º, da Lei 6.766/1979, a **legislação municipal definirá**, para cada zona em que se divida o território do município, os usos permitidos e os índices urbanísticos de parcelamento e ocupação do solo, que incluirão, obrigatoriamente, as áreas mínimas e máximas de lotes e os coeficientes máximos de aproveitamento.

Se tais disposições urbanísticas **não estiverem fixadas**, aplicam-se aos desmembramentos, **subsidiariamente**, as regras previstas nos arts. 4º e 5º da Lei do Parcelamento, não se permitindo, em princípio, lotes desmembrados com área menor de 125m², ou testada inferior a 5 metros (frente), **salvo** urbanização específica ou edificação de conjuntos habitacionais de interesse social, previamente aprovados pelos órgãos públicos competentes (LPS, art. 4º, I).

Por fim, proclama o parágrafo único do art. 11 da Lei 6.766/1979 que *"O município, ou o Distrito Federal, quando for o caso, fixará os requisitos exigíveis para a aprovação de desmembramento de lotes decorrentes de loteamento* ***cuja destinação da área pública*** *tenha sido* ***inferior*** *à mínima prevista no § 1º do art. 4º da Lei do Parcelamento".*

A Lei 9.785, de 29 de janeiro de 1999, deu nova redação ao § 1º do art. 4º. Na redação original, dizia-se que o percentual das "áreas públicas" do inciso I do art. 4º não seriam inferiores a 35% da gleba, exceto nos loteamentos destinados ao uso industrial cujos lotes forem fossem maiores de 15.000 m², caso em que a percentagem poderia ser reduzida.

De acordo com a nova redação dada ao § 1º do art. 4º, "A legislação municipal definirá, para cada zona em que se divida o território do município, os usos permitidos e os índices urbanísticos de parcelamento e ocupação do solo, que incluirão, obrigatoriamente, as áreas mínimas e máximas de lotes e os coeficientes máximos de aproveitamento".

Com a mudança no dispositivo legal, os desmembramentos devem respeitar a **legislação local** ou **estadual** (LPS, art. 13) que disponha sobre as áreas públicas, que devem ter compatibilidade com a lei federal e respeitar preservar o espaço necessário para a implantação dos equipamentos comunitários, dos equipamentos urbanos, das vias, e das áreas não edificáveis (LPS, arts. 4º e 5º).

3. APROVAÇÃO DO PROJETO DE LOTEAMENTO E DESMEMBRAMENTO

A **aprovação do projeto** de loteamento é **ato privativo** da prefeitura municipal ou Distrito Federal, respeitadas as prescrições legais pertinentes, especialmente a Lei do Parcelamento e as normas estaduais e municipais.

No caso de loteamento ou desmembramento localizado em área de município integrante de região metropolitana, o ***"exame"*** e a ***"anuência prévia"*** à aprovação do projeto caberão à autoridade metropolitana

> **▸ Importante!**
>
> **Lotear** é ato decorrente do direito de propriedade, vinculado às normas regulamentares pertinentes, e, por isso, quando o interessado as atende, não pode a prefeitura negar aprovação ao projeto de construção ou ao plano de loteamento, visto que esse deferimento é uma imposição legal, e não uma faculdade discricionária da Administração (Meirelles, Hely Lopes. *Direito de construir*. 6. ed, apud STJ, AREsp. 072108, Rel. Ministro Cesar Asfor Rocha, Dju 13/08/2012).

A Lei do Parcelamento destaca **especial exigência** para a aprovação de loteamentos em **perímetros sensíveis a eventos graves da natureza**. Para aqueles municípios inseridos no cadastro nacional com áreas suscetíveis à ocorrência de deslizamentos de grande impacto, inundações bruscas ou processos geológicos ou hidrológicos correlatos, a aprovação do projeto ficará **vinculada** ao atendimento dos requisitos constantes da **carta geotécnica de aptidão à urbanização** (LPS, art. 12, § 1º).

Lado outro, é **vedada a aprovação** de projeto de loteamento e desmembramento em áreas de risco definidas como não edificáveis, no *plano diretor* ou em *legislação dele derivada* (LPS, art. 12, § 2º).

O art. 13, incisos I a III, e o art. 15 da Lei 6.766/1979 determinam que os **estados devem disciplinar, por decreto, a aprovação** pelos municípios de loteamentos e desmembramentos nas seguintes condições:

1º Condição: quando localizados em áreas de interesse especial, tais como as de proteção aos mananciais ou ao patrimônio cultural, histórico, paisagístico e arqueológico, assim definidas por legislação estadual ou federal;

2º Condição: quando o loteamento ou desmembramento localizar-se em área limítrofe do município, ou que pertença a mais de um município, nas regiões metropolitanas ou em aglomerações urbanas, definidas em lei estadual ou federal;

3ª Condição: quando o loteamento abranger área superior a 1.000.000 m².

As áreas de interesse especial sobre a qual dispõe o art. 13, I, da Lei 6.766/1979, podem definidas por **legislação estadual ou federal**. Aos estados compete a definição dessas áreas por **decreto**, conforme estabelece o art. 14 da Lei 6.766/1979.

Também contempla o art. 15, parágrafo único, da Lei 6.766/1979, que o estado, na regulamentação das situações previstas no art. 13, I a III, que será feita por **decreto**, **procurará** atender às exigências urbanísticas do planejamento municipal.

Desse modo, **não há obrigatoriedade** para que o estado observe as determinações urbanísticas estabelecidas pelo município, podendo deixar de atendê-las ou respeitá-las, mas para tanto deverá fundamentar esse desatendimento.

Quando a norma estabelece que o estado **procurará** atender os aspectos urbanísticos locais, isso significa que deverá analisar o fracionamento em cotejo com as condições urbanas próprias do município, de maneira a compatibilizá-los. Se isso não for possível, absoluta ou relativamente, deverá apontar os motivos, para o devido controle de legalidade. Decerto, contudo, que o poder regulamentar previsto no art. 15, parágrafo único, da Lei 6.766 é **limitado** às exigências urbanísticas do planejamento de cada município, as quais devem ser observadas, sob pena de desvio de finalidade.

Esse poder **regulamentar** do Estado **não altera** a **competência** para a aprovação do loteamento e desmembramento, que permanece com o município ou Distrito Federal.

No caso de loteamento ou desmembramento localizado em área de município integrante de região metropolitana, o **exame e a anuência prévia à aprovação** do projeto caberão à autoridade metropolitana (LPS, art. 13, parágrafo único).

A Lei do Parcelamento Urbano proclama, no art. 16, §§ 1º e 2º, a respeito dos **prazos para aprovação** ou **rejeição** dos projetos de loteamento ou desmembramento, bem como para que as obras executadas sejam aceitas ou recusadas.

▸ Como esse assunto foi cobrado em concurso?

No concurso para Procurador Jurídico da Câmara Municipal de Marília-SP: Sobre a legislação federal que dispõe sobre o parcelamento do solo, é correto afirmar que:

(a) se considera desmembramento a subdivisão de gleba em lotes destinados a edificação, com abertura de novas vias de circulação, de logradouros públicos ou prolongamento, modificação ou ampliação das vias existentes;

(b) a legislação estadual definirá, para cada zona em que se divida o território dos municípios, os usos permitidos e os índices urbanísticos de parcelamento e ocupação do solo, que incluirão, obrigatoriamente, as áreas mínimas e máximas de lotes e os coeficientes máximos de aproveitamento;

(c) nos municípios cuja legislação for omissa, os prazos serão de noventa dias para a aprovação ou rejeição de um projeto de parcelamento e de sessenta dias para a aceitação ou recusa fundamentada das obras de urbanização executadas;

(d) é possível que um mesmo lote situe-se em mais de uma circunscrição;

(e) é permitida a venda ou promessa de venda de parcela de loteamento ou desmembramento ainda que não registrado.

Resposta: a alternativa letra "c" é correta. O art. 16, *caput*, da Lei 6.766/1979 proclama que a lei municipal definirá os prazos para um projeto de parcelamento seja aprovado ou rejeitado e para que as obras executadas sejam aceitas ou recusadas. **São dois prazos**. O primeiro de análise do projeto; o segundo de análise das obras. Pode ocorrer, todavia, que o município não possua legislação que disponha sobre parcelamento do solo urbano ou, ainda, que a **lei local seja omissa** em relação aos prazos referidos no art. 16, caput, da LPSU. Nestes municípios, os prazos serão de **noventa dias** para a aprovação ou rejeição do **projeto de parcelamento,** e de **sessenta dias** para a aceitação ou recusa fundamentada das **obras de urbanização**.

Não se deve confundir esse prazo com aquele que deve constar do projeto de loteamento, que se refere ao **cronograma** de execução das obras, cuja **duração máxima** será de **quatro anos** (LPSU, arts. 9º e 18, V).

▸ **Importante!**

A lei municipal definirá os prazos para que um projeto de parcelamento apresentado seja aprovado ou rejeitado e para que as obras executadas sejam aceitas ou recusadas.

↓

Transcorridos os prazos sem a manifestação do Poder Público, o projeto será considerado rejeitado ou as obras recusadas, assegurada a indenização por eventuais danos derivados da omissão

↓

Nos Municípios cuja legislação for omissa, os prazos serão de 90 dias para a aprovação ou rejeição e de 60 dias para a aceitação ou recusa fundamentada das obras de urbanização

Após a aprovação do loteamento, os espaços livres de uso comum, as vias e praças, as áreas destinadas a edifícios públicos e outros equipamentos urbanos, constantes do projeto e do memorial descritivo, **não** poderão ter sua **destinação** alterada, exceto nas hipóteses seguintes, conforme o art. 17 da Lei 6.766/1979:

1ª Hipótese

• Quando ocorrer a caducidade da licença

Exemplos: *não execução do cronograma de obras; ausência do registro imobiliário do loteamento dentro de 180 dias, etc.*

2ª Hipótese

• Quando se verificar a desistência do loteador, caso em que deve ser observado o art. 23 da lei do loteamento, que dispõe sobre o cancelamento do registro, de modo que só se permite desistir:

(i) por decisão judicial;

(ii) a requerimento do loteador, com anuência da Prefeitura, ou do Distrito Federal quando for o caso, enquanto nenhum lote houver sido objeto de contrato;

(iii) a **requerimento conjunto** do loteador e de todos os adquirentes de lotes, com anuência da Prefeitura, ou do Distrito Federal quando for o caso, e do Estado.

▸ * **Atenção!** *é vedado vender ou prometer vender parcela de loteamento ou desmembramento não registrado.*

Capítulo III

Registro do Loteamento e Desmembramento

1. REGISTRO DO LOTEAMENTO E DESMEMBRAMENTO

Desde a data da aprovação do loteamento ou desmembramento, o parcelamento deve ser submetido a registro imobiliário, dentro de **180 dias,** sob pena de caducidade, conforme estabelece o art. 18, *caput*, da Lei 6.766/1979.

> **▸ Como esse assunto foi cobrado em concurso?**
>
> Foi abordado no concurso para Procurador do Estado, BA/2014: No que se refere ao parcelamento do solo urbano e aos registros públicos, julgue o item seguinte: Aprovado o projeto de loteamento pelo município, o loteador deverá submetê-lo ao registro imobiliário, acompanhado dos documentos indicados na lei, dentro de cento e oitenta dias, sob pena de caducidade da aprovação.
>
> Resposta: a assertiva foi considerada "certa". De acordo com o art. 18 da LPSU, aprovado o projeto de loteamento ou de desmembramento, o loteador deverá submetê-lo ao registro imobiliário dentro de 180 dias, sob pena de caducidade da aprovação, acompanhado dos documentos indicados no mesmo artigo.

A **caducidade** é da aprovação, de maneira que, ultrapassado o prazo legal para que o loteador deposite em cartório o projeto, não se exige um novo projeto, mas a revalidação do ato administrativo de aprovação. Nesta situação, o município ou Distrito Federal poderão fazer novas exigências em relação àquelas originalmente aprovadas, mas somente se as disposições urbanísticas da cidade sofrerem mudanças.

> **▸ Como esse assunto foi cobrado em concurso?**
>
> Foi cobrado no concurso para Advogado, SABESP, (FCC/2018)
>
> Após cumpridas as exigências legais e aprovado o projeto de loteamento, o loteador deverá submetê-lo, de acordo com a Lei n° 6.766/79 (Parcelamento do Solo Urbano),

a) ao registro imobiliário dentro de 30 dias e, examinada a documentação e encontrada em ordem, o Oficial do Registro de Imóveis encaminhará comunicação à Prefeitura e fará publicar, em resumo e com pequeno desenho de localização da área, edital do pedido de registro em 5 dias consecutivos, podendo este ser impugnado no prazo de 15 dias contados da data da última publicação.

b) à Prefeitura, dentro de 180 dias, que analisará a documentação e, encontrada em ordem, fará publicar, em resumo e com pequeno desenho de localização da área, edital do pedido de registro em 3 dias consecutivos, podendo este ser impugnado no prazo de 15 dias contados da data da última publicação, enviando após o registro imobiliário para que proceda ao registro.

c) ao registro imobiliário dentro de 180 dias e, examinada a documentação e encontrada em ordem, o Oficial do Registro de Imóveis encaminhará comunicação à Prefeitura e fará publicar, em resumo e com pequeno desenho de localização da área, edital do pedido de registro em 3 dias consecutivos, podendo este ser impugnado no prazo de 15 dias contados da data da última publicação.

d) ao Ministério Público, dentro de 180 dias, para que analise a documentação apresentada e se manifeste no prazo de 5 dias, enviando após o registro imobiliário para que proceda ao registro e em seguida à Prefeitura que fará publicar, em resumo e com pequeno desenho de localização da área, edital do pedido de registro em 3 dias consecutivos.

e) ao Ministério Público, dentro de 30 dias, para que analise a documentação apresentada e se manifeste no prazo de 15 dias, enviando após o registro imobiliário para que proceda ao registro e, em seguida, à Prefeitura, que fará publicar, em resumo e com pequeno desenho de localização da área, edital do pedido de registro em 5 dias consecutivos.

(Resposta: Foi considerada correta a letra "c").

O **projeto de desmembramento é mais simplório** se comparado com o de loteamento. Entretanto, a disciplina legal para que sejam levados a registro são as mesmas, conforme os arts. 18 e ss. da Lei 6.766/1979.

Em um aspecto, todavia, se diferem: o **projeto de desmembramento** será **averbado**, enquanto o **projeto de loteamento** será **registrado**.

Quando se afirma no art. 18, *caput*, da Lei 6.766/1979 que ambos os projetos serão "levados a registro", isso significa que devem ser apresentados ao cartório, ao ofício imobiliário.

O Decreto 4.857, de 1939, estabelecia que os "desmembramentos" seriam averbados conforme o art. 285, sistemática essa acolhida na Lei 6.015, de 1973, conforme o art. 167, II, n. 4. Diferentemente, o loteamento será registrado, proclama o art. 167, II, n. 19.

Dessa forma, temos que:

> **Importante!**
>
> **LOTEAMENTO será REGISTRADO** (Lei 6.015/1973, art. 167, I, n. 19)
>
> **DESMEMBRAMENTO será AVERBADO** (Lei 6.015/1973, art. 167, II, n. 4).

1.1. IMPUGNAÇÃO DO REGISTRO

O **processo de registro** do parcelamento, que tramita **perante o Registro de Imóveis competente**, é inicialmente **administrativo**.

Poderá, em caso de impugnação, ganhar uma fase de **jurisdição voluntária**, com apreciação da questão suscitada por um juiz corregedor (LPS, art. 19, § 1º).

As partes também podem ser remetidas às **vias ordinárias**, caso a matéria suscitada em impugnação exija maior indagação (art. 19, § 2º).

Assim, o procedimento de registro do loteamento e desmembramento comporta **uma, duas ou três fases**: uma **administrativa** propriamente dita, que sempre ocorre, exercida perante o oficial de registro (art. 19, caput, e § 1º, 1ª parte); outra de **jurisdição administrativa**, de apreciação do juiz corregedor, em caso de: (i) *impugnação de terceiros* (art. 19, § 1º, 2ª parte) ou de; (ii) *suscitação de dúvida do oficial de registro* (Lei 6.015, de 1973, arts. 198 e ss.); e uma **terceira de jurisdição comum**, que se verifica caso a matéria exija maior indagação (art. 19, § 2º).

O **oficial de registro não pode impugnar** o registro nessa qualidade, assim como não pode recorrer da decisão proferida em processo de dúvida ou de impugnação. O serventuário não é parte nem terceiro interessado. O que poderá fazer, sendo o caso, é levantar a competente nota de dúvida, para decisão do juiz.

Ademais, **não se exige que o terceiro seja interessado**, portador de direito real sobre os lotes, conferindo a *"Lei Lehmann"* a legitimidade a qualquer terceiro ou cidadão, como o seria para uma ação popular (Lei 4.717, de 1965, art. 1º), aqui protegendo a moralidade administrativa, e aos possíveis adquirentes dos lotes, aos quais o art. 18, § 2º, da Lei 6.766, de 1979, faz expressa alusão.

O **Ministério Público também pode impugnar o pedido** de registro de loteamento, na defesa dos interesses indisponíveis da coletividade, notadamente pela atribuição constitucional de zelar pela efetividade dos interesses difusos e coletivos, como fiscal máximo da ordem jurídica, papel este realçado pelo novo Código de Processo Civil, nos arts. 176 a 178, em clara reafirmação do art. 129, III, da Constituição Federal. Se o Ministério Público pode notificar o loteador para regularizar o loteamento (Lei

6.766/1979, art. 38, § 2º), com muito mais razão pode impugnar o registro, se antecipadamente vislumbra irregularidades capazes de comprometer o adequado parcelamento do solo (CF, art. 30, VIII).

O **prazo para impugnar** o pedido de registro de loteamento é de **quinze dias**, a contar da última publicação do edital do pedido, feita por três dias consecutivos (Lei 6.766/1979, art. 19).

A **periodicidade** das publicações deve ser a do jornal escolhido, nas capitais, naqueles de circulação diária, e nos demais municípios, num dos jornais locais e, na falta destes, em jornal da região (art. 19, § 3º).

De todo modo, a **decisão que aprecia a impugnação do registro não faz coisa julgada material**, como deixa evidente o art. 19, § 2º, da Lei do Parcelamento, ao dispor que, em havendo questão de alta indagação, seriam as partes remetidas às vias ordinárias, o que demonstra, por consequência, que o processo de registro, com impugnação, é meramente administrativo.

Nesse sentido:

RT, 516/82

RTJ, 92/173.

Para facilitar o estudo, apresentamos no fluxograma seguinte o **rito de ambas as fases** do registro – administrativa e judicial –, conforme previsto no art. 19, §§ 1º e 2º, da Lei 6.766/1979:

▶ FLUXOGRAMA – REGISTRO DO LOTEAMENTO, COM E SEM IMPUGNAÇÃO:

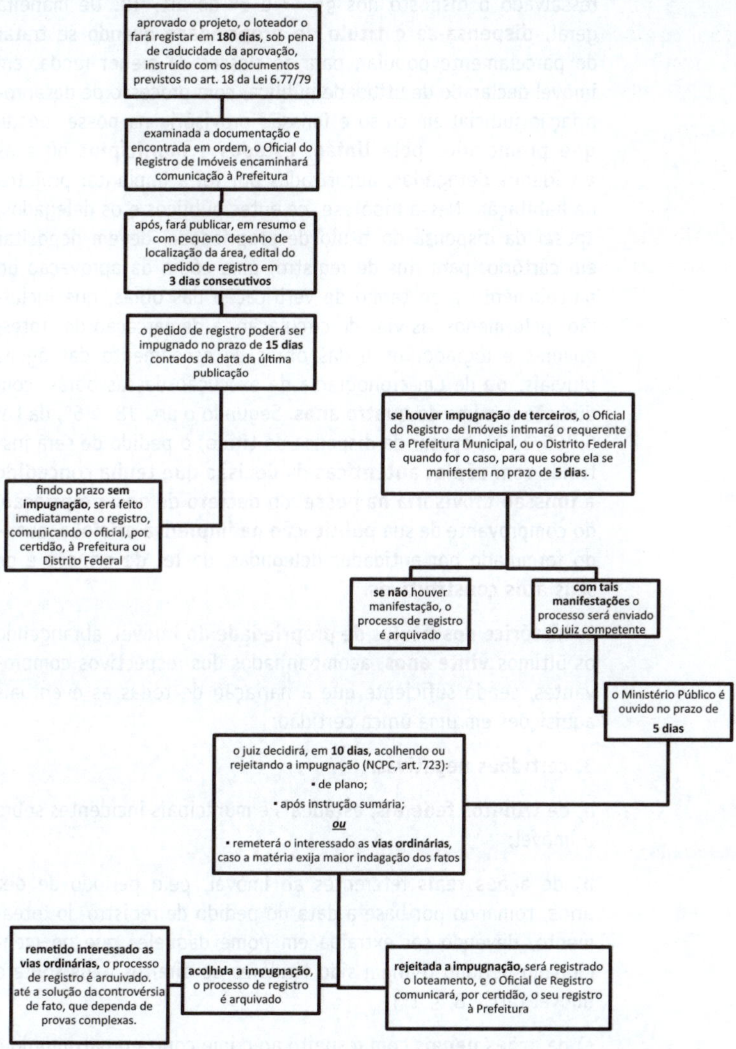

2. DOCUMENTOS NECESSÁRIOS

No tempo do **depósito do projeto de loteamento ou desmembramento no Cartório de Registro de Imóveis**, o interessado **deverá anexar os documentos** enumerados no art. 18, I a VII, e §§ 1º ao 5º, da Lei 6.766/1979, que são os seguintes:

1. **título de propriedade do imóvel ou certidão da matrícula**, ressalvado o disposto nos §§ 4º e 5º do art. 18. De maneira geral, **dispensa-se o título de propriedade** quando se tratar de parcelamento popular, para as classes de menor renda, em imóvel declarado de utilidade pública, com processo de desapropriação judicial em curso e imissão provisória na posse, **desde que promovidos pela União**, **estados** e **municípios** ou suas **entidades delegadas**, autorizadas por **lei** a implantar projetos de habitação. Nessa hipótese, os entes públicos e os delegados, apesar da dispensa do título de propriedade, devem depositar em cartório, para fins de registro, uma cópia da aprovação do parcelamento e do termo de verificação das obras, que incluirão, pelo menos, as vias de circulação, a demarcação dos lotes, quadras e logradouros e das obras de escoamento das águas pluviais, **ou** de um cronograma de execução dessas obras, com duração máxima de **quatro anos**. Segundo o art. 18, § 5º, da Lei 6.766/1979, apesar da dispensa do título, o pedido de será instruído com **cópias autênticas da decisão que tenha concedido a imissão provisória na posse**, do **decreto de desapropriação**, do comprovante de sua **publicação na imprensa oficial** e, quando formulado por entidades delegadas, da **lei de criação** e de seus **atos constitutivos.**

2. **histórico dos títulos de propriedade do imóvel**, abrangendo os últimos **vinte anos**, acompanhados dos respectivos comprovantes, sendo suficiente que a narração de todas as eventuais aquisições em uma única certidão;

3. **certidões negativas:**

a) de **tributos federais**, estaduais e municipais incidentes sobre o imóvel;

b) de **ações reais** referentes ao imóvel, pelo período de **dez anos**, tomando por base a data do pedido de registro do loteamento, devendo ser extraída em nome daqueles que no mencionado período tenham sido titulares de direitos reais sobre o imóvel (art. 18, § 1º).

c) de **ações penais** com respeito ao crime contra o patrimônio e contra a Administração Pública.

4. **certidões:**

a) dos cartórios de **protestos** de títulos, em nome do loteador, pelo período de **dez anos**, que terá por base a data do pedido de registro do loteamento;

b) de **ações pessoais** relativas ao loteador, pelo período de **dez anos**;

c) de ônus reais relativos ao imóvel;

d) de ações penais contra o loteador, pelo período de **dez anos**, também considerando por base a data do pedido de registro do loteamento.

5. **cópia do ato de aprovação do loteamento** e **comprovante do termo de verificação** pela prefeitura municipal ou pelo Distrito Federal, da execução das obras exigidas por legislação municipal, que incluirão, no mínimo, a execução das vias de circulação do loteamento, demarcação dos lotes, quadras e logradouros e das obras de escoamento das águas pluviais **ou da aprovação de um cronograma**, com a duração máxima de quatro anos, acompanhado de competente instrumento de garantia para a execução das obras;

6. **exemplar do contrato padrão de promessa de venda**, ou de **cessão** ou de **promessa de cessão**, do qual constarão obrigatoriamente as indicações previstas no art. 26 desta Lei;

7. **declaração do cônjuge do requerente** de que consente o registro do loteamento. A Lei 6.766/1979, no art. 18, VII, não estabelece qualquer distinção em relação ao regime de bens do casamento do loteador, ou seja, independentemente do regime, exige-se a outorga uxória ou marital para o registro do loteamento. Sendo assim, mesmo que casado sob o regime de separação de bens, por exemplo, que admite aos cônjuges, livremente, alienar ou gravar de ônus real os bens (CC, arts. 1.647 e 1.687), o **consentimento para o registro** de loteamento também será devido.

> **▸ Importante!**
>
> De acordo com o art. 18, § 3º, da Lei 6.766/1979, a declaração ou outorga para o registro do loteamento a que se refere o inciso VII do art. 18 **não dispensará** o consentimento do declarante para **os atos de alienação** ou **promessa de alienação de lotes**, ou de **direitos** a eles relativos, que venham a ser praticados pelo seu cônjuge.

3. IMPEDIMENTOS AO REGISTRO

Estabelece o art. 18, § 2º, da Lei 6.766/1979 que a existência de **protestos**, de **ações pessoais** ou de **ações penais**, exceto as referentes a **crime** contra o patrimônio e contra a administração, não impedirá o registro do loteamento se o requerente comprovar que esses protestos ou ações não poderão prejudicar os adquirentes dos lotes. Se o Oficial do Registro de Imóveis julgar **insuficiente** a comprovação feita, **suscitará a dúvida** perante o juiz competente.

A regra faz referência a **ações pessoais ou ações penais** contra o loteador, compreendidas, portanto, as ações de conhecimento, cumprimento de sentença e as de execução de título extrajudicial, cíveis e criminais.

Há uma clara opção do legislador de não ser suficiente para a negativa do registro a simples existência de demandas e protestos. Da forma como redigido o preceito legal, portanto, as ações e protestos não impedem o registro, se o requerente-loteador demonstrar que as consequências daquelas não importará prejuízo para os adquirentes dos lotes.

Deve ser considerado que a existência de ações de conhecimento e cumprimento de sentença ou execução contra o loteador pode levar a área loteada a ser objeto de constrição, daí por que o oficial de registro deve ter cautela ao verificar se tais ações representam risco para os adquirentes dos lotes (NCPC, arts. 789 e 797).

Também a **sentença penal condenatória transitada em julgado** é considerada título executivo judicial (NCPC, art. 515, VI), o que pode levar à responsabilidade patrimonial do loteador.

Outro aspecto que merece atenção diz respeito às **ações por crime contra o patrimônio** e a **administração**, pois estas, **por si sós, já impedem o registro**, de **modo absoluto**, independentemente da demonstração de ausência de prejuízo, exceto se o requerente-loteador, no final da ação ou recurso, obtiver ganho de causa.

Caso o requerente-loteador sofra **condenação com trânsito em julgado** por crime contra o patrimônio e a administração, apenas a **reabilitação criminal** o recoloca em condições de obter o registro do loteamento.

A **preocupação** do legislador com essa regra é **proteger a sociedade de loteadores de má índole** que, tendo praticado crimes dessa natureza, tenham por único objetivo causar danos aos eventuais adquirentes.

A Lei 6.766, de 1979, assim, apresenta **impedimentos** ao registro de parcelamento em razão de **ações** (cíveis ou criminais) e de **protesto**, conforme o quadro a seguir:

IMPEDIMENTOS AO REGISTRO DO PARCELAMENTO URBANO EM RAZÃO DE AÇÕES E PROTESTOS EXISTENTES CONTRA O LOTEADOR		
Ações cíveis e ações penais	**Ações penais por crime contra o patrimônio e a Administração**	**Protesto**
• a existência de ações pessoais, de natureza cível, e ações penais, **não impedirão** o registro do loteamento, quando o requerente **comprovar** que essas ações não prejudicarão os adquirentes dos lotes.	• a existência de **ações penais** por crime contra o **patrimônio** e contra a **administração**, impede o registro do loteamento.	• a existência de **protestos** não impedirá o registro do loteamento se o requerente comprovar que esses protestos não poderão prejudicar os adquirentes dos lotes.
• **impedimento relativo**, ou seja, em princípio há proibição do registro caso o loteador responda a ação pessoal cível ou penal; todavia, permite-se a prova no sentido que estas ações não resultarão em prejuízo aos adquirentes dos lotes (*juris tantum*).	• **impedimento absoluto**, não se admitindo qualquer prova de ausência de prejuízo (*jure et de jure*).	• **impedimento relativo**, ou seja, em princípio há proibição do registro caso o loteador responda a ação pessoal cível ou penal; todavia, permite-se a prova no sentido que estas ações não resultarão em prejuízo aos adquirentes dos lotes (*juris tantum*).
• **suscitação de dúvida** ocorrerá se o oficial do registro de imóveis julgar insuficiente a comprovação feita, caso em que suscitará a dúvida perante o juiz competente.	• **suscitação de dúvida**, não é cabível, a proibição do registro decorre de norma cogente, verificada a situação prevista em lei, a proibição se impõe *ipso facto*.	• **suscitação de dúvida**, ocorrerá se o oficial do registro de imóveis julgar insuficiente a comprovação feita, caso em que suscitará a dúvida perante o juiz competente.

4. COMUNICAÇÃO E PUBLICIDADE DO REGISTRO

Examinada a documentação e encontrada em ordem, o oficial de registro encaminhará **comunicação** à prefeitura municipal, ou ao Distrito Federal, conforme o caso, a respeito da postulação de registro (LPSU, art. 19, *caput*).

Ao mesmo tempo, fará publicar, em resumo e **com pequeno desenho de localização da área**, edital do pedido de registro em **três dias consecutivos** (LPSU, art. 19, *caput*).

A Lei do Parcelamento traz **regras específicas** em relação à publicidade do **edital do pedido de registro**, segundo o art. 19, § 3º, da Lei 6.766/1979.

Nas **capitais**, a publicação se fará no Diário Oficial do Estado e num dos jornais de circulação diária: são **cumulativas** as publicações. Nos **municípios do interior**, a publicação se fará **apenas** num dos **jornais locais**, se houver, ou, não havendo, em **jornal da região**.

5. IMPUGNAÇÃO DO REGISTRO DO PARCELAMENTO

O **registro do parcelamento** pode ser impugnado, no **prazo de quinze dias** contados da data da última publicação, que ocorre com a terceira publicação, conforme vimos anteriormente (LPSU, art. 19, *caput*).

Findo o prazo **sem impugnação**, o registro será lavrado imediatamente.

Se houver **impugnação de terceiros**, o oficial do Registro de Imóveis intimará o **requerente** e a **prefeitura municipal**, ou o **Distrito Federal**, quando for o caso, para que sobre ela se manifestem no prazo de **cinco cinco dias**, sob pena de arquivamento do processo. Com as manifestações das partes, o processo será enviado ao juiz competente, que determinará vistas ao Ministério Público, pelo prazo de **cinco dias**, para se manifestar, retornando à conclusão do juiz, em seguida, para decisão (LPSU, art. 19, § 1º).

O juiz decidirá de **plano** ou após **instrução sumária**, devendo remeter ao interessado as vias ordinárias caso a matéria **exija maior indagação** (LPSU, art. 19, § 2º, parte final).

Por essa razão, a impugnação **não altera a natureza de procedimento administrativo** do registro de loteamento.

> **Importante!**
>
> A respeito da natureza do procedimento de registro do parcelamento, decidiu o STJ (1370524 / DF): No âmbito do procedimento administrativo de registro de loteamento urbano, o Estado-juiz cinge-se, justamente, a analisar a regularidade e a consonância do pretendido registro com a lei, tão-somente. Nessa extensão, e, como decorrência da função correcional/fiscalizatória, o Poder Judiciário desempenha atividade puramente administrativa, consistente, portanto, no controle de legalidade do ato registral. A atuação do Judiciário, ao solver a impugnação ao registro de loteamento urbano apresentada por terceiros, não exara provimento destinado a pôr fim a um suposto conflito de interesses (hipótese em que se estaria diante do exercício da jurisdição propriamente dita), ou mesmo, a possibilitar a consecução de determinado ato ou à produção válida dos efeitos jurídicos perseguidos (caso em que se estaria no âmbito da jurisdição voluntária). Como enfatizado, o Estado-juiz restringe-se a verificar a presença de requisitos exigidos em lei, para a realização do registro, tão-somente. A própria lei de regência preconiza que, em havendo controvérsia de alta indagação, deve-se remeter o caso

à via jurisdicional, depreendendo-se, por consectário lógico, que o "juiz competente" referido na lei, ao solver a impugnação ao registro de loteamento, de modo algum exerce jurisdição, mas sim, atividade puramente administrativa de controle de legalidade do ato registral. O julgamento da impugnação presentada por terceiros, restrito à análise da presença de requisitos exigidos em lei para a realização do registro (a ser proferido no âmbito do Judiciário), não tem o condão de modificar a essência administrativa do procedimento, notadamente porque se insere nas atribuições destinadas ao controle da regularidade e continuidade dos serviços delegados, a cargo dos juízes corregedores e pelas corregedorias dos Tribunais, lastradas no § 1º do art. 236 da Constituição Federal.

Não havendo impugnação, ou julgadas aquelas apresentadas, o registro do loteamento será feito, por **extrato**, em **livro próprio**, segundo o art. 20 da Lei 6.766/1976.

Como forma de observar estritamente a legalidade dos atos praticados, se o oficial do Registro de Imóveis proceder ao registro em **desacordo** com as exigências legais, ficará sujeito a **multa** equivalente a **dez vezes os emolumentos regimentais fixados para o registro**, na época em que for aplicada a penalidade pelo juiz corregedor do cartório, **sem prejuízo** das sanções **penais** e **administrativas** cabíveis (LPSU, art. 19, § 4º).

6. FORMA DO REGISTRO

Para o **loteamento**, **será aberta a matrícula da área a ser subdividida** e lança-se o registro no **Livro n. 2, conforme determina a Lei 6.015, de 1973, art. 167, I, n. 19**.

Uma vez que a matrícula esteja aberta, no assento do registro serão lançados todos os dados contidos no memorial, tais como o plano, a denominação, as praças, as áreas verdes, as vias, a área *non aedificandi*, aquelas destinadas aos equipamentos urbanos e comunitários, as quadras, os lotes, especificados com as dimensões e outras particularidades. Deve-se ainda anotar no registro a forma de urbanização e a informação pormenorizada sobre quais foram os documentos apresentados.

Após o registro do loteamento, todos os **lotes são numerados em ordem vertical**, reservando-se espaço para que seja averbado o **número da matrícula** do lote quando ocorrer a venda.

▸ **Importante!**

A indicação dos lotes é **individualizada** no registro de imóveis competente, de modo que cada lote possui uma matrícula própria (LPSU, art. 20, parágrafo único).

O **desmembramento** não é registrado, mas **averbado**, conforme o art. 167, II, n. 4, da Lei 6.015, de 1973, sistemática já acolhida na legislação revogada constante do antigo Decreto 4.857, de 1939, art. 285.

Se a área loteada estiver situada em **mais de uma circunscrição imobiliária**, o registro será requerido primeiramente perante aquela em que estiver localizada a maior parte da área loteada. Procedido ao registro nessa circunscrição, o interessado requererá, **sucessivamente**, o registro do loteamento em cada uma das demais, comprovando perante cada qual o registro efetuado na anterior, até que o loteamento seja registrado em todas (LPS, art. 21; LRP, art. 169, II).

É defeso ao interessado processar **simultaneamente**, perante diferentes circunscrições, pedidos de registro do mesmo loteamento, sendo **nulos** os atos praticados com infração a essa norma (LPS, art. 21, § 2º).

Caso o registro seja **denegado** em qualquer das circunscrições, essa decisão será comunicada, pelo oficial do Registro de Imóveis, às demais para efeito de cancelamento dos registros feitos, salvo se o **motivo do indeferimento for incomunicável** aos demais, e desde que o interessado **requeira a manutenção do registro obtido**, submetido o remanescente do loteamento a uma aprovação prévia perante a prefeitura municipal, ou o Distrito Federal quando for o caso.

Na inobservância de **todos os registros**, quando a área do loteamento se estender por mais de uma circunscrição, considerar-se-á o loteamento **como não registrado** para os efeitos da Lei 6.766/1979, segundo estabelece seu art. 21, § 3º.

▸ **Importante!**

Nenhum lote poderá situar-se em **mais de uma** circunscrição (LPS, art. 21, § 1º).

7. EFEITOS DO REGISTRO

Com relação **aos efeitos do registro do loteamento**, destacam-se os seguintes:

- legitima a divisão da gleba
- possibilita a promessa ou a venda dos lotes, pois são vedados estes negócios em relação aos loteamentos ou desmembramentos não registrados.
- tem efeito constitutivo de direito para transferir para o domínio público do Município as vias, praças, espaços livres e as áreas destinadas a edifícios públicos e outros equipamentos urbanos, constantes do memorial descritivo e plantas, independentemente de qualquer ato.

Admite a Lei 6.766, de 1979, que o **efeito constitutivo** do registro, segundo o qual uma vez registrado o loteamento as áreas públicas de um parcelamento são transferidas ao domínio público, que **o** município promova o registro dessas áreas ainda que presentes em **loteamentos irregulares**, que se acham unicamente implantados. É o que diz o art. 20, parágrafo único, da Lei do Parcelamento Urbano: *"Na hipótese de parcelamento do solo implantado e não registrado, o município poderá requerer, por meio da apresentação de planta de parcelamento elaborada pelo loteador ou aprovada pelo município e de declaração de que o parcelamento se encontra implantado,* ***o registro das áreas destinadas a uso público****, que passarão dessa forma a integrar o seu domínio."*

Nessa hipótese, diferentemente do que normalmente ocorre, quem promove o registro das áreas destinadas ao uso público em loteamento irregular implantado é o próprio **município**, e não o loteador.

Trata-se aqui do reconhecimento das áreas que integram o patrimônio do município, ou do Distrito Federal, pela simples **destinação**, independentemente da aprovação e do registro do loteamento (art. 9º, § 2º, III).

São necessários, **cumulativamente**, os seguintes requisitos:

8. CANCELAMENTO DO REGISTRO

O **cancelamento do registro do loteamento** pode ser: (a) **total** ou; (b) **parcial**.

Quando for **total o cancelamento do registro**, este só será possível nos casos e formas a seguir, segundo os arts. 23, I a III, da Lei 6.766/1979:

▶ CANCELAMENTO TOTAL DO REGISTRO:

• decisão judicial	• *a requerimento dos interessados* • *de ofício pelo juiz* • *mediante peddo do Ministério Público, tratando-se de nulidade (p. ex., arts. 21, § 2º, e 23, I).*
• requerimento do loteador ao oficial do registro de imóveis	• ***anuência da Prefeitura ou do Distrito Federal;*** • ***nenhum lote vendido;*** • ***publicação de edital do pedido de cancelamento, em resumo;*** • ***impugnado no prazo de 30 dias contados da data da última publicação;*** • ***vistoria judicial para comprovar a inexistência de adquirentes instalados;*** • ***homologação pelo juiz do pedido de cancelamento;*** • ***parecer do Ministério Público.***
• requerimento conjunto do loteador e de todos os compradores dos lotes ao oficial do registro de imóveis	• ***anuência da Prefeitura ou do Distrito Federal e do Estado;*** • ***lotes vendidos;*** • ***publicação de edital do pedido de cancelamento, em resumo;*** • ***impugnado no prazo de 30 dias contados da data da última publicação;*** • ***vistoria judicial para comprovar a inexistência de adquirentes instalados;*** • ***homologação judicial do pedido de cancelamento;*** • ***parecer do Ministério Público.***

A despeito da **anuência** dos entes públicos, como requisito legal para o cancelamento do registro, nas hipóteses previstas nos incisos II e III do art. 23, **a prefeitura e o estado poderão se opor** ao requerimento formulado, nos casos do art. 23, § 1º, da Lei 6.766, de 1979, nos seguintes casos:

- ***se resultar inconveniente comprovado para o desenvolvimento urbano***
- ***se tiver realizado qualquer melhoramento na área loteada ou adjacências.***

Nessas duas situações, portanto, se for comprovadamente **desvantajoso ao progresso urbanístico** e para se **evitar prejuízo ou lesão ao patrimônio público investido no local**, o Poder Público pode, ao invés de manifestar anuência ao pedido, se posicionar **contrário** a seu cancelamento.

▸ Como esse assunto foi cobrado em concurso?

Foi abordado no concurso para Promotor de Justiça/SC/2012: Assinale a alternativa correta:

I. O parcelamento do solo urbano poderá ser feito mediante loteamento ou desmembramento. Considera-se loteamento a subdivisão do terreno, servido de infraestrutura básica cujas dimensões atendam aos índices urbanísticos definidos pelo plano diretor ou lei municipal para a zona em que se situe. Considera-se desmembramento a subdivisão de gleba em partes destinadas a edificação, com abertura de novas vias de circulação, de logradouros públicos ou prolongamento, modificação ou ampliação das vias existentes.

II. Segundo o disposto na Lei 6.766/1979, aprovado o projeto de loteamento ou de desmembramento, o loteador deverá submetê-lo ao registro imobiliário dentro de 180 dias, sob pena de caducidade da aprovação, que deverá estar acompanhado de diversos documentos, dentre eles: o título de propriedade do imóvel. Este título também é documento indispensável para os casos de parcelamento popular, destinado às classes de menor renda, em imóvel declarado de utilidade pública, com processo de desapropriação judicial em curso e imissão provisória na posse, promovido pela União, pelo estado ou Distrito Federal, pelo município ou, eventualmente, por suas entidades delegadas, autorizadas por lei a implantar projetos de habitação.

III. Nos termos do disposto na lei que regulamenta o parcelamento do solo urbano (Lei 6.766/1979), o registro do loteamento poderá ser cancelado: a) por decisão judicial; b) a requerimento do loteador, com anuência da prefeitura, ou do Distrito Federal quando for o caso, enquanto nenhum lote houver sido objeto de contrato; c) a requerimento conjunto do loteador e de todos os adquirentes de lotes, com anuência da prefeitura, ou do Distrito Federal quando for o caso, e do estado.

IV. Os bens móveis e imóveis adquiridos por um ou por ambos os conviventes, na constância da união estável e a título oneroso, são considerados fruto do trabalho e da colaboração comum, passando a pertencer a ambos, em condomínio e em partes iguais. Segundo o disposto na Lei 9.278/1996, a referida presunção de meação dos conviventes é estendida para as hipóteses de aquisição patrimonial com o produto de bens obtidos anteriormente ao início da união.

V. O direito à participação da sucessão do(a) companheiro(a), disposto na Lei 8.971/1994, decorre das seguintes condições, a saber: a) o(a) companheiro(a) sobrevivente terá direito enquanto não constituir nova união, ao usufruto de quarta parte dos bens do de cujos, se houver filhos ou comuns; b) o(a) companheiro(a) sobrevivente terá direito, enquanto não constituir nova união, ao usufruto da metade dos bens do de cujos, se não houver filhos, embora sobrevivam ascendentes; c) na falta de descendentes e de ascendentes, o(a) companheiro(a) sobrevivente terá direito à totalidade da herança. Registra-se, que quando os bens deixados pelo(a) autor(a) da herança resultarem de atividade em que haja colaboração do(a) companheiro, terá o sobrevivente direito à metade dos bens.

Resposta: foram considerados corretos os **itens III e V**. O item III, relacionado ao estudo, tem sua resposta no art. 23, I a III, da Lei 6.766/1979, pelo qual o registro do loteamento só poderá ser cancelado: 1) por decisão judicial; 2) a requerimento do loteador, com anuência da prefeitura, ou do Distrito Federal quando for o caso, enquanto nenhum lote houver sido objeto de contrato; 3) a requerimento conjunto do loteador e de todos os adquirentes de lotes, com anuência da prefeitura, ou do Distrito Federal quando for o caso, e do estado.

O **cancelamento parcial do registro** é previsto no art. 28 da Lei 6.766, de 1979, segundo o qual *"**Qualquer alteração** ou **cancelamento parcial do loteamento registrado** dependerá de acordo entre o loteador e os adquirentes de lotes atingidos pela alteração, bem como da aprovação pela prefeitura municipal, ou do Distrito Federal quando for o caso, devendo ser depositada no Registro de Imóveis, em complemento ao projeto original com a devida averbação"*.

Diferentemente do art. 23, I, da Lei do Parcelamento, **não** é previsto o cancelamento parcial do registro ou alteração do loteamento pela **via judicial**.

Apesar de não prevista a possibilidade no art. 28 da Lei 6.766, de 1979, deve ser considerada essa hipótese em juízo. Primeiro porque "a lei não excluirá da apreciação do Poder Judiciário lesão ou ameaça a direito" (art. 5º, XXXV, da CF de 1988). E em segundo, se a própria Lei do Parcelamento admite o cancelamento total do registro, o cancelamento parcial e a alteração do registro do parcelamento, providências menores, que decorram de irregularidades ambientais, por exemplo, também estão compreendidos na tutela do Poder Judiciário.

Assim, resumidamente, são exigidos os requisitos para o cancelamento parcial do registro do loteamento, ou sua alteração.

▶ ALTERAÇÃO OU CANCELAMENTO PARCIAL OU DO LOTEAMENTO REGISTRADO:

• qualquer alteração do loteamento	• acordo entre o loteador e os adquirentes de lotes atingidos pela alteração; • aprovação pela Prefeitura Municipal, ou pelo Distrito Federal, quando for o caso; • depósito no Registro de Imóveis, em complemento ao projeto original, mediante averbação.
• cancelamento parcial do loteamento registrado	• *acordo entre o loteador e os adquirentes de lotes atingidos pela alteração;* • *aprovação pela Prefeitura Municipal, ou pelo Distrito Federal, quando for o caso;* • *depósito no Registro de Imóveis, em complemento ao projeto original, mediante averbação.*

Como se vê, os **requisitos** para a alteração ou o cancelamento parcial do loteamento registrado **são menores** em relação àqueles do cancelamento total do registro, não se exigindo publicidade, parecer do Ministério Público e homologação judicial.

A Lei de Registros Públicos (Lei 6.015/1973) **também** dispõe no art. 255 sobre o cancelamento do registro de loteamento.

A Lei de Parcelamento Urbano (Lei 6.766/1979) todavia, é *especial e posterior* àquela, em matéria de **parcelamentos urbanos**, e assim prevalece em relação à Lei dos Registros Públicos, mantendo-se esta, porém, aplicável aos demais parcelamentos, como os rurais.

Ao **processo de registro dos loteamentos** deve ser dispensada a mais ampla **publicidade**, como forma de se permitir o acesso irrestrito às características e legalidade dos interessados ou não na aquisição dos lotes, conforme prevê o art. 24 da Lei 6.766/1979, segundo o qual *"o processo de loteamento e os contratos de depositados em Cartório poderão ser examinados por qualquer pessoa, a qualquer tempo, independentemente do pagamento de custas ou emolumentos, ainda que a título de busca"*.

A Lei 6.015, de 1973, contempla no capítulo IV, arts. 16 e ss., a **função publicitária do registro**.

Segundo Walter Ceneviva, *"quaisquer que sejam os característicos ou o fim dos assentamentos mencionados na LRP, devem estar os registros permanentemente abertos – com poucas exceções – ao integral conhecimento de todos"* (Ceneviva, Walter. *Lei dos Registros Públicos comentada*. 20. ed. São Paulo: Saraiva, 2010, p. 89).

A observância no trato da **legalidade** dos procedimentos para o registro do parcelamento urbano tem como destinatário imediato o oficial de registro de imóveis, tanto que o art. 19, § 4º, da Lei 6.766, de 1979, estabelece que caso efetue o registro em desacordo com as exigências da Lei do Parcelamento **ficará sujeito a multa** equivalente a **dez vezes os emolumentos regimentais fixados** para o registro, na época em que for aplicada a penalidade pelo juiz corregedor do cartório, **sem prejuízo das sanções penais e administrativas cabíveis**.

Entre os tipos penais previstos, prescreve o art. 52 da Lei 6.766, de 1979: *"Registrar loteamento ou desmembramento não aprovado pelos órgãos competentes, registrar o compromisso de compra e venda, a cessão ou promessa de cessão de direitos, ou efetuar registro de contrato de venda de loteamento ou desmembramento não registrado."*

▸ **Como esse assunto foi cobrado em concurso?**

Foi tema no concurso para Promotor de Justiça do MP/BA, 2018:

Sobre a Lei nº 6.766/79, que "Dispõe sobre o Parcelamento do Solo Urbano e dá outras Providências", são corretas as afirmações abaixo, exceto:

a) É considerado crime contra a Administração Pública, dar início, de qualquer modo, ou efetuar loteamento ou desmembramento do solo para fins urbanos, sem autorização do órgão público competente, ou em desacordo com as disposições desta Lei ou das normas pertinentes do Distrito Federal, Estados e Municípios.

b) Não constitui crime registrar loteamento ou desmembramento não aprovado pelos órgãos competentes, registrar o compromisso de compra e venda, a cessão ou promessa de cessão de direitos, ou efetuar registro de contrato de venda de loteamento ou desmembramento não registrado, mas poderá configurar infração administrativa.

c) Considera-se loteamento a subdivisão de gleba em lotes destinados a edificação, com abertura de novas vias de circulação, de logradouros públicos ou prolongamento, modificação ou ampliação das vias existentes.

d) Considera-se desmembramento a subdivisão de gleba em lotes destinados a edificação, com aproveitamento do sistema viário existente, desde que não implique na abertura de novas vias e logradouros públicos, nem no prolongamento, modificação ou ampliação dos já existentes.

e) Constitui loteamento de acesso controlado a modalidade de loteamento cujo controle de acesso será regulamentado por ato do poder público Municipal, sendo vedado o impedimento de acesso a pedestres ou a condutores de veículos, não residentes, devidamente identificados ou cadastrados.

(Resposta: Foi considerada **incorreta** a letra "b").

O oficial de registro de imóveis ainda pode se sujeitar à Lei 8.429, de 1992, que dispõe sobre os atos de improbidade administrativa, por exercer função delegada do Poder Público (CF, art. 236), permitindo-se até o mesmo o afastamento preventivo do titular do serviço de registro, conforme os arts. 35 e 36 da Lei 8.935, de 1994.

Nesse sentido:

RMS 14908/BA, rel. Ministro Humberto Martins.

REsp. 626034/RS, rel. Ministro João Otávio de Noronha.

▸ **Importante!**

Já admitiu o STJ pela aplicação da Lei de Improbidade Administrativa aos oficiais de registro (RMS 14908/BA): "Indícios veementes de perpetração de vários crimes contra a Administração Pública e **atos de improbidade pelo oficial de registro** [..] A jurisprudência do Superior Tribunal de Justiça é firme no entendimento de que **nada obsta o afastamento preventivo do titular de serviço** notarial e de **registro**, por **prazo indeterminado**, a teor do disposto nos arts. 35 e 36 da Lei 8.935/1994. A suspensão preventiva não tem caráter punitivo, mas sim cautelar."

Completado o registro do loteamento ou desmembramento, o cartório deverá **remeter certidão à prefeitura municipal, ou ao Distrito Federal**, se nele o parcelamento do solo estiver localizado, para permitir que os entes públicos **fiscalizem a implantação do loteamento**, especialmente o cronograma de execução das obras.

O parcelamento urbano que se faça sem a observância do **devido processo administrativo** constante da Lei do Parcelamento **não será objeto de registro imobiliário**.

Como vimos, todavia, o art. 22, parágrafo único, da Lei 6.766/1979 estabelece a possibilidade do registro de área destinadas a uso público, a cargo do município, na hipótese de parcelamento do solo implantado e não registrado, que passarão dessa forma a integrar o seu domínio.

> ▸ **Importante!**
>
> Decidiu o STJ, relacionado ao registro de parcelamento ilegal (RMS 9876/SP): "A venda de **fração ideal de terras parceladas irregularmente não pode ser objeto de registro imobiliário**, porque frauda a legislação específica; o juiz que proíbe o registro desses negócios, sem a prévia oitiva do proprietário, não fere a garantia do contraditório, porque só ordenou o que o oficial do Cartório já estava obrigado a fazer."

Capítulo IV

Contratos

1. CONTRATOS

1.1. Compromisso de compra e venda

Segundo a lição de Maria Helena Diniz, o **compromisso de compra e venda** (CC, arts. 1.417 e 1.418) consiste "[..] no contrato pelo qual o *promitente vendedor* obriga-se a vender ao compromissário comprador determinado imóvel, pelo preço, condições e modos convencionados, outorgando-se a escritura definitiva quando houver adimplemento da obrigação. O *compromissário comprador*, por sua vez, obriga-se a pagar o preço e cumprir todas as condições estipuladas na avença, adquirindo, em consequência, direito real sobre o imóvel, com a faculdade de reclamar a outorga da escritura definitiva, ou sua adjudicação compulsória havendo recusa por parte do promitente vendedor ou de terceiro, a quem os direitos forem cedidos" (Diniz, Maria helena. *Código Civil anotado*. 16. ed. Saraiva. São Paulo, 2012, p. 1015).

Por sua vez, Arnaldo Rizzardo, esclarece que o "[..] contrato de promessa ou compromisso de compra e venda – *pactum contrahendi* – é um verdadeiro contrato, regulado por leis especiais, que tem por objeto uma prestação de fazer, prestação esta consistente na celebração de outro contrato, o definitivo (Rizzardo, Arnaldo. *Direito das coisas*. 7. ed. Rio de Janeiro: Forense, 2014, p. 999).

Para Pontes de Miranda, é o contrato pelo qual "as partes se obrigam a concluir outro negócio jurídico, dito principal, ou o contrato principal. Sendo essencial à noção de pré-contrato que se obriga alguém a concluir contrato ou outro negócio jurídico" (*Direito das coisas*. 7. ed. Rio de Janeiro: Forense, 2014, p. 999).

A promessa ou compromisso de compra e venda de **imóveis urbanos loteados** encontra-se disciplinada na Lei 6.766, de 1979. O **Decreto-Lei 58/1937** (Decreto-Regulamentar 3.079) dispõe sobre alguns aspectos contratuais, mas tão somente em relação aos loteamentos rurais.

De maneira mais detalhada, Agathe Elsa Schimidt Da Silva faz um apanhado geral da legislação, e aponta que *"o Decreto 58 continua vigente apenas nos arts. 5º (efeitos do registro dos contratos); 8º (obrigatoriedade do registro do ato constitutivo de direitos reais); 10 (obrigatoriedade da menção do número do registro dos anúncios de propaganda de venda); 12, salvo o § 2º, de que trata a nova lei; 15 (antecipação do pagamento pelos compromissários); 16 (sobre a adjudicação compulsória); 17 (depósito do imóvel pelo loteador); 22 (adjudicação compulsória dos imóveis não loteados, com contrato registrado e sem cláusula de arrependimento). Quanto aos loteamentos rurais, permanece o Decreto-Lei 58 inteiramente em vigor"* (apud Venosa, Silvio de Salvo. *Direito civil. Direitos reais*. 13. ed. São Paulo: Atlas, 2013, p. 526).

O Decreto-Lei 58, de 1937, **aplicava-se, no momento inicial de sua vigência, tão somente aos imóveis loteados**. Depois, com a alteração promovida pela Lei 649, de 1949, **passou a abranger os imóveis não loteados**.

Em seguida, a Lei 6.014, de 1973, conferiu nova redação ao art. 22 do Decreto-Lei 58, que segue vigente com a seguinte redação: *"Os contratos, sem cláusula de arrependimento, de compromisso de compra e venda e cessão de direitos de imóveis não loteados, cujo preço tenha sido pago no ato de sua constituição ou deva sê-lo em uma, ou mais prestações, desde que, inscritos a qualquer tempo, atribuam aos compromissos direito real oponível a terceiros, e lhes conferem o direito de adjudicação compulsória nos termos dos arts. 16 desta Lei, 640 e 641 do Código de Processo Civil."* O mesmo conteúdo é encontrado no art. 22 do Decreto 3.079.

A menção aos arts. 640 e 641 do CPC corresponde à redação original do texto do CPC/1973, revogados pela reforma processual introduzida pela Lei 11.232, de 2005, e que passaram a corresponder aos arts. 466-C e 466-A do CPC/1973. Com a **entrada em vigor do CPC/2015**, os novos dispositivos a serem observados são os **arts. 497 a 501**, que dispõem sobre o julgamento das ações relativas às prestações de fazer, de não fazer e de entregar coisa.

Com relação aos efeitos do cumprimento do contrato, sempre que o **compromissário comprador** que tenha adimplido suas obrigações, ser-lhe-á outorgado o contrato principal ou definitivo, mediante a entrega da escritura pública definitiva, pelo **promitente vendedor**. A outorga do **contrato definitivo tem a natureza de obrigação de fazer**, pois se consubstancia num fato a ser prestado, decorrente de um contrato preliminar, pelo qual são estabelecidas todas as obrigações das partes.

No momento de receber o contrato definitivo, portanto, todas as obrigações assumidas pela compromissário comprador já foram cumpridas. O contrato definitivo, assim, é exatamente a finalidade da promessa, que só é atingida quando efetivado pelas partes aquilo que lhes competia.

Na promessa de compra e venda, se o promitente vendedor descumprir a **obrigação de fazer**, poderá ter sua vontade suprida por sentença.

Estabelece a Lei 6.766/1979, no art. 25, que *"São irretratáveis os compromissos de compra e venda, cessões e promessas de cessão, os que atribuam direito a adjudicação compulsória e, estando registrados, confiram direito real oponível a terceiros"*.

São **partes** nesse negócio, **de um lado**, o **compromitente vendedor**, promitente, cedente ou promissário, e, **de outro**, o **compromissário comprador**, compromissário adquirente ou cessionário.

Com relação à **natureza jurídica**, são **contratos** de **caráter e eficácia real**, em que o adquirente tem a utilização da coisa e pode dispor do direito mediante **cessão**. Os poderes inerentes ao domínio, *ius utendi, fruendi et abutendi*, são transferidos ao compromissário comprador. O promitente vendedor conserva tão somente a **nua propriedade**, até que todo o preço seja pago, funcionando como que uma espécie de garantia.

Apesar do exercício dos poderes, o compromissário comprador **não recebe o domínio da coisa**, mas passa a ter direitos sobre ela (usar, sequela, oponibilidade, disposição mediante cessão etc.). Esses são, assim, **direitos reais sobre coisa alheia**, de desfrutar do bem, impedir sua alienação a terceiros, no direito de sequela e até no poder de ajuizar ação de adjudicação compulsória.

Podem ser apontadas outras características sobre a natureza jurídica do contrato de compromisso de compra e venda; trata-se de negócio jurídico *bilateral, típico, consensual, oneroso, comutativo, solene e de execução continuada*.

A respeito de cada uma dessas categorias:

(i) **bilateral:** porque encerra obrigações correspectivas para as partes, do promitente de transmitir o domínio, e do compromissário de entregar preço nos termos pactuados;

(ii) **típico:** em razão da configuração expressa em lei, notadamente no Código Civil e na Lei do Parcelamento Urbano;

(iii) **consensual:** pois só se aperfeiçoa mediante acordo de vontades;

(iv) **oneroso**: com vantagens e sacrifícios para as partes;

(v) **comutativo**: em que há relativa equivalência das prestações, entre o preço pago e o valor da coisa a ser transferida;

(vi) **solene**: haja vista a necessidade de cumprir algumas formalidades previstas na lei, entre as quais a celebração do contrato por escrito, por instrumento particular ou público, sendo vedada a promessa verbal;

(vii) **execução diferida**: porque as obrigações das partes não são cumpridas num só instante, antes se protraem no tempo, tanto o pagamento do preço, geralmente em parcelas, quanto a outorga do contrato definitivo, que só ocorre após o pagamento integral do preço.

O compromisso de compra e venda não se confunde com as **negociações preliminares**, fase que antecede a proposta certa de formação dos contratos, e se caracteriza pelos debates prévios, ajustes provisórios, diálogos e entendimentos sobre o negócio desejado.

Orlando Gomes destaca que "a promessa de compra e venda é exemplo de contrato preliminar" (apud Gonçalves, Carlos Roberto (coord.). Direito civil esquematizado 1. 2. ed. Saraiva. São Paulo, 2012, p. 820).

Para Carlos Roberto Gonçalves, a **promessa irretratável de compra e venda** "aproxima-se do contrato preliminar de venda, porque seu resultado prático é adiar a transferência do domínio do bem compromissado até que o preço seja totalmente pago, diferenciando-se dele, porquanto dá lugar à adjudicação compulsória" (Gonçalves, Carlos Roberto. Direito civil esquematizado 2. Saraiva. São Paulo: 2013, p. 723).

Segundo a dicção do art. 25 da Lei do Parcelamento, com o **registro** da promessa de compra e venda confere-se a **eficácia real ao negócio**, podendo o adquirente suscitá-lo perante terceiros, efeito específico e único do registro, evitando-se, com essa precaução, vendas sucessivas e ilícitas do mesmo bem.

De fato, o registro **não é obrigatório, mas facultativo**. As partes têm a opção de levar o compromisso ao cartório. É certo, porém, que o efeito *erga omnes, a eficácia real, ou o direito real,* perante terceiros de boa-fé, só se obtém com o registro, quando então a medida passa a ser necessária. O mesmo não sucede em relação às partes, pois, ainda que não registrado o compromisso, gera obrigação de fazer para os contratantes, *direito pessoal,* desde que ainda registrado em nome do promitente vendedor o imóvel.

Vale lembrar que os **direitos reais nascem do registro**, segundo a dicção do art. 1.227 do CC: *"Os direitos reais sobre imóveis constituídos, ou transmitidos por atos entre vivos, só se adquirem com o registro no Cartório de Registro de Imóveis dos referidos títulos (arts. 1.245 a 1.247), salvo os casos expressos neste Código."*

Assim, desde que **não** tenha sido pactuado direito de arrependimento – e na Lei de Loteamento isto não é possível –, o registro do contrato no Registro de Imóveis confere ao promitente comprador direito real de aquisição, oponível *erga omnes*.

Interpretando o alcance do parágrafo único do art. 463 do Código Civil, foi aprovado o **Enunciado 30 na I Jornada de Direito Civil do CJF/STJ**, afirmando-se: *"A disposição do parágrafo único do art. 463 do novo Código Civil deve ser interpretada como fator de eficácia perante terceiros."*

O **Enunciado 95 da I Jornada de Direito Civil do CJF/STJ**, elaborado em relação aos arts. 1.417 e 1.418 do Código Civil, referente ao direito do promitente comprador, destaca que: *"O direito à adjudicação compulsória (art. 1.418 do Novo Código Civil), quando exercido em face do promitente vendedor, não se condiciona ao registro da promessa de compra e venda no Cartório de Registro Imobiliário."*

De igual modo, ressaltando a desnecessidade do registro para a execução específica, com relação à promessa de compra e venda, a **Súmula 239 do STJ**: *"O direito à adjudicação compulsória não se condiciona ao registro do compromisso de compra e venda no Cartório de Imóveis."*

Nesse mesmo sentido a **Súmula 413 do STF**: *"O compromisso de compra e venda de imóveis, ainda que não loteados, dá direito à execução compulsória, quando reunidos os requisitos legais."*

Admite-se a possibilidade de defesa fundada em compromisso não registrado, vejamos a **Súmula 84 do STJ**: *"É admissível a oposição de embargos de terceiro fundados em alegação de posse advinda do compromisso de compra e venda de imóvel, ainda que desprovido do registro."*

▸ **Importante!**

O próprio Superior Tribunal de Justiça teve a oportunidade de se posicionar na questão, em relação aos **imóveis loteados**, afirmando que, para fins de execução, "comprovada a regularidade do loteamento, com o competente registro imobiliário, **desnecessária** a apresentação, pelo loteador, do contrato de compromisso de compra e venda **devidamente registrado** [..]" (STJ, REsp. 648780/RS).

Por consequência, a promessa de compra e venda irretratável, seja no âmbito da Lei de Loteamento Urbano, seja no do Código Civil, neste quando **não pactuado** o arrependimento, **registrada ou não**, pode ser adjudicada compulsória, em favor do compromissário comprador, contra o vendedor, a parte primitiva, mas não contra terceiros de boa-fé.

É importante ressaltar que o art. 1.417 do CC prevê a opção de se **pactuar o arrependimento**, quer admitindo-o, quer não. No **silêncio** do compromisso, sob a égide do Código Civil, aplica-se a regra da irretratabilidade. Tanto no Decreto-Lei 58, de 1937 (STF, Súmula 166), aplicável aos loteamentos rurais, como na Lei 6.766, de 1979, aos urbanos, consagra-se a inadmissibilidade do arrependimento.

No âmbito do CC, arts. 1.417 e 1.418, portanto, para que o **compromissário comprador** possa valer-se da ação de **adjudicação compulsória**, são exigidos os requisitos seguintes, dispensando-se aquele que diz respeito ao arrependimento, não admitido em relação aos compromissos regidos pela Lei 6.766, de 1979 (loteamento urbano) e pelo Decreto-Lei 58, de 1937 (loteamento rural).

① • ausência de direito de arrependimento	② • pagamento integral do preço
③ • recusa do promitente vendedor em outorgar a escritura	④ • recusa do promitente vendedor em outorgar a escritura

Noutro viés, se o compromissário comprador deixar de cumprir sua obrigação e atrasar o pagamento das prestações, poderá o **promitente vendedor** pleitear a **resolução do contrato**, cumulando o pedido com a reintegração de posse, como se verá adiante.

2. IMPOSSIBILIDADE DO ARREPENDIMENTO E ADJUDICAÇÃO COMPULSÓRIA

Segundo o art. 25 da Lei 6.766, de 1979, *"São irretratáveis os compromissos de compra e venda, cessões e promessas de cessão, os que atribuam direito a adjudicação compulsória e, estando registrados, confiram direito real oponível a terceiros".*

Afirmávamos que, antes da Lei n. 13.786, de 2018, inexistia, na Lei 6.766, de 1979, o **direito de arrependimento** do compromisso de compra e venda de lotes urbanos, sendo da essência destes contratos sua **irretratabilidade e irrevogabilidade**.

Assim, como regra, permanece o direito de arrependimento. Nesse aspecto, a Lei do Parcelamento do Solo Urbano distancia-se do Código Civil (art. 1.417) quanto aos imóveis não loteados, o que **permite aos contratantes** pactuar o arrependimento nos compromissos de compra e venda.

Segundo o Decreto-Lei 58, de 1937, em seu artigo 22: *"Os contratos, sem cláusula de arrependimento, de compromisso de compra e venda e cessão de direitos de imóveis não loteados, cujo preço tenha sido pago no ato de sua constituição ou deva sê-lo em uma ou mais prestações, desde que inscritos a qualquer tempo, atribuem aos compromissos direito real oponível a terceiros, e lhes conferem o direito de adjudicação compulsória nos termos dos arts. 16 desta Lei, 640 e 641 do Código de Processo Civil"* (Novo CPC/2015, ver arts. 497 a 501).

Ainda que da parte inicial do preceito se tenha a impressão de que o compromisso de compra e venda regido pelo Decreto-Lei 58, de 1937, consagra a possibilidade de se prever cláusula de arrependimento, o Supremo Tribunal Federal, ao editar **a Súmula 166 do STF**, vedou essa possibilidade, afirmando o seguinte: "É inadmissível o arrependimento do compromisso de compra e venda ao regime do Decreto-Lei 58".

O **STJ já se posicionou a respeito do tema**, reafirmando que o contrato preliminar regulado pelas disposições do Decreto-Lei 58/1937, ou os negócios pactuados sob sua égide, e da Lei 6.766, que regula o compromisso de compra e venda para loteamentos urbanos, **não permitem o direito de arrependimento**.

Nesse sentido:

STJ, AgRg no AREsp. 493729, 2014, Rel. Ministra Nancy Andrighi.

Desse modo, **não se admite** a inserção de **cláusula de arrependimento** tanto nos contratos que envolvam **lotes rurais** (Decreto-Lei 58/1937) como naqueles que tenham por objeto **lotes urbanos** (Lei 6.766/1979), havendo-se por não escritas se previstas.

Contudo após a Lei n. 13.786, de 2018, a Lei de Loteamento no art. 26-A, inciso VII, permite expressamente o **direito de arrependimento**, ao prever que no contrato para aquisição de loteamento conste as informações acerca da possibilidade do exercício, por parte do adquirente do imóvel, do direito de arrependimento previsto no art. 49 do CDC, desde que os contratos sejam firmados em estandes de vendas e fora da sede do loteador ou do estabelecimento comercial.

Nestes casos de **desistência** da compra, **quem arca com a despesa de entrega** e **devolução** do produto é o comerciante, pois eventuais prejuízos enfrentados pelo fornecedor nesse tipo de contratação são inerentes à modalidade de **venda agressiva fora do estabelecimento comercial**. Além disso, aceitar o contrário é criar limitação ao direito de arrependimento, legalmente não previsto, além de desestimular tal tipo de comércio, tão comum nos dias atuais.

Nesse sentido:

STJ, Recurso Especial 1.340.604, 2ª Turma

Por outro lado, o **compromisso registrado** confere ao adquirente maior segurança em relação ao **direito de sequela**, permitindo-lhe reivindicar a propriedade ao cumprir o compromisso, exigindo-se a outorga de escritura pela adjudicação compulsória; como mencionado, a execução específica de outorga de escritura não fica afastada nem mesmo perante a ausência de registro.

A **jurisprudência do STJ** é, portanto, no sentido de **prescindir o compromisso de compra e venda de registro imobiliário** para **possibilitar a adjudicação compulsória**.

A respeito:

RSTJ 32/309.

RSTJ 25/465.

RSTJ 29/356.

RSTJ 42/407.

Entre outras funções, o registro do compromisso de compra e venda tem a finalidade de garantia, de modo a evitar simultâneas alienações fraudulentas de um mesmo lote a várias pessoas.

De todo modo, pode ocorrer que, na ausência de registro, o título emanado de adjudicação não possa ser registrado, porque existente registro em nome de terceiro de boa-fé, por exemplo, impedindo-se o princípio da continuidade, e a solução deverá resolver-se em perdas e danos.

> **▸ Importante!**
>
> "A promessa de venda gera efeitos obrigacionais, ainda que não formalizada por instrumento particular e **não registrada**. Mas a pretensão à **adjudicação compulsória é de caráter pessoal, restrita assim aos contratantes, não podendo prejudicar os direitos de terceiros, que entrementes hajam adquirido o imóvel e obtido o devido registro em seu nome, no ofício imobiliário**" (RSTJ 43/458).

Por conseguinte, a **ação de adjudicação compulsória** ou de **obrigação de fazer** será cabível esteja ou não registrado o compromisso, **ação de natureza pessoal ou obrigacional**, e **não real**, em que a sentença vale como título translativo da propriedade, se não outorgada a escritura definitiva do imóvel em um tempo razoável pelo promitente vendedor, quando pago todo o preço. A **sentença, por si só, não transfere o domínio de forma automática**, que só se aperfeiçoa com sua inscrição no Registro de Imóveis.

O **compromissário comprador** de um lote urbano pode valer-se da ação de **adjudicação compulsória** quando reunidos três requisitos, quais sejam: (a) recusa do promitente vendedor em outorgar a escritura; (b) pagamento integral do preço; (c) validade e eficácia do compromisso, inclusive quanto à outorga conjugal, conforme o art. 18, § 3º, da Lei 6.766/1979.

3. FORMA DO COMPROMISSO DE COMPRA E VENDA, DAS CESSÕES E DA PROMESSA DE CESSÃO

Estabelece o art. 26 da Lei 6.766, de 1979, que os **compromissos de compra e venda**, as **cessões** ou **promessas de cessão** poderão ser confeccionados sob a **forma** de **instrumento público** ou **particular**, observado o modelo do contrato-padrão de promessa de venda, ou de cessão ou de promessa de cessão, depositado em cartório no tempo do registro do loteamento (LPS, arts. 18, VI, e 26, *caput*).

> **Como esse assunto foi cobrado em concurso?**
>
> Foi abordado no concurso para Procurador do Estado/AL/2008: Assinale a opção correta a respeito das regras sobre o parcelamento do solo urbano.
>
> (a) Os compromissos de compra e venda, as cessões ou promessas de cessão de lotes poderão ser feitos por escritura pública quanto por instrumento particular.
>
> (b) Se o loteamento não estiver regularmente inscrito, poderá ser validamente aposta no contrato cláusula de rescisão por inadimplemento do adquirente.
>
> (c) Registrado, o loteamento somente poderá ser cancelado por decisão judicial.
>
> (d) São irretratáveis os compromissos de compra e venda de lotes, mas não os de promessa de cessão.
>
> (e) Será condicional a promessa de venda de parcela de loteamento não registrado.
>
> Resposta: a alternativa correta, letra "a", representou a disposição inicial contida no art. 26, 1ª parte, da Lei 6.766, de 1979, segundo a qual "Os compromissos de compra e venda, as cessões ou promessas de cessão poderão ser feitos por escritura pública ou por instrumento particular [..]".

Decorre da norma legal que os contratos regidos pela Lei do Parcelamento devem ter a **forma escrita**, **não se admitindo**, assim, que sejam **verbais**. Por consequência, são **solenes**, de maneira que só serão validos se observarem a forma legal, o que inclui os requisitos que veremos a seguir.

Consequência prática da observância desses requisitos essenciais diz respeito ao registro do compromisso de compra e venda. Segundo art. 26, § 6º, da Lei 6.766, de 1979, *"Os compromissos de compra e venda, as cessões e as promessas de cessão* ***valerão como título para o registro*** *da propriedade do lote adquirido, quando acompanhados da respectiva* ***prova de quitação****"*.

Na medida em que o compromissário comprador tenha um instrumento de promessa de compra **formalizado de acordo com as exigências legais**, por instrumento público ou particular, que atenda às minúcias do art. 225, *caput* (instrumento público) ou § 1º (instrumento particular), da Lei 6.015, de 1973 (Lei de Registros Públicos), o registro deverá ser processado, quando então obterá a constituição do direito real de aquisição. Do contrário, o **oficial deverá** recusar o registro do título, por não atender às formalidades legais (LRP, art. 155).

Além disso, dispondo de um **instrumento em ordem**, o compromissário comprador, que tenha pago o preço integralmente, e possua o comprovante de quitação, poderá **desde logo** registrar a propriedade do lote adquirido, não se justificando que formalize o contrato definitivo (LPSU, art. 26, § 6º).

> **Importante!**
>
> Para o STJ, *"Não prescreve o direito de a promissária compradora obter a escritura definitiva do imóvel, direito que só se extingue frente ao de outrem, amparado pelo usucapião"*. Recurso não conhecido. Relator: Ministro Cesar Asfor Rocha – Relator Acórdão: Ministro Ruy Rosado de Aguiar – DJ data: 30/06/2003, p. 254. REsp. 369206/MG (200101269199).

Com relação às **cessões**, o promitente comprador **não tem poder de disposição sobre o imóvel**; não obstante, sendo titular de direito real de aquisição, pode transferir esse direito, e o faz mediante contrato de cessão ou de promessa de cessão de direitos aquisitivos. Mais bem situando, o poder de disposição do compromissário comprador está, assim, limitado pelo poder que o promitente vendedor conservou para si.

A **promessa de compra e venda**, independentemente da forma, **deverá** conter os requisitos do art. 26, I a VII, da Lei 6.766, de 1979, que são os seguintes:

> 1. nome, registro civil, cadastro fiscal no Ministério da Fazenda, nacionalidade, estado civil e residência dos contratantes;
>
> 2. denominação e situação do loteamento, número e data da inscrição;
>
> 3. descrição do lote ou dos lotes objeto de compromissos, confrontações, área e outras características;
>
> 4. preço, prazo, forma e local de pagamento, bem como a importância do sinal;
>
> 5. taxa de juros incidentes sobre o débito em aberto e sobre as prestações vencidas e não pagas, bem como a cláusula penal, nunca excedente a 10% do débito e só exigível nos casos de intervenção judicial ou de mora superior a **três meses**;
>
> 6. indicação sobre a quem incumbe o pagamento dos impostos e taxas incidentes sobre o lote compromissado;
>
> 7. declaração das restrições urbanísticas convencionais do loteamento, supletivas da legislação pertinente.

O contrato deverá ser firmado em **três vias** ou extraídas em **três traslados**, um para cada parte e o terceiro para arquivo no Registro Imobiliário, após o registro e anotações devidas (LPSU, art. 26, § 1º).

Se o contrato houver sido **firmado por procurador** de qualquer das partes, será **obrigatório** o arquivamento da procuração no **registro imobiliário** (LPSU, art. 26, § 2º).

Ainda no terreno contratual, a Lei n. 13.786, de 27 de dezembro de 2018, acrescentou o art. 26-A à Lei de Loteamento, para dispor que os contratos de **compra e venda**, **cessão** ou **promessa de cessão de loteamento** devem ser iniciados por **quadro resumo**, e além das disposições do art. 26, deverão ainda trazer as seguintes cláusulas, todas obrigatórias:

1. o **preço total** a ser pago pelo imóvel;

2. o valor referente à **corretagem**, suas condições de pagamento e a **identificação precisa de seu beneficiário**;

3. a **forma de pagamento** do preço, com indicação clara dos **valores** e **vencimentos** das parcelas;

4. os índices de **correção monetária** aplicáveis ao contrato e, quando houver **pluralidade de índices**, o **período** de aplicação de cada um;

5. as **consequências** do **desfazimento do contrato**, seja mediante **distrato**, seja por meio de **resolução** contratual motivada por **inadimplemento** de obrigação do adquirente ou do loteador, com **destaque negritado** para as **penalidades aplicáveis** e para os **prazos para devolução de valores** ao adquirente;

6. as **taxas de juros** eventualmente aplicadas, se mensais ou anuais, se nominais ou efetivas, o seu período de incidência e o sistema de amortização;

7. as informações acerca da **possibilidade do exercício**, por parte do adquirente do imóvel, do **direito de arrependimento** previsto no art. 49 da Lei nº 8.078, de 11 de setembro de 1990 (Código de Defesa do Consumidor), em todos os contratos firmados em **estandes de vendas** e **fora da sede do loteador** ou do estabelecimento comercial;

8. o **prazo** para **quitação** das obrigações pelo adquirente após a obtenção do termo de vistoria de obras;

9. informações acerca dos **ônus** que recaiam sobre o imóvel;

10. o número do **registro do loteamento** ou do **desmembramento**, a matrícula do imóvel e a identificação do cartório de registro de imóveis competente;

11. o **termo final** para a execução do projeto referido no § 1º do art. 12 desta Lei e a **data** do protocolo do pedido de emissão do termo de vistoria de obras.

A efetivação das **consequências do desfazimento do contrato**, mencionadas no **item 5**, dependerá de **anuência prévia e específica** do adquirente a seu respeito, mediante assinatura junto a essas cláusulas, que deverão ser redigidas conforme o disposto no § 4º do art. 54 do CDC. Isto ocorre porque, no distrato e na inexecução do contrato pelo adquirente, haverá implicações desfavoráveis para ele, ou seja, são cláusulas que implicam **limitação de direito do consumidor**, razão pela qual, além da anuência prévia e específica, deverão ser **redigidas com destaque**, permitindo sua **imediata e fácil** compreensão, segundo a leitura do diploma consumerista (art.26-A, § 2º).

A omissão das informações enumeradas, se não sanada, no prazo de **30 (trinta) dias**, caracterizará **justa causa para rescisão contratual** por parte do adquirente, diz o art. 26-A, § 1º, da Lei de Loteamento.

4. QUITAÇÃO

Os compromissos de compra e venda, as cessões e as promessas de cessão, vimos acima, **valerão como título para o registro da propriedade** do lote, desde que provada a **quitação** (LPSU, art. 26, § 6º).

A **prova do pagamento** ou do **cumprimento da obrigação** cabe ao devedor; logo, o pagamento deve ser demonstrado, salvo as hipóteses legais de presunção relativa de pagamento (*juris tantum*), previstas, por exemplo, nos arts. 322, 323 e 324, todos do CC.

Tanto é assim que o devedor que paga **tem direito** a quitação regular, e pode reter o pagamento enquanto não lhe seja dada (CC, art. 319).

Entendida como a declaração unilateral escrita praticada pelo credor de ter recebido a prestação correspondente à obrigação, salvo nas situações de presunção do pagamento, a **quitação deve ser dada por escrito**, que pode ser **público** ou **particular**, ainda que, na última hipótese, a obrigação tenha se constituído por escritura pública. Como exemplo, no caso de um compromisso de compra e venda formado por instrumento público, a quitação pode ser passada por instrumento particular (CC, art. 320).

A **quitação deve conter os requisitos** do art. 320, *caput*, do CC, que estatui: *"A quitação, que sempre poderá ser dada por instrumento particular, designará o valor e a espécie da dívida quitada, o nome do devedor, ou quem por este pagou, o tempo e o lugar do pagamento, com a assinatura do credor, ou do seu representante."*

Consagra-se, no entanto, o **princípio da relativização da quitação**, segundo o qual, ainda que sem os referidos requisitos, permite-se ao juiz, ao analisar os aspectos do caso concreto, concluir ter ocorrido o pagamento e declarar extinta a obrigação, se o pagamento for **integral**, ou parte dela, caso o pagamento tenha sido **parcial**. De todo modo, deve-se atentar para os princípios do enriquecimento sem causa, da boa-fé e da probidade, nos casos de pagamento inferior ou superior ao devido. É a dicção do art. 320, parágrafo único, do CC, que afirma: *"Ainda sem os requisitos estabelecidos neste artigo (art. 320, caput) valerá a quitação, se de seus termos ou das circunstâncias resultar haver sido paga a dívida"* (menção do artigo não consta do original).

5. NECESSIDADE DE OUTORGA CONJUGAL

O promitente vendedor **deverá** obter a outorga conjugal nos compromissos de compra e venda regidos pelo CC (arts. 1.417 e 1.418).

Por se tratar de alienação de bem imóvel sujeita à adjudicação compulsória, incide a regra do art. 1.647, I, do CC, segundo a qual nenhum dos cônjuges pode, sem autorização do outro, exceto no regime da separação absoluta, alienar ou gravar de ônus real os bens imóveis.

A Lei 6.766, de 1979, de início, **exige a outorga para o registro do loteamento**, mediante a declaração do cônjuge do requerente de que consente no assentamento. Neste caso, não prevê o art. 18, VII, da Lei do Parcelamento Urbano tratamento diferenciado em relação ao regime de bens de casamento do loteador, e assim a outorga uxória ou marital para o registro do loteamento é sempre necessária, e independe do regime de casamento.

▸ Como esse assunto foi cobrado em concurso?

Foi abordado no concurso para Promotor de Justiça/AC/2008: No referente ao parcelamento do solo urbano, é correto afirmar que:

(a) a Lei 6.766, de 19 de dezembro de 1979, é a única disciplina da matéria relativa a parcelamento do solo urbano.

(b) as expressões loteamento e desmembramento, utilizadas pelo legislador na Lei 6.766, de 19 de dezembro de 1979, são sinônimas.

(c) o requerimento de Registro Imobiliário do Loteamento e Desmembramento deve conter, dentre outros requisitos, declaração do cônjuge do requerente que consente no registro do loteamento.

(d) o Ministério Público não intervém em nenhum momento na ocorrência de impugnação ao registro do loteamento e desmembramento.

Resposta: considerou-se correta a opção letra "c", ao fundamento de que, segundo o art. 18 da Lei 6.766, de 1979, aprovado o projeto de loteamento ou de desmembramento, o loteador deverá submetê-lo ao registro imobiliário dentro de 180 dias, sob pena de caducidade da aprovação, acompanhado dos documentos que indica, entre os quais a declaração do cônjuge do requerente de que consente no registro do loteamento (art. 18, I a VII).

Desse modo, ainda que casado o loteador pelo regime de separação de bens, que franqueia aos consortes, livremente, alienar ou gravar de ônus real os bens imóveis (CC, arts. 1.647 e 1.687), o **consentimento para o registro de loteamento é exigência legal e especial** em relação às regras do regime de bens.

Mais à frente, o art. 18, § 3º, da Lei 6.766/1979 proclama a necessidade de outorga para alienação dos lotes, ao dispor que "a declaração a que se refere o inciso VII deste artigo não dispensará o consentimento do declarante para os atos de alienação ou promessa de alienação de lotes, ou de direitos a eles relativos, que venham a ser praticados pelo seu cônjuge".

Desse modo, se casado o loteador (a), dele se exigirá dupla outorga uxória e/ou marital de seu cônjuge, uma para o **registro do loteamento** e outra para a **alienação** ou **promessa de alienação de lotes**, ou de direitos a eles relativos; logo, a outorga uxória é imprescindível, sob pena de se tornarem inviáveis a escritura definitiva e o registro.

6. CESSÃO E PROMESSA DE CESSÃO (CESSÃO DE POSIÇÃO CONTRATUAL)

Admite-se que os direitos decorrentes da promessa de compra e venda venham a ser transmitidos tanto pelo **promitente vendedor** como pelo **compromissário comprador**, mediante cessão ou promessa de cessão.

Inaugurando o capítulo dos contratos, diz o art. 25 da Lei 6.766, de 1979: *"São **irretratáveis** os compromissos de compra e venda, cessões e promessas de cessão, os que atribuam direito a adjudicação compulsória e, **estando registrados**, confiram direito real oponível a terceiros"*.

Também de importância ao tema, estabelece o art. 26, *caput*, 1ª parte, da Lei do Parcelamento: *"Os compromissos de compra e venda, as cessões ou promessas de cessão poderão ser feitos por **escritura pública** ou por **instrumento particular** [...]."*

Os preceitos legais apresentam **quatro** características dos contratos, que são as seguintes:

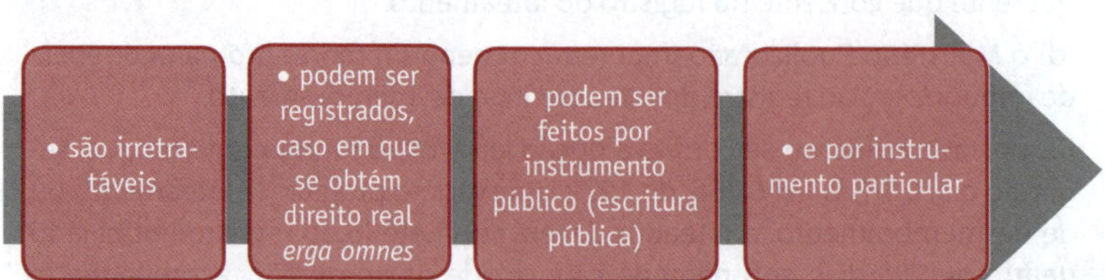

As **cessões** ou **promessas de cessão**, independentemente da forma, assim como o **compromisso de compra e venda**, **deverão conter os dados** do art. 26, I a VII, da Lei 6.766, de 1979, que são:

1. nome, registro civil, cadastro fiscal no Ministério da Fazenda, nacionalidade, estado civil e residência dos contratantes;

2. denominação e situação do loteamento, número e data da inscrição;

3. descrição do lote ou dos lotes objeto de compromissos, confrontações, área e outras características;

4. preço, prazo, forma e local de pagamento, e a importância do sinal;

5. taxa de juros incidentes sobre o débito em aberto e sobre as prestações vencidas e não pagas, bem como a cláusula penal, nunca excedente a 10% do débito e só exigível nos casos de intervenção judicial ou de mora superior a **três meses**;

6. indicação sobre a quem incumbe o pagamento dos impostos e taxas incidentes sobre o lote compromissado;

7. declaração das restrições urbanísticas convencionais do loteamento, supletivas da legislação pertinente.

As mesmas observações do compromisso de compra aplicam-se às cessões, e o contrato será firmado em **três vias** ou extraídas em **três traslados**, um para cada parte e o terceiro para arquivo no Registro Imobiliário, após o registro e anotações devidas (LPSU, art. 26, § 1º).

Se **firmada por procurador** de qualquer das partes, será **obrigatório** o arquivamento da procuração no **Registro Imobiliário** (LPSU, art. 26, § 2º).

Os compromissos de compra e venda, as cessões e as promessas de cessão **valerão como título para o registro da propriedade** do lote, desde que provada a **quitação** (LPSU, art. 26, § 6º), observados os comentários sobre a quitação feitos no item 9.1.2.

A transmissibilidade dos direitos decorrentes da promessa de compra e venda **não é exclusividade** do promitente vendedor ou do compromissário comprador.

Com a cessão do **promitente vendedor**, este passa a ser titular de direitos e obrigações, pois, ao contratar, assume a titularidade de um crédito contra o compromissário comprador, conservando a titularidade do domínio, mas investindo-o no uso e fruição do imóvel. Com o **pagamento integral**, o promitente deve concluir o contrato e transmitir o domínio ao compromissário. Nada impede, assim, que antes disso ceda seu crédito e transmita o domínio que ainda lhe pertence ao sucessor, que fica sub-rogado nos seus direitos e deveres, de receber o crédito e transmitir o domínio.

De outro lado, o **promissário comprador** também pode ceder seu direito de aquisição, mediante cessão ou promessa de cessão, hipótese em que o cessionário ou promitente cessionário ficará **sub-rogado** no direito de obter o título definitivo, substituindo o cedente, nos direitos e obrigações, como o de pagar o preço, impostos e taxas incidentes sobre o imóvel.

A **cessão** e a **promessa de cessão** têm natureza de **cessão de contrato**, que se caracteriza pela transferência, do *cedente*, de sua posição contratual (ativa ou passiva) a um terceiro ou *cessionário* (nova parte), que passará a substituí-lo na relação originária que possuía então com o *cedido* (a parte primitiva).

O Código Civil não dispõe sobre o instituto, reservando-se apenas a disciplinar a cessão de crédito e a assunção de dívida (CC, arts. 286 a 303).

A **cessão do contrato**, entretanto, não se confunde com a **cessão de crédito** e a **assunção de dívida**, considerando-se que a transmissão pelo primeiro abrange simultaneamente direitos e deveres (créditos e débitos), enquanto a do segundo compreende apenas um direito de créditos e a assunção de dívida, somente um débito.

Talvez por lacuna normativa, alguns consideram a cessão de contrato um complexo de cessões múltiplas – de crédito e débito –, não lhe reconhecendo autonomia jurídica (*teoria atomística*).

Predomina, no entanto, que a **cessão de posição contratual** é realizada de forma integrada, sem **a intenção** de transmitir débitos e créditos separadamente (*teoria unitária*).

De todo modo, e para que seja considerada válida, via de regra a **cessão da posição contratual** deverá cumprir alguns **requisitos**: (i) *celebração do negócio entre o cedente e o cessionário*; (ii) *que seja integral ou global a posição cedida*; (iii) *anuência expressa do cedido*.

A **exigência da anuência do cedido** se justifica porque a cessão de posição contratual engloba não apenas a transmissão de créditos, mas também a transferência de dívidas para terceiro, ou seja, implica concomitantemente uma cessão de crédito e uma cessão de débito, de maneira que, para o cedido, tem importância a pessoa do cessionário, que passará a ser o devedor da cessão em diante.

Apesar da regra de que a cessão de contrato deve ter anuência do cedido, o art. 31, § 1º, da Lei 6.766, de 1979, estabeleceu o seguinte: *"A cessão* ***independe da anuência do loteador,*** *mas, em relação a este, seus* ***efeitos*** só se produzem depois de ***cientificado***, *por* ***escrito***, *pelas* ***partes*** *ou* ***quando registrada a cessão****"* (grifos não originais).

Desse modo, por expressa previsão da **Lei do Parcelamento**, a cessão de compromisso de compra e venda de imóvel loteado pode ser processada **sem anuência do cedido** (compromitente vendedor).

▪ Cessão de contrato (regra)

⇕

exige anuência do cedido

▪ Cessão de contrato de compromisso de compra e venda de imóveis loteados

⇕

dispensa-se a anuência do cedido (compromitente vendedor)

Como se vê, a cessão no regime da Lei 6.766, de 1979, considera-se realizada **independentemente da anuência do loteador**, ou seja, ainda que se posicione contra o negócio, este será efetivado, exigidas que são apenas as vontades do cedente e do cessionário. De todo modo, ainda que a anuência do cedido não se considere um dos elementos da cessão, podem as partes convencionar que o cedido manifeste sua anuência, conforme o art. 31, § 2º, da Lei do Parcelamento.

As cessões do compromisso de compra e venda que disponham sobre **loteamentos rurais** igualmente **dispensam** o consentimento do cedido para que se ultimem validamente (Decreto-Lei 58, de 1937, art. 13), e a jurisprudência tem se inclinado a aplicar a regra especial aos **imóveis não loteados**.

Em todos esses casos em que a cessão se completa sem a anuência do cedido, a doutrina aponta que o instituto da cessão do contrato perde sua essência e pureza quando recebe outras denominações, tais como **cessão imprópria do contrato** (Messineo, Francesco. Direito civil esquematizado 1. 2. ed. São Paulo: Saraiva, 2012, p. 577) e **sub-rogação legal na relação contratual** (Venosa, Silvio de Salvo. *Direito civil. Direitos reais*. 13. ed. São Paulo: Atlas, 2013, p. 577).

Outro aspecto diz respeito aos **efeitos da cessão**, de modo que só serão produzidos após **cientificado** o cedido (pelo cedente e/ou cessionário), por **escrito**, pelas **partes** ou quando **registrada** a cessão, pelo **oficial do registro** (Lei 6.766, art. 31, § 1º, 2º parte).

A ciência pode ser dada **previamente**, no próprio instrumento em que se celebra a cessão, ou em separado, bem como **posteriormente**, quando do registro do negócio.

No primeiro momento, as próprias partes **cientificam** o loteador ou promitente vendedor, observada a forma **escrita**. Difere-se, assim, o art. 31, § 1º, da Lei 6.766, de 1979, do art. 290 do CC, pelo qual se **notifica** o devedor da cessão de crédito.

Proclama o art. 290 do CC: *"A cessão do crédito não tem eficácia em relação ao devedor, senão quando a este* ***notificada****; mas por notificado se tem o devedor que, em escrito público ou particular, se* ***declarou ciente*** *da cessão feita."*

A **notificação** no Código Civil pode ser **judicial**, **extrajudicial**, **expressa** ou **presumida**.

Entendemos que o loteador também pode se declarar ciente, em instrumento público ou particular, para que os efeitos da cessão se processem e sejam reconhecidos, caso em que as partes, cedente ou cessionário, não precisaria fazê-lo.

Ainda que as partes deem ciência da cessão ao cedido, ou mesmo que este comunique aos contratantes conhecer do negócio, uma vez registrada a cessão, **feita sem anuência do loteador**, o oficial do Registro dar-lhe-á ciência, por escrito, dentro de **dez dias** (LPSU, art. 31, § 2º).

Por conseguinte, **apenas a anuência** do loteador à cessão fará que o oficial de Registro deixe de cientificá-lo do negócio levado ao cartório, não se prestando a esse fim a providência eventual das partes de conferir-lhe a mera ciência da cessão.

De outro modo, o art. 31, *caput*, da Lei 6.766/1979 **dispensa formalidades à cessão ou promessa de cessão, de contrato particular**, pois **expressamente** consagra o **simples trespasse** lançado no verso de uma das vias em poder das partes, ou por instrumento em separado, para que se opere a transferência dos direitos e obrigações oriundos do compromisso de compra e venda, tornando assim o ato perfeito e acabado, declarando-se o **número do registro do loteamento**, o **valor da cessão** e a **qualificação do cessionário**, para o devido **registro**.

> ▸ **Importante!**
>
> De acordo com o art. 26 da Lei 6.766/1979, os compromissos de compra e venda, as cessões ou promessas de cessão poderão ser feitos por **escritura pública** ou **instrumento particular**. Todavia, o **trespasse** apenas será admitido nas cessões ou promessa de cessão se o contrato de compromisso de compra e venda for **particular**, e nas **sucessivas cessões**, se todas observarem a forma particular, isto de acordo com o art. 31, *caput*, 1ª parte, da Lei de Parcelamento Urbano. Assim, não se permite o trespasse nos contratos de compromisso de compra e venda e cessões formalizados quando confeccionados por instrumento público.

Assim como para o contrato de cessão ou promessa de cessão, **dispensa-se para o trespasse** a **vontade do promitente vendedor**, que será cientificado pelas partes, ou pelo oficial registrador, quando registrada a cessão, com as consequências inerentes (LPSU, art. 31, § 1º).

Nos casos de **sucessivas cessões**, não há necessidade de anuência daqueles que compareceram como cedentes ou promitentes cedentes, tendo por objeto o mesmo lote.

Ao **trespasse** se aplica a regra do § 1º do art. 31 da Lei 6.766, de 1979, segundo a qual o comprador não depende da anuência do vendedor para ceder seus direitos, mas, em relação a este, os efeitos da cessão só se produzem depois de o vendedor ser cientificado, por escrito, pelas partes (cedente e/ou cessionário), ou quando registrada a cessão.

O oficial do Serviço de Registro de Imóveis, assim, é **obrigado a informar**, por escrito, o vendedor, dentro de dez dias, do registro de cessão feita **sem a sua anuência**. Após essa informação o vendedor poderá providenciar as alterações administrativas em seu cadastro (Lei 6.766/1979, art. 31, § 2º).

6.1. Cessões de imóveis que integram desapropriações para parcelamentos populares

A Lei 9.785, de 1999, incluiu os §§ 3º, 4º e 5º ao art. 26 da Lei 6.766/1979, permitindo, **em processos de desapropriação de imóveis** para habitações populares, a **cessão da posse**, em que **estiverem provisoriamente imitidas**, pela União, estados, Distrito Federal, municípios e suas entidades delegadas, de **porções ou lotes da área desapropriada**, por instrumento particular, a que se atribui, para todos os fins de direito, **caráter de escritura pública**.

> **Importante!**
>
> Decidiu o STJ que, para "[..] fins de **indenização decorrente de desapropriações**, não serão considerados como loteados ou loteáveis os terrenos **ainda não vendidos**, **ainda não compromissados**, ou aqueles que sejam **objeto de loteamento ou desmembramento não registrado**. Inteligência do art. 42 da Lei 6.766/1979" (STJ, REsp. 877489/PR).

A cessão da posse de que trata o artigo *sub examine* **só será admitida após a aprovação e registro (ou averbação) do parcelamento popular**.

Segundo o art. 18, I, da Lei 6.766, de 1979, entre os documentos que devem acompanhar o projeto submetido ao registro imobiliário está o título de propriedade, com a ressalva dos §§ 4º e 5º da mesma Lei, que abrem exceção à regra.

Desse modo, dispensa-se o **título de propriedade quando se tratar de parcelamento popular**, destinado às classes de menor renda, em imóvel **declarado de utilidade pública**, com **processo de desapropriação judicial em curso** e **imissão provisória na posse**, desde que promovido pela União, estados, Distrito Federal, municípios ou suas entidades delegadas, **autorizadas por lei** a **implantar projetos de habitação** (art. 18, § 4º, da LPSU).

A seguir, definem-se os documentos necessários a apresentar ao oficial de Registro para que os entes públicos gozem da exceção legal.

Nessa toada, o **pedido de registro do parcelamento** promovido pelas pessoas jurídicas de Direito público interno (CC, art. 41) será instruído, quando formulados pela:

> **1. União, estados, Distrito Federal e municípios:** Cópias autênticas:
>
> (a) da decisão que tenha concedido a **imissão provisória na posse**;
>
> (b) do **decreto de desapropriação**;
>
> (c) do **comprovante de sua publicação na imprensa oficial** (art. 18, § 5º, 1ª parte, da Lei 6.766)
>
> **2. Entidades delegadas**: Cópias autênticas:
>
> (a) da decisão que tenha concedido a **imissão provisória na posse**;
>
> (b) do **decreto de desapropriação**;
>
> (c) do **comprovante de sua publicação na imprensa oficial**
>
> (d) da **lei de criação**;
>
> (e) de seus **atos constitutivos** (art. 18, § 5º, 2ª parte, da Lei 6.766).

Dessa maneira, qualquer cessão de **posse promovida por entes públicos sem a observância do registro prévio do loteamento** pode caracterizar o crime previsto no art. 50 da Lei 6.766/1979, sem prejuízo de eventual ação de improbidade administrativa.

Apesar de o art. 53-A, *caput* e parágrafo único, da Lei 6.766 traçar a **diretriz das exigências mínimas** em relação aos documentos, garantias e domínio de glebas, referente aos planos ou programas habitacionais de iniciativa das prefeituras municipais e do Distrito Federal, ou entidades autorizadas por lei, não significa que tais entes estão autorizados proceder totalmente à margem das exigências legais e urbanísticas.

Quanto à **forma da cessão da posse**, o art. 27, § 3º, da Lei do Parcelamento impõe a inaplicabilidade do art. 134, II, do CC, e admite a transferência da posse por **instrumento particular**, com força de escritura pública. Com o CC de 2002, a remissão vigente é a do art. 108.

Com efeito, proclama o art. 108 do CC: *"**Não dispondo a lei em contrário**, a escritura pública é essencial à validade dos negócios jurídicos que visem à constituição, transferência, modificação ou renúncia de direitos reais sobre imóveis de valor superior a trinta vezes o maior salário mínimo vigente no país"* (grifo não original).

O preceito consagra a **forma especial ou solene** dos negócios jurídicos, como requisito de validade, também conhecida por *forma ad solemnitatem*, em que se determina a forma como substância do ato, indispensável para que a vontade produza efeitos.

A cessão da posse de imóvel em via de desapropriação para loteamentos populares **pode ocorrer por instrumento particular**. Não obstante, a lei confere ao instrumento o status de escritura pública, para todos os fins de direito, mesmo que si considerada não seja uma.

Vale observar, entretanto, que **com o registro da sentença** do processo de desapropriação que fixar o valor da indenização, a **posse converte-se em propriedade** (LPSU, art. 26, § 5º).

Nesse passo, para que a cessão da posse se opere, em princípio, deveriam os entes públicos, por visar a constituição de direitos reais sobre imóveis, lançar mão da escritura pública, por se tratar de alienação imobiliária visada e preconcebida.

Apesar disso, a Lei do Parcelamento, dispondo em sentido contrário, **admite o instrumento particular** para que a transferência da posse se complete, o que é franqueado pela parte inicial do art. 108 do CC, destacado anteriormente, não se considerando a escritura pública, assim, substância do ato translativo de direito real incidente sobre a posse imitida pelos entes públicos na desapropriação que vise parcelamentos populares.

Ainda de acordo com o art. 26, § 5º, da Lei 6.766/1979, **com o registro da sentença**, além de transmutar a posse em propriedade, ocorre outro fenômeno, a **conversão da cessão efetivada em compromisso de compra e venda ou venda e compra**, conforme haja obrigações a cumprir ou estejam elas cumpridas, circunstância que, demonstradas ao Registro de Imóveis, serão **averbadas na matrícula** relativa ao **lote** cedido.

Também é importante destacar que a cessão da posse confere ao cessionário, desde que cumpridas as obrigações, um título de crédito, de natureza real, contra o expropriante, de **aceitação obrigatória em garantia de contratos de financiamentos habitacionais** (art. 26, § 4º). Não se exige para servir de garantia que o preço esteja integralmente pago, mas apenas que as obrigações do cessionário, estabelecidas nas cláusulas do contrato, estejam em dia.

Por derradeiro, os compromissos de compra e venda, as cessões e as promessas de cessão, em qualquer caso, e não apenas as cessões de posse dos entes públicos, **valerão como título para o registro da propriedade do lote** adquirido, quando acompanhados da respectiva **prova de quitação**, independentemente de escritura pública, valendo aqui os comentários feitos no item 9.1.2. (LPSU, art. 26, § 6º).

7. CONTRATO PRELIMINAR OU OBRIGAÇÃO DE CONCLUIR O CONTRATO DE PROMESSA

O art. 27, §§ 1º a 3º, da Lei 6.766/1979 dispõe sobre os contratos cuja obrigação seja a de concluir contrato de promessa de venda ou cessão. Trata-se de **avença preliminar de outro contrato preliminar**.

A nova forma contratual nos compromissos de compra e venda está assim redigida no art. 27, *caput*, da Lei 6.766: *"Se aquele que se obrigou a concluir contrato de promessa de venda ou de cessão não cumprir a obrigação, o credor poderá notificar o devedor para outorga do contrato ou oferecimento de impugnação no prazo de quinze dias, sob pena de proceder-se ao registro de pré-contrato, passando as relações entre as partes a serem regidas pelo contrato-padrão."*

O **pré-contrato ou contrato preliminar de outro contrato** é uma mera convenção prévia dos termos em que o compromisso de compra ou venda ou cessão virá a ser outorgado em época convencionada. É uma **tratativa antecedente, preliminar ou anterior**, pela qual as partes preparam os termos e as condições do negócio definitivo a ser firmado, o compromisso de compra e venda ou cessão.

Por alguns detalhes, dúvidas, condições certas e claras ou outras particularidades do negócio, para se firmar o compromisso de compra e venda, cessão ou promessa de cessão, as partes formalizam o contrato preliminar por meio do qual farão constar nas cláusulas **quais pendências ou incertezas cada interessado solucionará** para que o contrato definitivo seja pactuado.

Ainda, podem as partes na avença preliminar fixar um **tempo razoável para discussão sobre as cláusulas do contrato definitivo**, tais como o preço, prazos, condições e outras particularidades, a respeito das quais devem manifestar expresso consentimento.

A própria **falta de alguns dados concretos** justifica a contratação preliminar, até porque o contrato final almejado não pode se ressentir das indicações do art. 26, I a VII, da Lei 6.766/1979, entre as quais o preço, o prazo, a forma e o local de pagamento, a importância do sinal etc.

De acordo com o art. 27, § 1º, da Lei do Parcelamento Urbano, **terão o mesmo valor de pré-contrato** a promessa de cessão, a proposta de compra, a reserva de lote ou qualquer outro instrumento de que constem a manifestação da vontade das partes, a indicação do lote, o preço e modo de pagamento e a promessa de contratar.

Os instrumentos equiparados ao pré-contrato constantes desse rol são apenas **exemplificativos ou ilimitados** *(numerus apertus)*, o que fica bem claro na opção do legislador na fórmula *"[..] ou qualquer outro instrumento [..]"*.

Outro aspecto a ser observado são os **requisitos** do pré-contrato, que deverá conter, segundo o art. 27, § 1º, da Lei 6.766:

① • instrumento escrito, público ou particular (forma)	② • a manifestação da vontade das partes de pactuar o contrato definitivo de promessa de compra e venda ou cessão (intenção)
③ • indicação do lote (objeto)	④ • preço e o modo de pagamento, ainda que precariamente (valor)

Com o **pré-contrato** ou **avença preliminar** a lei protege o direito à realização do negócio que a esta altura já integra a esfera jurídica das partes. Assim, não se trata de mera negociação preliminar ou tratativas não vinculantes. Há um estado pré-negocial em estágio final, com tutela legal para evitar a quebra de expetativa ou confiança da parte em terminar o negócio.

Por outro lado, convém lembrar que o avanço das negociações entre as partes que resultem na firme expectativa da concretização do negócio jurídico pode levar à **responsabilidade civil precontratual** ou **prenegocial**, fundada no princípio da boa-fé objetiva, por quebra do dever de confiança, quando ocorrer o rompimento injustificado da legítima possibilidade da contratação, levando a parte culpada a reparar eventuais danos sofridos pela outra, especialmente naqueles casos em que investimentos tenham sido realizados.

Nesse sentido:

STJ, REsp. 1367955/SP 2011/0262391-7.

Nesse sentido o **Enunciado 170 da III Jornada de Direito Civil do CJF/STJ**: *"A boa-fé objetiva deve ser observada pelas partes na fase de negociações preliminares e após a execução do contrato, quando tal exigência decorrer da natureza do contrato."*

Desse modo, as partes têm a **liberdade de contratar**, são livres para tal, ou seja, contratam "se quiser", como corolário do **princípio da autonomia da vontade** ou **autonomia privada**.

Esse direito, todavia, **não é absoluto**, por não comportar abusos.

O abandono abrupto e imotivado das negociações pode eclodir a responsabilidade precontratual, levando ao dever de ressarcir o prejudicado pelos danos que eventualmente tenha sofrido, sem prejuízo do dano moral *in re ipsa*, que prescinde de prova da lesão, por violação dos princípios da confiança, lealdade e probidade (CC, art. 422).

Proclama o art. 27, *caput*, e §§ 2º e 3º, da Lei 6.766/1979 a respeito do procedimento administrativo/judicial a seguir daquele que se negar a concluir o contrato de promessa de compra e venda ou de cessão em precontrato.

▶ FLUXOGRAMA – REGISTRO DO PRÉ-CONTRATO, COM E SEM IMPUGNAÇÃO:

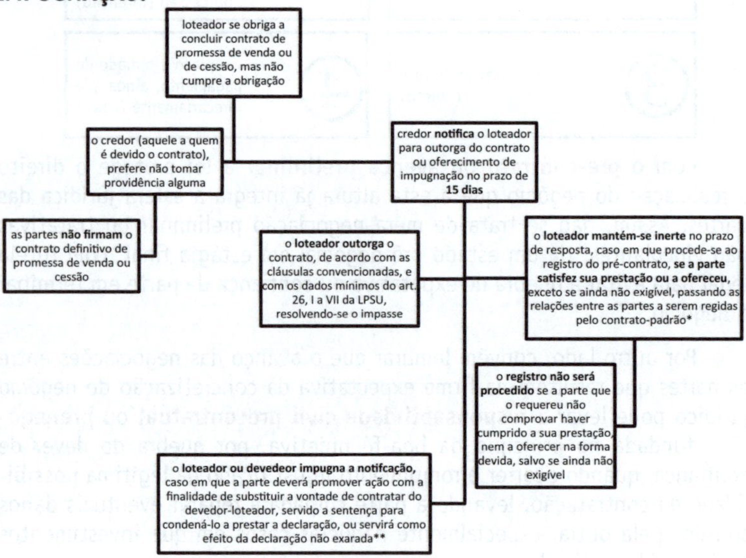

[Notas – fluxograma:]

* O exemplar, observadas as indicações do art. 26, é um dos documentos apresentados em cartório com o pedido de registro do loteamento, conforme o art. 18, VI, da Lei 6.766, de 1979.

** Segundo o art. 27, § 3º, da Lei 6.766, *"Havendo impugnação daquele que se comprometeu a concluir o contrato, observar-se-á o disposto nos arts. 639 e 640 do CPC"*. Os artigos citados constavam da redação original do CPC/1973, e foram revogados pela reforma processual da Lei 11.232, de 2005, quando passaram a corresponder aos arts. 466-C e 466-A do CPC de Buzaid. Com a entrada em vigor do CPC/2015, os novos dispositivos a serem observados são os arts. 497 a 501, que dispõem sobre o julgamento das ações relativas às prestações de fazer, de não fazer e de entregar coisa. A obrigação de emitir declaração de vontade é juridicamente infungível, e por essa razão, permite-se a substituição da vontade por uma decisão judicial, o que não sucederia se a infungibilidade fosse natural, como as habilidades de um escultor famoso. Assim, estabelece o art. 501 do Novo CPC: *"Na ação que tenha por objeto a emissão de declaração de vontade, a sentença que julgar procedente o pedido, uma vez transitada em julgado, produzirá todos os efeitos da declaração não emitida."* É importante destacar que somente "após" o trânsito em julgado é que se alcançará o resultado esperado, não se admitindo, aqui, a execução provisória da sentença, ou mesmo a fixação de *astreintes* ou qualquer outra medida de execução indireta ou por sub-rogação.

Importante ainda ressaltar que a Lei 6.015/1973 não estabelece entre os atos registráveis na extensa lista do art. 167, I, ns. 1 a 42, a estipulação preliminar. Porém, a relação dos atos sujeitos ao registro constantes da Lei dos Registros é **meramente exemplificativa**. Por essa razão podem ser registrados outros atos ou instrumentos previstos na legislação extravagante, a exemplo do precontrato que consta do art. 27 da Lei 6.766/1979.

8. SUCESSÃO DE PROPRIEDADE LOTEADA

Proclama o art. 29 da Lei 6.766/1979: *"Aquele que adquirir a propriedade loteada mediante ato inter vivos, ou por sucessão* causa mortis, *sucederá o transmitente em todos os seus direitos e obrigações, ficando obrigado a respeitar os compromissos de compra e venda ou as promessas de cessão, em todas as suas cláusulas, sendo nula qualquer disposição em contrário, ressalvado o direito do herdeiro ou legatário de renunciar à herança ou ao legado."*

De início, o art. 29 da Lei 6.766 **não se refere ao adquirente do lote**, senão ao **adquirente do imóvel loteado**, prevendo àquele que adquirir da loteadora a área objeto do loteamento o dever de observar os compromissos de compra e venda e de cessão celebrados em relação a cada um dos lotes transacionados.

O legislador, assim, **não determinou**, nesse dispositivo, **aos adquirentes dos lotes** observar as cláusulas de contrato por eles não celebrado, não se podendo dar-lhe tal extensão.

Nesse sentido:

• STJ, REsp. 1422605.

Estão compreendidas na presente regra a sucessão *inter vivos* e a sucessão *causa mortis*. A primeira, via de regra, ocorre a **título singular**, e quando alguém, mediante contrato, adquire alguma coisa. A segunda pode ocorrer a **título universal**, quando o herdeiro é chamado a suceder na totalidade da herança, fração ou parte-alíquota (porcentagem), tanto na sucessão legítima como na testamentária, e a **título singular**, em que o testador deixa ao beneficiário bem certo e determinado, denominado de legado, como um veículo ou um terreno.

O novo titular do domínio da área loteada, comprador ou herdeiro, **deve respeitar** as cláusulas dos compromissos de compra e venda e promessas de cessão de lotes que tenham sido firmadas pelo antigo proprietário, antes da transmissão da propriedade, considerando-se **nulas** as cláusulas emendadas que, inovando o contrato original, venham a contrariá-lo, preservando-se, assim, a segurança jurídica dos negócios que visem a obtenção do contrato definitivo e a aquisição da propriedade.

Ao **sucessor *causa mortis* de imóvel loteado**, ressalva a parte final do art. 29 da Lei 6.766, permite-se a **renúncia à herança** (CC, arts. 1.804 e ss.).

A **renúncia à herança é ato jurídico unilateral**, em que o herdeiro declara, de maneira expressa, por **instrumento público** ou **termo nos autos**, que não aceita a herança, com efeitos *ex tunc*, ou seja, desde a abertura da sucessão (CC, arts. 1.804, parágrafo único, e 1.806).

Sem que ocorra a transmissão da propriedade loteada relativamente ao herdeiro renunciante, este não sucede nos direitos e obrigações do transmitente, o que inclui o dever de respeito aos compromissos de compra e venda ou promessas de cessão firmados pelo *de cujus*, por não ter o domínio do imóvel loteado.

9. EFEITOS DA FALÊNCIA NOS CONTRATOS

Proclama o art. 30 da Lei 6.766, 1979: *"A sentença declaratória de falência ou da insolvência de qualquer das partes não rescindirá os contratos de compromisso de compra e venda ou de promessa de cessão que tenham por objeto a área loteada ou lotes da mesma. Se a falência ou insolvência for do proprietário da área loteada ou do titular de direito sobre ela, incumbirá ao síndico ou ao administrador dar cumprimento aos referidos contratos; se do adquirente do lote, seus direitos serão levados à praça."*

Quando a Lei do Parcelamento do Solo Urbano entrou em vigor, em dezembro de 1979 (art. 54), disciplinava a falência o Decreto-Lei 7.661, de 1945. Em junho de 2005, entrou em vigor a Lei 11.101, que passou a regular a recuperação judicial, a extrajudicial e a falência do empresário e da sociedade empresária, e revogou expressamente a lei de 1945 (art. 200).

A **Nova Lei de Falências,** todavia, **não se aplica aos processos de falimentares ou de concordata ajuizados anteriormente** ao início de sua vigência, que serão concluídos nos termos do Decreto-Lei 7.661, de 21 de junho de 1945 (Lei 11.101, art. 192).

De sua parte, preconiza o art. 955 do CC, ao dispor sobre as preferências e privilégios creditórios, que *"Procede-se à declaração de insolvência toda vez que as dívidas excedam à importância dos bens do devedor"*.

De todo modo, a falência e a insolvência de qualquer das partes **não** é causa de **rescisão** do compromisso de compra ou venda ou promessa de cessão.

E não há diferença quanto a esse efeito se o objeto do contrato é a própria área loteada ou mesmo as unidades fracionadas da gleba, os **lotes**.

Determina-se, ainda, que se a falência ou a insolvência for do **proprietário da área loteada**, ou do **titular de direito**, incumbirá ao síndico ou ao administrador **cumprir os contratos**.

Vale lembrar que o cumprimento dos contratos era ou é tarefa do **síndico**, nos termos do art. 43 do Decreto-Lei 7.661, de 1945, se conveniente para a massa. Entre outras funções, o síndico também representava a massa em juízo. O antigo CPC/1973, no art. 12, III, igualmente dispunha caber ao síndico a representação em juízo, ativa e passivamente, da massa falida.

Com a revogação do Decreto-Lei de 1945, prescreve o art. 22, III, n, da Lei 11.101, de 2005, que a **massa falida será representada em juízo pelo administrador judicial**, modelo este que o Novo CPC/2015 consagrou no art. 75, V.

Mais especifico sobre os contratos em si, disciplina o art. 117 da Lei 11.101, de 2005: *"Os contratos bilaterais* ***não se resolvem pela falência e podem ser cumpridos pelo administrador judicial se o cumprimento reduzir ou evitar o aumento do passivo da massa falida ou for necessário à manutenção e preservação de seus ativos****, mediante autorização do comitê"* (grifo não original).

Adiante, o art. 119, *caput*, da mesma Lei afirma que "**prevalecerão** as seguintes regras", entre as quais, no inciso VI, a seguinte: *"na promessa de compra e venda de imóveis, aplicar-se-á a legislação respectiva".*

A Lei 6.766, de 1979, por ser norma especial e própria na regência dos compromissos de compra e venda de imóveis urbanos loteados, e suas respectivas cessões, em caso de **falência** do **proprietário da área loteada** ou do **titular de direito sobre ela**, caberá ao administrador judicial **indistintamente** cumprir os contratos regidos por essa lei, por força do art. 30, parte final, que afasta a incidência da regra geral prevista do art. 117 da Lei de Falências, segundo a qual o cumprimento dos contratos bilaterais estão sujeitos à conveniência e vantagem para a massa falida.

Na mesma toada, por ser lei especial, em caso de **insolvência** do **proprietário da área loteada** ou do **titular de direito sobre ela**, os contratos devem ser cumpridos.

Por outro lado, se a **falência** ou **insolvência** for do **adquirente do lote**, não se confere a mesma proteção legal, admitindo-se que seus direitos sejam levados à realização do ativo, em caso de falência, segundo os arts. 139 e ss. da Lei 11.101, de 2005, ou alienados, se o caso for de insolvência, mediante adjudicação, alienação por iniciativa particular ou leilão público, **formas típicas de expropriação de bens** previstas nos arts. 879 e ss. do CPC/2015, que também contempla a alienação antecipada, forma atípica de expropriação (Novo CPC, art. 852).

10. EXTINÇÃO DO CONTRATO

Os contratos em geral, como afirma Humberto Theodoro Junior, "ao contrário dos direitos reais, que tendem à perpetuidade, os direitos obrigacionais gerados pelo contrato caracterizam-se pela temporalidade. Não há contrato eterno. O vínculo contratual é, por natureza, passageiro e deve desaparecer, naturalmente, tão logo o devedor cumpra a prestação prometida ao credor" (Theodoro Junior, Humberto. *O contrato e seus princípios*, p. 100, apud Gonçalves, Carlos Roberto. *Direito civil esquematizado 1*. 2. ed. São Paulo: Saraiva, 2013, p. 831).

A **extinção normal dos contratos** ocorre, em regra, pela **execução voluntária** das obrigações (*pagamento*), comprovando-se o cumprimento pela quitação (CC, art. 320). Logo, temos em relação ao compromisso que, após o pagamento do preço e a assinatura do contrato de compra e venda definitivo, tem-se o subsequente registro no Registro de Imóveis. Com o registro, opera-se a transferência do domínio para o compromissário comprador (CC, art. 1.227).

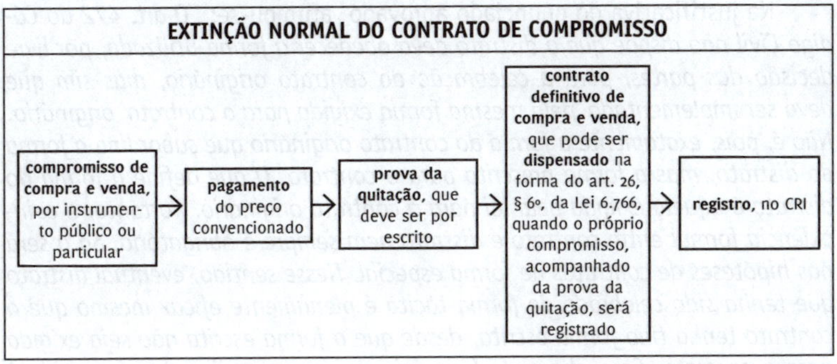

Outras vezes, o contrato pode ser extinto **sem o cumprimento**, quando não ocorre o pagamento, de modo que as obrigações assumidas não são cumpridas. Trata-se de modo anormal de extinção dos contratos. Podem ser destacados como **causas supervenientes** à formação do contrato a **adjudicação compulsória**, a **resilição** (*bilateral e unilateral*), a **resolução do contrato** (*por inexecução voluntária, inexecução involuntária e por onerosidade excessiva*) e a **rescisão**.

Quando o promitente vendedor se recusa a outorgar o contrato definitivo, mesmo após o recebimento do preço, o promissário comprador está legitimado a obtê-la mediante ação de **adjudicação compulsória** ou de cumprimento de obrigação de fazer, que, atingindo seu fim com o registro, consolida o domínio e encerra o contrato (LPSU, art. 25).

A **resilição** não decorre do inadimplemento contratual, mas da **manifestação da vontade das partes** de pôr fim ao contrato. Do latim *resilire*, que significa "voltar atrás", a resilição pode ser: (a) **bilateral**: denominada **distrato**, é o acordo de vontades que tem por fim extinguir um contrato anteriormente formado; (b) **unilateral**: aqui a vontade é de uma das partes, e só é admitida em alguns contratos, como aqueles por tempo indeterminado, de execução continuada ou periódica, nos benéficos, e aqueles cuja execução não tenha começado.

Segundo o art. 472 do CC, *"O distrato faz-se pela mesma forma exigida para o contrato"*. Como vimos, o compromisso pode assumir a forma pública ou particular (art. 26, *caput*, da Lei 6.766). Sendo assim, o **distrato** deverá observar uma destas formas, segundo o que as partes acordarem.

Conforme o **Enunciado 584 da VII Jornada de Direito Civil**, realizada em setembro de 2015, em Brasília, e que contou com a participação deste autor, definiu-se a seguinte interpretação ao art. 472 do CC: *"Desde que não haja forma exigida para a substância do contrato, admite-se que o distrato seja pactuado por forma livre."*

Na justificativa do enunciado aprovado, afirmou-se: *"O art. 472 do Código Civil não dispõe que o distrato deva obedecer a forma utilizada, por livre decisão das partes, para a celebração do contrato originário, mas sim que deva ser implementado 'pela mesma forma exigida para o contrato' originário. Não é, pois, exatamente a forma do contrato originário que subordina a forma do distrato, mas a forma prescrita para o contrato. O que define a forma do distrato é aquela exigida pela lei para o contrato originário. Portanto, a coincidência formal entre contrato e distrato nem sempre é obrigatória. Só o será nas hipóteses de contratos de forma especial. Nesse sentido, eventual distrato que tenha sido celebrado de forma tácita é plenamente eficaz mesmo que o contrato tenha tido forma escrita, desde que a forma escrita não seja exigida para o contrato. Se o chamado 'princípio do consensualismo' corresponde à regra geral aplicável às relações contratuais, não há razão para um maior apego à forma, em relação ao distrato, quando a lei assim não o determina."*

A **resolução** tem como causa a inexecução ou incumprimento do contrato por um dos contratantes, concedendo-se à parte, mediante ação judicial, a possibilidade de romper o vínculo contratual. O inadimplemento pode ser: (a) **voluntário** (culposo); (b) **involuntário**.

Pela **resolução**, o contrato de promessa se desfaz por inadimplemento da obrigação de pagar do promissário comprador ou por inexecução de outras obrigações do promitente vendedor. Em qualquer caso, produz efeitos *ex tunc*, extinguindo o que foi executado e obrigando a restituição do estado anterior, sem prejuízo das perdas e danos e da cláusula penal convencionada, devida a quem deu causa à inexecução.

A **cláusula penal**, também denominada **pena convencional** ou **multa contratual**, é a obrigação acessória pela qual se estipula a pena ou multa destinada a evitar o inadimplemento da obrigação principal ou em garantia de alguma cláusula especial (**cláusula penal moratória**) ou para o caso de total inadimplemento da obrigação (**cláusula penal compensatória**), funcionando como prefixação das perdas e danos.

Com relação à **cláusula penal** em compromisso de imóveis loteados, a Lei 6.766 expressa no art. 26, V, o seguinte: *"Taxa de juros incidentes sobre o débito em aberto e sobre as prestações vencidas e não pagas, bem como a cláusula penal, nunca excedente a 10% do débito e só exigível nos casos de intervenção judicial ou de mora superior a três meses."*

Ao referir-se à cláusula penal em caso de "mora" e impor o limite de 10% do valor do contrato, a Lei do Parcelamento referiu-se à cláusula penal moratória. Contudo, admite-se que as partes estipulem a cláusula penal compensatória, com fundamento nos arts. 409 e ss. do CC.

Deve-se observar, entretanto, a **limitação de 2% imposta pelo** Código de Defesa do Consumidor (**CDC**) no art. 52, § 1º, para as **multas** decorrentes do inadimplemento das obrigações regidas pelo sistema consumerista, limite que incidirá caso o compromissário comprador do imóvel loteado for consumidor final.

Normalmente, também estão compreendidas entre as hipóteses de extinção dos contratos sem cumprimento as **causas anteriores** à formação do contrato, como a **nulidade absoluta ou relativa**, o **implemento de cláusula resolutiva** e o **direito de arrependimento**.

As causas de **nulidade absoluta** são decorrentes da falta de elementos essenciais do ato, por ofensa a preceitos de ordem pública, o que impede o contrato de produzir efeitos desde a formação, isto é, projetam-se *ex tunc*. O ato nulo é ineficaz e perene, e não se convalesce pelo decurso do tempo, podendo ser declarado de ofício, a requerimento de "qualquer interessado" ou do Ministério Público (CC, arts. 168 e 169). A nulidade pode ser parcial (CC, art. 184) e a conversão é admissível (CC, art. 170).

Em caso de **loteamento irregular**, sem registro ou aprovação pelo Poder Público, haverá **ilicitude d**o objeto do contrato de promessa de compra e venda, por disposições legais expressas da Lei 6.766/1979, arts. 37 e 46, sendo **nulo o contrato**, acarretando o retorno das partes ao *statu quo ante*, devendo ser reconhecida de ofício pelo juiz e gerando efeitos ex tunc.

Nesse sentido:

REsp. 648780/RS, Ministro Raul Araújo.

A **nulidade relativa** decorre de uma imperfeição da vontade emanada por um relativamente incapaz sem assistência ou quando contém algum dos vícios do consentimento, como erro, dolo, coação, lesão, estado de perigo e fraude contra credores, do interesse particular que a lei visa proteger. Pode ser sanada e deve ser arguida dentro do prazo decadencial previsto, "só pelos interessados", e não pode ser reconhecida de ofício pelo juiz (CC, arts. 177 a 179).

Na execução dos contratos cada contraente tem a faculdade de pedir a resolução do contrato se o outro não cumprir as obrigações pactuadas, que pode resultar de convenção (**cláusula resolutiva expressa ou pacto comissório expresso**) ou de presunção legal (**cláusula resolutiva tácita ou implícita**).

A **cláusula resolutiva tácita** é presumida em todo contrato bilateral ou sinalagmático, autorizando o lesado pela inexecução pleitear a resolução do contrato, com perdas e danos, precedida de interpelação (CC, arts. 474 e 47).

Muito embora o CC, no art. 474, parte inicial, afirme que a **cláusula resolutiva expressa** "opera de pleno direito", nos compromissos de compra e venda de imóveis **loteados** e **não loteados** exige-se a prévia interpelação, judicial ou extrajudicial, ainda que não registrado o compromisso.

Nesse sentido:

REsp. 171243/PE, Ministro Barros Monteiro.

REsp. 220209/PR, Ministro Ruy Rosado De Aguiar.

REsp. 8877/SP, Ministro Cesar Asfor Rocha.

A **resolução por via extrajudicial** mediante notificação do devedor é prevista na Lei do Parcelamento do Solo Urbano, no art. 32, §§ 1º a 3º, que proclama o seguinte:

> **Preceito legal:**
>
> Art. 32. Vencida e não paga a prestação, o contrato será considerado rescindido 30 (trinta) dias depois de constituído em mora o devedor.
>
> § 1º Para os fins deste artigo o devedor-adquirente será intimado, a requerimento do credor, pelo oficial do Registro de Imóveis, a satisfazer as prestações vencidas e as que se vencerem até a data do pagamento, os juros convencionados e as custas de intimação.
>
> § 2º Purgada a mora, convalescerá o contrato.
>
> § 3º Com a certidão de não haver sido feito o pagamento em cartório, o vendedor requererá ao oficial do Registro o cancelamento da averbação.

Nesse caso a resolução dispensa qualquer **providência judicial**, porque decorre **automaticamente** do transcurso *in albis* do trintídio legal concedido na notificação, autorizando o vendedor a requerer o cancelamento da averbação (art. 32, § 3º).

Para o art. 34, § 2º, da Lei de Loteamento, no prazo de **60 (sessenta) dias**, **contado da constituição em mora**, fica o loteador, em **qualquer caso de rescisão** por inadimplemento do adquirente, **obrigado** a alienar o imóvel mediante leilão judicial ou extrajudicial, nos termos dos arts. 26 e seguintes da Lei nº 9.514, de 20 de novembro de 1997.

Trata-se de nova regra, inserida pela Lei n. 13.786, de 2018, que **veda**, ainda que indiretamente, o **pacto comissório**, ao não permitir que o loteador permaneça com o imóvel após a rescisão do contrato por inadimplemento.

Vale lembrar que o Código Civil, no art. 1.428, proclama a **nulidade** da cláusula que autoriza o credor pignoratício, anticrético ou hipotecário a ficar com o objeto da garantia, se a dívida não for paga no vencimento, ainda que, após o vencimento, poderá o devedor dar a coisa em pagamento da dívida.

Portanto, nosso direito consagra a **proibição do pacto comissório**, sendo agora previsto na Lei de Loteamento Urbano, de modo que será inadmissível, sob pena de nulidade, cláusula que autorize o loteador, nos contratos regidos pela Lei n. 6.766, de 1979, a ficar com o lote se o débito não for pago no seu vencimento.

Ainda no que diz respeito ao **procedimento** para a resolução do contrato, a **notificação do cônjuge** do devedor é **necessária**, esteja registrado ou não o compromisso de compra e venda. Essa exigência compreende tanto a resolução extrajudicial como a resolução judicial.

Vale lembrar que o art. 73, § 1º, IV, do novo CPC estabelece que ambos os cônjuges serão **necessariamente citados** para a ação *"que tenha por objeto o reconhecimento, a constituição ou a extinção de ônus sobre imóvel de um ou de ambos os cônjuges"*.

Segundo o professor José Manoel de Arruda Alvim Netto, em referência ao antigo CPC/1973, *"o termo ônus nesse texto de lei é usado em sentido amplo, abrangendo os ônus reais e as hipóteses assemelhadas, entre as quais inclui expressamente o compromisso de compra e venda não inscrito. Este, mesmo sem constituir-se em direito real, versa iniludivelmente sobre imóvel e está, assim, abrangido pelas disposições tanto do art. 10, caput, como no inc. IV do seu parágrafo único"* (AZEVEDO Júnior, José Osório de. Compromisso de compra e venda. Apud: Rizzardo, Arnaldo. *Direito das coisas. 7. ed.* Rio de Janeiro: Forense, 2014, p. 1.018.

Nesse sentido:

RT 415/183.

RT 457/125.

Em novo regramento incluído no art. 32-A, § 1º, da LLU, pela Lei n. 13.786, de 2018, foram estabelecidos os **critérios legais** para que o **valores pagos** a título de aquisição dos lotes sejam **devolvidos** em caso de **resolução contratual por fato imputado ao adquirente**, resguardada a possibilidade de **purgar a mora** (art. 32, § 2º) e de se manter o contrato.

A quantia paga **não será devolvida** na totalidade, como aliás já é consagrado na jurisprudência do STJ. Para a nova regra, depois de **atualizados** os valores, com base no índice **contratualmente estabelecido** para a **correção monetária** das **parcelas do preço do imóvel**, poderão ser **descontados** os seguintes itens:

1. os valores correspondentes à **eventual fruição do imóvel**, até o equivalente a **0,75%** sobre o **valor atualizado do contrato**, cujo prazo será contado a partir da data da transmissão da posse do imóvel ao adquirente até sua restituição ao loteador;

2. o montante devido por **cláusula penal** e **despesas administrativas**, inclusive **arras ou sinal**, limitado a um desconto de **10%** do valor atualizado do contrato;

3. os encargos **moratórios** relativos às prestações pagas em **atraso** pelo adquirente;

4. os débitos de **impostos** sobre a propriedade predial e territorial urbana, **contribuições condominiais**, **associativas** ou **outras** de igual natureza que sejam a estas equiparadas e tarifas vinculadas ao lote, bem como **tributos**, **custas** e **emolumentos** incidentes sobre a restituição e/ou rescisão;

5. a **comissão de corretagem**, desde que **integrada** ao preço do lote.

Permite-se assim, pela nova Lei, que o pagamento da **restituição** ocorra **em até 12 parcelas mensais**, com **início** após transcorridos **prazos de carência** abaixo, findos os quais as restituições dos valores pagos devem **ocorrer de imediato**.

- em **loteamentos com obras em andamento**:

- no **prazo máximo** de **180 dias**: após o **prazo previsto** em contrato para conclusão das obras.

- **em loteamentos com obras concluídas**:

- no **prazo máximo** de **12 meses:** após a **formalização** da rescisão contratual.

Verificada a **devolução do imóvel** nada impede que este venha a ser objeto de negócio diverso, mas o **registro** da nova venda só será feito caso se **comprove o início da restituição** do valor pago pelo vendedor ao **titular do registro cancelado**, na forma e **condições pactuadas** no distrato, **dispensada essa comprovação** em apenas dois casos: (a) quando o adquirente **não for localizado** ou; (b) quando constituído em mora, **não a purgar**, e o contrato for considerado **rescindido**, nos termos do art. 32.

Tratando-se de **contratos e escrituras de compra e venda de lote sob a modalidade de alienação fiduciária** nos termos da Lei n° 9.514, de 20 de novembro de 1997, é inaplicável o novo procedimento inserido no art. 32-A da Lei de Loteamentos, afirma o novo art. 32-A, § 3°.

Com relação às benfeitorias, em todos os casos de rescisão do contrato por **inadimplemento do adquirente**, as **benfeitorias necessárias** ou **úteis** por ele levadas a efeito no imóvel deverão ser **indenizadas**, sendo de **nenhum efeito qualquer disposição contratual em contrário**, estabelece o art. 34, *caput*, da Lei 6.766.

Contudo, não serão **indenizadas** as benfeitorias feitas em **desconformidade** com o contrato ou com a lei, prevê o art. 34, § 1º, antigo parágrafo único, renumerado pela Lei n. 13.786, de 2018.

Para o STJ, ao falar que não serão indenizadas as benfeitorias feitas em desconformidade com a lei, tiveram-se em mira, evidentemente, circunstâncias muito mais graves.

Nesse sentido:

AG 507485, Ministra Nancy Andrighi.

Por outro lado, a lei é omissa, quanto à possibilidade de se **levantar as benfeitorias voluptuárias** sem detrimento da coisa, e nem tampouco **estabelece o direito de retenção** pelo valor das benfeitorias **necessárias e úteis**, segundo dispõe o art. 1.219 do CC.

Para o o STJ, porém, verificada a **inadimplência do comprador**, e a resolução de contrato de compra e venda de imóvel loteado, **descabe o direito à retenção.**

Nesse sentido:

REsp. 343697, Ministro Fernando Gonçalves.

Em outro julgado admitiu-se o **direito de retenção** pelas **acessões** (construções) realizadas no imóvel pelo **compromissário comprador**.

Nesse sentido:

AG 507485, Ministra Nancy Andrighi.

De acordo com o novo art. 35 da Lei de Parcelamento, se ocorrer o **cancelamento do registro por inadimplemento do contrato**, e tiver sido realizado o pagamento de **mais de 1/3 (um terço) do preço ajustado**, o oficial do registro de imóveis **mencionará** esse **fato** e a **quantia paga no ato do cancelamento**, e somente será **efetuado novo registro relativo ao mesmo lote**, mediante apresentação do **distrato assinado pelas partes** e a **comprovação do pagamento da parcela única** ou da **primeira parcela** do montante a ser **restituído ao adquirente**, que pode ocorrer na **forma do art. 32-A**, ao **titular do registro cancelado**, ou **mediante depósito em dinheiro** à sua disposição no **registro de imóveis**.

Somente após estas providências é que será possível o novo registro sobre o mesmo lote, conforme estabelecem os arts. 32-A, § 2º (distrato) e 35 (inadimplemento com pagamento de mais de 1/3 do preço ajustado), mas as partes podem dispensar a necessidade prévia do pagamento para o registro em favor do novo comprador, desde que o façam em cláusula expressa. Portanto, como regra, o início do pagamento do antigo comprador é pré-requisito para o registro da nova venda.

Feito o depósito, o **interessado será intimado**, para em **10 (dez) dias** receber o valor, sob pena de ser devolvido ao depositante. Não localizado, o oficial do Registro de Imóveis **depositará quantia em estabelecimento bancário**, de acordo com a **ordem preferencial do inciso I do art. 840 do CPC-2015**, em conta com **incidência de juros e correção monetária.**

Preceito legal:

> Art. 35. Se ocorrer o cancelamento do registro por inadimplemento do contrato, e tiver sido realizado o pagamento de mais de 1/3 (um terço) do preço ajustado, o oficial do registro de imóveis mencionará esse fato e a quantia paga no ato do cancelamento, e somente será efetuado novo registro relativo ao mesmo lote, mediante apresentação do distrato assinado pelas partes e a comprovação do pagamento da parcela única ou da primeira parcela do montante a ser restituído ao adquirente, na forma do art. 32-A desta Lei, ao titular do registro cancelado, ou mediante depósito em dinheiro à sua disposição no registro de imóveis.
>
> § 1º Ocorrendo o depósito a que se refere este artigo, o Oficial do Registro de Imóveis intimará o interessado para vir recebê-lo no prazo de 10 (dez) dias, sob pena de ser devolvido ao depositante.
>
> § 2º No caso de não se encontrado o interessado, o Oficial do Registro de Imóveis depositará quantia em estabelecimento de crédito, segundo a ordem prevista no inciso I do art. 666 do Código de Processo Civil, em conta com incidência de juros e correção monetária.
>
> § 3º A obrigação de comprovação prévia de pagamento da parcela única ou da primeira parcela como condição para efetivação de novo registro, prevista no caput deste artigo, poderá ser dispensada se as partes convencionarem de modo diverso e de forma expressa no documento de distrato por elas assinado.

Além das hipóteses do inadimplemento, distrato ou outro fato imputado ao adquirente, previstas nos arts. 32 e 32-A da Lei 6.766, de 1979, estabelece o art. 36, I a III, da mesma Lei que só poderá ocorrer o **cancelamento do registro do compromisso**, **cessão** ou **promessa de cessão** em **três hipóteses**:

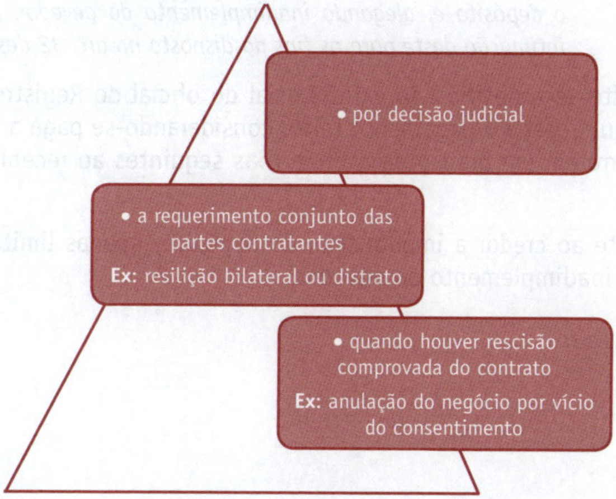

Por último, outra situação de extinção do contrato é o **arrependimento**, que, para os contratos regidos pela Lei do Parcelamento Urbano, sofre a restrição do art. 25, que prescreve a irretratabilidade dos compromissos de compra e venda.

Normalmente, o **direito de arrependimento** vem **previsto no contrato**, e nesse caso deverá ser exercido no *prazo convencionado, mediante declaração unilateral*, sujeitando-se à perda do sinal ou à sua devolução em dobro, sem, contudo, o dever de pagar indenização suplementar (CC, art. 420); se **nada foi ajustado**, pode ser praticado *antes do início da execução*, pois o adimplemento da prestação importa a renúncia tácita ao direto de se arrepender.

Para o STJ, na **promessa de venda de imóveis loteados não é admitido o direito de arrependimento**.

Nesse sentido:

Ag 1120425, Ministra Nancy Andrighi.

10.1. Mora do credor

Ainda se prevê na Lei 6.766 a **mora do credor** (*mora creditoris*) em receber as prestações, isto no art. 33, que assim dispõe:

> **Preceito legal:**
>
> *Art. 33. Se o credor das prestações se recusar recebê-las ou furtar-se ao seu recebimento, será constituído em mora mediante notificação do Oficial do Registro de Imóveis para vir receber as importâncias depositadas pelo devedor no próprio Registro de Imóveis. Decorridos **quinze** dias após o recebimento da intimação, considerar-se-á efetuado o pagamento, a menos que o credor impugne*

> *o depósito e, alegando inadimplemento do devedor, requeira a intimação deste para os fins do disposto no art. 32 desta Lei.*

Permite-se a notificação extrajudicial do oficial do Registro, ao credor, para que receba o pagamento feito, considerando-se paga a prestação se transcorrerem em branco os **quinze dias** seguintes ao recebimento da intimação.

Admite ao credor a impugnação do depósito, apenas limitados seus termos ao inadimplemento do devedor.

Capítulo V

Responsabilidades

1. RESPONSABILIDADE DO LOTEADOR, DO MUNICÍPIO E DOS TERCEIROS ADQUIRENTES DE LOTES

Independentemente da modalidade de loteamento ou desmembramento, o parcelamento do solo urbano só será admitido quando atendidos os diversos requisitos mínimos, entre ambientais e urbanísticos, pelos quais se priorizam o interesse social e a dignidade da pessoa humana, a serem cumpridos, em princípio, pelo loteador e adquirentes dos lotes, o que não exclui, todavia, a responsabilidade **solidária** ou **subsidiária** do município, conforme o caso.

O desmembrador ou loteador **é obrigado a cumprir as regras** previstas na Lei 6.766, de 1979, no plano diretor e nas demais obrigações constantes do parcelamento aprovado.

Consoante dispõe o art. 30, VIII, da Constituição da República, compete aos municípios *"promover, no que couber, adequado ordenamento territorial, mediante planejamento e controle do uso, do parcelamento e da ocupação do solo urbano"*.

Para **evitar lesão** aos padrões de desenvolvimento urbano, o município ou Distrito Federal, conforme o caso, deve fiscalizar e regularizar o crescimento urbano desordenado, como forma de evitar o surgimento de **loteamentos irregulares e clandestinos.**

Tem decidido o STJ que o **município** tem o **poder-dever de agir para fiscalizar** e **regularizar loteamento irregular**, pois é o responsável pelo parcelamento, uso e ocupação do solo urbano, atividade essa que é **vinculada.**

Nesse sentido:

AgRg no AREsp. 446.051/SP.

A jurisprudência do STJ também se inclina no sentido de que, tendo o **município** o poder-dever de agir no sentido de **regularizar loteamento urbano ocorrido de modo clandestino**, e **não tendo** a prefeitura municipal usado do seu **poder de polícia** ou das **vias judiciais próprias** para impedir o uso **ilegal do solo**, sua responsabilidade não pode ser afastada.

Nesse sentido:

REsp. 124714/SP.

É importante ainda destacar o entendimento do STJ segundo o qual a responsabilidade do município em realizar obras de infraestrutura em **loteamentos irregulares** seja apenas **subsidiária**, se ainda possível exigi-las do loteador ou desmembrador.

Esse entendimento, contudo, é inaplicável na hipótese de **omissão do Poder Público na fiscalização do ordenamento urbano**, sobretudo quando envolver **dano ambiental**, e ainda quando **não for possível** responsabilizar o loteador ou desmembrador, caso em que a responsabilidade do ente local passa a ser **solidária.**

Precedentes:

AgRg no REsp. 1310642/RS.

REsp. 859.905/RS.

REsp. 604.725/PR.

Em outro aspecto, determina o art. 40 da Lei 6.766/1979, na hipótese de loteamento privado irregular, que **enquanto for possível** a responsabilização do loteador, o município responde apenas subsidiariamente à falta de previsão legal pela solidariedade.

Assim, pela sistemática da Lei 6.766/1979, a responsabilidade do município pela regularização lato sensu do loteamento é subsidiária, pois é necessário, primeiro, se cobrar do loteador o cumprimento das obrigações que a legislação de regência lhe impõe para, depois, em caso de inadimplemento, exigir do Poder Público municipal o cumprimento de seu dever, à luz do princípio da indisponibilidade do interesse público.

Nesse sentido:

REsp. 1.394.701/AC.

Também é pacífico o entendimento do STJ de que o município tem o poder-dever de agir para fiscalizar e regularizar loteamento irregular, pois é o responsável pelo parcelamento, uso e ocupação do solo urbano, atividade essa que é vinculada, e não discricionária.

Nesse sentido:

REsp. 432.531/SP.

REsp. 448.216/SP.

REsp. 1.170.929/SP.

O art. 40 da Lei 6.766/1979, ao estabelecer que o município *"poderá regularizar loteamento ou desmembramento não autorizado ou executado sem observância das determinações do ato administrativo de licença"*, fixa, na verdade, um poder-dever, ou seja, um **atuar vinculado da municipalidade**.

Consoante dispõe o art. 30, VIII, da Constituição da República, compete ao município "promover, no que couber, adequado ordenamento territorial, mediante planejamento e controle do uso, do parcelamento e da ocupação do solo urbano".

Para evitar lesão aos padrões de desenvolvimento urbano, o **município não pode eximir-se do dever de regularizar loteamentos irregulares** se os **loteadores e responsáveis**, devidamente notificados, **deixam de proceder** às obras e melhoramentos indicados pelo ente público.

O fato de o município multar os loteadores e embargar as obras realizadas no loteamento em nada muda o panorama, devendo proceder, ele próprio e às expensas do loteador, nos termos da responsabilidade que lhe é atribuída pelo art. 40 da Lei 6.766/1979, à regularização do loteamento executado sem observância das determinações do ato administrativo de licença.

Caso o município, mesmo após a aplicação da multa e o embargo da obra, não avocou para si a responsabilidade pela regularização do loteamento às expensas do loteador, e dessa omissão resultou um dano ambiental, deve ser responsabilizado, **conjuntamente** com o loteador, pelos prejuízos daí advindos, podendo acioná-lo regressivamente.

Nesse sentido:

REsp. 1.113.789/SP.

O mesmo entendimento há de ser aplicado não apenas em relação aos loteamentos privados, pois a Lei 6.766/1979 é aplicável a toda e qualquer forma de parcelamento do solo para fins urbanos (art. 1º da Lei), independentemente de haver vinculação ou não com os programas habitacionais de interesse social.

Nessa ordem de ideias, e por mandamento constitucional do art. 30, inciso VIII, compete, pois, ao município regularizar o parcelamento, as edificações, o uso e a ocupação do solo, sendo pacífico o entendimento segundo o qual essa competência é **vinculada**, ainda que se trate de parcelamento considerado de interesse público ou vinculado a planos ou programas habitacionais de iniciativa das prefeituras municipais e do Distrito Federal, ou entidades autorizadas por lei, conforme previsto no art. 53-A da Lei 6.766, de 1979, incluído pela Lei 9.785, de 1999.

Dessarte, se o município **se omite no dever de controlar loteamentos** e parcelamentos de terras, o **Poder Judiciário pode compeli-lo** ao cumprimento de tal dever.

Nesse sentido:

REsp. 292.846/SP.

No mesmo diapasão, o município **não pode se furtar do poder-dever de agir** vinculado e constitucionalmente previsto com vistas à regularização do solo urbano, sob pena de responsabilização

Nesse sentido:

REsp. 259.982/SP.

Já se posicionou o STJ, todavia, no sentido de que o **art. 40 da Lei 6.766/1979** concede ao município **o direito e não a obrigação** de realização de **obras de infraestruturas em loteamento**, o que revela uma faculdade do ente federativo, sob o critério de conveniência e oportunidade.

Nesse sentido:

REsp. 859.905/RS.

Com relação aos **adquirentes de lote,** possuem eles **responsabilidade solidária pelo dano ambiental do loteamento irregular**, ainda que não realizem obras no seu imóvel, o que implica legitimidade para compor, como **litisconsorte**, o polo passivo da ação que questiona a legalidade do loteamento e busca a restauração do meio ambiente degradado.

Vale destacar, nessa toada, que em loteamento, se o imóvel **causador do dano** é adquirido por **terceira pessoa**, esta passa a ser **solidariamente** responsável pelo interesse lesado.

Nesse sentido:

REsp. 295.797/SP.

1.1. Litisconsórcio entre os responsáveis pela regularização do loteamento irregular ou clandestino

O **litisconsórcio** foi previsto nos arts. 46 a 49 do CPC de 1973, e agora vem estampado nos arts. 113 a 118 do Código de 2015, conforme a seguinte tabela comparativa:

Novo CPC/2015	CPC/1973
Art. 113. Duas ou mais pessoas podem litigar, no mesmo processo, em conjunto, ativa ou passivamente, quando:	**Art. 46.** Duas ou mais pessoas podem litigar, no mesmo processo, em conjunto, ativa ou passivamente, quando:

Novo CPC/2015	CPC/1973
I – entre elas houver comunhão de direitos ou de obrigações relativamente à lide; II – entre as causas houver conexão pelo pedido ou pela causa de pedir; III – ocorrer afinidade de questões por ponto comum de fato ou de direito. § 1º O juiz poderá limitar o litisconsórcio facultativo quanto ao número de litigantes na fase de conhecimento, na liquidação de sentença ou na execução, quando este comprometer a rápida solução do litígio ou dificultar a defesa ou o cumprimento da sentença. § 2º O requerimento de limitação interrompe o prazo para manifestação ou resposta, que recomeçará da intimação da decisão que o solucionar. **Art. 114.** O litisconsórcio será necessário por disposição de lei ou quando, pela natureza da relação jurídica controvertida, a eficácia da sentença depender da citação de todos que devam ser litisconsortes. **Art. 115.** A sentença de mérito, quando proferida sem a integração do contraditório, será: I – nula, se a decisão deveria ser uniforme em relação a todos que deveriam ter integrado o processo; II – ineficaz, nos outros casos, apenas para os que não foram citados. Parágrafo único. Nos casos de litisconsórcio passivo necessário, o juiz determinará ao autor que requeira a citação de todos que devam ser litisconsortes, dentro do prazo que assinar, sob pena de extinção do processo. **Art. 116.** O litisconsórcio será unitário quando, pela natureza da relação jurídica, o juiz tiver de decidir o mérito de modo uniforme para todos os litisconsortes. **Art. 117.** Os litisconsortes serão considerados, em suas relações com a parte	I – entre elas houver comunhão de direitos ou de obrigações relativamente à lide; II – os direitos ou as obrigações derivarem do mesmo fundamento de fato ou de direito; III – entre as causas houver conexão pelo objeto ou pela causa de pedir; IV – ocorrer afinidade de questões por um ponto comum de fato ou de direito. Parágrafo único. O juiz poderá limitar o litisconsórcio facultativo quanto ao número de litigantes, quando este comprometer a rápida solução do litígio ou dificultar a defesa. O pedido de limitação interrompe o prazo para resposta, que recomeça da intimação da decisão. (Incluído pela Lei 8.952, de 13.12.1994) **Art. 47.** Há litisconsórcio necessário, quando, por disposição de lei ou pela natureza da relação jurídica, o juiz tiver de decidir a lide de modo uniforme para todas as partes; caso em que a eficácia da sentença dependerá da citação de todos os litisconsortes no processo. Parágrafo único. O juiz ordenará ao autor que promova a citação de todos os litisconsortes necessários, dentro do prazo que assinar, sob pena de declarar extinto o processo. **Art. 48.** Salvo disposição em contrário, os litisconsortes serão considerados, em suas relações com a parte adversa, como litigantes distintos; os atos e as omissões de um não prejudicarão nem beneficiarão os outros. **Art. 49.** Cada litisconsorte tem o direito de promover o andamento do processo e todos devem ser intimados dos respectivos atos.

Novo CPC/2015	CPC/1973
adversa, como litigantes distintos, exceto no litisconsórcio unitário, caso em que os atos e as omissões de um não prejudicarão os outros, mas os poderão beneficiar. **Art. 118.** Cada litisconsorte tem o direito de promover o andamento do processo, e todos devem ser intimados dos respectivos atos.	

▸ Como esse assunto foi cobrado em concurso?

Foi cobrado no concurso para Promotor de Justiça do Estado de São Paulo: O Ministério Público promoveu ação em face dos loteadores e do Município com o fito de obter a regularização de loteamento clandestino, para adequá-lo à legislação pertinente, ou, na impossibilidade de adequação, a condenação nos danos ambientais e urbanísticos. O Juiz da causa determinou a exclusão da pessoa jurídica de direito público da ação,ao argumento que o Município não era parte legítima para respondê-la, isentando-o de responsabilidade. Está correta a decisão

Para Daniel Amorim Assumpção Neves, "o fenômeno processual do litisconsórcio se refere ao elemento subjetivo da relação jurídica processual, mais previamente às partes. A doutrina é pacífica ao conceituar o litisconsórcio como pluralidade de sujeitos em um ou nos dois polos da relação jurídica processual que se reúnem para litigar em conjunto" (Assumpção Neves, Daniel Amorim. *Novo Código de Processo Civil comentado, artigo por artigo*. Salvador: Juspodivm, 2016, p. 177).

As hipóteses de **litisconsórcio facultativo** estão previstas nos 113, I a III, do Novo CPC, não se admitindo outras situações de reunião de pessoas no polo ativo ou passivo que não aquelas previstas na lei.

Consagra-se ainda, no art. 113, § 1º, do Novo CPC, o *litisconsórcio multitudinário*, pelo qual pode ser limitado o número de litisconsortes, nos casos que especifica, **regra inaplicável ao litisconsórcio necessário.**

Nesse sentido:

STJ, REsp. 13.860/BA.

O *litisconsórcio multitudinário* deve ser requerido e, uma vez apresentado o pedido, ocorre a **interrupção** para manifestação ou resposta, que recomeçará da intimação da decisão que o solucionar (NCPC, art. 113, § 2º).

Não trouxe o Novo CPC a solução sobre a divergência do prazo que o réu tem para alegar a existência do *litisconsórcio multitudinário*, entendendo o STJ **que esse prazo seja o da resposta do réu.**

Nesse sentido:

STJ, REsp. 402.447/ES.

Também pode o juiz reconhecer de ofício o *litisconsórcio multitudinário*, e assim determinar a limitação do litisconsórcio facultativo, presentes os requisitos legais no art. 113, § 1º, do Novo CPC.

Apesar de o § 2º do art. 113 não contemplar essa hipótese, é imperativo legal que o juiz tem o poder-dever de velar pela duração razoável do processo, objetivo que se atinge com a limitação subjetiva da relação processual. De mais a mais, a razoável duração do processo foi erigida entre os poderes, deveres e responsabilidade do juiz com o Novo CPC (CF/1988, art. 5º, LXXVIII, e NCPC, art. 139, II).

Nesse sentido:

STJ, REsp. 908.714/BA.

A consequência da limitação, uma vez reconhecido o litisconsórcio multitudinário, apesar de não previsto no Novo CPC, deverá ser o desmembramento, como se decidiu na vigência do antigo CPC.

Nesse sentido:

STJ, REsp. 1.452/PR.

> ▸ **Importante!**
>
> Da decisão que **rejeita o pedido de limitação** do litisconsórcio cabe **agravo de instrumento** (NCPC, art. 1.015, VIII).
>
> A decisão que **defere** o pedido também é atacável por **agravo de instrumento**, por excluir litisconsorte do processo (NCPC, art. 1.015, VII).
>
> Com o **sistema recursal** do Novo CPC, o rol de cabimento do agravo de instrumento passa a ser **taxativo**.

Será considerado **litisconsórcio necessário** "[..] nas hipóteses em que é obrigatória sua formação, enquanto no litisconsórcio facultativo existe uma mera opção de formação, em geral a cargo do autor (a exceção é o litisconsórcio formado pelo réu no chamamento ao processo e na denunciação da lide). No primeiro caso há obrigatoriedade de formação do litisconsórcio, seja por expressa determinação legal, seja em virtude na natureza indivisível da relação Direito material da qual participam os litisconsortes. No segundo caso a formação dependerá da conveniência que a parte acreditar existir no caso concreto em litigar em conjunto, dentro dos limites legais" (Neves, Daniel Amorim Assumpção. *Novo Código de Processo Civil comentado, artigo por artigo*. Salvador: Juspodivm, 2016, p. 182).

A não formação do **litisconsórcio necessário** é versada no art. 115, I e II, do Novo CPC, que modifica o art. 47, *caput*, do antigo CPC. De acordo com o preceito legal, a sentença de mérito, quando proferida **sem a integração do contraditório, será**

- ***nula, se a decisão deveria ser uniforme em relação a todos que deveriam ter integrado o processo***

- **(litisconsórcio unitário)**

- ***ineficaz, nos outros casos, apenas para os que não foram citados***

- **(litisconsórcio simples)**

Segundo o parágrafo único do at. 115, *"Nos casos de litisconsórcio passivo necessário, o juiz determinará ao autor que requeira a citação de todos que devam ser litisconsortes, dentro do prazo que assinar, sob pena de extinção do processo"*.

Quando em discussão o **dano ambiental e urbanístico em loteamento irregular e clandestino**, debate-se na jurisprudência a possibilidade de haver **litisconsórcio** entre os responsáveis, tanto para obrigações de fazer, em que se almeja a regularização da área, como para os processos ressarcitórios.

De início, a violação à legislação urbanística configura dano à coletividade, de modo que a **Administração é solidária, objetiva e ilimitadamente responsável**, nos termos da Lei 6.938/1981, por **danos urbanístico-ambientais** decorrentes da omissão do seu dever de controlar e fiscalizar, na medida em que contribua, direta ou indiretamente, tanto para a degradação ambiental em si mesma como para seu agravamento, consolidação ou perpetuação.

Nesse sentido:

STJ, AgRg no REsp. 1497096/RJ.

Para o STJ, assim, nos casos de no **dano ambiental e urbanístico**, a regra geral é a do **litisconsórcio facultativo.**

Nesse sentido:

STJ, EDcl no REsp. 843978/SP.

Portanto, apesar da responsabilidade (objetiva) e solidária, mesmo havendo múltiplos agentes poluidores, **não existe obrigatoriedade na formação do litisconsórcio**, abrindo-se ao autor a possibilidade de demandar de qualquer um deles, isoladamente ou em conjunto, pelo todo

Nesse sentido:

REsp. 604.725/PR.

REsp. 880.160/RJ.

> **▸ Importante**
>
> Desse modo, proclamou o STJ que *"há litisconsórcio passivo facultativo, nas ações civis públicas por dano ambiental em loteamento irregular, entre os responsáveis primários pelos atos ilícitos, os terceiros adquirentes de lotes e seus ocupantes, em razão da responsabilidade solidária por dano ambiental"*. Precedentes. REsp. 1328874/SP, REsp. 2011/0220852-6, Rel. Ministra Eliana Calmon.

No plano jurídico, o **dano ambiental** é marcado pela **responsabilidade civil objetiva e solidária**, que dá ensejo, no âmbito processual, a **litisconsórcio facultativo** entre os vários degradadores, diretos ou indiretos, o que inclui o loteador, o município ou Distrito Federal, conforme o caso, e os terceiros adquirentes.

Com relação a estes, os terceiros adquirentes de lote, a responsabilidade solidária pelo dano ambiental do loteamento irregular é evidente (*obrigação propter rem*), ainda que não realizem obras no seu imóvel, o que implica **legitimidade** para compor, como litisconsorte, o polo passivo da ação que questiona a legalidade do loteamento.

Nesse sentido:

STJ, REsp. 295.797/SP.

Sobre o tema, a lição de Hugo Nigro Mazzilli, ao afirmar que, "quando presente a responsabilidade solidária, podem os litisconsortes ser acionados em litisconsórcio facultativo (CPC, art. 46, I); não se trata, pois, de litisconsórcio necessário (CPC, art. 47), de forma que não se exige que o autor da ação civil pública acione a todos os responsáveis, ainda que o pudesse fazer" (Mazzilli, Hugo Nigro. A defesa dos interesses difusos em juízo. 19. ed. São Paulo: Saraiva, 2006, p. 148).

Em situação excepcional, já decidiu o STJ pelo **litisconsórcio necessário**, contemplando assim ambas as espécies de litisconsórcio como única forma de garantir plena utilidade e eficácia à prestação jurisdicional, caso em que figuraram o **loteador** e o **adquirente** porque este, **por mão própria**, alterou a situação física ou realizou obras no lote, as quais, no final, precisarão ser demolidas ou removidas.

Precedentes:

REsp. 901.422/SP.

REsp. 1.194.236/RJ.

REsp. 405.706/SP.

> **Importante**
>
> Nesse sentido decidiu o STJ: *"Na ação civil pública de reparação a danos contra o meio ambiente os empreendedores de loteamento em área de preservação ambiental, bem como os adquirentes de lotes e seus ocupantes que, em tese, tenham promovido degradação ambiental, formam litisconsórcio **passivo necessário**"* (REsp. 901.422/SP, Rel. Ministra Eliana Calmon, Segunda Turma, DJe 14.12.2009, grifo acrescentado).

2. DANO MORAL COLETIVO

O dano moral coletivo, assim entendido o que é transindividual e atinge uma classe específica ou não de pessoas, é passível de comprovação pela presença de prejuízo à imagem e à moral coletiva dos indivíduos enquanto síntese das individualidades percebidas como segmento, derivado de uma mesma relação jurídica-base.

O dano extrapatrimonial coletivo prescinde da comprovação de dor, de sofrimento e de abalo psicológico, suscetíveis de apreciação na esfera do indivíduo, mas inaplicável aos interesses difusos e coletivos.

Nesse sentido:

REsp. 1.057.274/RS.

Tem admitido o STJ o **dano moral coletivo** naquelas situações que envolvam **danos ao meio ambiente** e à **ordem urbanística**, em consequência de **loteamento irregular** ou **clandestino**, que decorrem de ilegalidade e irregularidades não apenas do loteador, mas também da omissão do Poder Público.

No caso, o **dano moral coletivo surge diretamente da ofensa ao direito ao meio ambiente equilibrado**. Em determinadas hipóteses, reconhece-se que o dano moral decorre da simples violação do bem jurídico tutelado, sendo configurado pela ofensa aos valores da pessoa humana. Prescinde-se, no caso, da dor ou padecimento (que são consequência ou resultado da violação).

Nesse sentido:

STJ, REsp. 1.245.550/MG.

Vale destacar, ainda, que em ações judiciais que visam o **ressarcimento de danos ambientais ou urbanísticos** a regra é a fixação do **litisconsórcio passivo facultativo**, abrindo-se ao autor a possibilidade de demandar de qualquer um deles, isoladamente ou em conjunto, pelo todo.

A propósito:

AgRg no AREsp. 541.229/RJ.

AgRg no AREsp. 432.409/RJ.

REsp. 604.725/PR.

REsp. 880.160/RJ.

3. PROCEDIMENTOS ADMINISTRATIVO-JUDICIAL DE REGULARIZAÇÃO

A Lei de Loteamento disciplina os **procedimentos para a regularização administrativa** dos parcelamentos irregulares, nos arts. 38 e ss. da Lei 6.766, de 1979, que contemplam fases de natureza administrativa e judicial obrigatória.

Nesse contexto, é importante a distinção entre parcelamento **clandestino** e **irregular**, ambos considerados ilegais, sendo certo que o critério distintivo entre um e outro é a aprovação.

Ocorrendo a **aprovação sem a execução**, pode-se dizer que o parcelamento é **irregular; não** havendo **aprovação e registro,** os parcelamentos são considerados **clandestinos.**

A clandestinidade ou a irregularidade não é exclusividade dos loteamentos. Também alcança os desmembramentos, dada a falta de aprovação ou a execução contrária à legislação.

O **parcelamento é clandestino** quando o Poder Público competente não tem conhecimento de sua existência, ou quando, levado a seu conhecimento, não adquire a aprovação e registro, sendo consequência de indeferimento do pedido ou da própria ausência dessa solicitação.

> ▸ **Como esse assunto foi cobrado em concurso?**
>
> Foi cobrado no concurso para Promotor de Justiça do Estado do Estado de Santa Catarina: Discorra O Promotor de Justiça da Comarca Y instaurou inquérito Civil, Portaria 01/2011, com o objetivo de apurar um loteamento clandestino. Quais as providências (requerimentos/requisições/outros) no âmbito do Inquérito Civil que devem ser tomadas pelo Promotor de Justiça? Identifique-as, explicando-as. Não é necessária elaboração de peça processual ou extraprocessual.

Nos **irregulares**, a aprovação pelo Poder Público existe, podendo ser registrado ou não, mas o loteador ou desmembrador deixa de executá-lo ou o executa em desconformidade com o ato de aprovação ou com a legislação vigente, ou ainda, após a aprovação e execução regular, não o registra.

> ▸ **Como esse assunto foi cobrado em concurso?**
>
> Foi cobrado no concurso para Promotor de Justiça do Estado de São Paulo: É possível a usucapião de imóvel situado em loteamento irregular? Justifique.

A Lei 6.766, de 1979, nos arts. 38 e 40, contempla os procedimentos administrativos destinados a suprir a falta de registro ou execução dos loteamentos ou desmembramentos.

A instauração dos procedimentos pode ser provocada: (i) pelo **adquirente** dos lotes; (ii) pela **prefeitura municipal**, ou o **Distrito Federal** quando for o caso, ou; (iii) pelo **Ministério Público** (LPSU, art. 38, § 2º).

O procedimento terá curso no **Cartório de Registro de Imóveis** para o processamento do expediente, sendo considerado **competente** aquele onde deveria ser registrado o parcelamento, ou perante o qual se encontra registrado, mas não executado (LPSU, art. 38, § 1º).

Em todo caso, ocorrendo a **execução de loteamento não aprovado**, a destinação de áreas públicas exigidas no inciso I do art. 4º da Lei 6.766/1979 não se poderá alterar sem prejuízo da aplicação das sanções administrativas, civis e criminais previstas, devendo o loteador ressarcir a prefeitura municipal ou o Distrito Federal quando for o caso, em dinheiro, ou em área equivalente, no **dobro da diferença** entre o total das áreas públicas exigidas e as efetivamente destinadas (LPSU, art. 43).

3.1. Regularização mediante suprimento do loteador

A Lei do Parcelamento Urbano estabelece ser vedado vender ou prometer vender parcela de loteamento ou desmembramento **não registrado** (LPSU, art. 37). Sucede, todavia, que o art. 38 da Lei 6.766/1979 admite a regularização não só do loteamento ou desmembramento que não se ache registrado, mas ainda o fracionamento que não tenha sido regularmente executado ou notificado pela prefeitura municipal, ou pelo Distrito Federal, quando for o caso.

Com efeito, proclama o art. 38, *caput*, da Lei do Parcelamento: *"Verificado que o loteamento ou desmembramento* ***não se acha registrado*** *ou* ***regularmente executado*** *ou* ***notificado pela prefeitura municipal****, ou pelo* ***Distrito Federal*** *quando for o caso,* ***deverá*** *o* ***adquirente*** *do lote* ***suspender*** *o pagamento das prestações restantes e notificar o loteador para suprir a falta"* (grifo não original).

Segundo as prescrições supra, caso o **adquirente** do lote constate que o loteamento ou desmembramento se encontra em situação irregular (aprovado, mas sem registro, execução ou notificação), deverá **suspender o pagamento** das prestações restantes e **notificar** o loteador para **suprir a falta** e assim regularizar o fracionamento.

Embora o art. 38, § 5º, da Lei 6.766, de 1979, estipule que o **loteador** deverá atender à notificação **até o vencimento do prazo contratual**, haverá situações em que o contrato apenas será cumprido depois de muitos anos, por ser de prestações sucessivas, de modo que o **notificante deverá assinar prazo razoável** ao loteador para que o loteamento seja regularizado.

Essa suspensão do pagamento não é considerada inexecução do contrato, tanto é que, segundo o art. 39 da Lei 6.766, de 1979, será **nula de pleno direito** a cláusula de rescisão de contrato por inadimplemento do adquirente, quando o loteamento **não estiver regularmente inscrito**.

A **prefeitura municipal**, ou o **Distrito Federal** quando for o caso, ou o **Ministério Público**, também podem promover a **notificação ao loteador** para regularizar a gleba (LPSU, art. 38, § 2º), os primeiros com fundamento no art. 30, VIII, da Constituição Federal, de *"promover, no que couber, adequado ordenamento territorial, mediante planejamento e controle do uso, do parcelamento e da ocupação do solo urbano"*.

Ao Ministério Público compete, nos termos do art. 129, III, da CF/1988, promover o *"inquérito civil e a ação civil pública, para a proteção do patrimônio público e social, do meio ambiente e de outros interesses difusos e coletivos"*, compreendendo-se no conceito final as questões que envolvam a habitação e o urbanismo. A Lei 8.625, de 1993, no art. 25, IV, a, incumbe ao órgão a mesma atribuição.

Admite-se, portanto, que o **Ministério Público notifique o loteador** nos termos do art. 38, § 2º, da Lei do Parcelamento, já que a providência encontra ressonância no perfil constitucional da instituição. Deve ser admitido, ainda, que o Ministério Público notifique o adquirente, considerando que este tem o *dever* de suspender o pagamento se a aquisição do lote se deu em loteamento irregular ou clandestino, e depositá-lo em cartório (LPSU, art. 38, *caput*).

E ainda, além da notificação extrajudicial, podem os interessados lançar mão da **notificação judicial**, observado o disposto nos arts. 726 e ss. do Novo CPC, e da **ação de obrigação de fazer**, compreendida nos arts. 536 a 538 do NCPC de 2015.

Para o STJ, a respeito da aplicação do art. 38, §§ 1º e 2º, da Lei 6.766/1979, na regularização de loteamentos clandestinos, é perfeitamente possível determinar o **depósito das parcelas vincendas** para garantia de retorno dos gastos públicos, **cumuladas** com a **fixação de astreintes**, medida de coerção para o demandado com a finalidade de fazê-lo cumprir a decisão judicial, ou seja, cumprimento do fazer ou não fazer.

Nesse sentido:

REsp. 1.189.173/AC.

É importante destacar que, na forma do art. 38, § 1º, da Lei 6.766, de 1979, existe a **impossibilidade** de as prestações vincendas serem pagas diretamente ao loteador, devido à expressa determinação da suspensão do pagamento para que seja depositado em Cartório de Registro de Imóveis, bem como a suspensão para possibilitar a regularização do loteamento, e ao mesmo tempo garantir o ressarcimento da municipalidade, para o caso de o município fazer obras no loteamento, e restar infrutífero o ressarcimento junto ao empresário loteador, cujo patrimônio deve responder pelos custos urbanísticos realizados pela municipalidade.

Não se trata, portanto, de pura e simples **suspensão do pagamento**, pois o valor das prestações devidas será **depositado** junto ao Cartório de Registro de Imóveis, e em seguida levado ao estabelecimento de crédito que antepor-se, segundo a ordem preferencial de casas bancárias fixada no inciso I do art. 840 do Novo CPC, em conta com incidência de juros e correção monetária, cuja **movimentação** dependerá de prévia **autorização judicial** (LPSU, art. 38, § 1º).

Regularizado o loteamento **pelo loteador**, mediante o competente registro, este promoverá judicialmente a autorização para levantar as prestações depositadas, com os acréscimos de correção monetária e juros, sendo necessária a **citação** da prefeitura, ou do Distrito Federal quando for o caso, para integrar o processo judicial aqui previsto, bem como **audiência do Ministério Público** (LPSU, art. 38, § 3º).

Após o **reconhecimento judicial de regularidade do loteamento**, o loteador notificará os adquirentes dos lotes, por intermédio do Registro de Imóveis competente, para que passem a pagar diretamente as prestações restantes, a contar da data da notificação (LPSU, art. 38, § 4º).

No caso de o loteador deixar de atender à **notificação até o vencimento do prazo contratual**, ou quando o loteamento ou desmembramento for regularizado pela prefeitura municipal, ou pelo Distrito Federal se for o caso, nos termos do art. 40 desta Lei, o loteador **não poderá**, a qualquer título, exigir o recebimento das prestações depositadas, determina o art. 38, § 5º, da Lei 6.766, de 1979.

▶ FLUXOGRAMA – REGULARIZAÇÃO DO LOTEAMENTO:

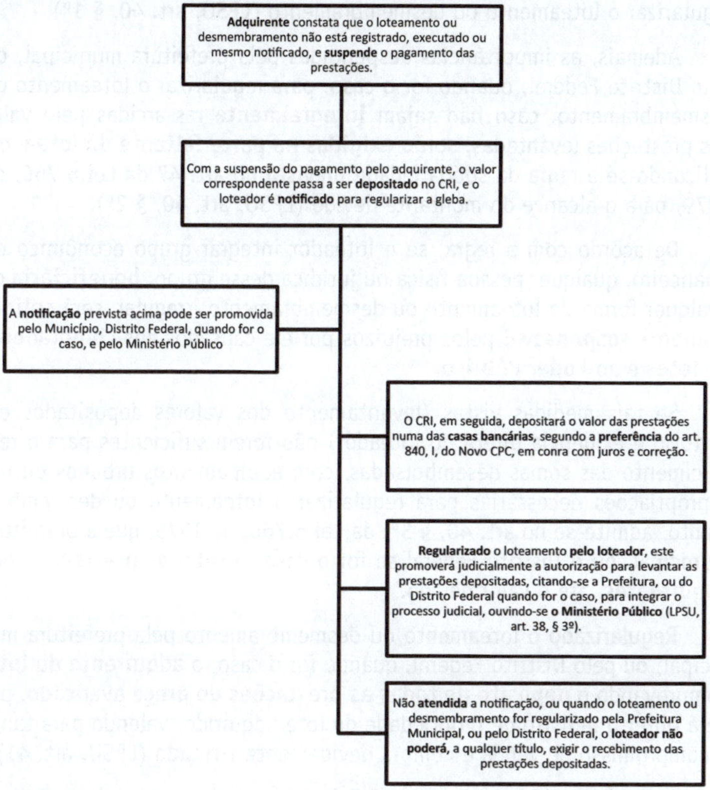

3.2. Regularização pela prefeitura municipal ou Distrito Federal

Segundo o art. 40 da Lei 6.766, de 1979, se o loteador permanecer faltoso e **desatender a notificação** para corrigir o loteamento ou desmembramento, não autorizado ou executado sem observância das determinações do ato administrativo de licença, a prefeitura municipal, ou o Distrito Federal, se for o caso, **poderá** regularizar o parcelamento, para **evitar lesão** a seus padrões de **desenvolvimento urbano** e na **defesa dos direitos dos adquirentes de lotes**.

A prefeitura municipal, ou o Distrito Federal, quando for o caso, que promover a regularização, na forma do art. 40 da Lei de Loteamento, **obterá judicialmente** o **levantamento das prestações depositadas**, com os respectivos acréscimos de correção monetária e juros, nos termos do § 1º do art. 38 desta Lei, a título de ressarcimento das importâncias despendidas com equipamentos urbanos ou expropriações necessárias para regularizar o loteamento ou desmembramento (LPSU, art. 40, § 1º).

Ademais, as importâncias despendidas pela prefeitura municipal, ou pelo Distrito Federal, quando for o caso, para regularizar o loteamento ou desmembramento, caso não sejam **integralmente** ressarcidas pelo valor das prestações levantadas, **serão exigidas na parte faltante do loteador**, aplicando-se a regra da solidariedade prevista no art. 47 da Lei 6.766, de 1979, para o alcance do montante devido (LPSU, art. 40, § 2º).

De acordo com a regra, se o loteador integrar grupo econômico ou financeiro, qualquer pessoa física ou jurídica desse grupo, **beneficiária** de qualquer forma do loteamento ou desmembramento irregular, será **solidariamente responsável** pelos prejuízos por ele causados aos **compradores de lotes** e ao **Poder Público**.

Se tais medidas vistas (levantamento dos valores depositados em cartório e exigência direta do loteador) não forem suficientes para o ressarcimento das somas desembolsadas, com equipamentos urbanos ou desapropriações necessárias para regularizar o loteamento ou desmembramento, admite-se no art. 40, § 3º, da Lei 6.766, de 1979, que a prefeitura municipal, ou o Distrito Federal se for o caso, **receba as prestações dos adquirentes**, até o valor devido.

Regularizado o loteamento ou desmembramento pela prefeitura municipal, ou pelo Distrito Federal, quando for o caso, o **adquirente do lote**, comprovando o **depósito de todas as prestações do preço avençado**, poderá obter o registro de propriedade do lote adquirido, valendo para tanto o compromisso de venda e compra devidamente **firmado** (LPSU, art. 41).

De todo modo, a **regularização** de um parcelamento pela prefeitura municipal, ou Distrito Federal, quando for o caso, **não poderá contrariar** o disposto nos arts. 3º e 4º da Lei 6.766, ressalvado o disposto no § 1º desse último (art. 40, § 5º, da Lei nº 6.766/79).

Então, se a área a ser regularizada estiver em terrenos alagadiços e sujeitos a inundações, deverão ser tomadas as providências para assegurar o escoamento das águas, conforme especifica o art. 3º, I, da Lei 6.766, de 1979.

Ademais, os **requisitos** do art. 4º da Lei do Parcelamento devem ser respeitados no procedimento de regularização, inclusive aqueles de que a legislação municipal pode dispor para o adequado ordenamento territorial, que inclui, na dicção do art. 4º, § 1º, estabelecer, *"para cada zona em que se divida o território do município, os usos permitidos e os índices urbanísticos de parcelamento e ocupação do solo, que incluirão obrigatoriamente as áreas mínimas e máximas de lotes e os coeficientes máximos de aproveitamento"*.

3.2.1. Disposições processuais de urgência

O art. 40, § 4º, da Lei 6.766, de 1979, confere à prefeitura municipal, ou ao Distrito Federal quando for o caso, para **assegurar** a regularização do loteamento ou desmembramento, bem como o ressarcimento integral de importâncias despendidas, ou a despender, a prerrogativa de promover **judicialmente** os **procedimentos cautelares necessários** aos fins colimados.

Com a vigência do Novo Código de Processo Civil, a tutela provisória pode fundamentar-se em urgência ou evidência, e a **tutela provisória de urgência**, **cautelar** ou **antecipada** pode ser concedida em caráter antecedente ou incidental (NCPC, art. 294).

Segundo o art. 300, *caput*, do Novo CPC, tanto para a **tutela cautelar** como para a **tutela antecipada** exige-se o convencimento do juiz da existência de elementos que evidenciem a probabilidade do direito e o perigo de dano ou o risco ao resultado útil do processo.

O debate que se travava na vigência do CPC de 1973, a respeito do requisito da prova inequívoca da verossimilhança da alegação, prevista para a **tutela antecipada**, e do requisito do *fumus boni iuris* exigido para a **tutela cautelar**, deixa de existir, na medida em que o CPC de 2015 equiparou o grau de convencimento para a concessão de qualquer espécie de tutela de urgência.

De acordo com o **Enunciado 143 do Fórum Permanente de Processualistas Civis**, *"A redação do art. 300, caput, superou a distinção entre os requisitos da concessão para a tutela cautelar e para a tutela satisfativa de urgência, erigindo a probabilidade e o perigo na demora a requisitos comuns para a prestação de ambas as tutelas de forma antecipada"*.

De todo modo, a tutela de urgência – cautelar e antecipada – pode ser **concedida liminarmente** ou **após justificação prévia**, seja o pedido manejado de forma antecedente ou incidental (NCPC, art. 300, § 2º).

E ainda, prescreve o art. 301 do Novo CPC que "A tutela de urgência de natureza cautelar pode ser efetivada mediante arresto, sequestro, arrolamento de bens, registro de protesto contra alienação de bem e qualquer outra medida idônea para asseguração do direito".

As **cautelares típicas não mais prosperam no Novo CPC**, diferentemente do que ocorria no sistema de 1973, sendo até mesmo irrazoável que algumas medidas cautelares, ou tutelas de urgência de natureza cautelar, sejam nomeadas, o que se mostra desnecessário, até mesmo pela formulação genérica prevista na parte final do dispositivo legal mencionado.

Em arremate, a **Lei do Parcelamento** franqueia a **tutela de urgência** de **natureza cautelar** à prefeitura municipal, ou o Distrito Federal, quando for o caso, observados os requisitos gerais previstos nos arts. 294 e ss. do

Novo CPC, com a **finalidade de assegurar**: (a) *a regularização do loteamento ou desmembramento*; (b) *o ressarcimento integral de importâncias despendidas, ou a despender.*

Deve ser lembrado, ainda, que a Lei 7.347, de 1985, a Lei de Ação Civil Pública, sem prejuízo da ação popular, confere legitimidade aos municípios e ao Distrito Federal para as ações de responsabilidade por danos morais e patrimoniais causados à ordem urbanística e ao meio ambiente, entre outros bens jurídicos tutelados (art. 1°, I e VI; art. 5°, III).

Capítulo VI

Aspectos Relevantes ao Tema

1. DESAPROPRIAÇÃO DE LOTES NÃO VENDIDOS, COMPROMISSADOS E NÃO REGISTRADOS

A Lei 6.766, de 1979, estabelece no art. 42 que *"Nas desapropriações não serão considerados como **loteados** ou **loteáveis**, para fins de indenização, os **terrenos ainda não vendidos** ou **compromissados**, objeto de **loteamento** ou **desmembramento não registrado**"*.

Segundo o STJ, para **fins de indenização decorrente de desapropriações**, não serão considerados loteados ou loteáveis os **terrenos ainda não vendidos**, ainda **não compromissados**, ou aqueles que sejam objeto de **loteamento** ou **desmembramento não registrado**. O art. 42 da Lei 6.766/1979 deve ser interpretado conjuntamente com o restante do texto legal, de forma que a validade do loteamento está atrelada ao **registro imobiliário**, no prazo de **180 dias**, do projeto de loteamento ou desmembramento **devidamente aprovado** por órgão público municipal competente.

Nesse sentido:

REsp. 877489/PR.

Em outro precedente, decidiu-se pela necessidade de **consolidação do loteamento**, pois a fixação do valor da indenização, nas desapropriações, tomando por base a existência de um loteamento que **não chegou a se consolidar**, vai de encontro ao disposto no art. 42 da Lei 6.766/1979.

Nesse sentido:

REsp. 1193549/PR.

2. DESAPROPRIAÇÃO PARA FINS DE RELOTEAMENTO, DEMOLIÇÃO, RECONSTRUÇÃO E INCORPORAÇÃO

A Lei 6.766, de 1979, contempla no art. 44 a norma segundo a qual *"O **município**, o **Distrito Federal** e o **estado** poderão **expropriar*** áreas urbanas *ou de **expansão urbana** para reloteamento, demolição, reconstrução e incorporação, ressalvada a preferência dos expropriados para a aquisição de novas unidades"*.

A desapropriação para as finalidades especificadas é considerada de utilidade pública, e nesse caso devem-se observar as disposições do Decreto-Lei 3.365, de 1941, para que se efetivem validamente.

O **direito de preferência** constante da parte final do dispositivo será reconhecido aos expropriados se a área desapropriada for reloteada, reconstruída ou incorporada, ou seja, naquelas situações em que novas frações imobiliárias forem implantadas na área, o que não se verifica na hipótese de demolição em uma área urbana para a expansão de aeroporto, por exemplo.

3. CONDIÇÕES E PRESSUPOSTOS PROCESSUAIS

De início, o art. 45 da Lei 6.766, de 1979, reconhece ao loteador, ainda que já tenha **vendido todos os lotes**, ou aos **vizinhos**, a legitimidade para promover ação destinada a **impedir** construção em desacordo com restrições **legais** ou **contratuais**, que constem de compromisso de compra e venda.

Em relação ao **loteador**, este não poderá fundamentar qualquer ação ou defesa fundada na Lei 6.766, de 1979, **sem apresentação dos registros** e **contratos** a que ela se refere (art. 46). A disposição não é novidade do sistema vigente, e vem desde o Decreto-Lei 58, de 1937, que no art. 23 também proibira ação ou defesa fundada na lei de loteamento se fosse este irregular.

Deve ser observado, todavia, o escólio de Hugo Nigro Mazzilli, no sentido de que a restrição do art. 46 da Lei 6.766 tem aplicação estrita, e não exclui ações de defesas comuns, sob pena de violar princípios gerais de Direito, entre os quais o do enriquecimento sem causa de terceiros à custa de uma irregularidade praticada pelo loteador (*Revista de Direito Imobiliário*, 9/24, 1982).

Por outro lado, estabelece-se na Lei do Parcelamento uma **regra de competência** para os procedimentos judiciais fundados na Lei 6.766, de 1979, como sendo o **foro da comarca da situação do lote** (art. 48).

A regra de competência prevista na **legislação especial** prevalece sobre a regra geral. Isso porque, de acordo com o art. 44 do Novo CPC, *"Obedecidos os limites estabelecidos pela Constituição Federal, a* ***competência é determinada*** *pelas normas previstas neste Código ou em* ***legislação especial****, pelas normas de organização judiciária e, ainda, no que couber, pelas constituições dos estados"*. Trata-se de norma não prevista no CPC de 1973. Entretanto, vale lembrar que a solução do Novo CPC para as ações fundadas em direito real sobre imóveis é o foro de situação da coisa (art. 47, *caput*).

4. INTIMAÇÕES E NOTIFICAÇÕES

Disciplina ainda a Lei 6.766, de 1979, no art. 49, §§ 1º e 2º, os aspectos formais extrínsecos das **intimações** e **notificações**, a serem feitas **pessoalmente** ao intimado ou notificado, que assinará o comprovante do recebimento. Se o destinatário se **recusar a dar recibo** ou se **furtar ao recebimento**, ou se for **desconhecido seu paradeiro**, o funcionário incumbido da diligência informará essa circunstância ao oficial competente, que a certificará, sob sua responsabilidade. Certificada a ocorrência desses fatos, a **intimação** ou **notificação** será feita por **edital**, começando **o prazo a correr dez dias** após a última publicação.

Ambos os atos poderão igualmente ser promovidas por meio dos Cartórios de Registro de Títulos e Documentos da Comarca da situação do imóvel ou do domicílio de quem deva recebê-las, salvo naqueles casos em que a notificação ocorre por intermédio do Registro de Imóveis, a exemplo do art. 38, § 4º.

5. O MINISTÉRIO PÚBLICO NA DEFESA DA ORDEM JURÍDICA

O CPC de 2015 estabelece que o Ministério Público atuará na **defesa da ordem jurídica**, do regime democrático e dos interesses e direitos sociais e individuais indisponíveis. Nos casos de intervenção como fiscal da ordem jurídica, o Ministério Público terá vista dos autos **depois das partes**, sendo intimado de todos os atos do processo, caso em que poderá produzir provas, requerer as medidas processuais pertinentes e recorrer (NCPC, arts. 176 e 179).

A Recomendação 34 do CNMP, de 5 de abril de 2016, que dispõe sobre a atuação do Ministério Público como órgão interveniente no processo civil, estabelece no art. 1º, II, que os órgãos do Ministério Público brasileiro, no âmbito de sua autonomia administrativa e funcional, devem priorizar "a avaliação da relevância social dos temas e processos em que atuem". Mais à frente, no art. 5º, *caput* e incisos, determina que a atuação se verificará **nos casos que tenham previsão legal específica** e naqueles que casuisticamente se apresentam como de relevância social.

A atuação do Ministério Público nas questões que envolvam o parcelamento do solo urbano, todavia, não se limita a intervir nas impugnações do registro por terceiros, mas em todos os casos em que verificar o descumprimento das normas que disciplinam o parcelamento do solo urbano – como autor – por se tratar de violação à ordem urbanística, direito difuso a cuja proteção a Constituição Federal comete à instituição (CF, art. 129, III; Lei 7.347, arts. 1º, VI, e 5º, I).

▸ **Importante!**

Nesse sentido decidiu o STJ (REsp. 743678/SP): "O Ministério Público possui legitimidade para, no âmbito de ação civil pública em que se discute a execução de parcelamento de solo urbano com alienação de lotes sem aprovação de órgãos públicos competentes, formular pedido de indenização em prol daqueles que adquiriram os lotes irregulares. E isso por três motivos principais. Em primeiro lugar, porque os arts. 1º, inc. VI, e 5º, inc. I, da Lei 7.347/1985 lhe conferem tal prerrogativa. Em segundo lugar porque, ainda que os direitos em discussão, no que tange ao pedido de indenização, sejam individuais homogêneos, a verdade é que tais direitos, no caso, transbordam o caráter puramente patrimonial, na medida em que estão em jogo a moradia, a saúde e o saneamento básico dos adquirentes e, além disso, valores estéticos, ambientais e paisagísticos - para dizer o mínimo - do município (art. 1º, inc. IV, da Lei 7.347/1985). Aplicação, com adaptações, do decidido por esta Corte Superior na IF 92/MT, Rel. Min. Fernando Gonçalves, Corte Especial, j. 05.08.2009. Em terceiro e último lugar, porque os adquirentes, na espécie, revestem-se da qualidade de consumidor - arts. 81, parágrafo único, inc. III, e 82, inc. I, do CDC."

6. REGULARIZAÇÃO FUNDIÁRIA

6.1. Aspectos gerais do direito social à moradia

O **direito de moradia** ou **habitação** é previsto na **Declaração Universal de Direitos Humanos**, aprovada pela Assembleia-Geral da Organização das Nações Unidas em 1948, e ratificada pelo Brasil 10 anos depois. De acordo com o art. 25, § 1º, "toda pessoa tem direito a um padrão de vida capaz de assegurar a si e a sua família saúde e bem-estar, inclusive alimentação, vestuário, **habitação**, cuidados médicos e os serviços sociais indispensáveis, e direito à segurança em caso de desemprego, doença, invalidez, viuvez, velhice ou outros casos de perda dos meios de subsistência fora de seu controle".

Também o **direito de moradia adequada** figura no art. 11, § 1º, do **Pacto Internacional de Direitos Econômicos, Sociais e Culturais**, que estabelece: "os Estados-partes reconhecem o direito de toda pessoa à **moradia adequada** e comprometem-se a tomar medidas apropriadas para assegurar a consecução desse direito".

Na mesma linha de princípio, a **Convenção de Vancouver**, de 1976, criou o Centro das Nações Unidas para Assentamentos Humanos (*ONU-Habitat*) e reafirmou que a **questão urbana e do direito universal à moradia adequada** constitui a nova estratégia da ONU, notadamente para países emergentes.

No ano de 1996, a 2ª *ONU-Habitat*, realizada em Istambul, reafirmou o compromisso da comunidade internacional com a garantia da segurança legal da posse, proteção contra a discriminação, e **igualdade no acesso à moradia adequada** e financeiramente acessível para todos, agenda renovada em 2001, por meio da Declaração das Cidades e outros Assentamentos no novo Milênio.

No Brasil, a moradia é considerada um **direito social autônomo**, sendo previsto no art. 6º, *caput*, da Constituição Federal1, e também se insere entre as **garantias fundamentais implícitas**, porque previsto em tratados internacionais dos quais o Brasil faz parte (CF-1988, art. 5º, § 2º). Além disso, não é demais lembrar que o STF já decidiu que a doutrina dos direitos fundamentais compreende não apenas os direitos e garantias individuais, mas também os direitos e garantias sociais.

Nesse sentido:

- ADI 939-3.

Antes da EC 26/2000, o direito à moradia era consagrado no art. 23, IX, da Constituição, nele fixando a **competência comum** da União, dos estados, do Distrito Federal e dos municípios para "promover programas de construção de moradias e a melhoria das condições habitacionais e de saneamento básico".

No capítulo que dispõe sobre a política urbana, o **direito à moradia adequada** está implícito no art. 182, *caput*, da Constituição, ao contemplar que "a política de desenvolvimento urbano, executada pelo Poder Público municipal, conforme diretrizes gerais fixadas em lei, tem por objetivo ordenar o pleno desenvolvimento das funções sociais da cidade e **garantir o bem-estar de seus habitantes**".

Coube ao **Estatuto da Cidade** (Lei 10.257, de 2001) regulamentar os arts. 182 e 183 da Constituição Federal, e estabelecer as diretrizes gerais da política urbana, as disposições de ordem pública e de interesse social que regulam o **uso da propriedade urbana em prol do bem coletivo**, da segurança e do bem-estar dos cidadãos, bem como do equilíbrio ambiental (Estatuto da Cidade, art. 1º, parágrafo único).

---

1 A Emenda Constitucional 26, de 14 de fevereiro de 2000, inseriu a "moradia" entre os direitos que especifica o art. 6º, *caput*, da Constituição de 1988.

▸ **Como esse assunto foi cobrado em concurso?**

No concurso para Procurador – ALERJ – FGV (2017), foi perguntado:

Tomando por base as disposições expressas e precisas da lei federal nº 10.257, de 10/07/2001, assinale a alternativa correta sobre suas diretrizes gerais.

a) Para todos os efeitos, a referida lei, denominada Estatuto da Cidade, estabelece normas de ordem pública e interesse social que regulam o uso da propriedade urbana em prol do bem coletivo, da segurança e do bem estar dos cidadãos, bem como do equilíbrio ambiental

b) Para todos os efeitos, a referida lei, denominada Estatuto Urbano da Cidade, estabelece normas de ordem privada e interesse comercial que regulam o uso da propriedade urbana em prol do bem coletivo, da segurança e do bem-estar dos cidadãos, bem como do equilíbrio ambiental

c) Para todos os efeitos, a referida lei, denominada Estatuto da Cidade, estabelece normas de ordem pública e interesse social que regulam o uso da propriedade urbana e rural em prol do bem particular, da segurança e do bem-estar dos cidadãos, bem como do equilíbrio ambiental

d) Para todos os efeitos, a referida lei, denominada Estatuto Urbano da Cidade, estabelece normas de ordem pública e privada e interesse comercial que regulam o uso da propriedade urbana em prol do bem coletivo, da segurança e do bem-estar dos cidadãos, bem como do equilíbrio ambiental

e) Para todos os efeitos, a referida lei, denominada Estatuto da Cidade, estabelece normas de ordem pública e interesse social que regulam o uso da propriedade urbana e rural em prol do bem coletivo, da segurança e do bem-estar dos cidadãos, bem como do equilíbrio ambiental

A alternativa a) foi considerado correta.

Mais recentemente, a Lei n. 13.089, de 12 de janeiro de 2015, instituiu o **Estatuto da Metrópole**, concebendo as diretrizes gerais para o planejamento, a gestão e a execução das **funções públicas de interesse comum em regiões metropolitanas** e em **aglomerações urbanas instituídas pelos Estados**. O Estatuto também estipula normas gerais sobre o **plano de desenvolvimento urbano integrado** e outros **instrumentos de governança interfederativa**, e critérios para o apoio da União a ações que envolvam governança interfederativa no campo do desenvolvimento urbano, regulamentando os incisos XX do art. 21, IX do art. 23 e I do art. 24, no § 3º do art. 25 e no art. 182 da Constituição Federal.

Com a Lei 11.977, de 07 de julho de 2009, instituidora do programa "Minha Casa Minha Vida", o legislador **ampliou a efetividade** da **diretriz constitucional do direito à moradia adequada**, nela inserindo o sistema jurídico para a **regularização fundiária**, fonte de cidadania e dignidade humana em relação ao habitar.

Posteriormente coube à Medida Provisória n. 759, de 22 de dezembro de 2016, disciplinar a matéria, que acabou convertida na Lei n. 13.465, de 11 de julho de 2017, que atualmente trata da regularização fundiária rural, urbana e na Amazônia legal e institui mecanismos de alienação de imóveis da União.

Segundo estabelece o art. 9º, *caput*, da Lei n. 13.465, de 2017, o novo texto legal insere no território nacional **normas gerais e procedimentos aplicáveis à Regularização Fundiária Urbana (Reurb)**, a qual abrange medidas jurídicas, urbanísticas, ambientais e sociais destinadas à incorporação dos **núcleos urbanos informais** ao ordenamento territorial urbano e à titulação de seus ocupantes.

De todo modo, as **questões afetas à habitação e urbanismo** são consideradas **interesses difusos.**

Nesse sentido:

- STJ, REsp 1131728

6.2. Repercussões legais da Lei n. 13.465, de 11 de julho de 2017, "Lei da Reurb".

A Lei n. 13.465, de 2017, dispõe sobre a **regularização fundiária rural** e **urbana**, sobre a liquidação de créditos concedidos aos assentados da reforma agrária e sobre a regularização fundiária no âmbito da Amazônia Legal; institui mecanismos para aprimorar a eficiência dos procedimentos de alienação de imóveis da União; e dá outras providências, diz o art. 1º.

Como se vê, a nova lei não se limita a disciplinar a regularização fundiária, pois ainda **confirma novos institutos jurídicos** (direito de laje) e **alterações de leis especiais** (Lei n. 8.629/93; Lei n. 6.015/75 etc.) promovidas pela MP n. 759/2016, e **inova** ao criar novas regras relativas ao **condomínio de lotes**, ao **condomínio urbano simples** e ao **loteamento de acesso controlado.**

Sistematicamente, podem ser apontadas as seguintes alterações no ordenamento jurídico promovidas pela Lei n. 13.465, de 2017:

> a) Insere o **direito real de laje** no rol dos direitos reais do Código Civil (arts. 1.225 e 1.510-A a 1.510-E). A **instituição do direito real de laje** ocorrerá por meio da **abertura de uma matrícula própria** no registro de imóveis e por meio da **averbação desse fato na matrícula da construção-base** e nas **matrículas de lajes anteriores**, com **remissão recíproca** (Lei n. 6.015/73, art. 176, § 9º);

b) Insere o tratamento do **condômino de lotes** no Código Civil, com aplicação, do que couber, das mesmas regras do condomínio edilício (art. 1.358-A);

c) Modifica a Lei n. 6.766, de 1979 (arts. 2º, 4º e 36-A): (c.1) permite o lote constituído sob a forma de **imóvel autônomo** ou de **unidade imobiliária integrante** de condomínio de lotes; (c.2) cria o **loteamento de acesso controlado**; (c.3) admite o pagamento das despesas de conservação pela administração dos condomínios fechados (condomínio de lotes);

d) Disciplina e permite a regularização dos **conjuntos habitacionais informais** (art. 59);

e) Estabelece o tratamento do **condomínio urbano simples** com aplicação para as habitações coletivas (art. 61);

f) Regulamenta a **arrecadação de imóveis urbanos abandonados (art. 1.276 do CC);**

g) Derroga a Lei Minha Casa, Minha Vida (Capítulo III), e passa a **disciplinar** a regularização fundiária urbana (Reurb), a **legitimação da posse**, a **legitimação fundiária** e outros instrumentos;

h) Modifica a lei n. 9.514/1997, que dispõe sobre a **alienação fiduciária em garantia de imóveis**, racionalizando as regras de execução extrajudicial;

i) Insere a regularização da **propriedade fiduciária do fundo de arrendamento residencial** (FAR);

j) Altera o **Estatuto da Cidade**, em dois aspectos: (h.1.) modifica a **usucapião coletiva urbana**; (h.2.) e altera as **regras** para o **consórcio imobiliário;**

l) Modifica a MP n. 2.220, que trata da concessão de uso especial;

m) Altera a Lei n. 9.636/1998, que dispõe sobre a **alienação de bens imóveis da União**, facilitando-se a extinção de enfiteuse sobre terras da marinha, por meio de remição;

o) Cria de um sistema destinado a operacionalizar o **registro eletrônico de imóveis;**

p) Institui um **número único de matrículas** imobiliárias no País;

q) modifica os **registros das linhas férreas**, espalhando para cada uma das serventias de registros de imóveis sobre o trecho de trilhos inserido numa circunscrição territorial;

r) Reduz os **juros compensatórios** nas desapropriações agrárias de 12% ao ano para o patamar remuneratório próprio dos Títulos da Dívida Agrária no caso de desapropriação por interesse social; e possibilita o levantamento de valores depositados em juízo na desapropriação após concordância escrita do desapropriado, sem renúncia ao direito de discutir diferenças de valores.

▸ Como esse assunto foi cobrado em concurso?

Foi cobrado no concurso para Promotor de Justiça do Estado do Estado Rio Grande do Sul: Discorra sobre as semelhanças e as diferenças entre loteamentos fechados e condomínios horizontais ou fechados, notadamente quanto (I) à regulamentação da via interna; (II) ao objeto; (III) ao registro; (IV) à titularidade e utilização dos espaços livres internos e vias de circulação e (V) à cobrança de despesas dos moradores, em especial pela contratação de serviços como os de limpeza, segurança e manutenção de equipamentos. Fundamente sua resposta à luz das disposições legais pertinentes, da Doutrina Especializada e da Jurisprudência dominante do Superior Tribunal de Justiça.

6.3. Regularização fundiária em geral.

A **regularização fundiária** pode ser entendida como o conjunto de medidas jurídicas, urbanísticas, ambientais e sociais tomadas com o objetivo de corrigir a situação de assentamentos irregulares, conferindo titulação a seus ocupantes, de modo a garantir o direito social à moradia, o pleno desenvolvimento das funções sociais da propriedade e o direito ao meio ambiente ecologicamente equilibrado.

Para o entusiasta da matéria e coordenador do Programa Cidade Legal, do Estado de São Paulo, Renato Guilherme Góes, **são espécies de regularização fundiária** a **urbanística** a **ambiental**, a **social** e a **jurídica**. Para ele, a **regularização urbanística** *"envolve a projeção de medidas de adequação ao procedimento ilegal do solo, visando à implantação da infraestrutura mínima necessária para o desenvolvimento saudável da vida humana"* [...]; a **regularização ambiental** *"diz respeito a ações e programas preventivos e compensatórios para o meio ambiente e confunde-se, em parte, com a modalidade urbanística, já que a projeção de equipamentos de esgotamento sanitário e de água tratada, por exemplo, atendem ao prisma ambiental da regularização fundiária"* [...]; na **regularização social** *"o município busca inserir a população ocupante dos assentamentos ilegais na comunidade, levando os equipamentos públicos indispensáveis para caracterizá-los como cidadãos, como creches, escolas, postos de saúde, cursos profissionalizantes e outras ações relativas à promoção humana, buscando a geração de renda e a capacidade profissional e intelectual dos seus moradores"* [...]; por último, a **regularização jurídica**, *"que engloba a pesquisa de documentos da titularidade da gleba, cadeia sucessória, plantas e cadastros existentes, a fim de possibilitar a titulação dos lotes individualizados e oferecer a* *segurança jurídica aos que lá moram, bem como legitimar os entes políticos a aplicar recursos públicos nas áreas privadas parceladas clandestinamente"* (Regularização Fundiária Urbana no Estado de São Paulo, março de 2014).

Ainda nessa perspectiva, a Lei n. 13.465/2017 afirma que a **regularização fundiária** pode ser **urbana** (*se o imóvel estiver situado na zona urbana, em áreas urbanizáveis, ou de expansão urbana*) e **rural** (*se o imóvel, qualquer que seja a sua localização, se destinar à exploração extrativa agrícola, pecuária ou agroindustrial*).

Com relação à **regularização fundiária rural**, a Lei n. 13.465/2017, logo no art. 2º, Título I, promoveu alterações na Lei 8.629/1993, norma disciplinadora da **reforma agrária**. Sendo reconhecidamente um dos modos pelo qual se **reestrutura** ou **reorganiza** a **divisão justa da terra** aos indivíduos e às famílias selecionadas, a reforma agrária se efetiva por meio do programa nacional, que promove o assentamento das pessoas segundo os critérios estabelecidos na lei.

Exatamente por corrigir as **ocupações irregulares**, talvez a principal mudança relacionada à **regularização fundiária rural** conste do novo art. 26-B da Lei 8.629/1993, que proclama: "a **ocupação de lote sem autorização do Incra** em projetos de assentamento criados há, no **mínimo**, **dois anos**, contados a partir de 22 de dezembro de 2016, poderá ser regularizada pelo Incra, observadas as vedações constantes do art. 20 da lei".

A **regularização fundiária rural** poderá ser processada a **pedido do interessado** ou mediante atuação, de **ofício, do Incra**, desde que atendidas, **cumulativamente**, as condições presentes nos incisos I a IV do art. 26-B da Lei n. 8.629/1993.

Sem prejuízo desse procedimento, a Lei n. 13.465/2017 admite no art. 11, § 6º, a aplicação das disposições relativas à regularização fundiária urbana em relação aos **imóveis localizados em área rural**, desde que a unidade imobiliária tenha **área inferior** à fração mínima de parcelamento prevista no art. 8º, § 1º, da Lei no 5.868/1972.

Deve ser lembrada, ainda, a alteração da Lei 11.952/2009, que trata da **regularização fundiária das ocupações incidentes em terras situadas em áreas da União**, no âmbito da Amazônia Legal.

6.3.1. Regularização fundiária urbana

6.3.1.1. Regularização fundiária da Lei 11.977/2009 - Lei Minha Casa, Minha Vida

No apagar das luzes do ano de 2016, foi publicada a MP 759, de 22 de dezembro de 2016, que, entre outras mudanças significativas no direito urbanístico, revogou, pelo art. 73, inciso VI, o Capítulo III da Lei 11.977/2009 (arts. 46 a 71-A), os quais disciplinavam a **regularização fundiária urbana** no Brasil. Após ser **convertida** na Lei n. 13.465, de 11 de julho de 2017, a revogação se manteve, sendo determinada no art. 109, VI.

A Lei n. 13.465, de 2017, no art. 75, preceito de caráter transitório, permite que os procedimentos de regularização fundiária nela previstos possam ser empregados nos processos administrativos de regularização fundiária antigos, iniciados até a data de sua publicação (08.09.2017), a critério dos entes públicos competentes. Neste caso, há **opção** entre o regime anterior, da Lei n. 6.015/73 (arts. 288-A a 288-G), o da Lei n. 11.977/2009 (arts. 46 a 71-A) e o atual.

6.3.1.2. Regularização fundiária urbana da Lei n. 13.465/2017 - Lei da Reurb.

A regularização fundiária urbana (Reurb) tem por **objetivo** a **incorporação dos núcleos urbanos informais ao ordenamento territorial urbano** e à **titulação de seus ocupantes**, mediante a adoção de medidas jurídicas, urbanísticas, ambientais e sociais, conforme estabelece o art. 9º, *caput*, da Lei da Reurb.

Para que se opere efetivamente, a regularização fundiária urbana deve respeitar as **normas gerais** e **procedimentos** previstos na Lei n. 13.465/2017, que passa a ser a lei nacional de regência da matéria.

6.3.1.2.1. Disposições gerais

Pela Lei da Reurb, incumbe aos poderes públicos (União, Estados, Municípios e Distrito Federal) **formular** e **desenvolver**, no espaço urbano, as políticas de suas competências de acordo com os *princípios de sustentabilidade econômica*, *social* e *ambiental* e *ordenação territorial*, buscando a ocupação do solo de maneira eficiente, combinando seu uso de forma funcional (art. 9º).

Preconiza a nova lei n. 13.465/2017 que a Reurb, **promovida mediante legitimação fundiária**, somente poderá ser aplicada para os núcleos urbanos informais comprovadamente existentes até **22 de dezembro de 2016**. A MP n. 759/2016, convertida na lei atual, foi publicada e entrou em vigor nessa data (art. 9º,)

Essa disposição não deve ser confundida com aquela do art. 75 da Lei n. 13.465, de 2017, que admite a **retroatividade** de suas regras procedimentais nos processos administrativos de regularização fundiária anteriores à sua vigência.

De acordo com o art. 10, I a XII, da Lei n. 13.465/207, são **objetivos da Reurb** de observância obrigatória pela União, Estados, Distrito Federal e Municípios:

> 1. *Identificar os **núcleos urbanos informais** que devam ser regularizados, organizá-los e assegurar a **prestação de serviços públicos** aos seus ocupantes, de modo a melhorar as condições urbanísticas e ambientais em relação à situação de ocupação informal anterior;*
>
> 2. *Criar **unidades imobiliárias** compatíveis com o ordenamento territorial urbano e constituir sobre elas direitos reais em favor dos seus ocupantes;*
>
> 3. *Ampliar o acesso à **terra urbanizada pela população de baixa renda**, de modo a priorizar a permanência dos ocupantes nos próprios núcleos urbanos informais regularizados;*
>
> 4. *Promover a **integração social** e a **geração de emprego e renda**;*
>
> 5. *Estimular a **resolução extrajudicial de conflitos**, em reforço à **consensualidade** e à **cooperação** entre Estado e sociedade;*
>
> 6. *Garantir o **direito social à moradia** digna e às condições de vida adequadas;*
>
> 7. *Garantir a efetivação da **função social da propriedade**;*
>
> 8. *Ordenar o pleno desenvolvimento das **funções sociais da cidade** e garantir o bem-estar de seus habitantes;*
>
> 9. *Concretizar o **princípio constitucional da eficiência na ocupação** e no **uso do solo**;*
>
> 10. *Prevenir e desestimular a **formação de novos núcleos urbanos informais**;*
>
> 11. *Conceder **direitos reais**, preferencialmente em **nome da mulher***
>
> 12. Franquear **participação dos interessados** nas etapas do processo de regularização fundiária.

No art. 11, I a VIII, são **conceituados os institutos jurídicos da Reurb**, a saber:

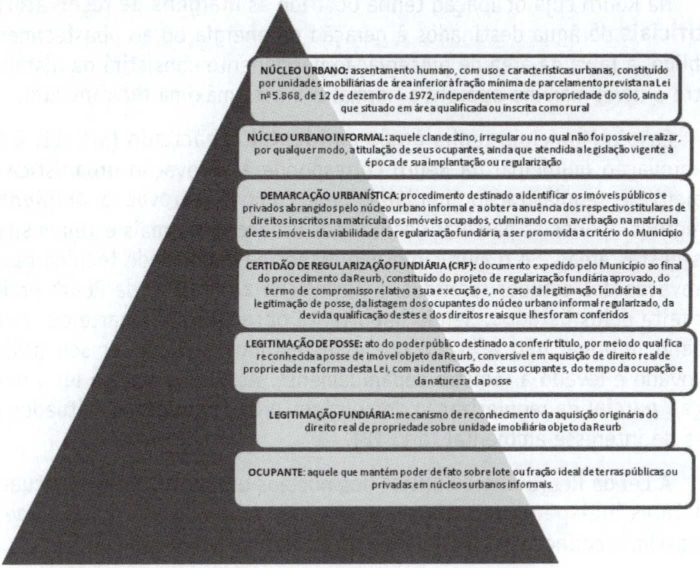

Para fins da Reurb, a Lei n. 13.465/2017, admite a **dispensa**, pelos Municípios, das exigências relativas ao **percentual** e às **dimensões de áreas destinadas ao uso público** ou ao **tamanho dos lotes regularizados**, assim como a outros parâmetros urbanísticos e edilícios. Trata-se de exceção já contemplada no art. 4º, II, da Lei n. 6.766/1979, segundo o qual os lotes de *urbanização específica*, desde que previamente autorizado pelos órgãos públicos competentes, podem ter **área mínima** diferente daquelas que especifica.

Os núcleos urbanos informais, situados total ou parcialmente, em **área de preservação permanente** ou em **área de unidade de conservação de uso sustentável** ou de **proteção de mananciais** definidas pela União, Estados ou Municípios, a Reurb observará, também, o disposto nos arts. 64 e 65 da Lei no 12.651, de 25 de maio de 2012, hipótese na qual se torna obrigatória a **elaboração de estudos técnicos**, no âmbito da Reurb, que justifiquem as melhorias ambientais em relação à situação de ocupação informal anterior, inclusive por meio de compensações ambientais, quando for o caso.

No caso de a Reurb abranger **área de unidade de conservação de uso sustentável** que, nos termos da Lei no 9.985, de 18 de julho de 2000, **admita regularização**, será exigida também a anuência do órgão gestor da unidade, desde que estudo técnico comprove que essas intervenções de regularização fundiária implicam a melhoria das condições ambientais em relação à situação de ocupação informal anterior.

Na Reurb cuja ocupação tenha ocorrido às **margens de reservatórios artificiais** de água destinados à geração de energia ou ao abastecimento público, a faixa da área de preservação permanente consistirá na distância entre o nível máximo operativo normal e a cota máxima **maximorum**.

Caso o Município tenha **órgão ambiental capacitado** (art. 11, § 1º) a aprovação municipal da Reurb corresponde à aprovação urbanística do projeto de regularização fundiária, bem como à **aprovação ambiental**, atingindo apenas às parcelas dos núcleos urbanos informais estejam situados nestas áreas. Se o Município não dispor de capacidade técnica para a aprovação dos estudos referidos, a **aprovação ambiental** da Reurb poderá ser feita pelos **Estados**. Sendo importante observar que a parte do núcleo urbano informal **não afetada** por esses estudos, poderá ter seu projeto aprovado e levado a registro separadamente. Assim, permite a lei a **aprovação parcial** da regularização dos núcleos urbanos informais situados em área de interesse ambiental (art. 12).

A Lei da Reurb **não se aplica** aos núcleos urbanos informais **situados em áreas indispensáveis à segurança nacional** ou de **interesse da defesa**, assim reconhecidas em **decreto** do Poder Executivo federal.

A Reurb compreende **duas modalidades**:

- **Reurb de Interesse Social (Reurb-S)** - regularização fundiária aplicável aos núcleos urbanos informais ocupados predominantemente por população de baixa renda, assim **declarados em ato do Poder Executivo municipal**; e
- **Reurb de Interesse Específico (Reurb-E)** - regularização fundiária aplicável aos núcleos urbanos informais ocupados por população **não qualificada** na hipótese de que trata a anterior.

A Lei n. 13.465/2017 **inicialmente diferencia** as modalidades de Reurb em **função da gratuidade dos atos registrais** relacionados ao processo de regularização fundiária, compreendendo as **isenções dos seguintes atos registrais da Reurb-S**, ainda que tenha por objeto **conjuntos habitacionais** ou **condomínios de interesse social** construídos pelo **poder público**, diretamente ou por meio da administração pública indireta, que já se encontrem **implantados** em 22 de dezembro de 2016:

1. *1º da Reurb*
2. *Legitimação fundiária*
3. *Legitimação da posse, sua conversão em propriedade*
4. *Certidão de regularização fundiária (CRF) e do projeto de regularização fundiária, com abertura de matrícula para cada unidade imobiliária urbana regularizada*

*5. A 1ª **averbação** de construção residencial, desde que respeitado o **limite de até 70 m²***

*6. A aquisição do 1º **direito real** sobre unidade imobiliária **derivada da Reurb-S***

*7. Fornecimento de **certidões de registro** para os **atos previstos acima***

Os cartórios que **não respeitarem o direito à gratuidade**, retardando ou não efetuando o registro de acordo com as normas previstas nesta Lei, por ato **não justificado**, ficarão sujeitos às sanções previstas no art. 44 da Lei no 11.977, de 7 de julho de 2009 (multa de R$ 100.000,00), sem prejuízo do disposto nos §§ 3o-A e 3o-B do art. 30 da Lei no 6.015, de 31 de dezembro de 1973 (sanções da Lei n. 8.935/94, que pode chegar até a extinção da delegação).

Além do reconhecimento da gratuidade das custas e emolumentos notarias e registrais a **bipartição da Reurb em duas modalidades**, em função **do interesse**, visa exclusivamente à **identificação dos responsáveis pela implantação** ou **adequação** das obras de infraestrutura em favor daqueles a quem for atribuído o domínio das unidades imobiliárias regularizadas.

Aliás, independentemente da modalidade, **partir da disponibilidade** de equipamentos e infraestrutura para prestação de serviço público de abastecimento de água, coleta de esgoto, distribuição de energia elétrica, ou outros serviços públicos, é **obrigatório aos beneficiários da Reurb** realizar a conexão da edificação à rede de água, de coleta de esgoto ou de distribuição de energia elétrica e adotar as demais providências necessárias à utilização do serviço, salvo disposição em contrário na legislação municipal (art. 13, § 7º).

6.3.1.2.2. Legitimados para requerer a Reurb

A Reurb pode ser iniciada por um **rol extenso** de interessados, segundo dispõe o art. 14, incisos I a V, da Lei n. 13.465, de 2017.

Logo, poderão requerer a Reurb:

1. *União, os Estados, o Distrito Federal e os Municípios, diretamente ou por meio de entidades da administração pública indireta;*

2. *Os seus beneficiários, individual ou coletivamente, diretamente ou por meio de cooperativas habitacionais, associações de moradores, fundações, organizações sociais, organizações da sociedade civil de interesse público ou outras associações civis que*

*tenham por **finalidade** atividades nas **áreas de desenvolvimento urbano** ou **regularização fundiária urbana**;*

3. *Os proprietários de imóveis ou de terrenos, loteadores ou incorporadores;*

4. *A Defensoria Pública, em nome dos beneficiários hipossuficientes; e*

5. *O Ministério Público.*

Todos os legitimados poderão promover todos os atos necessários à regularização fundiária, inclusive requerer os **atos de registro**.

Nos casos de **parcelamento do solo**, de **conjunto habitacional** ou de **condomínio informal**, empreendidos por **particular**, a conclusão da Reurb confere **direito de regresso** àqueles que suportarem os seus custos e obrigações contra os responsáveis pela implantação dos núcleos urbanos informais.

Sem prejuízo do **direito de regresso**, mesmo que instauração da Reurb seja realizada por **proprietários de terreno**, **loteadores** e **incorporadores** que tenham dado **causa** à formação de núcleos urbanos informais, ou os seus **sucessores**, não os eximirá de **responsabilidades** administrativa, civil ou criminal, incluindo-se, nesse ponto, os danos morais coletivos e os crimes da lei de parcelamento urbano.

6.3.1.2.3. Instrumentos da Reurb

Os instrumentos da Reurb estão previstos nos arts. 15 a 27 da Lei n. 13.465, 2017, e podem empregados **sem prejuízo de outros adequados**, o que demonstra a natureza exemplificativa do rol (*numerus apertus*).

Assim, a Lei da Reurb contempla os seguintes instrumentos jurídicos (art. 15, I a XV):

1. *A **legitimação fundiária** e a **legitimação de posse**, nos termos desta Lei;*

2. *A **usucapião**, nos termos dos arts. 1.238 a 1.244 da Lei no 10.406, de 10 de janeiro de 2002 (Código Civil), dos arts. 9o a 14 da Lei no 10.257, de 10 de julho de 2001, e do art. 216-A da Lei no 6.015, de 31 de dezembro de 1973;*

3. *A **desapropriação judicial** em favor dos possuidores, nos termos dos §§ 4o e 5o do art. 1.228 da Lei no 10.406, de 10 de janeiro de 2002 (Código Civil);*

4. *A **arrecadação de bem vago**, nos termos do art. 1.276 da Lei no 10.406, de 10 de janeiro de 2002 (Código Civil);*

5. *O* ***consórcio imobiliário****, nos termos do art. 46 da Lei no 10.257, de 10 de julho de 2001;*

6. *A* ***desapropriação por interesse social****, nos termos do inciso IV do art. 2o da Lei no 4.132, de 10 de setembro de 1962;*

7. *O* ***direito de preempção****, nos termos do inciso I do art. 26 da Lei no 10.257, de 10 de julho de 2001;*

8. *A* ***transferência do direito de construir****, nos termos do inciso III do art. 35 da Lei no 10.257, de 10 de julho de 2001;*

9. *A* ***requisição****, em caso de perigo público iminente, nos termos do § 3o do art. 1.228 da Lei no 10.406, de 10 de janeiro de 2002 (Código Civil);*

10. *A* ***intervenção do poder público*** *em parcelamento clandestino ou irregular, nos termos do art. 40 da Lei no 6.766, de 19 de dezembro de 1979;*

11. *A* ***alienação de imóvel*** *pela administração pública diretamente para seu detentor, nos termos da alínea f do inciso I do art. 17 da Lei no 8.666, de 21 de junho de 1993;*

12. *A concessão de* ***uso especial para fins de moradia****;*

13. *A concessão de* ***direito real de uso****;*

14. *A* ***doação****; e*

15. *A* ***compra e venda****.*

Em se tratando da **Reurb-E**, promovida sobre **bem público**, havendo solução consensual, a aquisição de direitos reais pelo particular ficará condicionada ao pagamento do **justo valor da unidade imobiliária regularizada**, a ser apurado na forma estabelecida em ato do Poder Executivo titular do domínio, sem considerar o valor das **acessões** e **benfeitorias** do ocupante e a valorização decorrente da implantação dessas acessões e benfeitorias.

Isso porque a **ocupação de área pública**, sem autorização expressa e legítima do titular do domínio, é **mera detenção**, que não gera os direitos, entre eles o de retenção, garantidos ao possuidor de boa-fé pelo Código Civil.

Nesse sentido:

• STJ, REsp 900.159/RJ.

Vale acrescentar que as áreas de propriedade do poder público **registradas no Registro de Imóveis**, que sejam objeto de ação judicial versando sobre a sua titularidade, poderão ser objeto da Reurb, desde que celebrado **acordo judicial** ou **extrajudicial**, na forma desta Lei, homologado pelo juiz.

Na **Reurb-S**, por sua vez, promovida sobre **bem público**, o **registro do projeto de regularização fundiária** e a **constituição de direito real em nome dos beneficiários** poderão ser feitos em **ato único**, a critério do ente público promovente.

6.3.1.2.3.1. Instrumentos em espécie

- **Zonas Especiais de Interesse Social (ZEIS)**

  Estabelece a Lei n. 13.465, de 2017 que o **Município** e o **Distrito Federal** poderão instituir como **instrumento de planejamento urbano** as chamadas **Zonas Especiais de Interesse Social** (ZEIS), no âmbito da política municipal de ordenamento de seu território, assim consideradas a **parcela de área urbana** instituída pelo **plano diretor** ou definida por outra **lei municipal**, destinada preponderantemente à população de baixa renda e sujeita a **regras específicas de parcelamento**, **uso** e **ocupação do solo** (o art. 18). Ainda que a ZEIS seja considerada um dos instrumentos da Reurb, esta pode ocorrer independentemente da existência daquelas.

- **Demarcação urbanística**

  A demarcação urbanística é o instrumento pelo qual o poder público procede ao **levantamento** da situação da área a ser regularizada e na **caracterização** do núcleo urbano informal a ser regularizado. O **auto de demarcação urbanística** deve ser instruído de documentos, tais como a planta e o memorial descritivo da área, devidamente georreferenciada, números das matrículas ou transcrições atingidas, indicação dos proprietários identificados, bem como da planta de sobreposição do imóvel demarcado com a situação da área constante do registro de imóveis. Assim como as ZEIS, os procedimentos da demarcação urbanística **não constituem condição** para o processamento e a efetivação da Reurb.

- **Procedimento da demarcação urbanística**

  A demarcação urbanística, como se vê, é um **procedimento do poder público**, que deve notificar os **titulares de domínio** e os **confrontantes da área demarcada**, **pessoalmente** ou por **via postal**, com aviso de recebimento, no endereço que constar da matrícula ou da transcrição, ou **por edital**, se não identificados, não encontrados ou que recusarem a notificação, para que estes, querendo, apresentem **impugnação à demarcação urbanística**, no **prazo comum de 30 dias**. A **ausência** de manifestação será interpretada como concordância com a demarcação urbanística. Se **houver impugnação** apenas em relação à parcela da área objeto do auto de demarcação urbanística, é facultado ao poder público prosseguir com o procedimento em relação à parcela não impugnada. A critério do poder público municipal, as medidas de que trata este artigo poderão ser **realizadas pelo registro de imóveis** do local do núcleo urbano informal a ser regularizado. A **notificação conterá a advertência** de que a ausência de impugnação implicará a perda de eventual direito que o notificado titularize sobre o imóvel objeto da Reurb. Na hipótese de apresentação de impugnação, poderá ser adotado procedimento extrajudicial de composição de conflitos. Decorrido o prazo sem impugnação ou caso superada a oposição ao procedimento, o **auto de demarcação urbanística será encaminhado ao registro de imóveis** e **averbado** nas matrículas por ele alcançadas. Na hipótese de o auto de demarcação urbanística incidir sobre imóveis ainda não matriculados, previamente à averbação, será aberta matrícula. A demarcação urbanística será averbada ainda que a área abrangida pelo auto de demarcação urbanística **supere a área disponível** nos registros anteriores, e pela mesma razão, não se exigirá, para a averbação da demarcação urbanística, a retificação da área não abrangida pelo auto de demarcação urbanística.

• Legitimação fundiária

A legitimação fundiária constitui **forma originária** de aquisição do direito real de propriedade **conferido por ato do poder público**, exclusivamente no **âmbito da Reurb**, àquele que **detiver em área pública** ou **possuir em área privada**, como sua, unidade imobiliária com **destinação urbana**, integrante de núcleo **urbano informal consolidado** existente em 22 de dezembro de 2016. Apenas na **Reurb-S**, a legitimação fundiária será **concedida** ao beneficiário, desde que atendidas as condições da lei. Por meio da legitimação fundiária, em qualquer das modalidades da Reurb, o ocupante adquire a unidade imobiliária com destinação urbana **livre e desembaraçada de quaisquer ônus**, **direitos reais**, **gravames** ou **inscrições**, eventualmente existentes em sua matrícula de origem, exceto quando disserem respeito ao próprio legitimado. Na **Reurb-S de imóveis públicos**, a União, os Estados, o Distrito Federal e os Municípios, e as suas entidades vinculadas, quando titulares do domínio, ficam **autorizados** a reconhecer o direito de propriedade aos ocupantes do núcleo urbano informal regularizado por meio da legitimação fundiária. Mesmo que a Reurb se dê nos termos da Lei no 11.952, de 25 de junho de 2009, os **Municípios** poderão utilizar a legitimação fundiária e demais instrumentos previstos na Lei n. 13.465/2017 para conferir propriedade aos ocupantes.

- **Legitimação da posse**

Trata-se de instrumento de **uso exclusivo para fins de regularização fundiária**, e constitui-se por ato do poder público, destinado a conferir título, por meio do qual fica reconhecida a **posse de imóvel objeto da Reurb**, com a identificação de seus ocupantes, do tempo da ocupação e da natureza da posse, o qual é **conversível** em direito real de propriedade, na forma da lei. A legitimação de posse poderá ser transferida por **causa mortis** ou por ato **inter vivos**, e **não se aplica** aos imóveis urbanos situados em **área de titularidade do poder público**.

- **Conversão em propriedade da legitimação da posse**

Sem prejuízo da posse exercida anteriormente, que pode ser utilizada para outros fins (ex: usucapião) aquele em cujo favor for **expedido título de legitimação de posse**, decorrido o prazo de **5 anos de seu registro**, terá a conversão automática dele em título de propriedade, desde que atendidos os termos e as condições do art. 183 da Constituição Federal, que dispõe usucapião urbana, independentemente de prévia provocação ou prática de ato registral. Naqueles os casos não abrangidos pelo art. 183 da Constituição Federal, o título de legitimação de posse **poderá ser convertido** em título de propriedade, desde que satisfeitos os requisitos de **usucapião** estabelecidos na legislação em vigor, a requerimento do interessado, perante o registro de imóveis competente. A **legitimação de posse**, após **convertida em propriedade**, constitui **forma originária** de aquisição de direito real, de modo que a unidade imobiliária com destinação urbana regularizada restará livre e desembaraçada de quaisquer ônus, direitos reais, gravames ou inscrições, eventualmente existentes em sua matrícula de origem, exceto quando disserem respeito ao próprio beneficiário. O título de legitimação de posse poderá ser cancelado pelo poder público emitente quando constatado que as condições estipuladas nesta Lei deixaram de ser satisfeitas, sem que seja devida qualquer indenização àquele que irregularmente se beneficiou do instrumento.

- **Direito de laje**

O *direito de laje* foi criado pela Medida Provisória n. 759, de 22 de dezembro de 2016, cujo vigência teve início no dia 23 de dezembro de 2016. Por se tratar de instrumento normativo com prazo de vigência determinado, **perdem eficácia** as medidas provisórias que não forem convertidas em lei, dentro de 60 dias da publicação, **prorrogáveis** por igual período, salvo as exceções constitucionais (CF, art. 62, §§ 3°, 4°, 11 e 12). Se expirados o prazo de vigência, e perderem a efoicácia, deverá o Congresso Nacional disciplinar, por **decreto legislativo**, as relações jurídicas delas decorrentes. A MP 759/2016 foi convertida na Lei n. 13.465, de 11 de julho de 2017. O **direito real de laje** criado pela MP 759/16 foi mantido com a nova Lei de Regularização Fundiária. A nova espécie de direito real, "a laje", encontra-se foi inserida nos arts. 1.225, XIII, e arts. 1.510-A a 1.510-E, todos do Código Civil. Tambpem considerado um dos instrumentos da Reurb, o **direito real de laje** consiste na faculdade de o proprietário de uma **construção-base** ceder a superfície superior ou inferior de sua construção a fim de que o titular da laje mantenha unidade distinta daquela originalmente construída sobre o solo. Com a mudança, a legislação passa a admitir algo que já existia na prática, muito comum em assentamentos urbanos informais, como as favelas, em que alguém tem um imóvel (uma casa, p. ex.) e cede a outra pessoa a parte de cima deste imóvel (a "laje") para que lá ela construa outra edificação autônoma em relação à construção existente na parte de baixo.

- **Aspectos relevantes:**

a. **Espaço aéreo e subsolo:** o direito real de laje contempla o espaço aéreo ou o subsolo de terrenos públicos ou privados, tomados em projeção vertical, como unidade imobiliária autônoma, não contemplando as demais áreas edificadas ou não pertencentes ao proprietário da construção-base.

b. **Encargos e tributos:** o titular do direito real de laje responderá pelos encargos e tributos que incidirem sobre a sua unidade.

c. **Matrícula própria e atributos reais:** os titulares da laje, unidade imobiliária autônoma constituída em matrícula própria, poderão dela usar, gozar e dispor.

d. **Terrenos e áreas edificadas:** a instituição do direito real de laje não implica a atribuição de fração ideal de terreno ao titular da laje ou a participação proporcional em áreas já edificadas.

e. **Posturas urbanas locais:** os Municípios e o Distrito Federal poderão dispor sobre posturas edilícias e urbanísticas associadas ao direito real de laje.

f. **Direito de laje sucessivo:** o titular da laje poderá ceder a superfície de sua construção para a instituição de um sucessivo direito real de laje, desde que haja autorização expressa dos titulares da construção-base e das demais lajes, respeitadas as posturas edilícias e urbanísticas vigentes.

g. **Uso anormal do direito de laje:** é expressamente vedado ao titular da laje prejudicar com obras novas ou com falta de reparação a segurança, a linha arquitetônica ou o arranjo estético do edifício, observadas as posturas previstas em legislação local.

h. **Regras do condômino edilício e rateio das despesas:** sem prejuízo, no que couber, das normas aplicáveis aos condomínios edilícios, para fins do direito real de laje, as despesas necessárias à conservação e fruição das **partes que sirvam a todo o edifício** e ao pagamento de serviços de interesse comum serão partilhadas entre o proprietário da construção-base e o titular da laje, na proporção que venha a ser estipulada em contrato.

i. **São partes que servem a todo o edifício**: (i) os alicerces, colunas, pilares, paredes-mestras e todas as partes restantes que constituam a estrutura do prédio; (ii) o telhado ou os terraços de cobertura, ainda que destinados ao uso exclusivo do titular da laje; (iii) as instalações gerais de água, esgoto, eletricidade, aquecimento, ar condicionado, gás, comunicações e semelhantes que sirvam a todo o edifício; e (iv) em geral, as coisas que sejam afetadas ao uso de todo o edifício.

j. **Reparações urgentes:** é assegurado, em qualquer caso, o direito de qualquer interessado em promover reparações urgentes na construção na forma do parágrafo único do art. 249 do Código Civil, pelo qual "em caso de urgência, pode o credor, independentemente de autorização judicial, executar ou mandar executar o fato, sendo depois ressarcido". Logo, é aplicada a regra da execução da obrigação de fazer fungível em caso de urgência (CC, art. 249).

k. **Direito de preferência sobre qualquer unidade sobreposta, em caso de alienação:** terão direito de preferência, em igualdade de condições com terceiros, os titulares da construção-base e da laje, nessa ordem, que serão cientificados por escrito para que se manifestem no prazo de **30 dias**, salvo se o contrato dispuser de modo diverso. O titular da construção-base ou da laje a quem não se der conhecimento da alienação poderá, mediante depósito do respectivo preço, haver para si a parte alienada a terceiros, se o requerer no prazo decadencial de **180 dias**, contado da data de alienação. Se houver mais de uma laje, terá preferência, sucessivamente, o titular das lajes ascendentes e o titular das lajes descendentes, assegurada a prioridade para a laje mais próxima à unidade sobreposta a ser alienada.

l. **Ruína da construção-base:** implica extinção do direito real de laje, salvo: (i) se este tiver sido instituído sobre o subsolo; (ii) se a construção-base não for reconstruída no prazo de **5 anos**; Em todo caso, não se afasta o direito a eventual reparação civil contra o culpado pela ruína.

- **Abandono**

Esse instrumento da Reurb regulamenta o instituto do **abandono** (*derrelicção ou derelição*) previsto nos arts. 1.275, III, e 1.276 do CC, como um dos **modos de perda da propriedade**. Segundo as lições de Maria Helena Diniz, o abandono de imóvel é "*ato unilateral pelo qual o titular da propriedade de um imóvel dele se desfaz voluntariamente. para tanto é necessário que haja derrelição, a intenção abdicativa; a simples negligência ou descuido em relação ao bem de raiz não a caracteriza*" (DINIZ, Maria Helena. Código Civil Anotado. 16. ed. Saraiva. São Paulo: 2012). De maneira geral, apenas o proprietário pode abandonar, desde que não possua a intenção de conservar o bem em seu patrimônio. Permite-se, todavia, que a intenção seja presumida, de modo absoluto, quando, cessados os atos de posse, **deixar o proprietário de satisfazer os ônus fiscais**, *instituídos sobre a propriedade predial e territorial urbana, por 5 anos** (segundo o art. 64 da lei n. 13.465/2017). O bem não pode se encontrar na posse de outrem, e só se consuma o abandono depois de **previamente arrecadado como bem vago**, segundo o procedimento de arrecadação de imóveis urbanos abandonados (arts. 64 e 65 da lei n. 13.465/2017), que obedecerá, quando for o caso, ao disposto em **ato do poder executivo municipal** ou distrital. Segundo os Enunciados das Jornadas de Direito Civil, do CJF, **"a aplicação do art. 1.276 depende do devido processo legal, em que seja assegurado ao interessado demonstrar a não cessação da posse." (Enunciado 242, III Jornada). Além desse, outro aprovado dispõe sobre o tema: "a presunção de que trata o § 2º do art. 1.276 não pode ser interpretada de modo a contrariar a norma-princípio do art. 150, inc. IV, da constituição da república." (Enunciado 243 da III Jornada).**

- **Procedimento de arrecação de imóveis abandonados, em fases:**

O procedimento de arrecadação de imóveis urbanos abandonados é previsto nos arts. 64 e 65 da Lei n. 13.465, de 2017, e se desenrola pelas seguintes fases: ,, alguns **aspectos materiais** do abandono devem ser lembrados.

a. **Abertura** de processo administrativo para tratar da arrecadação;

b. **Comprovação do tempo** de abandono e de **inadimplência** fiscal;

c. **Notificação** ao titular do domínio para, querendo, apresentar impugnação no prazo de **30 dias**, contado da data de recebimento da notificação. A ausência de manifestação do titular do domínio será interpretada como concordância com a arrecadação.

d. Respeitado o procedimento de arrecadação, o Município poderá realizar, diretamente ou por meio de terceiros, os **investimentos necessários** para que o imóvel urbano arrecadado atinja prontamente os objetivos sociais a que se destina.

e. Na hipótese de o proprietário **reivindicar a posse** do imóvel declarado abandonado, no **transcorrer do triênio** a que alude o art. 1.276 da Lei no 10.406, de 10 de janeiro de 2002 (Código Civil), fica assegurado ao Poder Executivo municipal ou distrital o direito ao ressarcimento prévio, e em valor atualizado, de todas as despesas em que eventualmente houver incorrido, inclusive tributárias, em razão do exercício da posse provisória.

f. Os imóveis **arrecadados** pelos Municípios ou pelo Distrito Federal poderão ser **destinados aos programas habitacionais**, à **prestação de serviços públicos**, ao **fomento da Reurb-S** ou serão objeto de **concessão de direito real de uso** a entidades civis que comprovadamente tenham fins filantrópicos, assistenciais, educativos, esportivos ou outros, no interesse do Município ou do Distrito Federal.

g. Apenas **3 anos depois de arrecadado**, passa à propriedade do **Município** ou à do **Distrito Federal**, conforme a localização.

6.3.1.2.4. Procedimento da Reurb

O **procedimento administrativo** da Reurb deve percorrer **sete fases**, estabelece o art. 28, incisos I a VII, da Lei n. 13.465/2017.

Aqui vale lembrar que o Superior Tribunal de Justiça consagra o *princípio do devido processo administrativo*[2], que busca, em última análise,

2 STJ, RMS 49.896-RS

atender ao interesse e à utilidade pública, **finalidades indisponíveis** do processo administrativo.

A recente "Lei da Reurb", por outro lado, é alvo de Ações Diretas de Inconstitucionalidade (ADI) no Supremo Tribunal Federal, sob a relatoria do e. Ministro Luiz Fux, com questionamentos que lhe apontam vícios formais e materiais[3].

Sob o **aspecto formal**, devido à ausência de pressupostos de urgência e relevância para a regulamentação da matéria por meio de conversão de medida provisória; e **materialmente**, porque desconsidera princípios constitucionais, e facilita a concentração fundiária, em patente violação ao *princípio da vedação ao retrocesso social.*

Até que o Supremo Tribunal Federal se posicione a respeito, a nova "Lei da Reurb" possui presunção de validade, cabendo ao Ministério Público zelar, enquanto fiscal da ordem jurídica, por seu fiel cumprimento, atento às diretrizes constitucionais e infralegais do ordenamento jurídico.

A Reurb deve observar o rito previsto nos arts. 28 a 41 da Lei n. 13.465, de 2017, que são assim resumidos:

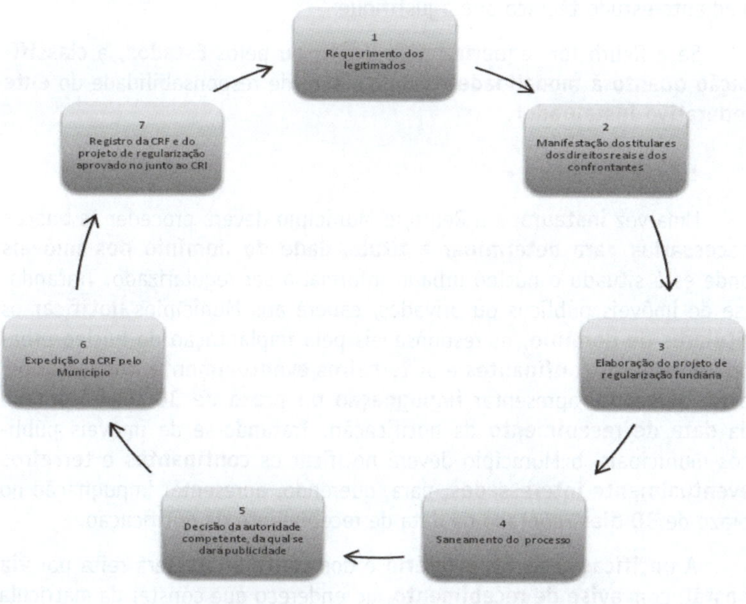

***CRF:** *Certidão de regularização fundiária*

3 STF, ADI 5771 e ADI 5787

- **Fase 1:**

A Reurb será **instaurada** por **decisão do Município**, por meio de requerimento, por escrito, de um dos legitimados.

O Município deverá **classificar e fixar**, no prazo de **até 180 dias**, uma das modalidades da Reurb ou **indeferir**, fundamentadamente, o requerimento. Na hipótese de **indeferimento** do requerimento de instauração da Reurb, a decisão do Município **deverá indicar** as medidas a serem adotadas, com vistas à reformulação e à reavaliação do requerimento, quando for o caso.

Instaurado o procedimento, inicialmente aos Municípios nos quais estejam situados os núcleos urbanos informais a serem regularizados compete, **entre outras medidas**, classificar, caso a caso, as **modalidades da Reurb**, **processar**, **analisar** e **aprovar** os projetos de Reurb, e **emitir a CRF**.

A **inércia** do Município quanto à **classificação da modalidade**, implica a **fixação automática** daquela **indicada pelo legitimado** em seu requerimento, bem como o **prosseguimento** do procedimento administrativo da Reurb, **sem prejuízo de futura revisão** dessa classificação pelo Município, mediante estudo técnico que a justifique.

Se a Reurb for **requerida** pela **União** ou pelos **Estados**, a **classificação quanto à modalidade da Reurb** será de responsabilidade do **ente federativo instaurador**.

- **Fase 2:**

Uma vez **instaurada** a Reurb, o Município deverá proceder às **buscas necessárias para determinar a titularidade do domínio dos imóveis** onde está situado o núcleo urbano informal a ser regularizado. Tratando-se de imóveis públicos ou privados, caberá aos Municípios **notificar** os **titulares de domínio**, os responsáveis pela implantação do núcleo urbano informal, os **confinantes** e os **terceiros eventualmente interessados**, para, querendo, apresentar **impugnação no prazo de 30 dias**, contado da **data de recebimento** da notificação. Tratando-se de imóveis públicos municipais, o Município deverá notificar os **confinantes** e **terceiros eventualmente interessados**, para, querendo, apresentar impugnação no prazo de **30 dias**, contado da data de recebimento da notificação.

A **notificação** do **proprietário** e dos **confinantes** será feita por **via postal**, com **aviso de recebimento**, no endereço que constar da matrícula ou da transcrição, considerando-se efetuada quando comprovada a entrega nesse endereço. A **notificação** da Reurb também será feita por meio de publicação de **edital**, com prazo de **30 dias**, do qual deverá constar, de forma resumida, a descrição da área a ser regularizada, nos seguintes casos:

(a) quando o proprietário e os confinantes **não forem encontrados**; e (b) quando **houver recusa da notificação** por qualquer motivo.

A ausência de manifestação dos indicados acima será interpretada como **concordância** com a Reurb. Na hipótese de apresentação de impugnação, será iniciado o **procedimento extrajudicial** de composição de conflitos.

Se algum dos imóveis atingidos ou confinantes **não esteja matriculado** ou **transcrito** na serventia, o Distrito Federal ou os Municípios realizarão diligências perante as serventias anteriormente competentes, mediante apresentação da planta do perímetro regularizado, a fim de que a sua situação jurídica atual seja certificada, caso possível.

O **requerimento** de instauração da Reurb ou, na forma de regulamento, a **manifestação de interesse** nesse sentido por parte de qualquer dos **legitimados** garante perante o poder público aos ocupantes dos núcleos urbanos informais situados em áreas públicas a serem regularizados a permanência em suas respectivas unidades imobiliárias, **preservando-se as situações de fato já existentes**, até o eventual arquivamento definitivo do procedimento.

Caso adotados os procedimentos da **demarcação urbanística**, ficam dispensadas as providências acima.

- **Fase 3:**

Uma vez instaurada a Reurb, compete ao Município **aprovar o projeto de regularização fundiária**, do qual deverão constar as responsabilidades das partes envolvidas, que compreende a **elaboração**, o **custeio do projeto** de regularização fundiária e da **implantação da infraestrutura essencial**, que obedecerão aos procedimentos previstos no art. 33 da Lei n. 13.465/2017.

O **projeto de regularização fundiária** deverá ser instruído dos documentos, levantamentos, plantas, estudos e cronograma previstos no art. 35, I a X, da Lei n. 13.465/2017, entre os quais o **projeto urbanístico**, a respeito do qual trata dos requisitos essenciais o art. 36, I a IX, da mesma lei.

Com relação à **implantação da infraestrutura essencial** (art. 36, 1º§) na **Reurb-S**, caberá ao poder público competente, diretamente ou por meio da administração pública indireta, fazê-lo, assim como arcar com os ônus de sua manutenção.

Na **Reurb-E**, o Distrito Federal ou os Municípios **deverão definir**, por ocasião da **aprovação** dos projetos de regularização fundiária, nos **limites da legislação de regência**, os **responsáveis** pela implantação dos sistemas viários, da **infraestrutura essencial** e dos equipamentos públicos ou comunitários.

Quando for o caso, também definirão os **responsáveis** pelas das **medidas de mitigação** e **compensação urbanística** e **ambiental**, e dos estudos técnicos, quando for o caso, que **deverão** celebrar **termo de compromisso** com as autoridades competentes como condição de aprovação da Reurb-E.

As responsabilidades, na hipótese da **Reurb-E**, poderão ser atribuídas aos **beneficiários**.

- **Fase 4:**

Os Municípios poderão **criar câmaras de prevenção** e **resolução** administrativa de conflitos, no âmbito da administração local, inclusive mediante celebração de ajustes com os Tribunais de Justiça estaduais, as quais deterão **competência para dirimir conflitos relacionados à Reurb**, mediante solução consensual. O modo de composição e funcionamento destas será estabelecido em **ato do Poder Executivo municipal** e, na falta do ato, pelo disposto na Lei no 13.140, de 26 de junho de 2015.

A instauração de **procedimento administrativo** para a resolução consensual de conflitos no âmbito da Reurb **suspende a prescrição**.

- **Fase 5:**

O pronunciamento da autoridade competente que decidir o processamento administrativo da Reurb deverá indicar se **aprova ou rejeita** o projeto de regularização fundiária resultante do processo de regularização fundiária.

No caso de aprovação, deverá indicar as **intervenções** a serem executadas, e **identificar** e **declarar** os ocupantes de cada unidade imobiliária com destinação urbana regularizada, e os respectivos direitos reais.

- **Fase 6:**

A Certidão de Regularização Fundiária (CRF) é o **ato administrativo de aprovação** da regularização que **deverá acompanhar o projeto aprovado**, contendo, no **mínimo**:

a. *O* ***nome*** *do núcleo urbano regularizado;*

b. *A* ***localização****;*

c. *A* ***modalidade*** *da regularização;*

d. *As* ***responsabilidades*** *das obras e serviços constantes do cronograma;*

> **e.** *A indicação* ***numérica*** *de* ***cada unidade regularizada****, quando houver;*
>
> **f.** *A listagem com* ***nomes dos ocupantes*** *que houverem adquirido a respectiva unidade, por título de legitimação fundiária ou mediante ato único de registro, bem como o estado civil, a profissão, o número de inscrição no cadastro das pessoas físicas do Ministério da Fazenda e do registro geral da cédula de identidade e a filiação.*

- **Fase 7:**

O registro da CRF (*certidão de regularização fundiária*) e do projeto de regularização fundiária aprovado será **requerido diretamente** ao oficial do cartório de registro de imóveis da **situação do imóvel** e será efetivado **independentemente** de determinação judicial ou do Ministério Público. Em **caso de recusa** do registro, o oficial do cartório do registro de imóveis expedirá **nota devolutiva fundamentada**, na qual indicará os motivos da recusa e formulará exigências nos termos desta Lei.

Se a Reurb abranger imóveis situados em **mais de uma circunscrição imobiliária**, o procedimento será efetuado perante **cada um dos oficiais dos cartórios** de registro de imóveis.

Quando os imóveis regularizados estiverem situados na **divisa das circunscrições imobiliárias**, as **novas matrículas** das unidades imobiliárias serão de competência do oficial do cartório de registro de imóveis em cuja circunscrição estiver situada a **maior porção da unidade imobiliária regularizada**.

Recebida a CRF, cumprirá ao **oficial do cartório** de registro de imóveis **prenotá-la**, **autuá-la**, **instaurar o procedimento registral** e, no prazo de **15 dias**, emitir a respectiva nota de exigência ou praticar os atos tendentes ao registro.

São **efeitos do registro do projeto Reurb** aprovado:

> **a.** *Abertura de nova matrícula, quando for o caso;*
>
> **b.** *Abertura de matrículas individualizadas para os lotes e áreas públicas resultantes do projeto de regularização aprovado; e*
>
> **c.** *Registro dos direitos reais indicados na CRF junto às matrículas dos respectivos lotes, dispensada a apresentação de título individualizado.*

Quando o núcleo urbano regularizado abranger **mais de uma matrícula**, o oficial do registro de imóveis **abrirá nova matrícula para a área objeto de regularização**, destacando a área abrangida na matrícula de origem, dispensada a apuração de remanescentes. O **registro da CRF** dispensa a **comprovação** do pagamento de tributos ou penalidades tributárias de responsabilidade dos legitimados. Outrossim, registro da CRF aprovado **independe de averbação prévia** do cancelamento do cadastro de imóvel rural no Instituto Nacional de Colonização e Reforma Agrária (Incra).

O **procedimento registral** deverá ser concluído no prazo de **60 dias**, **prorrogável por até igual período**, mediante **justificativa** fundamentada do oficial do cartório de registro de imóveis.

O oficial de registro **fica dispensado** de providenciar a notificação dos titulares de domínio, dos confinantes e de terceiros eventualmente interessados, uma vez cumprido esse rito pelo Município. Caso contrário, serão **notificados/convidados**, sob forma simplificada, apenas com a indicação dos dados de identificação do núcleo urbano a ser regularizado, sem a anexação de documentos, convidando o notificado a comparecer à sede da serventia para tomar conhecimento da CRF com a advertência de que o **não comparecimento** e a **não apresentação de impugnação**, no prazo legal, importará em anuência ao registro.

Não serão exigidos reconhecimentos de firma nos documentos que compõem a CRF ou o termo individual de legitimação fundiária quando apresentados pela União, Estados, Distrito Federal, Municípios ou entes da administração indireta.

O registro da CRF será feito em **todas as matrículas atingidas** pelo projeto de regularização fundiária aprovado, devendo ser informadas, quando possível, as parcelas correspondentes a cada matrícula. Nas matrículas abertas para cada parcela, deverão constar dos campos referentes ao registro anterior e ao proprietário. Não **identificadas as transcrições** ou as **matrículas da área regularizada**, o oficial do cartório de registro **abrirá matrícula** com a descrição do **perímetro do núcleo urbano informal** que constar da CRF e nela efetuará o registro.

Registrada a CRF, **será aberta matrícula** para cada uma das unidades imobiliárias regularizadas. Para os atuais ocupantes das unidades imobiliárias objeto da Reurb, os compromissos de compra e venda, as cessões e as promessas de cessão **valerão como título hábil** para a aquisição da propriedade, quando acompanhados da prova de quitação das obrigações do adquirente, e serão registrados nas matrículas das unidades imobiliárias correspondentes, resultantes da regularização fundiária.

Com o registro da CRF, serão incorporados **automaticamente** ao patrimônio público as vias públicas, as áreas destinadas ao uso comum do povo, os prédios públicos e os equipamentos urbanos, na forma indicada no projeto de regularização fundiária aprovado, assim como ocorre na Lei de Loteamento (Lei n. 6.766/1979, art. 22). A **requerimento do**

Município, o oficial de registro de imóveis **abrirá matrícula** para as áreas que tenham **ingressado** no domínio público.

Em todo caso, as **unidades desocupadas** e **não comercializadas** alcançadas pela Reurb terão as suas matrículas abertas em nome do **titular originário** do domínio da área.

As unidades **não edificadas** que tenham sido comercializadas a qualquer título terão suas matrículas abertas em **nome do adquirente**, conforme procedimento previsto nos arts. 84 e 99 da Lei n. 13.465/2017.

7. USUCAPIÃO EXTRAJUDICIAL

O CPC-2015, no art. 1.071, acrescentou o art. 216-A à Lei 6.015/73 (Lei dos Registros Públicos), permitindo que a **usucapião se processo pela via extrajudicial**, em sintonia com o viés de desjudicialização dos conflitos civis.

A **aquisição originária** da propriedade pela via administrativa, todavia, não é novidade no ordenamento jurídico, sendo inaugurada pelo art. 60 da Lei 11.977/2009, a "Lei Minha Casa, Minha Vida". Por esse preceito, se admite **requerer ao oficial de registro** de imóveis a conversão do título de legitimação de posse em usucapião especial ou constitucional urbana.

Com o novo Código de Processo Civil, todavia, prescinde-se do título de legitimação de posse, e **qualquer modalidade de usucapião** pode tramitar pela via administrativa ou extrajudicial, não se tratando, por lado outro, de uma via obrigatória, mas sim facultativa, daquele que pretende ver reconhecido o direito à prescrição aquisitiva.

A usucapião implica a aquisição da propriedade ou de um direto real por alguém que, durante o tempo fixado na lei, variável de acordo com a espécie de que se trata, mantém a posse de um bem móvel ou imóvel.

A decisão que reconhece a **aquisição da propriedade** por **usucapião possui natureza declaratória, prevalecendo** esse modo de aquisição originária sobre quaisquer outros direitos reais que recaiam sobre o bem.

Isso porque, com a aquisição do domínio pela **usucapião**, desaparecem todos os gravames constituídos sobre o imóvel, antes ou depois, do início da posse *ad usucapionem*, seja porque a sentença apenas declara a **usucapião** com efeitos *ex tunc*, seja porque a **usucapião** é forma originária de aquisição de propriedade, não decorrente da antiga e não guardando com ela relação de continuidade.

Nesse sentido:

- REsp. 620.610/DF.

Não é demais recordar que as diversas modalidades de usucapião possuem requisitos comuns ou gerais, e outros próprios e específicos.

De todo modo, com relação ao **justo título** e à **boa-fé**, em se tratando de aquisição originária por usucapião extraordinária, que, para sua configuração, exige um tempo mais prolongado da posse (no CC, de dezesseis, vinte anos; no CC, de 2002, quinze anos), em comparação com as demais modalidades de **usucapião,** a ela dispensam-se estas. Porém, a exigência decorre de outras modalidades, como a usucapião ordinária (CC, arts. 1.238 e 1.242).

O fenômeno da *"desjudicialização"*, por outro lado, não é novo em nosso ordenamento jurídico. Exemplos não faltam. O art. 26, § 6º, da Lei 6.766/1979,[4] dispensa a propositura de ação de adjudicação compulsória na hipótese em que o compromitente comprador de lote urbano ou seu sucessor comprove a quitação. Nessa hipótese, é suficiente formular o requerimento ao oficial de Registro de Imóveis.

A retificação do registro imobiliário é também admitida pela via **não judicial**, no art. 212 da Lei 6.015/1973, feita pelo próprio oficial de Registro Imobiliário, em determinadas condições, a saber: "se o registro ou a averbação for omissa, imprecisa ou não exprimir a verdade, a retificação será feita pelo oficial do Registro de Imóveis competente, a requerimento do interessado, por meio do procedimento administrativo previsto no art. 213, facultado ao interessado requerer a retificação por meio de procedimento judicial".

A usucapião administrativa possui a finalidade de facilitar a transformação da posse em propriedade, em cumprimento ao direito de moradia previsto no art. 6º, caput, da Constituição Federal.

Com o CPC-2015, portanto, **qualquer modalidade de usucapião** sobre bens imóveis, inclusive lotes urbanos ou rurais, pode tramitar na esfera administrativa, tratando-se de uma faculdade do interessado, e não uma via obrigatória.

Com relação ao **procedimento a ser observado**, o interessado deverá representar-se por advogado. Caso o "interessado" (e não a "parte") seja hipossuficiente, a Defensoria Pública fará esse papel (NCPC, art. 185).

Trata-se de procedimento de tramitação **obrigatoriamente** perante a serventia imobiliária da **situação do imóvel**, instruído o pedido dos **documentos exigidos** nos incisos I a III do art. 216-A da Lei 6.015, de 1973.

---

4. Lei 6.766/1979, art. 26, § 6º: "Os compromissos de compra e venda, as cessões e as promessas de cessão valerão como título para o registro da propriedade do lote adquirido, quando acompanhados da respectiva prova de quitação."

O primeiro deles é a **ata notarial**, prevista no art. 384 do CPC/2015, novidade entre os meios de prova típicos. Admite-se que "a existência e o modo de existir de algum fato podem ser atestados ou documentados, a requerimento do interessado, mediante ata lavrada por tabelião". Na usucapião pela via extrajudicial, a ata notarial lavrada pelo **tabelião** (e não oficial de Registro) atestará o **tempo de posse** do requerente e seus antecessores. Trata-se de documento indispensável.

Devem instruir o pedido o **justo título** ou **quaisquer outros documentos** que demonstrem a origem, a continuidade, a natureza e o tempo da posse, tais como o pagamento dos impostos e das taxas que incidirem sobre o imóvel.

É indispensável, ainda, que o interessado faça juntar a **planta** e o **memorial** descritivo assinado por **profissional legalmente habilitado**, com **prova de anotação de responsabilidade técnica** no respectivo conselho de fiscalização profissional, e pelos **titulares de direitos reais** e de **outros direitos registrados** ou **averbados** na matrícula do imóvel usucapiendo **ou** na matrícula dos imóveis confinantes.

Caso a planta **não contenha** a assinatura de qualquer um dos titulares de direitos reais e de outros direitos registrados ou averbados na matrícula do imóvel usucapiendo e na matrícula dos imóveis confinantes, esse será **notificado** pelo **registrador competente**, **pessoalmente** ou pelo **correio** com **aviso de recebimento**, para manifestar seu consentimento expresso em **quinze dias**, interpretado o seu silêncio como concordância.

Por último, as **certidões negativas** dos distribuidores da comarca da situação do imóvel e do domicílio do requerente também devem acompanhar o pedido.

O pedido de usucapião administrativo será autuado pelo registrador, **prorrogando-se** o prazo da **prenotação** até o acolhimento ou a rejeição do pedido, ainda que a documentação não esteja em ordem por omissão (Lei 6.015/1973, art. 216-A, § 1º).

Lembre-se que, em regra, **cessarão automaticamente** os efeitos da prenotação se, decorridos **30 dias** do seu lançamento no protocolo, o **título** não tiver sido registrado por **omissão do interessado** em atender às exigências legais (Lei 6.015/1973, art. 205, *caput*).

Nos procedimentos de **regularização fundiária de interesse social**, os efeitos da prenotação cessarão decorridos **60 dia**s de seu lançamento no protocolo (Lei 6.015, art. 205, parágrafo único).

Cabe ao **oficial de Registro de Imóveis dar ciência** à União, ao estado, ao Distrito Federal e ao município, **pessoalmente**, por **intermédio do oficial de Registro de Títulos e Documentos**, ou pelo **correio com aviso**

de recebimento, para que se manifestem, em **15 dias**, sobre o pedido. A Fazenda Pública deverá ser ouvida, ou pelo menos ser informada do procedimento, para que possa se manifestar a respeito da possibilidade de o imóvel ser público e insuscetível de ser adquirido por usucapião. Caso não haja manifestação no prazo legal, o procedimento segue o curso.

Outra providência do oficial de registro de imóveis é promover a **publicação de edital em jornal de grande circulação**, onde houver, para a ciência de **terceiros eventualmente interessados**, que poderão se manifestar em **15 dias.**

A fim de elucidar de alguma dúvida, poderão ser **solicitadas** ou **realizadas** diligências *in loco* pelo oficial de Registro de Imóveis, que deverá proceder com cautela, porque lhe faltam conhecimentos técnicos ou científicos (NCPC, art. 156).

Transcorrido o prazo de **15 dias** para eventual impugnação dos eventuais terceiros, e sem pendência de diligências, e achando-se em ordem a documentação, o oficial de Registro de Imóveis **registrará a aquisição do imóvel** com as descrições apresentadas, sendo permitida a abertura de matrícula, se for o caso.

Em todo caso, admite-se que o **interessado suscite o procedimento de dúvida**, nos termos da Lei 6.015/1973. Em pelo menos duas oportunidades principais a suscitação terá cabimento:

> **(a)**. Na apresentação de nota devolutiva pelo registrador, com exigência que o requerente não consiga suprir ou com a qual não concorde;
>
> **(b)**. Se o oficial rejeitar o pedido.

Podem levar a **rejeição do pedido de usucapião administrativa**, de acordo com a Lei 6.015, de 1973, art. 216-A, §§ 8º e 10, a falta de regularidade documental e a mera apresentação da impugnação dos legitimados.

Recentemente a Lei n. 13.465, de 11 de julho de 2017, modificou o art. 216-A, da Lei n. 6.015/73, nele incluindo incisos e parágrafos (incisos I e II, e os §§ 2º, 6º, 11, 12, 13, 14 e 15).

A nova Lei trouxe novidades, **quanto aos documentos que instruem devem instruir o pedido. A** partir de agora, o inciso I, do art. 216-A, da LRP, determina a observância do disposto no art. 384 da Lei no 13.105, de 16 de março de 2015 (Código de Processo Civil) para a lavratura da **ata notarial**, pelo tabelião, que servirá para atestar o tempo de posse do requerente e de seus antecessores, conforme o caso e suas circunstâncias.

A nova redação do inciso II, do art. 216-A, da LRP, permite que a **planta e memorial** descritivo assinado por profissional legalmente habilitado, com prova de anotação de responsabilidade técnica no respectivo conselho de fiscalização profissional, venha subscrita (assinada) pelos titulares de direitos registrados ou averbados na matrícula do imóvel usucapiendo **ou** na matrícula dos imóveis confinantes, alternativamente. Em sua redação original, os titulares de direitos e os confinantes, cumulativamente, deveriam assinar planta e memorial.

Em relação ao procedimento, o art. 216, § 2º, da LRP, talvez sufrague, na parte final, a principal mudança, pois, se a **planta não contiver a assinatura de qualquer um dos titulares de direitos registrados** ou **averbados na matrícula** do imóvel usucapiendo ou na matrícula dos imóveis confinantes, o titular será notificado pelo registrador competente, pessoalmente ou pelo correio com aviso de recebimento, para manifestar consentimento expresso em **15 dias**, interpretado o **silêncio como concordância**. Na redação primitiva, o silencio era interpretado como "discordância".

Após transcorrido o prazo (de 15 dias) do edital em jornal de grande circulação, de que trata o art. 216-A, § 4o,, LRP, sem pendência de diligências, referente a ponto de dúvida, na forma do § 5o do mesmo artigo, e achando-se em ordem a documentação, o oficial de registro de imóveis **registrará a aquisição do imóvel** com as descrições apresentadas, sendo permitida a abertura de matrícula, se for o caso. Logo, a concordância dos titulares de direitos reais, ou dos confinantes, ainda que feita por declaração expressa, não constará do registro, ou seja, não é documento obrigatório.

O novo § 11 do art. 216-A, estabelece, no caso de o imóvel usucapiendo ser unidade autônoma de **condomínio edilício**, **fica dispensado** consentimento dos titulares de direitos reais e outros direitos registrados ou averbados na matrícula dos imóveis confinantes e **bastará a notificação do síndico** para se manifestar quanto à planta e memorial.

Quanto ao § 12 do mesmo artigo, se o **imóvel confinante** contiver um **condomínio edilício**, bastará a **notificação do síndico** para os mesmos efeitos, dispensada a notificação de todos os condôminos.

Pelo § 13 do art. 216, caso **não seja encontrado** o notificando *(titulador do direito real, confinante ou síndico)* ou caso ele esteja em **lugar incerto** ou **não sabido**, tal fato será certificado pelo registrador, que deverá promover a sua notificação por edital mediante publicação, por **duas vezes (2x)**, em jornal local de grande circulação, pelo prazo de **15 dias cada um**, interpretado o silêncio do notificando como concordância.

O **regulamento do órgão jurisdicional** competente para a correição das serventias poderá **autorizar a publicação do edital em meio eletrônico**, caso em que ficará dispensada a publicação em jornais de grande circulação (Novo § 14 do art. 216-A)

Por fim, o § 15 do art. 216-A, da LRP, afirma que no caso de ausência ou insuficiência dos documentos de que trata o inciso IV do caput do artigo, a posse e os demais dados necessários poderão ser comprovados em **procedimento de justificação administrativa** perante a serventia extrajudicial, que obedecerá, no que couber, ao disposto no § 5o do art. 381 e ao rito previsto nos arts. 382 e 383 da Lei no 13.105, de 16 março de 2015 (Código de Processo Civil), que estabelecem a respeito da produção antecipada da prova.

No caso de rejeição fundada em motivo documental, o oficial de Registro fará nota ao requerente; em caso de impugnação, o oficial de Registro de Imóveis remeterá os autos ao juízo competente da comarca da situação do imóvel, cabendo ao requerente emendar a petição inicial para adequá-la ao procedimento comum do CPC-2015, arts. 319 e ss.

O CPC-1973 dispunha sobre o rito especial das ações de usucapião, o que não se repetiu no vigente. As ações de usucapião sob a regência do CPC/2015 devem observar o procedimento comum.

Duas regras, porém, devem ser respeitadas nas ações de **usucapião de imóvel**, ambas sobre a **citação.**

A primeira refere-se **aos confinantes**, que serão citados **pessoalmente**. Não se aplica a regra quando a ação tiver por objeto **unidade autônoma de prédio em condomínio**, caso em que tal **citação é dispensada** (NCPC, art. 246, § 3º).

A **segunda** impõe a obrigatoriedade da **citação por edital** na ação de usucapião de bem imóvel, para a **provocação de interessados incertos** ou **desconhecidos** à participação no processo (NCPC, art. 259, I).

Capítulo VII

Crimes da Lei do Parcelamento

1. DISPOSIÇÕES PENAIS EM GERAL

A Lei 6.766, de 1979, nos arts. 50 a 52, dispõe a respeito de crimes que desrespeitem as normas disciplinadoras do parcelamento do solo urbano, e tem por finalidade prevenir tais condutas.

Não são delitos contra a economia popular, mas sim crimes contra a Administração Pública, de modo que os tipos penais da Lei do Parcelamento Urbano têm como **objetividade jurídica a moralidade administrativa**, podendo se configurar o delito mesmo havendo uma só vítima, ainda que não prejudicada.

São considerados crimes de **ação penal pública incondicionada**, punidos a título de **dolo**, unicamente, direito ou indireto, sem previsão de figura culposa. Podem concorrer para o crime quaisquer pessoas, inclusive os oficiais de Registro, funcionários, autoridades, sempre de forma dolosa. Se para as condutas concorrer o prefeito, poderá ser alcançado pela norma de extensão subjetiva prevista no art. 51 da Lei 6.766, de 1979, além de cometer, em concurso formal, o crime de responsabilidade previsto nos arts. 1º, XIV, e 4º, VII, do Decreto-Lei 201, de 1967.

Não se aplica a parte penal da Lei 6.766, de 1979, aos **loteamentos a ela anteriores**, pois a lei penal é irretroativa. Pelo art. 1º do Código Penal, *"Não há crime sem lei anterior que o defina. Não há pena sem prévia cominação legal."* Se, apesar de o loteamento irregular ou clandestino ser anterior à Lei de 1979, novas condutas penais previstas no seu texto forem praticadas após sua vigência, serão estas consideradas fatos novos, a ensejar a responsabilidade penal do autor.

2. TIPOS PENAIS EM ESPÉCIE

(TIPO PENAL SIMPLES)

Preceito legal

Art. 50. Constitui crime contra a Administração Pública.

I – dar início, de qualquer modo, ou efetuar loteamento ou desmembramento do solo para fins urbanos, sem autorização do órgão público competente, ou em desacordo com as disposições desta Lei ou das normas pertinentes do Distrito Federal, estados e municípios;

II – dar início, de qualquer modo, ou efetuar loteamento ou desmembramento do solo para fins urbanos sem observância das determinações constantes do ato administrativo de licença;

III – fazer ou veicular em proposta, contrato, prospecto ou comunicação ao público ou a interessados, afirmação falsa sobre a legalidade de loteamento ou desmembramento do solo para fins urbanos, ou ocultar fraudulentamente fato a ele relativo.

Pena: **Reclusão, de um a quatro anos**, e multa de cinco a cinquenta vezes o maior salário mínimo vigente no país.

 # (QUALIFICADORAS)

Preceito legal

Art. 50, Parágrafo único – O crime definido neste artigo é qualificado, se cometido:

I – por meio de venda, promessa de venda, reserva de lote ou quaisquer outros instrumentos que manifestem a intenção de vender lote em loteamento ou desmembramento não registrado no Registro de Imóveis competente.

II – com inexistência de título legítimo de propriedade do imóvel loteado ou desmembrado, ressalvado o disposto no art. 18, §§ 4o e 5o, desta Lei, ou com omissão fraudulenta de fato a ele relativo, se o fato não constituir crime mais grave.

Pena: Reclusão, de um a cinco anos, e multa de dez a cem vezes o maior salário mínimo vigente no país.

 # (CONCURSO DE PESSOAS)

Preceito legal

Art. 51. Quem, de **qualquer modo**, concorra para a prática dos crimes previstos no artigo anterior desta Lei incide nas penas a estes cominadas, considerados em especial os atos praticados na qualidade de mandatário de loteador, diretor ou gerente de sociedade.

 # (CRIME DE REGISTRO FRAUDULENTO)

Preceito legal

Art. 52. **Registrar** loteamento ou desmembramento **não aprovado** pelos órgãos competentes, **registrar** o compromisso de compra e venda, a cessão ou promessa de cessão de direitos, ou efetuar registro de contrato de venda de loteamento ou desmembramento não registrado.

Pena: Detenção, de um a dois anos, e multa de cinco a cinquenta vezes o maior salário mínimo vigente no país, sem prejuízo das sanções administrativas cabíveis.

Segundo o entendimento do **art. 50, inciso I, da Lei do Parcelamento**, constitui crime contra a Administração Pública promover loteamento ou desmembramento do solo, para fins urbanos, em desacordo com lei federal específica, legislação local ou sem autorização do órgão público competente. O tipo não exige que o loteamento se faça em zona urbana, basta que tenha fins urbanos.

Nesse sentido:

TJSP, TR 613/314.

▸ Como esse assunto foi cobrado em concurso?

Foi abordado no concurso para Procurador do Município, São Luiz, MA: Sobre o parcelamento do solo urbano, é correto afirmar que:

(a) gleba ocupada por moradia social desordenadamente não pode ser objeto de parcelamento;

(b) em qualquer parcelamento, os lotes serão de, no mínimo, 100 metros quadrados;

(c) são tipos de parcelamento o loteamento, o remembramento, o desdobro e o desmembramento;

(d) o Poder Público municipal poderá indeferir por discricionariedade o projeto de loteamento;

(e) é crime contra Administração Pública, com pena de reclusão, lotear sem as devidas autorizações municipais.

Resposta: a escolha correta é a letra "e". Segundo o art. 50, I, da Lei 6.766/1979, constitui crime contra a Administração Pública "dar início, de qualquer modo, ou efetuar loteamento ou desmembramento do solo para fins urbanos, sem autorização do órgão público competente, ou em desacordo com as disposições desta Lei ou das normas pertinentes do Distrito Federal, estados e municípios". O preceito penal secundário do tipo penal em destaque tem pena de reclusão, de um a quatro anos, e multa de cinco a cinquenta vezes o maior salário mínimo vigente no país.

Trata-se, assim, de crime de **mera conduta**, sem resultado, em que o comportamento do agente, por si só, configura o crime, independentemente de qualquer resultado naturalístico.

Não cabe a tentativa.

Já se decidiu que, se o loteamento já se encontrava **regularizado antes do oferecimento da denúncia**, não se caracteriza o crime previsto no art. 50, I, da Lei 6.766/1979.

Nesse sentido:

RHC 11.602/SP, DJ 18/02/2002.

REsp. 172.516/RS, DJ 06/12/1999.

REsp. 555.519/SC.

No **art. 50, inciso II**, considera-se típica a conduta de dar início, de qualquer modo, ou efetuar loteamento ou desmembramento do solo por descumprimento do **ato administrativo de licença** do parcelamento; de igual modo, a tentativa não é admitida.

No **inciso III do art. 50** tipifica-se o crime de falso a respeito da legalidade de loteamento ou desmembramento, **mediante declaração** (ato comissivo) em contrato, prospecto ou qualquer comunicação ao público em geral. Também se consuma o delito mediante **ocultação fraudulenta** (ato omissivo) de fato que torna ilegal o loteamento ou desmembramento. Nesse crime, admite-se, em tese, a tentativa.

O **parágrafo único do art. 50 contempla duas qualificadoras**, que redefinem **o máximo** da pena privativa de liberdade cominada em abstrato nos tipos simples, e duplicam a pena de multa.

No **parágrafo único, inciso I, do art. 50** compreendem-se as condutas do alienante praticadas por meio de venda, promessa de venda ou reserva de lote que estejam em loteamento ou desmembramento não registrado.

No **inciso II**, a sanção maior decorre dos negócios praticados por quem não é dono (venda a *non domino*), disposição esta inaplicável aos parcelamentos populares precedidos de desapropriação judicial em curso e com imissão provisória na posse (Lei 6.766/1979, art. 18, §§ 4º e 5º).

Superados os contornos de ambas as qualificadoras, **surge a dúvida** se estas apenas tornam mais grave o tipo simples, como ocorre em relação ao homicídio qualificado, ou se são verdadeiros tipos penais qualificados, independentes em relação ao *caput* do art. 50.

Para **uma corrente**, as formas do parágrafo único do art. 50 da Lei 6.766 apenas qualificam o crime simples do caput. **Para outra**, existe a possibilidade de se incorrer unicamente na figura qualificada do art. 50, parágrafo único, inciso I, da Lei 6.766/1979, com isso reconhecendo-se a possibilidade do concurso material de crimes com as condutas previstas no *caput* do art. 50.

▸ **Como esse assunto foi cobrado em concurso?**

Foi abordado no concurso para Titular de Serviços de Notas e de Registros, do TJ-SP: Com referência à lei do parcelamento do solo, assinale a alternativa correta:

(a) Nos crimes previstos na lei do parcelamento do solo podem figurar como sujeitos ativos apenas o proprietário da área, o loteador, seu mandatário, diretor ou gerente de sociedade, e o oficial registrador;

(b) Os crimes previstos na lei do parcelamento do solo admitem a forma qualificada;

(c) Fazer afirmação falsa sobre a legalidade de loteamento ou desmembramento do solo para fins urbanos, ou ocultar fraudulentamente fato a ele relativo, é crime contra a fé pública;

(d) O oficial de Registro de Imóveis que, por negligência no cumprimento dos deveres do seu cargo, registrar loteamento não aprovado pelos órgãos competentes, responderá culposamente por crime previsto na Lei de Parcelamento do Solo.

Resposta: a opção correta é a letra "b". O parágrafo único do art. 50 da Lei 6.766/1979 prevê duas qualificadoras, nos incisos I e III, abordando o tipo penal simples previsto no art. 50, caput, I a III, da mesma Lei.

Com relação ao **termo inicial da prescrição** dos crimes previstos no art. 50 da Lei Federal 6.766/1979, são **duas as correntes** a respeito do tema, em razão da natureza que se confira a tais figuras típicas.

O **crime instantâneo de efeito permanente** se consuma em determinado momento (instante) mas seus efeitos são irreversíveis. Por sua vez, o **crime permanente** tem momento consumativo que se prolonga no tempo. É afirmação conhecida que o crime permanente é aquele que se protrai no tempo. Ou seja, a consumação continua ocorrendo enquanto perdurar determinada situação.

A prescrição antes de a sentença final transitar em julgado começa a correr em momentos distintos conforme a duração do momento consumativo. O termo inicial da prescrição dos crimes instantâneos é o dia em que o crime se consumou; no caso de tentativa, do dia em que cessou a atividade criminosa (CP, art. 111, I e II). Todavia, nos crimes permanentes, a prescrição tem início do dia em que cessou a permanência (CP, art. 111, III). Desse modo, o termo inicial da prescrição dos crimes previstos no art. 50 da Lei 6.766, de 1979, pode ser assim resumido: 1ª primeira corrente: entende tratar-se a hipótese de **crime permanente**, cuja consumação se prolonga no tempo, pelo desdobramento, em fases, de toda a operação, e cujos efeitos somente se estancam com a recomposição da ordem jurídica; 2ª corrente: o caso é **crime instantâneo de efeitos permanentes**, e o prazo prescricional tem início na data em que se consumou o delito, e não quando da cessação dos seus desdobramentos.

O STJ já se manifestou no sentido de que o crime do art. 50, parágrafo único, inciso I, da Lei 6.766/1979 seria hipótese de crime permanente. Diante desse entendimento, o lapso prescricional somente **começaria a fluir a partir do momento em que cessa a permanência**, diretamente relacionada à vontade do sujeito ativo do delito, que pode fazer cessar ou não a consumação dos delitos.

Nesse sentido:

REsp. 5410/SP.

HC 209.195/RJ.

A orientação mais firme do STJ, todavia, é no sentido de que os crimes de loteamento irregular do solo urbano são instantâneos de efeitos permanentes; logo, o **marco inicial do prazo prescricional** é a **data do início do loteamento**, ou seja, a da consumação.

Nesse sentido:

HC 83.203/PR.

REsp. 566.076/DF.

RHC 7.821/SP.

Nessa divergência merece destaque o posicionamento do eminente Rui Rosado De Aguiar Júnior, para quem "[..] O crime é de consumação instantânea, ainda que da ação decorram efeitos permanentes, como no caso de abertura de ruas, placas de propaganda afixadas no local etc. A consumação se dá com a prática da ação de dar início ao parcelamento, através de uma das diversas condutas já enumeradas, e independe da efetiva realização do projeto [..] ("Normas penais sobre o parcelamento do solo urbano", na obra Leis penais especiais e sua interpretação jurisprudencial (Normas penais sobre o parcelamento do solo urbano. In: Pessoa, Álvaro (coord.). Direito do urbanismo: uma visão sociojurídica, São Paulo: Ibam, 1981, p. 212.

Na mesma toada decidiu o STF, afirmando que o **delito de parcelamento irregular de solo urbano** (Lei 6.766/1979, art. 50) é **instantâneo de efeitos permanentes**, de modo que o **prazo prescricional** começa a correr da **data em que se iniciou o loteamento**, **não se levando** em conta a data da realização das **vendas dos lotes irregulares**.

Nesse sentido:

HC 71.259/SP.

HC 74.757/SP.

HC 76.501/SE.

Assim, descabe confundir crime instantâneo de efeitos permanentes com crimes permanentes. O previsto no art. 50 da referida Lei encerra a primeira categoria, razão pela qual a prescrição tem início no dia em que o crime se consumou, não se podendo aplicar a regra do inciso III do art. 111 do Código Penal.

No **art. 51 da Lei 6.766, de 1979,** consagra-se disposição especial em relação à regra de extensão subjetiva prevista no art. 29 do CP, por se referir ao concurso de pessoas que se vinculam subjetivamente para a prática dos crimes previstos no art. 50 da Lei 6.766, de 1979.

Para a **norma de extensão em apreço**, quem, de qualquer modo, concorrer ou somar esforços para a consecução de desiderato penalmente reprovável, praticando atos tendentes à viabilização material do ilícito, inclusive no que toca à venda das frações desmembradas no loteamento irregular, incide nas penas a este cominadas, não sendo, pois, imprescindível que o agente venha a praticar os atos especificamente descritos no núcleo da norma penal incriminadora, contempla-se o legislador, assim, com os comportamentos acessórios ao tipo, desde que tenham relevância penal.

Por último, o tipo penal previsto no **art. 52 da Lei do Parcelamento** concebe um crime de mão própria ou de atuação pessoal, pois só pode ser praticado diretamente pelo oficial de registro, pelos substitutos que designarem ou escreventes que autorizarem, na forma do art. 20 da Lei 8.935, de 1994, os únicos designados na lei para o "registro" de loteamento, desmembramento e contratos que tenham por objeto lotes em parcelamentos urbanos (Lei 6.766, art. 19, § 5º).

Nos crimes pessoais **não** se admite a **coautoria,** mas é aceita a **participação**.

Nesse sentido:

HC 30858/RS.

REsp. 761354/PR.

BIBLIOGRAFIA

ARRUDA ALVIM. Livro *introdutório ao Direito das coisas*. São Paulo: Forense, 2013.

_____. Novo *contencioso cível no CPC/2015*. São Paulo: RT, 2016.

ARRUDA ALVIM, José Manuel de ; CAMBLER, Everaldo (coords.). *Estatuto da Cidade*. São Paulo: Revista dos Tribunais, 2014.

ALEXANDRINO, Marcelo; PAULO, Vicente. *Direito administrativo descomplicado*. 20. ed. rev. e atual. Rio de Janeiro/São Paulo: Forense/Método, 2012.

BORGES, Paulo Torminn. *Institutos básicos de Direito agrário*. 10. ed. São Paulo: Saraiva, 1996.

CARVALHO FILHO, José dos Santos. *Comentários ao Estatuto da Cidade*. 5. ed. São Paulo: Atlas, 2013.

_____. *Manual de Direito administrativo*. 25. ed. São Paulo: Atlas, 2012.

CENEVIVA, Walter. *Lei dos Registros Públicos comentada*. 20. ed. São Paulo: Saraiva, 2010.

CHALHUB, Melhim Namem. *Direitos reais*. São Paulo: Forense, 2003.

CUNHA JR., Dirley da. *Curso de Direito administrativo*. 11. ed. rev., ampl. e atual. Salvador: Juspodivum, 2012.

DI PIETRO, Maria Sylvia Zanella. *Direito administrativo*. 26. ed. São Paulo: Atlas, 2013.

FANTI, Alexandre et al. *Direito imobiliário: legislação comentada. 2*. ed. São Paulo: Terla, 2011.

FARIAS, Cristiano Chaves de; ROSENVALD, Nelson. *Direitos reais*. 9. ed. Salvador: Juspodivm, 2013.

FIGUEIREDO, Lúcia Valle. *Curso de Direito administrativo*. 6. ed. rev., ampl. e atual. São Paulo: Malheiros. 2003.

FIORILLO, Celso Antônio Pacheco; FERREIRA, Renata Marques. *Estatuto da Cidade comentado*. 6. ed. São Paulo: Saraiva. 2014.

GASPARINI, Diógenes. *Direito administrativo*. 17. ed. São Paulo: Saraiva, 2012.

_____. *Município e o parcelamento do solo*. 2. ed. São Paulo: Saraiva, 1988.

GONÇALVES, Carlos Roberto. *Direito das coisas esquematizado*. São Paulo: Saraiva, 2013.

JUSTEN FILHO, Marçal. *Direito administrativo*. 8. ed. rev., ampl. e atual. Belo Horizonte: Fórum, 2012.

LOUREIRO, Luiz Guilherme. *Registros públicos*. 3. ed. São Paulo: Método, 2012.

LOURENÇO, Eva; MARCONI, Maria. *Ensino superior*. 5. ed. Rio de Janeiro: Paz e Terra, 2002.

MACHADO, Paulo Afonso Leme. *Direto Ambiental Brasileiro*. 11. ed. São Paulo. Malheiros, 2003.

MARINELA, Fernanda. *Direito administrativo*. 5. ed. rev., ampl., reform. e atual. Niterói: Impetus, 2012.

MAZZA, Alexandre. *Manual de Direito administrativo*. 3. ed. São Paulo: Saraiva, 2013.

MEDAUAR, Odete. *Direito administrativo moderno*. 16. ed. rev. e atual. São Paulo: Revista dos Tribunais, 2012.

MELLO, Celso Antônio Bandeira de. *Curso de Direito administrativo*. 30. ed. rev., atual. e ampl. São Paulo: Malheiros, 2013.

MILARÉ, Édis. *Direito do Ambiente*. 5. ed. São Paulo, RT, 2005.

MEIRELLES, Hely Lopes. *Direito administrativo brasileiro*. 39. ed. atual. São Paulo: Malheiros, 2013.

_____. *Direito municipal brasileiro*. 14. ed. São Paulo: Malheiros, 2014.

MONTEIRO, Washington de Barros. *Direito das coisas*. 42. ed. São Paulo: Saraiva, 2012.

MOREIRA NETO, Diogo de Figueiredo. *Curso de Direito administrativo*. 14. ed. rev., ampl. e atual. Rio de Janeiro: Forense, 2006.

NEVES, Daniel Amorim Assumpção. *Novo Código de Processo Civil comentado*. Salvador: Juspodivm, 2016.

NOHARA, Irene Patrícia. *Direito administrativo*. 2. ed. atual. e rev. São Paulo: Atlas, 2012.

OPITZ, Oswaldo; OPITZ, Silvia C. B. *Curso completo de Direito agrário*. 7. ed. São Paulo: Saraiva, 2013.

PINTO, Victor Carvalho. *Direito urbanístico: plano diretor e direito de propriedade*. 4. ed. São Paulo: Revista dos Tribunais, 2014.

RODRIGUES, Silvio. *Direito das coisas*. 28. ed. São Paulo: Saraiva, 2009.

RIZZARDO, Arnaldo. *Direito das coisas*. 7. ed. São Paulo: Forense, 2013.

SILVA, Edson Jacinto. *Parcelamento e desmembramento do solo urbano*. São Paulo: Direito, 1999.

TARTUCE, Flávio; SIMÃO, José Fernando. *Direito das coisas*. 5. ed. São Paulo: Método, 2013.

VENOSA, Silvio de Salvo. *Direitos reais*. 13. ed. São Paulo: Atlas, 2013.

ANOTAÇÕES

ANOTAÇÕES

ANOTAÇÕES

ANOTAÇÕES

ANOTAÇÕES

ANOTAÇÕES

ANOTAÇÕES

EDITORA
JusPODIVM
www.editorajuspodivm.com.br

Pré-impressão, impressão e acabamento

GRÁFICA
SANTUÁRIO

grafica@editorasantuario.com.br
www.graficasantuario.com.br
Aparecida-SP